教育部高等学校机械类专业教学指导委员会规划教材

汽车制造工艺学

刘璇 主编
武春龙 王刚 安玉民 副主编

清华大学出版社
北京

内 容 简 介

本书是根据车辆(汽车)工程专业的培养目标而编写的,在内容编排上,体现了理论联系实际、聚焦行业技术发展、深入浅出的特点,在系统阐述汽车设计与制造所需要的工艺基本理论和知识的基础上,引入先进制造工艺方法,同时注重在实践中培养工艺能力,具备行业针对性。全书共分 10 章,内容包括:汽车制造工艺过程概述,汽车制造用工程材料,工件的装夹和机床夹具,汽车零件表面的加工方法,汽车零件的机械加工质量,机械加工工艺规程制定,尺寸链原理与应用,汽车零部件结构工艺性,典型汽车零件制造工艺,汽车制造的新技术新工艺。每章后面均附有与课程内容紧密相关的思考题和分析计算题。

本书可作为车辆(汽车)工程专业教材,也可作为运载工具运用工程、热能与动力(内燃机)工程、农业机械化工程、机械设计制造及其自动化等相关专业的教材和教学参考书,也可供相关专业的学生和从事汽车运用与维修、汽车生产管理方面的工程技术人员参考。

版权所有,侵权必究。举报: 010-62782989,beiqinquan@tup.tsinghua.edu.cn。

图书在版编目(CIP)数据

汽车制造工艺学/刘璇主编. —北京:清华大学出版社,2021.1(2025.2重印)
教育部高等学校机械类专业教学指导委员会规划教材
ISBN 978-7-302-56627-4

Ⅰ. ①汽… Ⅱ. ①刘… Ⅲ. ①汽车-生产工艺-高等学校-教材 Ⅳ. ①U466

中国版本图书馆 CIP 数据核字(2020)第 193383 号

责任编辑:许 龙
封面设计:常雪影
责任校对:赵丽敏
责任印制:宋 林

出版发行:清华大学出版社
网　　址:https://www.tup.com.cn,https://www.wqxuetang.com
地　　址:北京清华大学学研大厦 A 座　　　　邮　编:100084
社 总 机:010-83470000　　　　　　　　　　邮　购:010-62786544
投稿与读者服务:010-62776969,c-service@tup.tsinghua.edu.cn
质量反馈:010-62772015,zhiliang@tup.tsinghua.edu.cn

印 装 者:三河市铭诚印务有限公司
经　　销:全国新华书店
开　　本:185mm×260mm　　印　张:26　　字　数:627 千字
版　　次:2021 年 1 月第 1 版　　　　　　　印　次:2025 年 2 月第 2 次印刷
定　　价:72.80 元

产品编号:082749-01

前言
FOREWORD

"汽车制造工艺学"是车辆(汽车)工程专业的一门主干专业基础课,所涉及的基本理论与基本技能是该专业学生知识体系中的重要组成部分。针对专业课程的特点,本书继承了传统内容的精华,吸收当代汽车技术的发展成果,着眼于新型汽车人才的培养需求,以"加强工艺理论基础,突出汽车制造特点,紧跟汽车行业热点,着重学生能力培养"作为编写指导思想,以汽车制造工艺的基础知识、基本理论和基本方法为主线,在传承传统制造工艺的同时,还介绍了一些先进制造工艺方法,系统地构建了汽车制造工艺学的课程体系。

本书具有以下特色:

(1)具备完整的知识体系。本书不仅涵盖了机械加工工艺及装配工艺、加工质量和夹具设计等方面的基本理论和知识,还把汽车工业常用工程材料的内容纳入其中,实现两者的有机结合。

(2)理论联系实际,注重实用。紧密结合汽车制造中的生产实例,阐述汽车制造工艺的基本知识和基本理论,旨在培养学生分析和解决实际问题的能力。

(3)重点突出,简明扼要。在介绍汽车制造工艺基本理论时,力求做到详略得当、通俗易懂,又不失系统性和严谨性。在介绍具体工艺方法时,尽可能对典型案例深入剖析,以便学生掌握规律和细节。

(4)关注前沿,推陈出新。结合现代汽车制造技术的发展,充实汽车制造的新技术新工艺,聚焦智能制造,体现产业需求。

(5)配套齐全,以练促学。每章后面列有思考题和分析计算题,便于学生理解和掌握基本内容,培养学生的思维方法,提高综合运用所学知识解决实际问题的能力。

本书由刘璇任主编,武春龙、王刚、安玉民任副主编。编者具体分工如下:第3章、第6章、第7章由刘璇编写,第1章、第4章、第10章由武春龙编写,第8章、第9章由王刚编写,第2章、第5章由安玉民编写。全书由刘璇统稿定稿。陈勇教授对书稿进行了详细的审校并提出了许多宝贵的建议和意见,在此表示由衷的感谢!在编写过程中河北工业大学王金刚教授、张小俊教授给予了无私的帮助和支持,谨此表示衷心感谢!本书参考了国内外出版的一些教材,谨此向有关作者表示诚挚的谢意!并向所有关心和帮助本书出版的人士表示感谢!

由于编者水平有限,书中难免有错漏和不妥之处,敬请业内专家、同行及广大读者批评指正。

编　者

2020 年 4 月

目 录
CONTENTS

第1章 汽车制造工艺过程概述 ……………………… 1
  1.1 汽车制造业的特点 ……………………………… 1
  1.2 汽车生产的工艺过程 …………………………… 1
  1.3 汽车产品的生产性质、生产纲领和生产类型 ……… 3
    1.3.1 生产纲领 …………………………………… 3
    1.3.2 生产类型和生产方式 ……………………… 4
    1.3.3 不同生产类型的工艺特征 ………………… 6
  1.4 制造自动化技术发展过程及发展趋势 …………… 7
    1.4.1 发展过程 …………………………………… 7
    1.4.2 发展趋势 …………………………………… 8
  1.5 计算机辅助工艺设计 …………………………… 10
    1.5.1 概述 ………………………………………… 10
    1.5.2 CAPP 系统的分类 ………………………… 11
  1.6 自动化制造系统 ………………………………… 11
    1.6.1 柔性制造单元和柔性制造系统 …………… 11
    1.6.2 计算机集成制造系统 ……………………… 13
    1.6.3 智能制造系统 ……………………………… 14
  习题 ………………………………………………… 15

第2章 汽车制造用工程材料 …………………………… 17
  2.1 汽车制造中常规工程材料 ……………………… 17
    2.1.1 金属材料 …………………………………… 18
    2.1.2 非金属材料 ………………………………… 19
    2.1.3 复合材料 …………………………………… 24
  2.2 汽车轻量化、塑料化及新型材料 ………………… 24
    2.2.1 高强度钢 …………………………………… 25
    2.2.2 有色合金 …………………………………… 26
    2.2.3 新型材料 …………………………………… 34
  2.3 汽车用主要塑料制品及其成型工艺 ……………… 36
    2.3.1 汽车用主要塑料制品 ……………………… 36

　　　　2.3.2 塑料的成型工艺 ………………………………………………………… 45
　2.4 纤维增强复合材料及其在汽车中的应用 ……………………………………… 47
　　　　2.4.1 纤维增强复合材料 ……………………………………………………… 47
　　　　2.4.2 复合材料的组成 ………………………………………………………… 48
　　　　2.4.3 碳纤维复合材料 ………………………………………………………… 50
　习题 …………………………………………………………………………………… 53

第3章　工件的装夹和机床夹具 …………………………………………………… 54

　3.1 工件的装夹方法 ………………………………………………………………… 54
　3.2 基准的概念 ……………………………………………………………………… 56
　　　　3.2.1 基准的分类 ……………………………………………………………… 56
　　　　3.2.2 基准间的相互关系 ……………………………………………………… 58
　3.3 工件定位的基本规律 …………………………………………………………… 59
　3.4 机床夹具的组成和分类 ………………………………………………………… 62
　　　　3.4.1 机床夹具的概念及功用 ………………………………………………… 62
　　　　3.4.2 机床夹具的组成 ………………………………………………………… 62
　　　　3.4.3 机床夹具的分类 ………………………………………………………… 64
　3.5 夹具的定位元件 ………………………………………………………………… 65
　　　　3.5.1 对定位元件的要求 ……………………………………………………… 65
　　　　3.5.2 定位元件的类型 ………………………………………………………… 66
　3.6 定位误差的分析与计算 ………………………………………………………… 73
　　　　3.6.1 定位误差及其计算方法 ………………………………………………… 73
　　　　3.6.2 定位误差的分析计算 …………………………………………………… 75
　3.7 工件的夹紧及夹紧装置 ………………………………………………………… 82
　　　　3.7.1 夹紧装置的组成及要求 ………………………………………………… 82
　　　　3.7.2 夹紧力的确定 …………………………………………………………… 83
　　　　3.7.3 常用的典型夹紧机构 …………………………………………………… 86
　3.8 典型夹具设计 …………………………………………………………………… 94
　　　　3.8.1 钻床夹具 ………………………………………………………………… 95
　　　　3.8.2 铣床夹具 ………………………………………………………………… 101
　　　　3.8.3 镗床夹具 ………………………………………………………………… 104
　　　　3.8.4 组合夹具 ………………………………………………………………… 107
　　　　3.8.5 成组夹具 ………………………………………………………………… 110
　　　　3.8.6 随行夹具 ………………………………………………………………… 112
　3.9 专用机床夹具设计的基本要求和步骤 ………………………………………… 113
　习题 …………………………………………………………………………………… 115

第4章　汽车零件表面的加工方法 ………………………………………………… 120

　4.1 车削、钻削和铰削 ……………………………………………………………… 120

4.1.1　车削 ………………………………………………………………………… 120
　　　4.1.2　钻削 ………………………………………………………………………… 126
　　　4.1.3　扩孔 ………………………………………………………………………… 128
　　　4.1.4　铰孔 ………………………………………………………………………… 129
　4.2　铣削、拉削、镗削和磨削 ……………………………………………………………… 130
　　　4.2.1　铣削加工 …………………………………………………………………… 130
　　　4.2.2　拉削加工 …………………………………………………………………… 133
　　　4.2.3　镗削加工 …………………………………………………………………… 135
　　　4.2.4　磨削加工 …………………………………………………………………… 137
　4.3　精整、光整加工 ………………………………………………………………………… 146
　　　4.3.1　研磨 ………………………………………………………………………… 146
　　　4.3.2　珩磨 ………………………………………………………………………… 146
　　　4.3.3　超精加工 …………………………………………………………………… 149
　　　4.3.4　表面强化工艺 ……………………………………………………………… 150
　4.4　数控加工技术 …………………………………………………………………………… 151
　　　4.4.1　数控技术与数控机床 ……………………………………………………… 151
　　　4.4.2　数控机床的加工原理 ……………………………………………………… 152
　　　4.4.3　加工中心 …………………………………………………………………… 153
　　　4.4.4　数控加工的特性 …………………………………………………………… 155
　　　4.4.5　数控程序的编制 …………………………………………………………… 155
　4.5　齿面加工 ………………………………………………………………………………… 156
　　　4.5.1　齿面加工方法分类 ………………………………………………………… 156
　　　4.5.2　插齿原理及运动分析 ……………………………………………………… 157
　　　4.5.3　滚齿加工原理及运动分析 ………………………………………………… 158
　　　4.5.4　蜗轮滚刀的工作原理 ……………………………………………………… 158
　　　4.5.5　剃齿 ………………………………………………………………………… 159
　　　4.5.6　珩齿 ………………………………………………………………………… 160
　　　4.5.7　磨齿 ………………………………………………………………………… 161
　4.6　电火花加工 ……………………………………………………………………………… 161
　习题 …………………………………………………………………………………………… 162

第5章　汽车零件的机械加工质量 …………………………………………………… 164

　5.1　机械加工质量的基本概念 ……………………………………………………………… 164
　　　5.1.1　机械加工精度 ……………………………………………………………… 164
　　　5.1.2　机械加工表面质量 ………………………………………………………… 167
　5.2　影响机械加工精度的主要因素 ………………………………………………………… 170
　　　5.2.1　工艺系统初始状态产生的误差 …………………………………………… 170
　　　5.2.2　工艺过程产生的误差 ……………………………………………………… 175
　5.3　影响机械加工表面质量的主要因素 …………………………………………………… 185

5.3.1　切削加工中影响表面粗糙度的因素 ……………………………………… 186
　　　5.3.2　磨削加工中影响表面粗糙度的因素 ……………………………………… 190
　　　5.3.3　影响表面层物理、力学性能变化的因素 ………………………………… 192
　5.4　提高机械加工质量的工艺途径 ………………………………………………………… 196
　　　5.4.1　改善设计工艺性 …………………………………………………………… 196
　　　5.4.2　提高机械加工精度的工艺途径 …………………………………………… 199
　习题 ……………………………………………………………………………………………… 202

第6章　机械加工工艺规程制定 ……………………………………………………………… 203

　6.1　机械加工工艺规程概述 ………………………………………………………………… 203
　6.2　工艺路线的制定 ………………………………………………………………………… 207
　　　6.2.1　定位基准的选择 …………………………………………………………… 207
　　　6.2.2　加工方法的选择 …………………………………………………………… 210
　　　6.2.3　加工阶段的划分 …………………………………………………………… 213
　　　6.2.4　加工工序的划分 …………………………………………………………… 213
　　　6.2.5　加工顺序的安排 …………………………………………………………… 214
　6.3　工序设计 ………………………………………………………………………………… 216
　　　6.3.1　加工余量的概念 …………………………………………………………… 216
　　　6.3.2　影响加工余量的因素 ……………………………………………………… 217
　　　6.3.3　加工余量的确定方法 ……………………………………………………… 219
　　　6.3.4　机床设备及工艺装备的选择 ……………………………………………… 219
　　　6.3.5　切削用量的确定 …………………………………………………………… 220
　　　6.3.6　时间定额的确定 …………………………………………………………… 221
　6.4　工艺方案的技术经济分析 ……………………………………………………………… 221
　6.5　提高机械加工生产率的工艺途径 ……………………………………………………… 225
　　　6.5.1　缩短单件时间定额的工艺措施 …………………………………………… 225
　　　6.5.2　采用自动化技术 …………………………………………………………… 228
　习题 ……………………………………………………………………………………………… 229

第7章　尺寸链原理与应用 …………………………………………………………………… 231

　7.1　尺寸链的基本概念 ……………………………………………………………………… 231
　　　7.1.1　尺寸链和尺寸链图 ………………………………………………………… 231
　　　7.1.2　尺寸链的组成 ……………………………………………………………… 232
　　　7.1.3　增减环的判别方法 ………………………………………………………… 233
　　　7.1.4　尺寸链的类型 ……………………………………………………………… 233
　　　7.1.5　机械制造中应用尺寸链的意义 …………………………………………… 236
　7.2　尺寸链的基本计算公式 ………………………………………………………………… 236
　　　7.2.1　尺寸链问题类型 …………………………………………………………… 236
　　　7.2.2　直线尺寸链的计算 ………………………………………………………… 237

7.2.3 平面和空间尺寸链的计算 ································· 241
7.3 装配尺寸链的建立 ··· 242
　　　7.3.1 装配精度 ·· 242
　　　7.3.2 查找装配尺寸链的方法 ································· 244
　　　7.3.3 保证装配精度的方法 ··································· 247
7.4 工艺尺寸链的应用 ··· 264
　　　7.4.1 工艺尺寸链的基本概念 ································· 264
　　　7.4.2 工艺尺寸链的分析与计算 ······························· 264
习题 ·· 271

第8章　汽车零部件结构工艺性 ·· 276

8.1 概述 ·· 276
8.2 汽车零件的机械加工工艺性 ··································· 277
　　　8.2.1 零件的标准化和系列化程度 ····························· 278
　　　8.2.2 采用切削加工性好的材料和标准型材 ····················· 279
　　　8.2.3 零件结构应便于装夹和安装 ····························· 279
　　　8.2.4 零件加工精度合理 ····································· 281
　　　8.2.5 零件结构应有利于高生产率加工 ························· 281
　　　8.2.6 零件结构应便于刀具工作 ······························· 284
　　　8.2.7 零件加工时应该具有足够的刚性 ························· 287
8.3 零件设计尺寸及其极限偏差和表面粗糙度的合理标注 ·············· 287
　　　8.3.1 对设计尺寸标注的要求 ································· 288
　　　8.3.2 零件设计尺寸的分类 ··································· 288
　　　8.3.3 主要尺寸的标注方法 ··································· 288
　　　8.3.4 尺寸标注的一般方法和步骤 ····························· 289
　　　8.3.5 尺寸标注时应考虑的一些工艺问题 ······················· 291
　　　8.3.6 表面粗糙度的合理标注 ································· 297
8.4 产品结构的装配工艺性 ······································· 298
　　　8.4.1 产品的继承性好 ······································· 298
　　　8.4.2 产品能分解成若干个独立装配的装配单元 ·················· 298
　　　8.4.3 各装配单元要有正确的装配基准 ························· 300
　　　8.4.4 便于装配和拆卸 ······································· 301
　　　8.4.5 正确选择装配方法 ····································· 302
　　　8.4.6 尽量减少装配时的修配和机械加工 ······················· 303
　　　8.4.7 连接结构形式应便于装配工作的机械化和自动化 ··········· 303
习题 ·· 303

第9章　典型汽车零件制造工艺 ·· 306

9.1 箱体零件的制造工艺 ··· 306

9.1.1 箱体零件的结构特点及结构工艺性分析 306
9.1.2 箱体零件的技术要求 308
9.1.3 箱体零件的机械加工工艺 309
9.1.4 箱体零件主要表面的机械加工 315
9.1.5 箱体零件位置误差的检测 316
9.2 连杆的制造工艺 318
9.2.1 连杆的结构特点及结构工艺性分析 318
9.2.2 连杆的机械加工工艺 320
9.2.3 连杆主要表面的机械加工 323
9.2.4 连杆的检验 327
9.3 曲轴的制造工艺 328
9.3.1 曲轴的结构特点及主要技术要求 328
9.3.2 曲轴的加工工艺分析 331
9.3.3 曲轴的机械加工工艺 336
9.4 齿轮的制造工艺 344
9.4.1 齿轮的结构特点及结构工艺性分析 344
9.4.2 齿轮的机械加工工艺 346
9.4.3 齿轮主要表面的机械加工 353
9.4.4 齿轮的检验 355
习题 355

第10章 汽车制造的新技术新工艺 357

10.1 智能制造概况 357
  10.1.1 智能制造的发展历程 357
  10.1.2 智能制造战略应用 358
  10.1.3 生产制造智能化整体解决方案 359
  10.1.4 重点发展方向 366
10.2 MES生产过程执行系统 366
  10.2.1 智能生产执行系统MES 366
  10.2.2 汽车的智能生产执行系统 367
  10.2.3 汽车生产与物流计划 369
  10.2.4 焊装车间MES 372
  10.2.5 涂装车间MES 375
  10.2.6 总装车间MES 377
  10.2.7 Andon系统 380
10.3 机械制造系统自动化 384
  10.3.1 机械制造自动化的特点 384
  10.3.2 机械制造自动化技术的应用 385
  10.3.3 机械自动化技术的发展趋势 385

10.4 计算机辅助制造 386
　　10.4.1 CAD/CAM 技术的发展趋势 386
　　10.4.2 CAD/CAM 技术对工业的影响 387
10.5 增材制造技术 388
　　10.5.1 增材制造技术的内涵 388
　　10.5.2 增材制造技术构成 389
　　10.5.3 增材制造技术的工艺 390
10.6 虚拟制造 392
　　10.6.1 虚拟制造的关键技术 392
　　10.6.2 虚拟制造技术的优点 393
　　10.6.3 虚拟制造技术的应用 394
10.7 绿色工艺 395
　　10.7.1 绿色工艺在机械制造中的必要性 395
　　10.7.2 实施绿色工艺技术的有效途径 396
　　10.7.3 绿色工艺技术在机械加工中的应用 397
　　10.7.4 绿色工艺的未来发展 398
习题 399

参考文献 401

第 1 章

汽车制造工艺过程概述

1.1 汽车制造业的特点

汽车的生产过程是通过一系列工艺流程将原材料转化为相应产品的过程。汽车作为具有复杂结构的机械产品,组成元件数量及种类繁多,部分零件及总成的技术要求高,意味着汽车的生产过程是一个复杂的过程。通常,汽车的制造过程包括原材料的选取、毛坯件的制造、零件的机械加工、毛坯件及零件的热处理、部件的装配及车辆的总装、产品后续的质量检验、性能测试等一系列流程。

汽车的生产过程复杂,需要不同专业化生产车间及不同行业的紧密协作。例如,一辆汽车的生产涉及了机械制造行业、玻璃制造业、电子器械制造行业等,不同行业为生产过程的顺利进行提供了保证。任何一家汽车制造行业都不可能承担全部零件的生产任务。一般地,企业只需完成车辆生产过程的核心零件的生产任务,如发动机、变速器、车架等。在企业内部,基于生产过程的工艺需求,设置铸造、锻造、热处理等不同的专业化车间。各专业化车间按照产品的协作原则完成产品的不同工艺流程,输出最终的产品。汽车的生产过程复杂,是由汽车制造企业与其配套企业共同完成的,具有社会化的特点。

1.2 汽车生产的工艺过程

工艺过程作为生产过程的重要一环,是通过改变原材料的形状、尺寸、相对位置和性质等属性,将其加工成为成品或半成品的过程。对于汽车制造而言,其工艺过程包括锻造工艺过程、铸造工艺过程、热处理工艺过程、机械加工及部件或零件的装配工艺过程等在内的一系列工艺过程。锻造是通过快速闭合冲头和模具,使加热工件受压变形至与模具型腔重合,得到具有一定形状、尺寸和性能锻件的工艺方法。铸造是通过将熔融金属浇注、压射或吸入铸型型腔中,待其凝固后得到具有一定形状、尺寸和性能铸件的工艺方法。热处理是指零件在固态下,通过加热、保温和冷却的手段,以使零件具备预期组织和性能的一种金属热加工工艺方法。机械加工则是通过各种不同的加工装置,利用合适的加工方法,改变毛坯的形状、尺寸、位置和性质等,使其成为符合产品设计及生产要求的零件的工艺过程。零件的装配工艺过程则是通过规定的装配技术要求,有序完成各零件的装配过程,使其成为具有特定功能的部件。轿车的主要生产过程如图1-1所示。

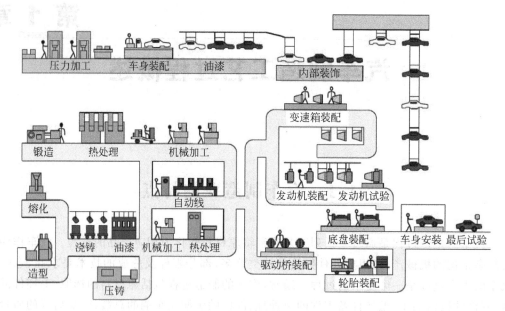

图 1-1 轿车的主要生产过程

机械加工工艺过程是由一个或多个按一定顺序进行的工序组合而成的。同时,工序又可进一步细化为安装、工位、工步和走刀等内容。它们按一定顺序进行,逐步地改变毛坯的形状、尺寸及材料的性能,使其成为符合设计要求的零件。

1. 工序

工序是工艺过程的基本组成部分,是指一个(或一组)工人,在一个工作地(或机床设备)对一个(或同时对几个)工件连续完成的那一部分工艺过程。工人、工作地、工件及连续作业是构成工序的四要素。连续作业是指在该工序内的所有工作均是不间断地接连完成。因此,工序划分的依据便在于:零件加工过程中的工作地(或机床设备)是否发生改变,对一个工件不同表面的加工过程是否连续完成。若其中任何一个条件发生改变,则应划分为另一工序。工序的划分有利于生产效率的提高和生产成本的降低,同时,也利于企业劳动定额的制定,工人、机床设备以及作业计划的安排。

2. 安装

安装是指工件在一道工序中在经过一次装夹后所完成的那一部分工艺过程。在同一工序中,工件可能只经过一次装夹,也可能经过多次装夹。在安装过程中,工件的形状、尺寸及材料性能等均未发生改变,可视为工艺过程的辅助性内容,但它是完成工序不可缺少的步骤。在同一加工工序中,应尽量减少安装次数,以减少装夹误差以及提高生产效率和工件的质量。

3. 工位

工位是指工件在一次安装中,工件在机床上相对于刀具占有的每一个加工位置。在一次安装中可以使工件占有多个加工位置。图 1-2 所示为一利用回转工作台在一次安装中顺次完成装卸工件、钻孔、扩孔和铰孔四工位加工的例子。

4. 工步

工步是指在一个工序中,当加工表面、切削刀具、切削速度和进给量都保持不变时所完成的那一部分工艺过程。划分工步的标志是上述四个因素均不变,若有一个发生改变,则应视为不同工步。图 1-3 所示为五个工步连续加工变速器第一轴阶梯外圆。有时为了提高生产效率,通常在一个安装条件下,利用多套刀具对多个表面同时进行加工,这也可看做一个工步,也称为一个复合工步。

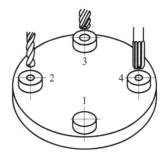

图 1-2　工件在回转工作台上加工示意图
1—装卸工件;2—钻孔;3—扩孔;4—铰孔

5. 走刀

在同一个工步中,若工件待切削金属层较厚,可分多次进行切削,每一次切削,就称为一次走刀,亦叫一个工作行程。根据被切除的金属厚度不同,一个工步可以包括一次或数次走刀,如图 1-4 所示。

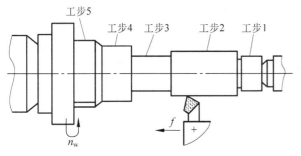

图 1-3　车削变速器第一轴阶梯外圆

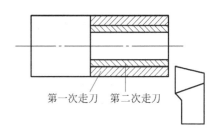

图 1-4　走刀示意图

1.3　汽车产品的生产性质、生产纲领和生产类型

1.3.1　生产纲领

对于汽车制造厂来说,根据市场需求、销售和自身的生产能力制定的年产量和进度计划,便称为该汽车制造厂的生产纲领。而对于汽车零件的生产车间或协作厂的生产纲领,可利用下式确定:

$$N = Qn(1+\alpha)(1+\beta) \tag{1-1}$$

式中:N——零件的生产纲领(件/年);
Q——产品的生产纲领(台/年);
n——每台汽车中含该零件的数量(件/台);

α——该批次中备件的百分率;

β——该批次中废品的百分率。

将生产纲领所确定的零件数量在一年里分批生产,每批生产的数量即为批量。但需注意,汽车零件生产车间、协作厂或生产线由于所生产的产品零部件的结构特点、工艺特点、需求量以及零部件使用寿命长短不同,可能具有不同的生产类型。

1.3.2 生产类型和生产方式

汽车产品的销售与工厂的生产能力,决定了工厂的生产纲领,而生产纲领的制定,则决定了产品的生产类型,生产类型一般分为单件生产、成批生产及大量生产。

1. 单件生产

单件生产是指一次生产一台或少量的几台汽车,不重复或很少重复的一种生产方式。该种生产类型大都出现在汽车产品试制阶段。这种生产类型所生产的汽车产品,由于往往只进行一次或很少重复,因此在生产组织上很灵活,加工设备为通用设备,专用夹具使用较少,而更多的是采用组合夹具。

2. 成批生产

成批生产是指周期性轮换制造相同的产品,制造过程具有一定的重复性。根据批量的大小,成批生产又可细分为小批生产、中批生产及大批生产。中、重型载货汽车的生产属于该种生产类型。在小批生产中,汽车产品产量不多,但周期性生产,其特征与单件小批量生产相似。大批生产的工艺过程特点和大量生产相似;中批生产的工艺过程特点则介于单件小批量生产和大批量生产之间。

3. 大量生产

大量生产是指产品的数量很大,大多数工作地点经常重复地进行某一个零件或几种相似零件的某一工序的生产活动。汽车产业链的加工,均采用该种生产类型。由于大量生产的零件数量很多,因此,在生产组织上,按零件的结构或部件的独立功能作用专业化进行,如发动机、变速箱、车身等。同时,为了提高生产效率,生产设备常采用专用机床设备。

三种不同的生产类型,在实际生产中可能同时发生在一个工厂、甚至一个车间内。例如,某一发动机的制造是成批生产,但是发动机所用的某一个零件可能采用大量生产方式。此外,在一个专业化制造厂或车间内,根据零件的结构、尺寸和工艺特征的相似性,对同类零件进行分组,将同组零件集中在一条生产线或一台设备上进行加工,这便是所谓的成组技术。这样,既可使多品种小批量零件生产统一起来变为成批大量生产,又可采用先进的生产工艺和生产组织形式。当生产从一种零件转换到另一种零件时,设备或生产线不需调整或稍作调整即可。

传统汽车生产同其他产品一样,选用生产类型与生产方式的准则仍然是质量、成本、生产率。但随着生产技术的发展,人们消费水平的提高,消费的个性化以及汽车制造竞争日趋激烈,使传统的大批量生产类型正逐步被多品种小批量生产模式所取代。质量、成本、生产率这一传统准则的内涵也被赋予了新的含义,从而在汽车制造领域内提出了新的 T(交货时间)、Q(质量)、C(成本)、S(服务)准则。根据 TQCS 四要素的要求,在满足用户需求的前提下,为了在激烈的市场竞争中占领优势地位并取胜,快速响应制造的概念正在汽车制造业界以风起云涌之势推广开来。快速制造不仅要求更新换代的进程,而且要求保持质量领先。因此,确定一种汽车产品的生产类型、生产方式及制造工艺时,既要对汽车制造技术有深刻透彻的掌握,还要从汽车生产管理的角度做出有战略眼光的选择。

汽车及其零部件的生产过程实际上包括零件、部件及整车生产的全过程。纵观世界汽车制造的生产方式,主要有以下三种:

(1) 生产全部零部件,并且组装整车;

(2) 只负责汽车的设计和销售,不生产任何零部件;

(3) 生产一部分关键的零部件(如发动机等),其余的向其他专业生产厂(公司)成套采购。

第一种生产方式,如传统上的一些大型、超大型汽车制造企业,这些企业拥有汽车所有零部件设计、加工制造能力,在一个局部地区形成大而全、小而全的托拉斯汽车制造企业。这种生产方式对市场的适应性极差,难以做到生产设备负荷的平衡,固定资产利用率低,工人工作极不均衡,是一种呆板、跟不上时代、落后的生产方式。

第二种生产方式,固定资产投入少,充分适应市场变化快的特点,转产容易,使汽车生产彻底社会化、专业化,如国外敏捷制造中的动态联盟。其实质就是在互联网信息技术支持下,在全球范围内实现这一生产方式。这种生产方式突出了知识在现代制造中的作用和地位,是一种将传统的汽车制造由资金密集型向知识密集型过渡的先进生产方式。

第三种生产方式,克服了第一种方式的投资大、对市场适应性差的缺点,也克服第二种方式不能控制掌握汽车制造中的核心技术和工艺的不足,成为当今汽车制造最常用的生产方式之一。按这种生产方式运作,汽车生产只控制整车、车身及发动机等核心零部件的设计、生产,其余零部件由专业生产厂家提供。如美国的三大汽车公司,在各自公司周围有成百上千的专业生产企业,承担了汽车零件、配件和汽车生产所需的专用工装夹具、模具、专用设备的生产供应。日本的汽车工业生产格局也是如此。如日本电装、丰田工机等公司原来都是典型的专业生产零部件的企业,它们不仅为日本本国汽车生产企业提供配件,并且为全球汽车生产厂商供货。以日本电装为例,它原是丰田旗下的一个汽车电器配套子公司,1949年另立门户后,现已经成为年产值超过 120 亿美元的日本最大的汽车零部件生产厂,所生产的汽车空调器、起动机、刮水器、散热器等产品市场占有率位居世界首位。

20 世纪初到中叶,汽车制造主要以福特生产方式为代表,其生产特点为典型的大批量生产方式。专用设备、刚性生产线,以及零件高度互换和质量统计分析为主的质量保证体系,代表了它的主要特征。这个时期,工序优化的制造技术研究对提高生产率、降低制造成本发挥了决定性作用。但随着经济的发展,人们消费水平的提高,汽车消费要求日趋个性化,多品种、小批量的汽车生产方式逐渐占据主导地位。但在多品种、小批量生产方式中,汽车制造的效益不再显著。如何面对激烈的市场竞争,使企业保持良好的效益,从管理科学方面对汽车制造提出了许多新理念及企业运作方法。如日本丰田公司实施的准时生产及生产监控方法。所谓准时生产,就是在需要的时间里生产需要的合格产品。生产监控方法就是在生产线中保证进入下一工序的成品或半成品是100%的合格品。丰田的这种生产运作方式不仅适应了市场变化,而且使在制品库存积压量大大减小。又如美国里海大学与通用汽车公司(GM)共同提出的敏捷制造(AM)的概念。敏捷制造的目的在于快速解决市场需求问题,基本核心内容就是虚拟公司与动态联盟。所谓虚拟公司,就是当有了成熟的汽车产品设计后,不再像传统汽车生产方式那样组织生产,而是通过计算机网络在全球范围内选择最具实力的制造业组成联盟,即虚拟公司。虚拟公司的生产运作均是通过网络、数据库、多媒体等信息化技术手段来完成的。当产品的市场寿命结束时,虚拟公司也就完成了其使命。在扁平化管理的虚拟公司的运作中,各加盟配套企业在技术、经济、管理上各自相对独立,有较大自我决策权,联盟仅仅参与建议,这样更利于实现敏捷设计、敏捷制造的并行。实际上,现在许多发达国家的汽车制造工业在生产方式及配套体系运作上已经全面推行这种理念。

1.3.3 不同生产类型的工艺特征

生产类型不同,生产组织、管理,生产车间的布置,零件的加工工艺、工艺装备、毛坯制造方法及对工人的技术要求等,都有不同的要求。因此,在制定工艺规程时,需要充分考虑生产类型的工艺特征,以期取得最大的经济效益。表1-1对不同汽车生产类型和工艺过程的工艺特征进行了较为详细的比较和描述。

表1-1 各生产类型的工艺特征

名　称	单件生产	成批生产	大量生产
生产对象	品种很多,数量少	品种较多,数量较多	品种较少,数量很多
零件互换性	广泛采用钳工修配	大部分零件具有互换性,同时保留试配	具有广泛的互换性,某些高精度配合采用分组选择装配法
毛坯制造	广泛采用木模手工造型、自由锻造,毛坯精度低,加工余量大	部分采用金属模造型,部分锻件用模锻,毛坯精度中等	广泛采用金属模机器造型、模锻等,毛坯精度高,加工余量小
机床设备及其布置	通用机床、数控机床及加工中心,机床按机群布置	部分采用通用机床、数控机床、加工中心、柔性制造单元、柔性制造系统,机床按零件类别分工段排列	采用高效专用机床、组合机床、可重组机床,采用流水线或自动线进行生产
获得所需加工精度的方法	试切法	通常在调整好的机床上加工,有时亦会采用试切法	在调整好的机床上加工
装夹方法	通用夹具装夹	夹具装夹	高效专用夹具装夹
工艺装备	广泛采用通用夹具、量具和刀具	采用标准刀具、标准量具,部分采用专用刀具、专用量具	广泛采用专用刀具、专用量具
对工人要求	对工人技术水平要求高	对工人技术水平要求较高	对调整工技术水平要求高,对操作工技术水平要求不高
工艺文件	工艺过程卡片	一般有工艺过程卡片,重要工序有工序卡片	工艺过程卡片、工序卡片、检验卡片

1.4 制造自动化技术发展过程及发展趋势

1.4.1 发展过程

自从18世纪中叶瓦特发明蒸汽机以来,制造自动化技术就随机械化的发展而得到迅猛发展,从其发展过程来看,可以分为五个阶段。

第一阶段:刚性自动化,包括自动单机和刚性自动线。该阶段在20世纪40—50年代已经相当成熟,应用传统的机械设计与制造工艺方法,采用专用机床和组合机床、自动化单机或自动化生产线进行大批量生产。如1870年美国发明了自动制造螺钉的机器,是典型的单机自动化系统。1924年第一条采用流水作业的机械加工自动线出现在英国的Morris汽车公司,1935年苏联成功地研制出第一条汽车发动机气缸体加工自动线。这两条自动线的出现,使得自动化制造技术由单机自动化转向了自动化系统。在第二次世界大战前后,美国福特汽车公司采用自动化生产线,使汽车生产率成倍提高,生产成本大幅度降低,汽车的质量明显改善。随后,自动化制造技术和自动化制造系统得到迅速普及。虽然当时的自动化制造系统仅限于像汽车这样的大批大量生产的产品,但它对人类社会生产技术的发展却起到了巨大的推动作用。1946年,苏联又提出了成组生产工艺的思想,其对自动化制造系统的发展具有十分重要的意义。至今,成组技术仍然是自动化制造系统赖以生存和发展的主要技术基础之一。

第二阶段:数控加工,包括数控(Numerical Control,NC)和计算机数控(Computer Numerical Control,CNC)。数控加工设备包括数控机床、加工中心等。其特点是柔性好、加工质量好,适应于多品种、中小批量(包括单件产品)的生产。第一台数控机床于1925年在美国的麻省理工学院研制成功,从1956年开始逐渐在中、小批量生产中得到应用。1953年,麻省理工学院又成功地研制出著名的数控加工自动编程语言,为后来的数控加工技术发展奠定了基础。1958年,美国研制成功第一台具有自动换刀装置和刀库的数控机床及加工中心(Machining Centre,MC)。第一台工业机器人于1959年也在美国问世。1960年,美国研制出自适应控制机床。1961年,计算机控制的碳电阻自动化制造系统在美国出现,可以称为计算机辅助制造(Computer Aided Manufacturing,CAM)的雏形。1962年和1963年,圆柱坐标式工业机器人和计算机辅助设计(Computer Aided Design,CAD)及绘图系统又相继在美国问世。1965年出现了计算机数控机床,它的出现为实现更高级别的自动化制造系统扫清了技术障碍。

第三阶段:柔性制造。该阶段的特征是强调制造过程的柔性和高效率,适应于多品种、中小批量的生产。涉及的技术主要包括成组技术、计算机直接数控和分布式数控、柔性制造单元、柔性制造系统、柔性加工线、离散系统理论和方法、仿真技术、车间计划与控制、制造过程监控技术、计算机控制与通信网络等。1967年英国的Molins公司成功地研制出计算机控制的6台数控机床的可变制造系统,该系统被称为最早的柔性制造系统,它的问世,使多品种的、小批量复杂零件生产的自动化及降低成本和提高效率的问题得以解决。随着工业机器人和数控技术的发展和成熟,20世纪70年代初出现了小型自动化制造系统,即柔性制造单元。1980年,日本首次建成无人化机械制造厂——富士工厂,实现了除装配以外其他工序的完全自动化。

第四阶段:计算机集成制造(Computer Integrated Manufacturing,CIM)和计算机集成制造系统(Computer Integrated Manufacturing System,CIMS),其特征是强调制造全过程的系统性和集成性,以解决现代企业生存与竞争的TQCS问题。CIMS涉及的学科技术非常广泛,包括现代制造技术、管理技术、计算机技术、信息技术、自动化技术和系统工程技术等。CIMS是由美国人约瑟夫·哈林顿提出的概念,其基本思想是借助于计算机技术、现代系统管理技术、现代制造技术、信息技术、自动化技术和系统工程技术,将制造过程中有关的人、技术和经营管理三要素有机集成,通过信息共享以及信息流与物流的有机集成实现系统的优化运行。所以说,CIMS技术是集管理、技术、质量保证和制造自动化为一体的广义自动化制造系统。从20世纪80年代以来,CIMS技术发展经历了一个痛苦的过程。在CIMS发展初期,人们对CIMS的认识不够深刻,把CIMS理解为全盘自动化的无人化工厂,忽视了人的主导作用。直到20世纪90年代,CIMS的概念发生了根本的变化,提出了以人为中心的CIMS思想,并将并行工程、精益生产、敏捷制造和企业重组等新思想、新模式引入CIMS中,使CIMS思想得到改进、补充、完善,以至形成了第二代CIMS的新观念。

第五阶段:新的制造自动化模式,如智能制造、敏捷制造、虚拟制造、网络制造、全球制造、绿色制造等。

1.4.2 发展趋势

制造自动化技术发展趋势主要是全球化、敏捷化、网络化、虚拟化、智能化和绿色化。

1. 制造全球化

近年来,随着互联网技术的发展,制造全球化的研究和应用发展迅速。制造全球化包括的内容非常广泛,主要有:

(1) 市场的国际化,产品销售的全球网络正在形成;
(2) 产品设计和开发的国际合作;
(3) 产品制造的跨国化;
(4) 制造企业在世界范围内的重组与集成,如动态联盟公司;
(5) 制造资源的跨地区、跨国家的协调、共享和优化利用;
(6) 全球制造的体系结构将会形成。

2. 制造敏捷化

敏捷制造是一种21世纪的制造战略和现代制造模式。当前,世界各国敏捷制造研究十分活跃,发展迅速。制造环境和制造过程的敏捷性问题是敏捷制造的重要组成部分。敏捷化是制造环境和制造过程面向21世纪制造活动的必然趋势。制造环境和制造过程的敏捷化内容很广,主要有:

(1) 柔性。包括设备柔性、工艺柔性、运行柔性和扩展柔性等。
(2) 重构能力。能实现快速重组重构,增强对新产品快速开发以及对市场的快速响应能力。

(3) 快速化的集成制造工艺。如快速成型技术,是一种 CAD/CAM 的集成工艺。

3. 制造网络化

网络技术的发展,给企业带来了新的变革,注入新的活力,其影响的深度、广度和发展速度超出人们预测。制造网络化,表现在以下几个方面:

(1) 制造环境内部的网络化,实现制造过程的集成;
(2) 制造环境与整个制造企业的网络化,实现制造环境与企业中各子系统的集成;
(3) 企业与企业间的网络化,实现企业间的资源共享、组合与优化利用;
(4) 通过网络,实现异地制造。

4. 制造虚拟化

基于数字化的虚拟化技术主要包括虚拟现实(VR)、虚拟产品开发(VPD)、虚拟制造(VM)和虚拟企业(VE)。制造虚拟化主要是指虚拟制造,又称拟实制造。虚拟制造是以制造技术和计算机技术支持的系统建模技术和仿真技术为基础,集现代制造工艺、计算机图形学、并行工程、人工智能、人工实现技术和多媒体技术等多种高新技术为一体,由多学科知识形成的一种综合系统技术。它将现实制造环境及其制造过程通过建立系统模型借助相关技术在计算机中进行模拟,以实现对产品制造及制造系统的行为进行预测和评价。虚拟制造是实现敏捷制造的关键技术,对制造业的发展起到至关重要的作用。

5. 制造智能化

智能制造将是制造自动化发展的趋势。所谓智能制造系统(Intelligent Manufacturing System,IMS),是指一种由智能机器和人类专家共同组成的人机一体化的制造系统,它在制造过程中能进行分析、推理、判断、构思和决策等智能活动。智能制造技术的宗旨在于通过人与智能机器相结合,部分取代人类专家在制造过程中的脑力劳动,以降低人的脑力劳动强度,实现制造过程的优化。

6. 制造绿色化

环境、资源、人口是当今人类社会面临的三大主要问题。环境问题,其恶化程度与日俱增,正在对人类社会的生存和发展构成严重威胁。资源问题,它不仅涉及人类世界有限的资源如何利用,而且又是引发环境问题的主要根源。由于制造业量大面广,因此对环境的影响很大。制造业一方面是大多数国家的支柱产业,但另一方面也是环境污染的主要源头。有鉴于此,如何使制造业尽可能地不污染环境,是环境问题研究的一个重要方面。于是人们提出了绿色制造(Green Manufacturing,GM)这个新概念。绿色制造是一个综合考虑环境影响和资源效率的现代制造模式,其研究的目标是产品从设计、制造、包装、运输、使用到报废处理的整个产品生命周期中,对环境的影响(副作用)最小,资源效率最高。绿色制造是可持续发展战略在制造业中的具体体现,涉及产品的整个生命周期。对制造环境和制造过程来说,绿色制造主要涉及资源的优化利用、环保生产以及废弃物的最少化与综合利用。

1.5 计算机辅助工艺设计

1.5.1 概述

计算机辅助工艺过程设计(Computer Aided Process Planning,CAPP)是连接 CAD 与 CAM 的桥梁。来自 CAD 的几何和技术要求的数据在 CAPP 完成加工处理,成为辅导生产加工的制造数据。CAD 的结果能否有效、充分地在生产中予以应用和实现,数控机床与加工中心能否充分发挥其最大作用,CAD 与 CAM 能否真正实现集成,CAPP 技术起到关键作用,并且受到越来越广泛的重视。

传统工艺过程设计是由工艺人员手工逐步设计完成的。工艺过程设计面对大量信息,并且各种信息之间的关系错综复杂,既包括加工对象、原材料的形状与加工性、成品的形状与精度和产量等方面的信息,又包括生产设备和工艺装备等方面的信息。这就使得手工方式设计工艺过程要花费大量的人力和时间,也因此带来一定的问题:

(1) 工艺设计的效率亟待提高,设计信息无法直接利用,产品信息等需要重复输入;绘制工艺简图和填写特殊符号比较烦琐;缺乏有效的信息检索手段,信息检索效率低;无法实现制造工艺数据的快速计算。

(2) 工艺设计资源利用率不高,机床设备、工艺装备、切削用量、加工参数普遍依靠查手册;多年积累的成熟工艺无法有效的利用;工艺资源不透明,查找十分困难。

(3) 工艺知识积累、继承、创新困难,对工艺人员要求高,需要丰富的生产经验;有经验的工艺人员比较缺乏,工艺知识缺乏积累的载体;工艺人员没有精力进行工艺的创新。

(4) 工艺信息汇总手段落后,效率低、易出错,手工统计各类清单(如工艺装配明细表、消耗工具明细表等)工作量大,效率低、易出错;手工统计的各类清单不利于计算机管理;手工统计的各类工艺数据不利于向其他应用系统传递。

(5) 存在"信息孤岛"问题,产品设计信息无法直接利用;CAM 所需的零件加工中所涉及的设备、工装、切削参数等信息无法提供;产品数据管理所需要的零部件工艺信息无法提供;企业资源计划所需要的机械加工工艺过程、工时等信息无法及时提供。

(6) 工艺管理需要进一步完善,工艺术语、填写方式等需要进一步规范;工艺签审缺乏有效的管理和监控手段;工艺信息安全缺乏有效的保障措施。

CAPP 技术的出现和发展能够很好地解决上述问题,不仅能够实现工艺过程设计的自动化,把工艺设计人员从烦琐和重复性的劳动中解放出来,而且可以大大缩短工艺设计周期,缩短生产准备时间,提高产品对市场的响应能力。

通常,一个 CAPP 系统应具有以下功能:①检索标准工艺文件;②选择加工方法;③工序安排;④选择机床、刀具、量具、夹具、辅具等;⑤选择装夹方式、装夹表面和定位基准;⑥优化选择切削用量;⑦计算加工时间和加工费用;⑧确定工序尺寸和公差;⑨选择毛坯;⑩绘制工序图及编写工序卡。有的 CAPP 系统还具有计算刀具轨迹、自动进行 NC 编程和进行加工过程模拟的功能。

1.5.2 CAPP 系统的分类

对 CAPP 技术的研究始于 20 世纪 60 年代中期。1969 年,挪威正式推出了第一个 CAPP 系统 AUTOPROS,美国计算机辅助制造公司(Computer Aided Manufacturing-International,CAM-I)在 1976 年开发的 Automated Process Planning 系统,成为 CAPP 系统发展的里程碑。我国 CAPP 系统的研究开始于 20 世纪 80 年代,1982 年同济大学研制出国内第一个 CAPP 系统——TOJICAP,之后,清华大学、西北工业大学等也开发出了相应的 CAPP 系统。

国内外众多学者对于 CAPP 的研发工作持续发展,并且已经推出了多种商品化的 CAPP 系统。按工作原理,可以分为以下几类:

(1) 派生法。派生法是一种建立在成组技术基础上的 CAPP 系统。首先,根据零件相似原理(几何形状和工艺上的相似性)将各种零件分类归族,形成零件组。针对每一零件族(组),选择一个能包含该组中所有零件特征的零件为标准样件,也可以虚拟一个想象中的零件,使它包含该族(组)中所有零件特征,根据标准样件编制标准工艺规程;并利用该标准工艺规程自动生成该零件的成组技术代码;再根据零件的成组技术代码,由系统自动判定零件的零件族(组)别,并检索出该零件族的标准工艺规程;然后根据零件的结构形状特点和尺寸及公差,利用系统提供的修改编辑功能,对标准工艺规程进行修改编辑,最后得到所需的工艺规程。

(2) 创成法。与派生法 CAPP 系统不同之处,创成法 CAPP 系统中没有标准工艺规程,只有一个收集有大量工艺数据的数据库和一个机械加工工艺专家系统。当输入零件的有关信息后,系统可以在没有人工干预的条件下自动生成该零件的工艺规程。创成法 CAPP 系统理论还不够完善,因此还没有出现一个纯粹的创成法 CAPP 系统。创成法 CAPP 系统的核心是工艺决策逻辑。

(3) 专家系统法。专家系统法是在一定的专业领域内将人类专家的有关经验和知识表示成计算机能接受和处理的符号形式,采用专家的推理和控制策略解决该领域内只有专家才能解决问题的方法。专家系统是人工智能的一个发展方向,它是以知识为基础的智能系统。

计算机辅助工程设计专家系统一般由知识库、零件信息输入、推理机、知识获取和人机接口等模块组成。在设计一个零件的工艺过程时,系统根据输入的零件信息不断地访问知识库,并通过推理机中的控制策略从知识库中搜索能处理当前状态的规则,然后执行这种规则,并把每一次执行规则得到的结论按先后次序确定下来,直到零件的全部信息处理完毕。

1.6 自动化制造系统

1.6.1 柔性制造单元和柔性制造系统

1. 柔性制造单元

柔性制造单元(Flexible Manufacturing Cell,FMC)是在制造单元的基础上发展起来、具有柔性制造系统(Flexible Manufacturing System,FMS)部分特点的一种单元。通常由 1~3 台具有零件缓冲区、刀具换刀及托板自动更换装置的数控机床或加工中心与工件储存、运输装置组成。FMC 作为柔性制造系统中的基本单元,被视为一个规模最小的 FMS,是 FMS 向廉价化及小型化方向发展的一种产物。与 FMS 相比,FMC 的主要优点是:系统结构简单,成本较低,可靠性高。正是由于 FMC 拥有这些优点,所以采用 FMC 比采用简单的数控机床和更复杂的 FMS 有着更明显的技术、经济优势:①增加了柔性;②生产利润高,便于实现计算机集成生产系统;③适合于多品种零件的加工;④FMC 的自动化程度虽略低于 FMS,但其投资比 FMS 少得多,而经济效益接近,因而更适用于财力有限的中小型企业。目前,国内外众多厂家都将 FMC 列为重点发展对象。

2. 柔性制造系统

关于 FMS 的定义很多,下面给出一些权威性的定义。

美国国家标准局将 FMS 定义为:由一个传输系统联系起来的一些设备,传输装置把工件放在其他连接装置上送到各加工设备,使工件加工准确、迅速和自动化。中央计算机控制机床和传输系统,FMS 有时可同时加工几种不同的零件。

国家生产工程研究协会定义为:FMS 是一个自动化的生产制造系统,在最少的人工干预下,能够生产任何范围的产品族,系统的柔性通常受到系统设计时所考虑的产品族的限制。

欧共体机床工业委员会认为:FMS 是一个自动化制造系统,它能够以最少的人为干预加工任一范围的零件族工件,该系统通常用于有效加工中小批量零件族以不同批量加工或混合加工;系统的柔性一般受到系统设计时考虑的产品族限制,该系统含有调度生产和产品通过系统路径的功能。系统也具有产生报告和系统操作数据的手段。

综上所述,FMS 可定义为:FMS 是由若干台数控设备、物料运储装置及计算机控制系统组成的,并能根据制造任务和生产品种变化而迅速进行调整的自动化制造系统。它包括 4 台或更多台全自动数控机床(加工中心与车削中心等),由集中的控制系统及物料搬运系统连接起来,可在不停机的情况下实现多品种、中小批量的加工及管理。FMS 的控制、管理功能比 FMC 强,对数据管理与通信网络的要求高。

FMS 通常包括以下三部分:

(1) 数控机床或加工中心。数目一般在 20 台以下,较为适宜的规模是 5~10 个加工工位。

(2) 运送零件和刀具的传送系统。可以由运输带、托板、有轨小车、无轨小车、机器人等单项或多项装置组成,运输线路可粗略分为直线式、环形封闭式、网状式和直线随机式四类。

(3) 计算机控制系统。包括设计规划、工程分析、生产调度、系统管理、监控及通信等子系统。

FMS 的优点:系统自动化程度高,零件加工质量非常好,加工时间短,易于实现更高级的自动化制造系统。因此,它最适用于多品种、中小批量的零件生产。

世界著名的汽车制造商 BMW 公司,为了积极应对市场变化,推行的策略就是"柔性化制造"。车身框架结构的制造就是一个实例。该公司将某些不同系列的车身"混合"在一起生产,同一车型系列的各个变型也都可以混合生产。

1.6.2 计算机集成制造系统

1. CIM 与 CIMS 概念

20世纪70年代中期,随着市场全球化的发展,世界工业市场竞争日益加剧,给企业带来了巨大的压力,迫使企业纷纷寻求有效途径,以加速推出高性能、高可靠性、低成本的产品,使其竞争力增强。另外,由于计算机技术有了飞速的发展,并且在工业领域中不断应用,这就为CIMS的产生奠定了基础。

1974年,美国约瑟夫·哈林顿博士针对企业所面临的激烈市场竞争形势提出了一种组织企业生产的新思想。这种新思想有两个基本观点:一是制造业中的各个部分,即从市场分析、经营决策、工程设计、制造过程、质量控制、生产指挥到售后服务的各个生产环节是不可分割的,互相紧密联系在一起;二是整个制造过程本质上可抽象成一个数据的采集、传递、加工和利用的过程。这两个紧密联系的基本观点构成了CIM的概念。

围绕着哈林顿博士的这一基本思想,各国对CIM的定义进行了不断的研究和探索。1985年德国经济委员会(AWF)推荐的定义是:CIM是指在所有与生产相关的企业部门中集成地采用电子数据处理,CIM包括了在生产计划与控制(PPC)、计算机辅助质量管理(CAQ)之间信息技术上的协同工作,其中生产产品所必需的各种技术功能域管理功能应实现集成。美国IBM公司1990年关于CIM的定义:应用信息技术提高组织的生产率和响应能力。欧共体CIM-OSA课题委员会关于CIM的定义:CIM是信息技术和生产技术的综合应用,旨在提高制造型企业的生产率和响应能力,由此,企业的所有功能、信息、组织管理方面都是一个集成起来的整体的各个部分。日本能率协会在1991年完成的研究报告中对CIMS的定义:为实现企业适应以后环境的经营策略,有必要从销售市场开始对开发、生产、物流、服务进行整体优化组合。CIM是以信息为媒介,用计算机把企业活动中多种业务领域及其职能集成起来,追求整体效率的新型生产系统。

863CIMS主体专家组通过近十年来对这种哲理的具体实践,根据中国国情,把CIM及CIMS定义为:CIM是一种组织、管理与运行企业生产的哲理,它借助计算机硬件及软件,综合运用现代管理技术、制造技术、信息技术、自动化技术、系统工程技术,将企业生产全过程中有关的人员组织、技术、经营管理三要素与其信息流、物流有机地集成并优化运行,实现企业整体优化,以达到产品高质、低耗、上市快、服务好,从而使企业赢得市场竞争。CIMS是基于CIM哲理构成的系统,它是CIM哲理的具体体现,并且CIMS的核心体现在"集成"两字。

2. 计算机集成制造系统的组成

CIMS由四个应用分系统及两个支承分系统组成。市场信息进入管理信息分系统,经过分析决策确定产品战略及设计要求。设计要求经网络传送给技术信息分系统,在技术信息分系统中进行产品设计和工艺设计,并生成数控代码。数控代码又经网络分系统将有关信息送给制造自动化分系统,与此同时,原材料、能源、技术信息和外部配套件等也被输入制造自动化系统中,在此系统形成市场需要的产品。整个过程中,质量信息分系统收集质量信息并加以分析,根据分析结果控制设计和制造质量。为了有效地存储和管理数据并实现信息共享,必须具备两个支承分系统:网络分系统和工程数据库分系统。这两个分系统是CIMS的基础。下面介绍各系统的主要功能。

(1) 管理信息分系统。管理信息分系统以制造资源计划(Manufacturing Resource Planning,MRP)为核心,包括实现办公自动化、物料管理、经营管理、生产管理、销售管理、人事管理、成本管理和财务管理等管理信息功能,通过信息集成,达到缩短产品生产周期、降低流动资金占用、提高企业应变能力的目的。认真分析生产经营中物质流、信息流和决策流的运动规律,研究它们与企业生产经营活动产品的各种信息进行筛选集成与优化信息处理,使企业能够有节奏、高效益地运行。

(2) 技术信息分系统。技术信息分系统的核心是 CAD/CAPP/CAM 的 3C 一体化。根据管理信息分系统下达的产品设计要求,进行产品的技术设计和工艺设计,包括必要的工程分析、优化和绘图,通过工程数据库和产品数据管理实现内、外部信息集成。

(3) 制造自动化分系统。制造自动化分系统是 CIMS 中信息流与物流的结合点,它接收能源、原材料、配套件和技术信息的输入,完成制造工作,最后输出合格产品。制造自动化系统主要组成部分有加工中心、数控机床、运输小车、立体仓库及计算机控制管理系统等。

(4) 质量信息分系统。质量信息分系统主要进行产品的质量计划、质量检测、质量评价、质量控制和质量信息的综合管理。通过采集、存储、评价与处理存在于设计、制造过程中与质量有关的大量数据,从而提高与保证产品的质量。

(5) 计算机网络分系统。计算机网络分系统主要实现各个工作站之间、各个分系统之间的相互通信,以实现信息共享和集成。计算机网络分系统应做到所谓的 4R(Right),即在正确的时间,将正确的信息,以正确的方式,传递给正确的对象。

(6) 数据库分系统。数据库分系统存储和管理企业生产经营活动中的各种信息和数据,保证数据存储的准确一致性、即时性、安全性、完整性、使用和维护的方便性。

1.6.3 智能制造系统

1. 智能制造系统的提出

基于以下几个方面的原因而提出智能制造系统:第一是制造信息爆炸性的增长,以及处理信息工作量的猛增,要求制造系统有更高的智能;第二是专业人才的缺乏和专门知识的短缺,严重制约了制造工业的发展,这就需要系统能存储人类专家的知识和经验,并能自主进行思维活动;第三是动荡不定的市场和激烈的竞争要求制造企业在生产活动中表现出更高的机敏性和智能;第四是 CIMS 的实施和制造业的全球化的发展,遇到目前已形成的自动化"孤岛"的连接和全局优化问题,以及各国、各地区的标准、数据和人机接口的统一的问题,而这些问题的解决也有赖于智能制造的发展。

2. 智能制造系统的概念

智能制造系统是一种由智能机器和人类专家共同组成的人机一体化智能系统,它将人工智能技术融合进制造系统中的各个环节,通过模拟人类专家的智能活动,诸如分析、推理、判断、构思和决策等,从而取代或延伸制造环境中应由人类专家来完成的那部分活动,同时,收集、存储、完善、共享、继承和发展人类专家的智能,使系统具有智能特征。

由于计算机永远不可能完全替代人类,因此,即使再高级的智能制造系统,也不可能离开人类专家的支持。从这方面讲,智能制造系统由制造技术、人类的智能活动及智能机器三部分组成。

3. 智能制造的特征

相比于传统的制造系统,智能制造系统具有以下特征:

(1) 自组织能力。自组织能力是指 IMS 中的各种智能设备或组成单元,能够按照工作任务的要求,自行集结成一种最合适的结构,并按照最优的方式运行。完成任务以后,该结构随即自行解散,以备在下一个任务中集结成新的结构。

(2) 自律能力。IMS 能够对周围环境和自身作业状况的信息进行实时监测和处理,并根据处理结果自行调整控制策略,以使制造系统的运行结果达到最优。这种自律能力使整个制造系统表现出具有抗干扰、自适应和容错等能力。

(3) 灵境技术,也称为幻真技术、虚拟现实或虚拟制造技术(Virtual Reality,VR),是 IMS 中新一代的人机界面技术。

(4) 自学习和自维护能力。IMS 能以系统中原有专家知识为基础,在实施过程中,不断进行学习、完善和充实系统知识库,并删除库中有误的知识,以使系统知识库越来越完善。同时,自身能对系统故障进行自我诊断、排除和修复。

(5) 整个制造环境的智能集成。IMS 在强调各生产环节智能化的同时,更注重整个制造环境的智能集成。这是 IMS 与面向制造过程中特定环节、特定问题的"智能化孤岛"的根本区别。IMS 涵盖了产品的市场、开发、设计、制造、经营管理和售后服务整个过程,把它们集成为一个整体,系统地加以研究,实现整体的智能化。

4. 智能制造的研究热点

(1) 无污染工业制造技术;
(2) 全球制造业的并行工程;
(3) 21 世纪全球制造技术;
(4) 自律性制造系统;
(5) 快速产品开发支持系统;
(6) 知识系统。

习　题

一、解释下列名词术语

生产过程、工艺过程、机械加工工艺过程、工序、安装、工位、工步、走刀、生产纲领、柔性制造单元、柔性制造系统、CIM、CIMS、智能制造系统

二、分析题

1. 汽车产品和汽车零件的生产类型由哪些条件确定？
2. 简述汽车制造的生产方式及其主要特点。
3. 简述不同生产类型的工艺特征。
4. 制造自动化技术发展过程分为哪几个阶段？
5. 简述制造自动化技术的发展趋势。
6. CAPP系统的功能有哪些？
7. CAPP系统如何分类？
8. CIMS的主要组成部分有哪些？
9. 相比于传统的制造系统，智能制造系统具有哪些特征？

第 2 章

汽车制造用工程材料

材料是现代科学技术的基石。材料之所以重要,在于采用不同化学成分或不同制备加工工艺,可以获得具有不同性质和使用性能的材料,从而可以适用于各种特定的场合。因为材料的性能取决于其成分、组织、结构,所以从本质上了解材料就应当由其成分、组织、结构与性能的关系入手。材料是人类生产和生活所必需的物质,人类社会的发展伴随着各种材料的不断开发和利用。

汽车是多种科技发展的产物(包括材料科学、机械工业、电子工业、仪表工业等)。就汽车工业来讲,材料也是汽车工业的基础。一辆汽车由成千上万个零件组成,而这些零件是用不同的原材料制造的,如钢铁、铜、铝、橡胶、木材、工程塑料等。制成汽车零件还要采用各种加工方法,如采用铸造、压力加工、焊接、热处理、金属切削加工以及钳工加工等方法,除金属材料的加工方法以外,还有轮胎制造、玻璃的制造、各种燃料的提炼等其他加工方法。现代汽车由于电子技术的发展而发生了革命性的变化。由于发动机电控技术、整车电子技术等新技术和新材料在汽车上的应用,使得汽车向更安全、可靠、节能、价廉、舒适、低污染方向发展,成为国民经济中的一个重要支柱。

2.1 汽车制造中常规工程材料

汽车工业的发展一直是与汽车材料及材料加工工艺的发展同步的。现代社会中,人们对汽车的要求从代步、运输逐渐转向多功能。因此,现代汽车要满足安全、舒适、自重轻、污染排放低、能耗小、价格低等要求,首先就要从材料方面考虑。总体来说,随着现代新材料、新技术的不断发展,以及现代社会人们生活水平和环境意识的提高,汽车轻量化和减少污染已成为汽车工业发展的主流方向。

对于汽车工程材料来说,总的发展趋势是结构材料中钢铁材料所占比例将逐步下降,有色金属、陶瓷材料、复合材料、高分子材料等新型材料的用量将有所上升。在性能允许的情况下,尽可能多的采用铝合金、复合材料等轻型、新型材料取代钢铁材料。随之而来的是大量复合材料、陶瓷材料、特殊用途材料(耐蚀、耐高温、隔光、隔热材料等)的用量呈增长趋势。图 2-1 为奥迪 A8L 车身材料示意图。

汽车制造中的常用工程材料主要包括金属材料、非金属材料以及复合材料,如图 2-2 所示。

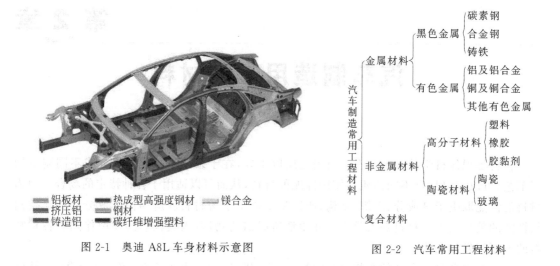

图 2-1 奥迪 A8L 车身材料示意图

图 2-2 汽车常用工程材料

2.1.1 金属材料

金属材料主要分为黑色金属和有色金属。

1. 黑色金属

黑色金属即指钢铁材料,钢铁材料最大的特点就是价格低廉、比强度(强度/密度)高、便于加工,目前得到广泛的应用,在汽车所用金属材料中黑色金属占 80%。车辆用钢铁材料主要有碳素钢、合金钢和铸铁,主要用于制造车架、车轴、车身、齿轮、发动机曲轴、气缸体、罩板及外壳等零件,图 2-3 为常见的钢铁构件。

图 2-3 常见钢铁构件
(a) 曲轴;(b) 齿轮;(c) 车轴;(d) 车架

2. 有色金属

有色金属是一种以有色金属为基体(通常大于50%),加入一种或几种其他元素而构成的合金,具有重量轻、比强度高、比刚度高、导电性好等钢铁材料所不及的特性,可以满足某些机械零件的特殊性能要求。比如,铝合金具有密度低、强度高和耐蚀性好的特性,是实现汽车轻量化的一种重要材料;采用镁合金制造的凸轮轴盖、制动器、方向盘等部件,可以减轻车重和噪声。车用有色金属主要有铝及铝合金、铜及铜合金、镁及镁合金以及滑动轴承合金等其他降低有色金属及其合金。

2.1.2 非金属材料

汽车制造虽然主要是以金属材料为主,但是非金属材料的特殊性能能够满足某些汽车零部件的特殊要求,特别是汽车轻量化的发展使得非金属材料在汽车上的应用也越来越广泛。非金属材料可以分为高分子材料和陶瓷材料。

1. 高分子材料

高分子材料是以相对分子量特别大的高分子化合物为主要组分的材料。它由大量的低分子化合物聚合而成,故又称高分子化合物或高聚物,包括塑料、橡胶等。高分子材料在部件设计方面具有广泛的应用空间,且能够减轻车重,降低成本,又可以将多项功能集中于同一个零部件上,是提高汽车轻量化的一种重要材料。近年来,高分子材料不仅应用在汽车内外饰件上,同时在车身结构件和覆盖件上也应用较多,可以代替部分金属材料,制造某些结构零件、功能零件和外装饰件。

1)高分子材料在汽车内外饰件上的应用

汽车的饰件包括内饰件和外饰件,它们与汽车的功能结构件一样重要。但所不同的是,它们不仅承担着各自的功能,还是整部汽车的"门面",最先进入选购者的眼帘。汽车内饰件包括仪表板、车门内板(图2-4)、方向盘(图2-5)、座椅、顶篷、地垫、遮阳板等。内饰件用材料不但要具有减振、隔热、吸声和遮声等功能,还要具有耐热、高抗冲击性、高强度及刚性、较高表面硬度、耐化学品腐蚀、耐刮擦、环保等优势。

图2-4 车门内板

图2-5 汽车方向盘

最初轿车内饰件多用金属、木材和纤维纺织品等材料,外观、质感不理想,且不环保。于是,具有多方面优势的高分子材料进入了汽车行业。目前,汽车内饰件所用的塑料量已经占

图 2-6　TPV 材料防尘罩

到了整车塑料用量的 50% 以上。图 2-6 为热塑性硫化橡胶（Thermoplastic Vulcanizate，TPV）材料制成的防尘罩，图 2-7 为聚丙烯（Polypropylene，PP）材料制成的仪表盘。以前，用于汽车内饰件的塑料主要有 PVC、丙烯腈-丁二烯-苯乙烯共聚物（Acrylonitrile Butadiene Styrene，ABS）、聚氨酯（Polyurethane，PU）等。如今，聚丙烯作为汽车内饰件的主原料发挥了巨大的优势。其具有韧性好、强度大、弹性好、隔热强、耐腐蚀、原料来源广泛、可回收利用、成本低等优点，因此，它也越来越多地应用于汽车内饰件，尤其在最大的内饰件——仪表板上。PP 仪表板是近年来开发的新型汽车仪表板，不但韧性、强度、外观等综合性能良好，而且使汽车成本降低，故其在汽车仪表板上的用量很大。欧洲是全球汽车产量较高的地区之一，其生产的仪表板接近一半的材料使用 PP，并且将会成为主流趋势，继续增长下去。

图 2-7　PP 材料仪表盘

汽车外饰件包括保险杠、雨刮、车灯（图 2-8）、车玻璃、门把手、门锁等。在高分子材料兴起之前，汽车外饰件均由金属合金制成，与塑料相比，因其笨重、外观粗陋、价格昂贵、不环保且易腐蚀而失去使用价值。如今，塑料行业发展壮大，其中使用塑料较多的轿车外饰件就是保险杠。图 2-9 是由 ABS 材料制成的保险杠，其作用是当车辆受到冲撞时，产生缓冲以缓和外界冲击力，从而保护人与车。所以要求保险杠不仅要外观与车型和谐统一，还要起到很好的安全保护作用。目前世界范围内约有 92% 的保险杠是用高分子材料制成的，常用材

图 2-8　前照灯

图 2-9　ABS 材料保险杠

料有片状模塑料(Sheet molding compound,SMC)、玻璃纤维增强热塑性材料(Glass fiber reinfouced thermoplastic materials,GMT)和改性PP等。保险杠大多由面板、缓冲材料和横梁三部分组成。其中改性PP成为合成面板的主力军,如桑塔纳轿车的保险杠面板就是采用共聚丙烯加热塑性弹性体。相比于其他材料,这种共聚丙烯弹性体刚性大、抗冲击性好、耐损伤性优,制成的保险杠在受到外力冲撞时,可以起到很好的缓冲作用,尽可能将对车和人的伤害降到最低。

2) 高分子材料在汽车功能结构件上的应用

汽车功能结构件包括燃油箱、油门离合器踏板、发动机部件、暖风机等。汽车功能结构件用材料要具有耐高温、耐油、耐腐蚀、耐老化、易成型加工、占地小、阻燃、质轻、成本低等优点。燃油箱是汽车重要的安全部件之一,具有单层或多层结构。传统的钢制油箱成型困难,且工艺复杂,成本高,而塑料克服了多方面问题。一般高密度聚乙烯和超高分子量聚乙烯会在汽车燃油箱上大量使用。但使用这种材料的油箱会出现漏油问题,因此出现了隔油性好的改性PE和优化的生产工艺。十几年前欧洲就已经开始使用高密度聚乙烯(High Density Polyethylene,HDPE)燃油箱。图2-10为树脂油箱,可以适应汽车底盘复杂的结构。

3) 高分子材料今后的创新方向

(1) 低成本,高性能。

在未来的汽车塑料应用中,车用塑料材料仍会以PP、ABS为主导。为了降低生产成本,需要从同一种或几种材料上着手,这样原材料单一,方便开发更简易可行的生产工艺,同时也方便了废旧塑料的回收处理。为了提高性能,需要对大量原材料进行改性、复合,生产出目前较有发展空间的、高性能的复合材料、工程塑料等。

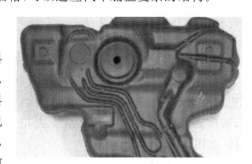

图2-10 树脂油箱

(2) 安全环保。

如今汽车工业发展迅速,每年有大量的塑料制件被应用在汽车上,同时也产生了大量的塑料废品,几乎占到塑料产量的一半。目前生产出的塑料回收再利用性差,可降解性也差。随着人类环保意识的增强,高分子材料也朝着安全环保的方向发展,这对于高分子材料来说是一大挑战,因此加速"新塑料"的发展十分重要。生物塑料具有可降解性,给未来汽车工业的发展带来了很大的希望。如可用天然纤维与PP、聚乙烯(polyethylene,PE)等原材料进行共混改性生产汽车制件,其性能不亚于玻璃纤维增强材料,且更轻、更便于回收,满足当今汽车工业的发展要求。塑料制件全部生物化指日可待。

(3) 发展新兴材料和技术。

目前,工程塑料是塑料行业的一大支柱,它凭借着比普通塑料强度高、耐腐蚀、不易老化等高性能推动了各行各业的迅速发展,尤其是汽车行业。高分子合金是工程塑料衍生出来的一种新兴材料,性能更优,不仅可以提高材料的可加工性,还能在满足高性能的同时减轻重量,降低成本。纳米技术迅速发展,并逐渐进入塑料行业。纳米材料力学性能优异、耐热、阻燃、耐老化等,还有传统材料不具有的附加性能,如防辐射、抗菌等。目前,高分子纳米复合材料在碳纳米管/高分子复合材料、纳米粒子对聚合物改性等方面有了很大进展。国外的一些公司已经生产出了高性能的纳米复合材料,并应用于汽车零件上。

2. 陶瓷材料

陶瓷材料是经原料配制、胚料成型、高温烧结制成的无机非金属材料,由于大部分无机非金属材料含有硅和其他元素的化合物,所以又叫硅酸盐材料,是人类应用最早的材料。传统意义上的陶瓷是指陶器和瓷器,但也包括玻璃、水泥、砖瓦、耐火材料、搪瓷、石膏、石灰等人造无机非金属材料。它们来源于共同的原料——天然硅酸盐材料,即含二氧化硅的化合物,如石灰石、石英、长石、沙子等。在现代工业中应用的陶瓷是一种非金属材料,它与传统的陶瓷材料的概念是不同的,已发生了巨大变化。由于近年来陶瓷材料迅速发展,许多新型陶瓷的成分远远超出硅酸盐的范畴,主要为高熔点的氧化物、碳化物、氮化物、硅化物等的烧结材料。近年来还发展了金属陶瓷,主要指用陶瓷生产方法制取的金属与碳化物或其他化合物的粉末制品。陶瓷的性能面临重大突破,陶瓷的应用已渗透到汽车工业、各种工程和技术领域。现代陶瓷已经同金属、高分子化合物一起成为工程中的支柱性材料。

陶瓷材料在汽车上的应用主要包括结构陶瓷和功能性陶瓷。

1)结构陶瓷

结构陶瓷具有高温工况下强度高、耐磨性好、隔热性好、低密度和低膨胀系数等性能,广泛用于发动机和热交换零件的制造。陶瓷耐腐蚀性强,在高温下有良好的热稳定性,被广泛地用作汽油机点火系统火花塞的基体,如图 2-11 所示。

(1)陶瓷绝热发动机。为了提高发动机热效率、节约能源,可利用陶瓷材料的耐热、耐磨、耐腐蚀、高弹性模量(低膨胀系数)、低

图 2-11 陶瓷火花塞

密度、隔热性好等特点制作陶瓷绝热发动机,这样既可防止气缸内能损失,又简化了发动机的总体构造,降低了发动机重心。近年来的研究表明,由于部分稳定氧化锆热导率低、强度韧性好、弹性模量低、抗热冲击性高、工作温度高(1000℃),陶瓷在内燃机中的应用是成功的。在绝热发动机中韧性氧化锆还可用作气缸内衬、活塞顶、气门导管、进气和排气阀座、轴承、挺杆、凸轮、凸轮随动件和活塞环等零件。

(2)陶瓷活塞。图 2-12 所示陶瓷活塞一般用于柴油机。在涡流式柴油机用陶瓷材料代替贵重金属,可进一步减少冷却装置,因此整体成本有望降低。直喷式柴油机利用陶瓷材料的耐高温性能在活塞顶部嵌入陶瓷块,热效率、噪声与排放情况均有所改善。陶瓷活塞中镶嵌陶瓷块的尺寸和形状应选择适当,否则由于材料热膨胀系数的差异,会在陶瓷熔块上产生应力,影响活塞的使用寿命;另外,用氧化硅陶瓷材料制成的陶瓷纤维活塞,因其良好的耐磨性,可防止铝合金活塞由于热膨胀系数大而产生"冷敲热拉"现象。

(3)陶瓷气缸套。根据不同的需要,陶瓷气缸套可有以下三种形式:一是缸套内表面全部喷涂陶瓷材料,日本小松发动机即采用此结构;二是仅用陶瓷材料制成缸套上圈;三是用金属和陶瓷材料复合制成全陶瓷缸套,如图 2-13 所示。采用全陶瓷缸套代替传统的气缸套,可防止气缸内热能损失,简化发动机结构,进而提高热效率和减轻发动机重量。

图 2-12 陶瓷活塞

图 2-13 陶瓷气缸套

（4）陶瓷配气机构。利用陶瓷材料低密度、耐热和耐磨的特点，用陶瓷材料制造气门、气门座、挺柱、气门弹簧和摇臂，可以减少气门座的变形和落座时的弹跳，降低噪声与振动，延长使用寿命。我国 492QA 型发动机在采用陶瓷配气机构后，各种工况下可节油 2%～8%。三菱公司采用陶瓷制成的发动机摇臂，五十铃公司用氮化硅制成的陶瓷气门，在使用中也取得了较好的效果。

（5）陶瓷-复合排气管。日产公司制造的陶瓷-铝复合排气管，是用 Al-Si 合金短纤维和陶瓷复合材料制成排气管骨架，再浇注熔化的铝液制成。对于 800～900℃ 的排气来说，陶瓷绝热排气管可取消绝热板，增加了发动机室的容积。采用该排气管可使排气净化效果提高 2 倍，大大降低了排气污染。此外，汽车上应用特种陶瓷材料制成的元件还有利用陶瓷绝缘性制成的陶瓷加热器、利用陶瓷的耐温高强度制成的转子、转化器、热交换器、发热元件接头和涡轮充电机以及燃气涡轮机上的涡轮叶轮等零部件。

2）功能性陶瓷

在传统柴油机或燃气汽轮机用的金属零件中，铝合金的耐温极限为 350℃，钢和铸铁的为 450℃，最好的超级耐热合金的耐温极限也不能超过 1093℃。金属材料的上述耐温极限大大限制了发动机的工作温度（热效率）。而使用各种冷却装置又使发动机设计复杂，增加重量和耗费许多功率。发动机工作温度低不仅会使燃料由于不能充分燃烧而造成能源浪费，而且使车、船、飞机的速度提高受到了很大限制。而用耐高温的陶瓷，如氮化硅陶瓷等代替合金钢制造陶瓷发动机，其工作温度可达 1300～1500℃。陶瓷发动机的热效率高，可节省 30% 的热能，而且工作功率比钢质发动机提高 45% 以上。另外，陶瓷发动机无需水冷系统，其密度也只有钢的一半左右，这对减小发动机自身重量也有重要意义。

利用陶瓷涂层来提高发动机性能也是提高发动机质量的可能途径之一。陶瓷涂层技术成熟、成本低、寿命较高，采用等离子喷涂工艺，可涂覆二氧化锆、碳化锆等陶瓷，获得 1mm 以内的耐久涂层。图 2-14 所示为陶瓷涂层的活塞，可以承受更高的温度。为了解

图 2-14 陶瓷涂层的活塞

决陶瓷涂层太薄的问题,人们研究了二氧化锆、氮化硅、碳化硅等整体陶瓷件。如果把发动机的耐高温部件涂上一层高温陶瓷,便既能保持金属材料的固有强度和韧性,又具有高温陶瓷耐高温的特点,这种方法可使发动机进气孔道表面的耐热能力从1200℃提高到1700℃。

2.1.3 复合材料

复合材料是指由两种或两种以上物理、化学性质不同的物质,经人工组合而得到的多相固体材料。在这种多相材料中,一类组分(或相)为基体,起黏结作用;另一类为增强材料,起承载作用。复合材料既能保持组成材料各自的特点,又具有组合后的新特点。所以,组合后的复合材料比单一材料具有更优良的特性。比如,玻璃钢有两个相:其一是玻璃纤维,主要用来承受载荷,也称为增强相或增强材料;其二是各类树脂,主要起黏结作用,也称为基体相或基体材料。因此复合材料既可以认为是多相材料,也可以认为是增强材料与基体材料经复合而成的新材料。

在汽车上使用最常见的材料是碳纤维增强塑料(Cavbon Fiber Reinforced Plastic, CFRP),它是以碳纤维为增强材料,以工程塑料为基体材料制成的复合材料。由于碳纤维具有较高的强度和刚性,且具有良好的耐疲劳性能,是比较理想的增强材料。碳纤维增强塑料强度与钢相近,化学稳定性好,摩擦系数小,自润性、耐热性好,综合性能优于玻璃钢,它是满足汽车轻量化、发动机高效化的理想轻型结构材料。主要应用有:底盘系统中的悬置件、弹簧片、框架、散热器等;传动系统中的传动轴、离合器片、加速装置等;发动机系统中的推杆、连杆摇杆、水泵叶轮等;车体上的车顶内外衬、地板、侧门等。除此之外,应用在汽车上的复合材料还有玻璃纤维增强复合材料(CFRP)、芳纶纤维增强复合材料(AFRP)、金属陶瓷和弥散强化合金等。随着对复合材料研究的不断深入,复合材料在汽车上的应用会越来越多。

2.2 汽车轻量化、塑料化及新型材料

车用材料主要通过汽车轻量化对燃料经济性改善做出贡献。理论分析和试验结果都表明,轻量化是改善汽车燃料经济性的有效途径。为了适应汽车轻量化的要求,一些新材料应运而生并扩大了应用范围。

图2-15所示为轻量化设计的福特蒙迪欧概念车,整车重量为1195kg,与现款蒙迪欧2.0T车型的整车1659kg相比,蒙迪欧轻量化概念车的重量降低了464kg,约合28%。这款蒙迪欧轻量化概念车整体采用铝、镁、高强度钢以及碳纤维材质打造。其前、后挡风玻璃以及前车窗采用的是化学钢化玻璃,而后车窗则是采用聚碳酸酯材质制作的,并且使用了复合材料的弹簧组、碳纤维中控台、碳纤维座椅等,以及铝合金与高强度钢材所组成的车架。此外,新车装配有19英寸碳纤维复合材质轮圈,以及轻量化刹车盘。据悉,该刹车盘主体为铸造铝,并且在表面覆有一层不锈钢涂层,使整车质量大大减轻。

随着材料科学的发展,对汽车轻量化的要求越来越高,无论是传统材料还是新型材料都有很大的发展。当下,汽车常用轻量化材料主要有高强度钢、有色合金以及一些新型材料等。

图 2-15　福特蒙迪欧概念车

2.2.1　高强度钢

汽车车身用高强度钢是指为了达到车身轻量化的目标,也是为了应对来自其他轻质材料(如铝合金、镁合金、复合材料)的挑战,钢铁企业开发的一种新型钢种,即屈服强度大于 210MPa 的钢。高强度钢板在车身上应用的目的主要是改善车身的塑性变形特性和提高疲劳强度。塑性变形特性的利用模式可分为:

(1) 增加构件的变形抵抗力,这对提高车身构件和加强件在受冲击时的抗破坏强度有利;

(2) 提高能量吸收能力,这对提高车身的耐撞性有利;

(3) 扩大弹性应变区,主要应用于外力作用下变形不大的场合,当外力去除后能恢复原有的形状。

与其他轻质材料相比高强度钢具有以下优点:

(1) 价格低,经济性好;

(2) 性能优越,能保证大零件的刚性;

(3) 可以利用现有的汽车生产线,节约设备投资。

在当今的汽车制造业中,车身材料的使用仍以钢铁为主,相对于其他的轻量化材料而言,高强度钢板有着技术成熟、成本低廉的优势,在未来的汽车生产中,高强度钢板的应用将进一步扩大,而且高强度钢也可能实现同铝合金部件一样的轻量化水平,因为热成型钢强度足够高,故在同一位置的结构设计仅需少量结构优秀的热成型钢即可达到设计强度需求,而铝合金则难以做到用少量材料解决大问题。如图 2-16 所示,在车身 B 柱上使用少量的高强度钢便可以达到所需的强度需求。

虽然汽车制造中铝合金和塑料的用量也在不断增加,但钢铁材料仍是汽车的主要材

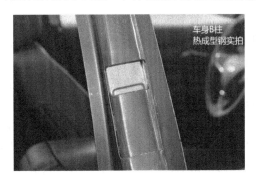

图 2-16　高强度钢车身 B 柱

料,并将保持相对稳定的主导地位,在目前乃至今后一段时间是汽车制造业中最适合的材料,未来的变化趋势也是高强度钢的用量将有较大增长,而铸铁和中、低强度钢的比例将会逐步下降。

目前车身使用的高强度钢主要为板材与管材,它取代普通钢板或铁板用于车身零部件,如北美开发的PNGV-CIas级轿车,其车身全部采用高强度钢,重量只有218kg,与全铝车身相当。此外,采用液压成型技术生产的高强度钢构件也越来越多,如发动机托架、散热器支架、仪表板横梁、座椅骨架,以及轻型车后桥壳和车架等,图2-17为GAC2.0高强度钢车身,其整个车架全部使用高强度钢,不仅提高了车身强度,而且减轻了汽车重量。

事实上,高强度钢已成为极具竞争力的汽车轻量化材料,在抗碰撞性能、耐蚀性能和成本方面较其他材料仍具有较大的优势。目前的应用情况表明,有些应用铝合金或镁合金的零件,如保险杠、车轮、骨架、前门、后横梁等,也可转而采用高强度钢。安全法规也成为推动高强度钢使用的重要动力,为满足更为严格的安全法规要求(如侧面碰撞),各大汽车公司均加快了高强度钢在汽车车身上的应用,用量逐年增加。图2-18所示为宝沃BX7,其高强度钢占比为79%。

图2-17 GAC2.0高强度钢车身

图2-18 宝沃BX7

2.2.2 有色合金

1. 铝合金

纯净的金属铝为银白色。不管是固体铝还是熔融铝,其密度都随着纯度的提高而降低;同等纯度的熔融金属铝的密度随温度的增高而降低。铝的熔点随其纯度而变化,纯度越高其熔点越高。铝的导热系数大约为铸铁的2.5倍,为钢的1.5倍。铝的比热容也是金属中较大的,为铁的2倍,为钢和锌的2.5倍。铝的导电性能仅次于金、铂、铬、铜和汞,其纯度越高导电性能越好。铝的电导率为铜的62%～65%(和纯度有关),铝的密度是钢的1/3。

铝的力学性能与其纯度关系密切,纯铝软、强度低,但与某些金属组成铝合金后,不仅在某种程度上仍保持着铝固有的特点,同时又显著地提高了硬度和强度,使之几乎可与软钢甚至结构钢相媲美。铝的化学性质极其活泼,其氧化物、卤化物、硫化物及碳化物等的生成能非常大。铝的最特殊的性能是有同氧强烈结合的倾向,特别是同空气中的氧。铝在空气中被其表面生成的一层厚度约为 2×10^{-4} mm 的致密的氧化铝膜所覆盖,这一层薄膜防止了铝的继续氧化,从而决定了铝在常温和通常的大气中具有良好的抗腐蚀性能。铝在空气中加热到接近其熔点(660℃)时,则能穿透表面氧化铝膜使氧化继续进行;在该温度下,铝的氧化速率与氧化时间的平方根成正比。铝氧化的强度取决于温度、粉碎程度及存在于其中的其他金属杂质。当温度高于铝的熔点时其氧化速率最大,而粉碎很细的铝粉,当在空气中加热时即能剧烈燃烧。铝中有镁、钙及钢存在时,其氧化强度增加,在有杂质存在的地方,氧化膜与铝的结合力大大降低。

车用铝材料皆以铝合金的形式出现。铝合金在汽车上的应用,最初主要是以铸造的方法生产发动机及其零部件,随后应用于轮毂等构件。在车身上的应用始于20世纪90年代,以奥迪公司推出的全铝框架式车身为主要代表。

铝合金是最常见的汽车用轻金属材料,相对于一般钢材,铝合金材料具有较高的比强度,虽然弹性模量低,但有很好的挤压性,能得到复杂截面的构件,从结构上补偿了部件的刚度,因而可在满足刚性及强度等多方面力学性能下,大大降低材料的消耗及构件的重量,从而降低产品的成本,提高经济效益。

汽车车身约占汽车总重量的30%,所以车身是轻量化设计的关键部件,图2-19为全铝车身。铝材的吸能性好,在碰撞中的安全性方面有明显的优势,而且由于车身重量减轻,在碰撞时产生的动能减小,因此铝合金是应用于车身较早的且技术日趋成熟的轻量化材料,它在汽车上的用量呈现持续增长的趋势。根据国际铝协统计,自1990年以来,铝合金在轿车上的用量翻了一番,在轻型车中的用量则增长了2倍;目前每辆轿车的铝合金平均用量为121kg,约占整车重量的10%。而所谓"铝密集型汽车"中的铝合金比例更高,如福特P2000轿车铝合金用量为332kg,达到了37%;奥迪A8则达到了创纪录的546kg。

图 2-19 全铝车身

图 2-20 高强度军用铝合金车架

形变铝合金在车身零件及结构件的应用方面发展较快,如应用日益广泛的铝合金行李舱盖、发动机罩、后举门、前翼子板、保险杠、车厢底板结构件、散热器框架以及全铝车身等。随着快速凝固铝合金、粉末冶金铝合金、超塑性铝合金、铝基复合材料和泡沫铝材等新材料的开发与应用,铝合金在汽车中的应用范围将进一步扩大,并将呈现铸件、型材、板材并举的局面。预计铝合金将会成为仅次于钢的第二大汽车材料。图2-20为军用全铝合金车架,强度较高。图2-21为全铝车架。

2. 镁合金

镁是工业常用金属中最轻的一种,是地壳中含量最丰富的元素之一,占地壳组成的2%~

图 2-21 全铝车架

5%,主要以白云石(碳酸镁钙)、镁菱矿形式存在。另外,海水中含有丰富的镁资源,即使按年产量 1 亿吨镁计算,连续生产 100 万年,也只用了海水中镁的 0.01%。镁的熔点为 650℃,与铝的熔点相近。镁的密度为 $1.7g/cm^3$,是铝的 2/3,是铁的 2/9。

工业上很容易提取纯度超过 99.8% 的镁,但纯镁很少在工程上应用。镁具有六方点阵结构,与镁形成固溶体的各种元素的合金化作用是显著的,能明显改善镁的各项性能。在镁合金中常用的合金元素有 Al、Zn、Mn、Si、Re、Ag、Cu 等,其中,铝和稀土元素的作用可改善镁合金的力学性能和铸造性能;锰能形成 AlFeMn 化合物,减少铁的质量分数,可提高镁合金的耐蚀性;锌能改进镁合金的耐蚀性和强度;硅在组织中形成硬的硅质点,可提高镁合金的蠕变强度;银则可以提高镁合金的耐热性。

镁合金是实际应用中最轻的金属结构材料,但与铝合金相比,镁合金的研究和发展还很不充分,应用也很有限。目前,镁合金的产量只有铝合金的 1%。镁合金可分为铸造镁合金和变形镁合金。变形镁合金的研究开发严重滞后,不能适应不同应用场合的要求。镁合金结构件一般都是压铸件,现在世界工程构件镁合金需求的 98% 来自于压铸行业。

镁合金具有如下的特点:

(1) 重量轻,这对于现代汽车产品是至关重要的,这一特性将显著地减少其起动惯性,并节省燃料消耗;

(2) 有较高的比强度、比弹性模量和刚性,比强度约为铝的 1.8 倍;

(3) 有较高的稳定性、稳定的收缩率,铸件和加工件尺寸精度高;

(4) 镁合金具有良好的阻尼系数、良好的降噪减振性能,这对用作壳类零件减小噪声传递,防冲击与凹陷损坏是重要的,可以提高汽车的安全性和舒适性;

(5) 导热性好,适用于设计集成度高的电子产品;电磁屏蔽性能较好,尤其适合于制造防电磁干扰的电动汽车;

(6) 与塑料相比,可回收性能好,符合环保要求;

(7) 切削加工性能极好,镁合金与铝合金、铸铁、低合金钢切削功率的比值分别为 1∶1、8∶3、5∶6.3;

(8) 铸造成型性能好,镁合金压铸件最小壁厚可达 0.6mm,而铝合金为 1.2~1.5mm。模铸件生产率高,与铝相比,镁的结晶潜热小,在模具内凝固快,一般来说,其生产率比铝高出 40%~50%,最高时可达铝的 2 倍;镁与铁的反应性低,压铸时压铸模烧损少,与铝合金相比,压铸模使用寿命提高2~3倍,通常可维持20万次以上。

除以上主要特性外,镁合金还具有长期使用条件下的良好抗疲劳性能、较低的裂纹倾向,以及无毒、无磁性等特点。

镁合金材料制造的汽车零部件种类繁多,从汽车的运动部件(如车轮,图2-22所示为镁合金轮毂),到汽车的结构部件(如汽车座椅框架),再到承受高温的耐高温部件(如缸体),这些零部件的共同特点是承受的机械和化学负载较低。镁合金材料经常用来制造支架、壳体、端盖或堵盖类零件等。

由于镁合金材料具有极好的铸造流动性能,因此,非常适合于制造横拉杆之类的薄壁结构和大面积的车辆内部结构件,如车门和前、后舱盖等。

金属镁的物理化学特性使其比铝更适合压铸大型部件,常见的典型镁合金零部件如表2-1所示。

图2-22　镁合金轮毂

表2-1　典型镁合金零部件

序号	典型应用类型零件	生产工艺	应用特点
1	转向管柱、转向机壳、后视镜框、门手柄	压力铸造	减重、吸振、安全
2	座椅骨架、仪表板骨架、车门框架、车顶窗框	压力铸造	减重、吸振、安全
3	制动和离合器踏板支架、座椅底架	压力铸造	减重、吸振
4	变速器壳体、离合器盖、分动器壳、发动机气缸罩盖	压力铸造	减重、降噪
5	机油盘	压力铸造	减重、吸振、抗冲击
6	进气歧管	重力铸造	减重、减少工艺
7	前端支架	压力铸造	减重、安全
8	轮毂	压力铸造	减重、吸振
9	整车开闭内板	压力铸造	减重

3. 钛材

钛是一种低密度($4.5g/cm^3$)的金属,具有强度高、高温下强度高和耐腐蚀等优点。其合金比钢硬,且耐热性高于铝合金。微量的氧就会在钛表面产生一层薄薄的氧化面层,受损时会迅速再生,该氧化面层是耐腐蚀性高的原因所在,在强还原介质中,氧化面层会溶解。

钛材可被用在汽车制造、飞机制造、火箭制造、设备制造中,也被用在建筑、内装、机械制造和首饰业中。图2-23是由世界知名的意大利汽车设计公司ICONA设计的Vulcano Titanium车型,Vulcano Titanium为Vulcano升级版本,新车车身主体由钛合金和碳纤维构成,总重量控制在1.59t。由于钛材具有极佳的生物相容性,因此它也被用于制药技术中。由于缺乏抗氧化性,在较高的温度下(>550℃)钛的使用会受到一定限制,但强度没有问题。

从钛材的物理特性可以看出,除了大多因成本问题不适用的一般情况外,这种材料主要被用在特别关键的应用中,因此在进行设计时肯定会与特种钢材进行比较。特别是对于移动式部件,比强度和弹性模量是两个最重要的选择标准。例如,这种特性的一个积极效果示

图 2-23 钛合金跑车

例是钛质弹簧,采用这种弹簧后重量减轻了约 65%。

在强度方面,钛材跟奥氏体钢差不多。在相同的强度下,0.2% 的较高屈服强度加上相对低的密度使得用钛替代钢可降低 42% 的重量。因此,在用作高加速作用力的应用材料时,钛的根本优势非常明显,相对于钢,钛较低的离心力使设计变得简单,这又使重量和惯性力降低。此外,钛还被应用在推进器、涡轮增压机和离心机中。

像其他材料一样,钛也容易发生蠕变,故在计算强度负荷下的结构部件时必须考虑到蠕变极限。对于高温下的强度负荷,一般情况下只能在不超过 350℃ 的温度下使用非合金和低合金钛材。在部件不承受强度负荷的情况下,由于有氧化现象,钛的使用极限温度约为 500℃。

钛在汽车上的用途主要分为两大类:第一类是用来减少内燃机往复运动件的质量(对作往复运动的内燃机零件来讲,即使减少几克重量都是重要的);第二类是用来减少汽车总重量。

根据设计和材料特性,钛在新一代汽车上主要分布在发动机元件和底盘部件上。钛可制作发动机系统阀门、阀簧、阀簧底座和连杆等部件以及底盘部件中的弹簧、排气系统、半轴紧固件等。日本和美国在钛应用到汽车方面一直走在前列,使用钛材料的主要部位和部件如图 2-24 所示。

钛的应用主要有以下几个方面。

1) 钛合金连杆

图 2-25 为钛制汽车连杆。用钛合金制造连杆能有效减轻发动机重量、提高燃油利用率和减少排气量。与钢制连杆相比,重量可减轻 15%~20%。意大利的新型法拉利(Ferrari) 3.5 与 Acura 的 NSX 发动机首次使用了钛合金连杆。连杆所用材料主要是 Ti-6Al-4V、Ti-10V-2Fe-3Al 和 Ti-4Al-4Mo-Sn-0.5Si 等,其他材料如 Ti-4Al-2Si-4Mn 和 Ti-7M-4Mo 等在连杆中的应用也在研制中。

2) 钛合金发动机气门和气门座

用钛合金制作汽车发动机气门,不仅可减重、延长使用寿命,而且可提高汽车的可靠性和节省燃油。与钢制气门相比,重量减轻 30%~40%,极限转速提高 20%。美国汽车制造商利用钛合金制作进、排气阀较普遍,进气阀使用 Ti-6Al-4V 合金,排气阀使用 Ti-6Al-2Sn-

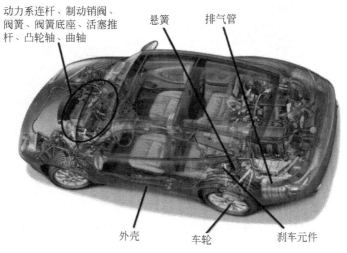

图 2-24 使用钛材料的主要部件

图 2-25 钛制汽车连杆

4Zn-2Mo 合金。日本汽车制造商制造的烧结气门已供应日本汽车市场,使用的合金为 Ti-5Al-2Cr-1Fe、Ti-6Al-4V/TiB、Ti-Al-Sn-Zn-Mn-Nb-Si/TiB 和 γ-TiAl。图 2-26 为 γ-TiAl 高性能汽车阀。

钛制气门座形状简单,易于机械加工,同时,不必进行表面处理,降低了成本。与钢制气门座相比,重量减轻 10~12g。其在赛车上被广泛采用,使用的合金为 Ti-6Al-4V 和 Ti-5Al-2Cr-1Fe。图 2-27 所示为气门弹簧座。

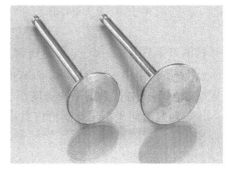

图 2-26 γ-TiAl 高性能汽车阀

3) 钛合金弹簧

钛及钛合金弹性模量低,δ_s/E 比值大,适合制作弹性元件。与钢制汽车弹簧相比,在相同弹性功的前提下,钛弹簧的高度仅为钢弹簧的 40%,便于车体设计,其重量减轻 60%~70%。钛合金优异的疲劳性能和耐蚀性能可提高钛弹簧的使用寿命。1999 年,LupoFSL 尾轴上首次使用了钛制弹簧,如图 2-28 所示。目前,汽车弹簧用钛合金为 Ti-4.5Fe-6.8Mo-1.5Al 和 Ti-13V11C-3Al 等。

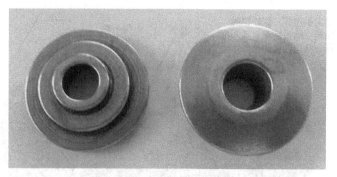

图 2-27　气门弹簧座

4）排气系统和消声器

钛在排气系统中用量较大，用钛及钛合金制作的排气系统不仅可以延长使用寿命、提高可靠性和改善外观，还可以提高燃油效率、减轻重量，与钢制排气系统相比，钛制排气系统重量可减轻约 40%。在 Golf 系列汽车中，钛制排气系统质量可减轻 7～9kg。2001 款 CorvetteZ06 汽车最早采用钛排气系统，图 2-29 为钛制排气系统。目前使用的钛材主要为工业纯钛。

图 2-28　钛合金弹簧

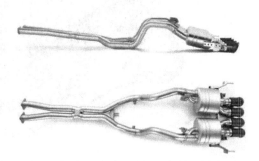
图 2-29　钛制排气系统

钛消声器只有 5～6kg，比不锈钢等消声器重量轻，如图 2-30 所示。2000 款雪弗莱 CorvetteZ06 汽车用一个 11.8kg 的钛消声器和尾气管系统代替原来 20kg 的不锈钢系统，重量减轻 41%。替代后的系统强度不变，并使汽车速度更快、操作更灵活且节约燃料。日本本田等四家公司采用了钛制消声器用于大型汽车和个别中型汽车上，使用的钛材主要为工业纯钛。

图 2-30　钛制消声器

5）车体框架部分

为了提高汽车的安全性和可靠性，需要在设计和制造方面，尤其在材料方面进行考虑。钛不仅具备较高的比强度，还具备良好的韧性，是制作汽车框架的良好材料。在日本，汽车制造商采用纯钛焊接管制作框架，如图 2-31 所示，这类框架给驾车者足够的安全感。

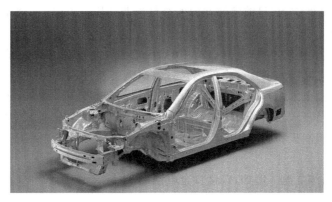

图 2-31　钛合金框架

6）其他部件

钛除了应用于上述部件外，还应用于如下部件：发动机部件的摇臂、弹簧、活塞销、涡轮增压器转子、紧固件、挂耳螺帽、车挡支架、门突入梁、制动器卡钳活塞、销轴栓、离合器圆板、压力板和变速按钮。

钛合金应用的最大阻力来自其高价格。由于钛的价格昂贵，至今只见在赛车和个别豪华车型上少量应用。尽管如此，对钛合金在汽车上应用的试验研究工作却不少。例如用 α+β 系钛合金制造的发动机连杆，强度相当于 45 钢调质的水平，而重量可以降低 30%；β 系钛合金(Ti-13V-11Cr-3Al 等)经强冷加工和时效处理，强度可达 2000MPa，可用来制造悬架弹簧、气门弹簧和气门等，与拉伸强度为 2100MPa 的高强度钢相比，钛弹簧可降重 20%。丰田中央研究所开发了一种成本较低的钛基复合材料。该复合材料以 Ti-6Al-4V 合金为基体，以 TiB 为增强体，用粉末冶金法生产，已在发动机连杆上应用。

4. 锌及锌合金

锌呈蓝白色，密度为 $7.14g/cm^3$，室温下较脆。由于锌在常温下表面易生成一层保护膜，所以锌主要用作钢铁表面的防护性镀层。

锌能和铝、铜、镁等合金元素组成锌合金。锌合金的强度较高，铸造性能好，价格也不高，但其塑性较低，耐热性、焊接性较差。锌合金也可以分为变形锌合金和铸造锌合金。铸造锌合金主要用于受力不大、形状复杂的小尺寸结构件或装饰件。目前应用最广泛的铸造锌合金是 $ZnAl_4CuMg$。锌合金在汽车上用于制造汽油泵壳、机油泵壳、车门手柄、雨刮器、安全带扣和内饰件等。

锌的应用主要有如下几个方面。

1）镀锌

镀锌指在金属、合金或者其他材料的表面镀一层锌以起到美观防锈等作用的表面处理技术。现在主要采用的方法是热镀锌。由于锌在常温下表面易生成一层保护膜，充分发挥了其抗大气腐蚀性能,因此锌被广泛应用于镀锌工业,主要被用于钢材和钢结构件的表面镀层(如镀锌板),广泛用于汽车、建筑、船舶、轻工等行业。例如,含锌粉的涂料,起连接作用的锌块(连接船舶、桥梁和近海油气井架的钢构件),镀锌铁板(锌合金)做的屋顶,钢带热浸镀锌等。近年来,随着镀锌工艺的发展以及高性能镀锌光亮剂的采用,镀锌已从最初的防护目的提升到防护-装饰性应用,目前镀锌在锌的全部消费结构中占据了一半以上。

2) 锌合金

锌本身的强度和硬度不高,但具有适用的力学性能,在与铝、铜等组成合金后,其强度和硬度均大为提高,尤其是锌铜钛合金的综合力学性能已接近或达到铝合金、黄铜、灰铸铁的水平,其抗蠕变性能也大幅提高。因此,利用其优越的超塑性能,锌合金广泛应用于汽车制造和机械行业中压铸件及各种零部件的生产。同时,含少量铅、镉等元素的锌板可制成印花锌板、有粉腐蚀照相制板和胶印印制板等。

3) 电池

锌可以用来制作电池。例如,锌锰合金电池以及最新研究的锌空气蓄电池。

4) 其他应用

锌具有良好的抗电磁场性能。在射频干扰的场合,锌板是一种非常有效的屏蔽材料,同时由于锌是非磁性的,适合作仪器仪表零件及仪表壳与钱币;另外,锌自身及与其他金属碰撞不会发生火花,适合作防爆器材。锌肥(硫酸锌、氯化锌)有促进植物细胞呼吸、碳水化合物的代谢等作用。锌粉、锌钡白、锌铬黄可作颜料。氯化锌还可用于医药、橡胶、油漆等工业。

2.2.3 新型材料

1. 纳米材料

纳米陶瓷,是指陶瓷原料及其显微结构中所体现的晶粒、晶界、气孔和缺陷分布等的尺度都在纳米级以内。这将使陶瓷的性能得到极大的收善,以至发生突变而出现新的性能。陶瓷最大的弱点是其脆性大。专家认为,纳米增强陶瓷克服了陶瓷材料的脆性,且它将具有高硬度、低温超塑性、易加工等优点,使陶瓷具有像金属一样的柔性和可加工性。纳米陶瓷材料的耐磨性增大、密度减小、稳定性增强。纳米陶瓷轴已经应用在奔驰等高级轿车上,使机械转速加快、重量减轻、稳定性增强、使用寿命延长。图 2-32 为经纳米镀处理的轮毂。

纳米增强增韧塑料可以代替金属材料,由于比重小、重量轻,因此广泛用于汽车上可以大幅减轻汽车质量,达到节省燃料的目的,可以用于汽车上的保险杠、座椅、翼子板、顶盖、车门发动机盖、行李舱盖以及变速器箱体、齿轮传动装置等一些重要部件。抗紫外线老化塑料能够吸收和反射紫外线,比普通塑料的抗紫外线能力提高 20 倍以上,能有效延长其使用寿命。无机纳米抗菌塑料加工简单,广谱抗菌,24h 接触杀菌率达 90%,无副作用,可以用在车门把手、方向盘、座椅面料、储物盒等易污部件。

除此之外,还有大量的材料正在研究中,无论是汽车的制造还是使用都将更加的先进。纳米材料与纳米技术应用于未来汽车制造业是一个必然趋势,也定会成为汽车技术升级的保证。

图 2-32 纳米镀处理的轮毂

2. 聚乳酸

聚乳酸(Poly Lactic Acid,PLA),也称聚丙交酯,是以玉米等富含淀粉的农作物为原料,经过现代生物技术合成乳酸,再经过特殊的聚合反应过程生成的高分子材料。聚乳酸具有完全可降解性,埋入土壤中 6~12 个月即可发生降解。聚乳酸制品在使用后可降解成二氧化碳和水。因此,聚乳酸是一种真正意义上的能完全降解的生物环保材料,被视为继金属材料、无机材料、高分子材料之后的"第四类新材料"。

由于聚乳酸树脂具有环境保护、循环经济、节约石化类资源、促进石化产业持续发展等多重效果,成为近年来开发研究最活跃、发展最快的生物可降解材料,也是目前唯一一种在成本和性能上可与石油基塑料相竞争的植物基塑料。

日本东丽公司和丰田汽车公司从 2003 年开始进行聚乳酸用于汽车内装部件的开发,后来两公司又与其他汽车制造厂家合作开发车门装饰、车面板、车顶板和防雨垫等。

3. SMC 材料

SMC(Sheet Molding Compound)即片状模塑料,主要原料由 CF(专用纱)、UP(不饱和树脂)、低收缩添加剂、MD(填料)及各种助剂组成。它在 20 世纪 60 年代初首先出现在欧洲,1965 年左右在美、日相继发展了这种工艺。我国于 20 世纪 80 年代末引进了国外先进的 SMC 生产线和生产工艺,近几年被广泛应用于各行各业。

SMC 复合材料具有独特的性能,可以解决木制、钢制塑料易老化、易腐蚀、绝缘性差、耐寒性差、阻燃性差、寿命短的特点。其模压制品具有优异的电绝缘性能、力学性能、热稳定性、耐化学腐蚀性,应用范围相当广泛。

欧、美、日等发达国家和地区已在汽车制造中大量采用 SMC 复合材料,涉及轿车、客车、火车、拖拉机、摩托车,以及工程车、农用车等所有车种。主要 SMC 部件包括以下几类:

(1) 悬架零件、前后保险杠、仪表板等;

(2) 车身及车身部件,如车身壳体、硬壳车顶、地板、车门、散热器护栅板、前端板、阻流

板、行李舱盖板、遮阳罩、SMC翼子板、发动机罩、大灯反光镜;

(3) 发动机盖下部件,如空调器外壳、导风罩、进气管盖、风扇导片圈、加热器盖板、水箱部件、制动系统部件以及电瓶托架、发动机隔声板等。

2.3 汽车用主要塑料制品及其成型工艺

2.3.1 汽车用主要塑料制品

塑料是以合成树脂为主要原料,并加入某些添加剂而制成的高分子材料。塑料在一定的温度和压力下能塑造出各种形状的制品。合成树脂是从煤、石油和天然气中提炼出来的高分子化合物,是塑料的基本组成部分,其种类、性质和含量决定了塑料的性能。常用的合成树脂有酚醛树脂、环氧树脂、聚酯树脂、有机硅树脂、聚氯乙烯和聚苯乙烯等。大多数塑料在合成树脂中加入添加剂以改善塑料的性能。不同种类的添加剂具有不同的作用,主要有填充剂、增塑剂、稳定剂、固化剂、润滑剂、抗静电剂、阻燃剂和着色剂等。

1. 塑料制品的分类

塑料的种类有很多,一般可以按以下两种方法分类。
(1) 按塑料的热性能和成型特点,可分为热塑性塑料和热固性塑料。

凡能受热软化、冷却后硬化,且此过程可多次反复进行的塑料称为热塑性塑料。这类塑料成型加工方便,废旧塑料可回收使用。但其耐热性相对较差,容易变形。常用的热塑性塑料有聚乙烯、聚丙烯、聚氯乙烯、ABS塑料、聚甲醛、聚酰胺和有机玻璃等。

凡一次加热成型后,不能再通过加热使其软化、熔化的塑料称为热固性塑料。这类塑料耐热性好,不易变形,但生产期长,废旧塑料不能回收使用。热固性塑料主要有酚醛塑料、氨基塑料和环氧塑料等。

(2) 按塑料的用途,可分为通用塑料和工程塑料。

通用塑料是指用于制造日常用品等的塑料。这类塑料产量大,成本低,应用广泛。通用塑料主要有聚乙烯、聚氯乙烯、聚丙烯、氨基塑料和酚醛塑料等。

工程塑料是指用于制造工程构件和机械零件的塑料。这类塑料强度、刚度较高,韧性、耐热性、耐蚀性较好,可用来替代金属材料制造机械结构件。工程塑料主要有聚酰胺、聚甲醛碳酸酯和ABS塑料等。

在实际应用中,工程塑料和通用塑料的区分并无严格的界限。

2. 塑料在汽车上使用的优势

塑料在汽车上的使用有如下优势:
(1) 密度小,可以减轻汽车重量;
(2) 比强度高;
(3) 耐蚀性好,可以在潮湿和腐蚀性环境下工作;
(4) 绝缘性好,其绝缘性能与陶瓷相当;

(5) 吸振和消声性能良好,用作机械零件时可以大大减少振动和噪声;

(6) 耐磨和减磨性能优良,可用作耐磨材料。

但是,塑料的热膨胀系数大、力学性能和耐热性差,且易老化、不宜长时间使用,易燃烧,不适合在高温条件下工作。

常用塑料的主要特性及其在汽车上的应用如表2-2所示。

表2-2 常用塑料的主要特性及其在汽车上的应用

种类		主要特性	应用举例
热塑性塑料	低压聚乙烯	强度高,耐磨性、耐高温性、耐蚀性和绝缘性好	汽油箱、挡泥板、门窗嵌条、保险杠等
	聚酰胺(尼龙)	韧性好、强度高,耐磨性、耐疲劳性、耐油性等综合性能好,但吸水性和收缩率大	车窗摇柄、风扇叶片、里程表齿轮、衬套等
	聚甲苯	综合力学性能优良,尺寸稳定性好,耐磨性、耐腐蚀性、耐老化性好,吸水性小	半轴齿轮和行星齿轮垫片,汽油泵壳、转向节衬套等
	ABS塑料	综合性能优良,尺寸稳定性、耐热性、耐腐蚀性好,易于成型加工	方向盘、仪表盘、挡泥板、行李舱等
	聚四氟乙烯	化学稳定性优良,耐腐蚀性极高,摩擦系数小,耐高温性、耐寒性和绝缘性好	各种密封圈和垫片等
	有机玻璃	透明度高、耐腐蚀性和绝缘性好,有一定的力学性能,耐磨性能较差	油杯、油标尺、灯罩等
	聚苯醚	抗冲击性能优良,耐磨性、绝缘性、耐热性好,吸水率低,尺寸稳定性好,耐老化性差	小齿轮、轴承、水泵零件等
	聚酰亚胺	耐高温性好,强度高,综合性能好,耐磨性和自润滑性好	正时齿轮、冷却系统和液压系统密封垫圈等
热固性塑料	酚醛塑料	耐热性、绝缘性、化学稳定性、尺寸稳定性等性能优于热塑性塑料,但质地较脆,抗冲击性差	分电盘盖、分火头、制动摩擦片和离合器摩擦片等
	环氧塑料	强度较高,韧性较好,收缩率低,绝缘性、化学稳定性、耐腐蚀性好	塑料量具、模具、电器和电子元件的密封等
	聚氨酯泡沫	力学性能优良,吸振缓冲性、绝热性好,制作简单,易于成型	软质用于座椅垫、内饰材料;半硬质用于转向盘、仪表板、保险杠、扶手等

3. 塑料在汽车上的应用

主要分为汽车外饰件和汽车内饰件。

1) 汽车外饰件

图2-33为汽车常见外饰件分布图。汽车外饰件主要有保险杠(前后,内衬)、车身侧裙板、防擦条、轮罩、轮盖装饰件、车身门槛、散热器格栅、牌照板等。

(1) 保险杠

图2-34为汽车保险杠。

保险杠材料要具备以下要求:

① 良好的抗冲击性能,碰撞时有良好的弹性,为乘客提供保护;

② 良好的耐候性,防止在高温暴晒下变形、老化等;

图 2-33 汽车常见外饰件分布图

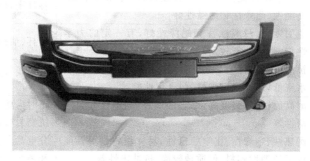

图 2-34 汽车保险杠

③ 良好的油漆附着能力,保证油漆不脱落、变色;

④ 良好的加工性能;

⑤ 价格相对低廉。

汽车保险杠常用材料及其性能特点如表 2-3 所示。

表 2-3 汽车保险杠常用材料及其性能特点

材 料	性 能 特 点
ABS	吸水率低,具有较高的抗冲击性能、刚性、耐油性、耐寒性、耐化学药品性能,容易电镀、易成型
改性 PP	成型性、力学性能和抗冲击强度好,耐热性、耐候性、抗紫外线性好,价格便宜,易成型
PC/ABS	成型性、力学性能和抗冲击强度好,耐热性、耐候性、抗紫外线性、耐应力开裂性能较好

(2) 外后视镜

图 2-35 为外后视镜。

外后视镜对材料有以下要求:

① 良好的耐热性和抗腐蚀性能,防止在高温暴晒下变形老化、腐蚀破坏等;

② 良好的油漆附着能力,保证油漆不脱落、变色;

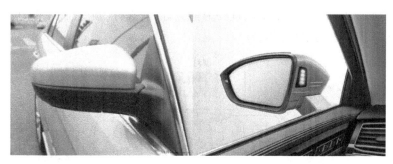

图 2-35 外后视镜

③ 良好的加工性能。

表 2-4 为外后视镜常用材料及其性能。

表 2-4 外后视镜常用材料及其性能特点

材 料	性 能 特 点
ASA	耐紫外线强、抗冲击性强、热稳定性好、耐化学腐蚀性好
改性 PP	耐候性、抗冲击性良好,耐化学品性强,易成型,成本低
增强 PA6	PA6+15%GF,玻纤增强,热稳定性强
TPE	用于后视镜底座的密封垫

(3) 汽车车灯

图 2-36 为前大灯和尾灯结构图,图(a)为前大灯,图(b)为尾灯,其材料多为塑料制品。

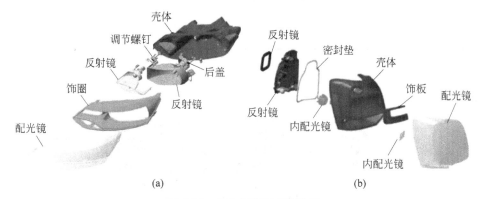

图 2-36 前大灯和尾灯结构图
(a) 前大灯；(b) 尾灯

车灯对材料的要求有如下几点:
① 良好的耐冲击性能,能够承受行驶中跳起碎石的冲击;
② 良好的透光性,起到照明的作用;
③ 良好的耐候性,防止在风吹、日晒、雨淋等恶劣环境下变形、老化等;
④ 良好的稳定性,在长期的灯光炙烤下不能变形;
⑤ 良好加工成型性。

车灯分类如图 2-37 所示,根据位置分为前大灯、前雾灯、顶灯、高位制动灯、尾灯、化妆镜灯、侧转向灯、行李舱灯、尾灯等。

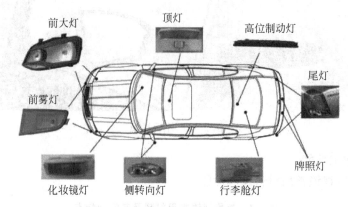

图 2-37　车灯分类

目前汽车车灯常用材料及其性能特点如表 2-5 所示。

表 2-5　车灯常用材料及其性能特点

常用材料	特　　点	常用牌号
改性 PC	高透明,冲击强度很高、耐蠕变性、耐热性和耐寒性优良,良好的光学性能和着色性能	中国台湾奇美 PC 系列耐候性 PC 材料、拜耳生产的 Al 系列 PC 材料、锦湖日丽生产的散光系列 PC 材料、普利特生产的 PC 系列材料
PMMA	透明度极高、成型温度范围广、质轻、不易破碎,有韧性,具有一定的拉伸强度和弯曲强度	中国台湾奇美 CM 系列亚克力板、三菱 VH 系列 PMMA 材料

(4) 进气格栅

图 2-38 为进气格栅。

图 2-38　进气格栅

进气格栅对材料的要求有如下几点:
① 良好的电镀性能;
② 良好的耐候性,防止在高温暴晒下变形、老化等;
③ 良好的稳定性;

④ 良好的加工性能。

进气格栅常用材料及其性能特点如表 2-6 所示。

表 2-6 进气格栅常用材料及其性能特点

材　料	特　　点
ABS	吸水率低,具有较高的抗冲击性能、刚性、耐油性、耐寒性、耐化学药品性能,容易电镀,易成型
改性 PP	成型性、力学性能和抗冲击强度好、耐热性、耐候性好、抗紫外线,价格便宜,易成型
PC/ABS	成型性、力学性能和抗冲击强度好、耐热性、耐候性好、抗紫外线,耐应力开裂性能较好

(5) 其他外饰件

除上述外,塑料还用于轮罩、轮毂装饰件、散热器格栅、牌照板、侧裙板、车身门槛、防撞条等。图 2-39 为汽车门槛,图 2-40 为车轮轮罩。

图 2-39 车身门槛

图 2-40 轮罩

其他外饰件种类及其应用材料如表 2-7 所示。

表 2-7 其他外饰件

汽车构件	常用材料	特　　点
轮罩	PP+EPDM	韧性高
轮毂装饰件	PA6+矿物粉	耐热、可喷漆
散热器格栅	PP ABS PC/PBT	可喷漆
牌照板	ABS PC/ABS	电镀
侧裙板	PP+30%矿物粉	可喷漆、收缩率低,线性膨胀系数小
车身门槛	PP+30%矿物粉	收缩率低,线性膨胀系数小
防撞条	PP+30%矿物粉	防翘曲,线性膨胀系数小

2) 汽车内饰件

汽车内饰主要包括仪表板、副仪表板、立柱、门板、座椅等部件。

汽车内饰材料要求如下:

① 耐热性:因夏季长时间光照,要求内饰件材料具有高耐热性;

② 耐老化性:包括热氧老化和光老化,防止部件老化变色;

③ 气味性:为了驾乘人员的身体健康,材料应确保低挥发性、低气味;

④ 哑光性:为确保驾驶安全,选用哑光材料或哑光皮纹。

（1）汽车仪表盘

图 2-41 为驾驶舱内饰。

图 2-41　驾驶舱

表 2-8 为仪表盘的类型及其材质，表 2-9 为聚丙烯仪表盘材料典型性能，表 2-10 为仪表盘附件及其材料。

表 2-8　仪表盘类型及其材质

项　目	硬质仪表盘	软质仪表盘
骨架	表皮	
制造方法	注塑成型，表面可喷漆处理	注塑成型、搪塑、吸塑
使用材料	PP+TALC PC/ABS	PC/ABS、PPO、PVC 搪塑粉
外观	外观良好	外观良好
手感	手感差	手感良好
制造成本	低	高
使用车型	经济型	中高级轿车

表 2-9　聚丙烯仪表盘材料典型性能

性　能	单位	范围	含　义
MFR	g/10min	7～20	流动性
密度	g/cm^3	1.0～1.18	15%～25% 矿物填充
拉伸强度	MPa	>19	强度
伸长率	%	40	韧性
缺口冲击强度	kJ/m^2	15～30(23℃)	
弯曲模量	MPa	1500～2500	刚性
弯曲强度	MPa	>25	
HDT(0.45 MPa)	℃	>105	耐热性能

表 2-10　仪表盘附件及其材料

附件名称	使用材料
杂物盒	PP ABS
副仪表盘	PP+EPDM+TALC
出风口	ABS PC/ABS
饰框（电镀、仿木处理）	ABS PC/ABS

(2) 门板立柱系统(图 2-42)

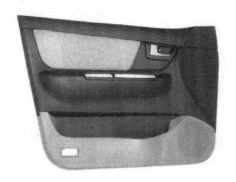

图 2-42 汽车门板

门板立柱系统所用材料如表 2-11 所示。

表 2-11 门板立柱系统所用材料

系 统	零件名称	材 料	料厚/mm	重量/g
门板立柱系统 17.4kg	门护板上装骨架	PP+EPDM—T20	2.5	860
	门护板下装骨架	PP+EPDM—T20	2.5	5888
	门护板附件	PP+EPDM—T20	2～3	4002
	包覆表皮	PVC+PU 泡沫	1+5	464
	内开把手	PC+ABS	2.5	480
	开门指示反射片	PC	1	20
	门拉手盒垫片	TPO	3	51
	立柱/门栏本体	PP+EPDM—T20	2.5	5597

(3) 汽车功能件

汽车功能部件主要包括发动机前端组件、发动机罩盖、进气歧管、空调组件、容器、燃油系统等。

图 2-43 为气道燃油喷射式发动机进气歧管。进气歧管对材料的要求是耐高温,高强度,尺寸稳定性、化学稳定性、热老化稳定性优良等。使用改性塑料的优势有零件可预装、无焊痕、零件可形变、制品残余应力较小等。

图 2-44(a)为散热器风扇,图(b)为水箱组件,这些结构对材料要求是要耐高温和噪声小。

空调组件的风机壳体材料为 PP+T20;通风管道材料为 HDPE、LDPE。

容器主要用来盛装防冻液、刹车液、清洗液。材料要求为耐热性好(长期使用温度90℃),耐化学介质(乙二醇、刹车液、清洗剂)。选用材质为高强度 PP。图 2-45 为防冻液水壶。

图 2-43 气道燃油喷射式发动机进气歧管

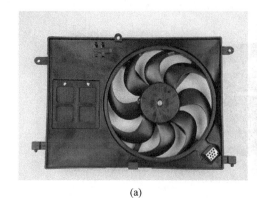
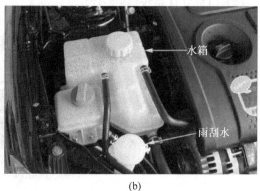

(a)   (b)

图 2-44 其他塑料构件

图 2-45 防冻液水壶

  图 2-46 为塑料燃油箱。塑料燃油箱的重量较金属轻,塑料相对密度仅为金属的 1/8～1/7,所以与同体积的金属燃油箱相比较,其重量可大大降低,从而有利于减轻车重,提高车速,节省燃料。油箱分为单层与多层,欧洲的燃油渗透值≤20g/24h;美国的燃油渗透值≤2g/24h。多层结构为内层、黏合层、阻隔层、黏合层、回料层、外层。采用超高分子量高密度 PE 多层共挤吹塑工艺,使防油渗透性提高 0.8g/24h。

图 2-46 汽车塑料油箱

图 2-47 为发动机进气油管,材料一般为 PA11、PA12。

图 2-47 发动机进气油管

2.3.2 塑料的成型工艺

塑料成型工艺是将各种形态的塑料原材料转变为具有一定形状和性能的制品的方法。随着塑料的广泛应用及其对现代技术的深远影响,塑料成型技术取得了快速的发展,由单一型技术向组合型技术发展,如注射-拉伸-吹塑成型技术;由常规条件的成型技术向特殊条件的成型技术发展,如超高压和高真空条件下的塑料成型技术;由普通的塑料成型技术向赋予新性能的变质成型技术发展。

目前较常用的塑料成型加工方法有模压成型、注射成型、挤压成型、挤出成型、真空成型、吹塑成型、浇铸成型、粉末冶金成型、气动与液压成型等。现介绍几种主要的成型加工方法。

1. 模压成型

模压成型又称压制成型,是将松散状的固态物料放入预热的模具中,通过加热和加压使它们逐渐软化熔融,然后根据模腔形状进行流动成型,经一定时间后卸压、起模即得到制品(塑件)的过程,见图 2-48。

模压成型主要用于热固性塑料,如酚醛、环氧、有机硅等的压缩成型。模压成型设备、模具和生产过程控制较为简单,并易于生产大型制品,但生产周期长,效率低,较难实现自动化,难以成型厚壁制品及形状复杂的制品。

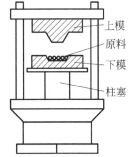

图 2-48 模压成型示意图

2. 注射成型

注射成型也称注塑成型,是将原料先在注射机料筒内预热至塑料的流动温度,然后以较大压力(700～1000kg/cm²)和较高速度(3～4.5m/min)将其注入较低温度的模具模腔内并固化而得到各种塑件的方法(图 2-49)。

注射成型是热塑性塑料成型的一种重要方法。该方法也可用于某些热固性塑料。注射成型的优点是成型周期短,能一次成型外形复杂、尺寸精确的塑件,生产效率高,易于实现自动化生产。其产品占目前塑件生产的 30% 左右。但注射成型的设备价格及模具制造费用较高,不适合单件及批量较小的塑件生产。

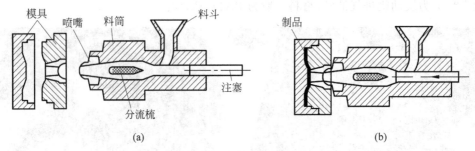

图 2-49 注射成型示意图

3. 挤出成型

挤出成型也称挤压成型,是将塑料或橡胶原料加入挤出机缸筒内经加热熔融成粘流状态,借助螺杆的旋转加压(或柱塞加压)方式,连续地将物料从一定形状的模嘴挤出而得到截面与模嘴形状一致的型材的工艺方法(图 2-50)。

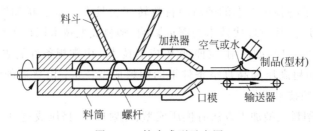

图 2-50 挤出成型示意图

挤出成型能连续进行,生产效率高,成本低。制品组织较紧密、适应性强,几乎所有的热塑性塑料都可采用挤出成型,部分热固性塑料也可采用挤出成型。挤出成型设备及模具结构简单。因此,挤出成型在塑料成型加工工业中占有很重要的地位。

挤出成型可以生产各种截面一定、长度连续的塑料型材,如管材、板材、棒材、片材、带材和截面形状复杂的异型材等,还可以生产塑料薄膜、塑料网材、带塑料包覆层的工业产品(如电线、电缆等)。目前,挤出成型的制品约占全世界塑料制品总产量的 30%。

4. 真空成型

真空成型是将塑料片置于模具中不压紧,借助加热器将塑料片加热至软化温度,然后将模具型腔抽成真空,借大气的压力将软化的塑料片压入模腔内并使之紧贴模具,冷却后即得所需塑料制品(图 2-51)。这种方法适合成型杯、盘、罩、盖、壳体等薄壁敞口制品。

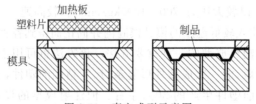

图 2-51 真空成型示意图

2.4 纤维增强复合材料及其在汽车中的应用

纤维增强复合材料具有重量轻、强度高的特点,且具有常规材料不具有的特殊性能,如抗拉强度高、耐腐蚀、摩擦性能好等。目前,汽车上常用的复合材料主要有纤维增强复合材料、金属基复合材料、陶瓷基复合材料等。

2.4.1 纤维增强复合材料

纤维增强复合材料(FRP)是汽车轻量化最重要的材料,由纤维、树脂、填充料三部分组成,其基体是塑料。FRP中较典型的有玻璃纤维增强塑料和碳纤维增强塑料。

纤维增强复合材料中承受载荷的主要是增强相纤维,而增强相纤维处于基体之中,彼此隔离,其表面受到基体的保护,因而不易遭受损伤。塑性和韧性较好的基体能阻止裂纹的扩展,并对纤维起到黏结作用,复合材料的强度因而得到很大的提高。纤维种类很多,但用于现代复合材料的纤维主要是高强度、高模量的玻璃纤维、碳纤维、石墨纤维及硼纤维等。

1. 玻璃纤维增强塑料

玻璃纤维增强塑料(GFRP)是以树脂为基体,以玻璃纤维增强的复合材料,俗称玻璃钢。玻璃纤维是由玻璃熔化后以极快的速度抽制而成,直径多为 $5\sim 9\mu m$,柔软如丝,单丝的抗拉强度达到 $1000\sim 3000MPa$,且具有很好的韧性,是目前复合材料中应用最多的增强纤维材料。玻璃钢力学性能优良,抗拉强度和抗压强度都超过一般钢和硬铝,而比强度更为突出,因而广泛应用于制造各种机器护罩、复杂壳体、车辆、船舶、仪表、化工容器、管道等。许多新建的体育馆、展览馆、商厦的巨大屋顶都是由玻璃钢制成的,它不仅重量轻、强度高,而且还能透过阳光。

玻璃钢用作汽车零部件材料,可减轻汽车自重,提高汽车性能,目前常用于制造汽车通风和空调系统元件、空气滤清器壳、仪表板、发动机罩、行李舱盖和座椅架等。

2. 碳纤维增强塑料

碳纤维增强塑料(CFRP)是以碳纤维为增强材料,以工程塑料为基体的复合材料。它不仅保持了玻璃钢的众多优点,而且许多性能高于玻璃钢,其强度和弹性模量均超过铝合金,甚至接近高强度钢,而密度比玻璃钢小,是目前比强度和比模量最高的复合材料之一。同时,碳纤维增强塑料具有较高的疲劳强度、优良的耐磨性、减摩性及自润性、耐蚀性和耐热性等。其主要缺点是比较脆,碳纤维比玻璃纤维更光滑,因此与树脂黏结力更差。主要用于制造要求比强度、比模量高的耐磨件、耐蚀件等。

碳纤维增强塑料将是汽车工业中大量使用的增强材料。目前汽车耗油量要求逐年下降,要使汽车轻量化、发动机高效化,都要求有质轻和一材多用的轻型结构材料,而碳纤维增强塑料则是最理想的材料。碳纤维增强塑料在汽车上主要用于底盘系统中的悬置件、弹簧片、框架、散热器；传动系统中的传动轴、离合器片、加速装置；发动机系统中的推杆、连杆、摇杆、水泵叶轮；车体上的车顶内外衬、地板、侧门等。

2.4.2 复合材料的组成

复合材料主要由基体与增强材料组成。增强材料是复合材料的主要承力组分，它能大幅提高基体树脂的强度和弹性模量，而且能减少复合材料成型过程中的收缩，提高热变形温度。未经增强的基体树脂是不能作为结构件使用的，而由增强材料与基体树脂制成的复合材料作为结构件在各领域得到了广泛的应用。常用纤维增强复合材料的性能和用途见表 2-12。

表 2-12 常用纤维增强复合材料的性能和用途

名称	性能特点	用途举例
玻璃纤维复合材料（俗称玻璃钢）	热塑性玻璃钢是以玻璃纤维为增强剂，以热塑性树脂为黏结剂制成的复合材料。与热塑性塑料比，当基体材料相同时，强度和疲劳性能可提高 2~3 倍，韧性提高 2~4 倍，蠕变抗力提高 2~5 倍，达到或超过某些金属的强度	制作轴承、轴承架、齿轮等精密零件；汽车的仪表盘、前后灯；空气调节器叶片、照相机和收音机壳体；转矩变换器、干燥器壳体等
	热固性玻璃钢是以玻璃纤维为增强剂，以热固性树脂为黏结剂制成的复合材料，密度小、强度高、耐蚀性好、绝缘性好、成型性好。其比强度比铜合金和铝合金高，甚至比合金钢还高。但刚度较差（为钢的 1/10~1/5），耐热性不高（低于 200℃），易老化和蠕变	用途广，制作要求自重轻的受力构件，例如汽车车身，直升机的旋翼、氧气瓶；耐海水腐蚀的结构件和轻型船体；石油化工管道、阀门；电机、电器上的绝缘抗磁仪表和器件
碳纤维复合材料	碳纤维树脂复合材料多以环氧树脂、酚醛树脂和聚四氟乙烯为基体。这类材料的密度小，强度比钢高，弹性模量比铝合金和钢大，疲劳强度和韧性高，耐水、耐湿气，化学稳定性高，摩擦系数小，热导性好，受 X 射线辐射时强度和模量不变化。性能比玻璃钢优越	制作齿轮、轴承、活塞、密封环、化工零件和容器；宇宙飞行器的外形材料、天线构架；卫星和火箭的机架、壳体、天线构件
	碳纤维复合材料以碳或石墨为基体。除了具有石墨的各种优点外，强度和韧性比石墨高 5~10 倍。刚度和耐磨性高，化学稳定性和尺寸稳定性好	用于高温技术领域（如防热）和化工装置中。可制作导弹鼻锥、飞船的前缘、超声速飞机的制动装置等
	碳纤维金属复合材料是在碳纤维表面镀金属铝，制成的碳纤维铝基复合材料。这种材料在接近金属熔点时仍有很好的强度和弹性模量；用碳纤维和铝锡合金制成的复合材料，其减摩性比铝锡合金更优越	制作高级轴承、旋转发动机壳体等

续表

名　称	性能特点	用途举例
硼纤维复合材料	碳纤维陶瓷复合材料是石墨纤维与陶瓷组成的复合材料,具有很高的高温强度和弹性模量。例如,碳纤维增强的氮化硅陶瓷可在1400℃下长期工作;又如碳纤维增强石英陶瓷复合材料,韧性比纯烧结石英陶瓷大40倍,抗弯强度大5～12倍,比强度、比模量可成倍提高,能承受1200～1500℃高温气流的冲击	制作喷气式飞机的涡轮叶片等
	硼纤维树脂复合材料的压缩强度和剪切强度高,蠕变小,硬度和弹性模量高,疲劳强度高,耐辐射,对水、有机溶剂、燃料和润滑剂都很稳定,导热性和导电性好。用高模量连续硼纤维增强的铝基复合材料的强度、弹性模量和疲劳强度,一直到500℃都比高强度铝合金和高耐热铝合金高。它在400℃时的持久强度为烧结铝的5倍,比强度比钢和钛合金还高	用于航空和宇航工业,制造翼面、仪表盘、转子、压气机叶片、直升机螺旋桨叶和传动轴等

1. 聚合物基体

复合材料聚合物基体可分为热固性和热塑性两大类,其中又以热固性树脂为主,主要品种有环氧树脂、不饱和聚酯树脂和酚醛树脂等。用以制造复合材料的热塑性树脂基体主要有聚酰胺、聚乙烯、聚丙烯、聚苯乙烯、聚碳酸酯、聚甲醛、改性聚苯醚、PBT、PET、ABS、聚砜、聚醚砜、PPS和聚醚醚酮等,其中尤以聚醚醚酮的性能最优越。

特种工程塑料聚醚醚酮是20世纪80年代发展起来的一种高性能热塑性树脂,兼具热固性树脂的耐热性、化学稳定性和热塑性树脂的成型性。在所有的工程塑料中,聚醚醚酮具有最好的耐热水性和耐水蒸气性,同时还有优异的阻燃特性,是一种有极大发展前途的新型复合材料树脂基体。

2. 增强材料

增强用纤维的选用是根据制品的性能要求,如力学性能、耐热性能、耐腐蚀性能、电性能等,以及制品的成型工艺和成本要求来确定的。

复合材料中的增强用纤维主要有玻璃纤维、碳纤维、芳香族聚酰胺纤维、无机纤维、硼纤维、碳纤维、碳化硅纤维、氧化铝纤维和金属纤维等,其中应用最广泛的是玻璃纤维。对于以聚合物为基体的复合材料来说,所采用的增强纤维主要是前3种。玻璃纤维对乙烯基酯树脂的增强作用见表2-13。

表2-13　玻璃纤维对乙烯基酯树脂的增强作用

性　能	未　增　强	增　强
抗拉强度/MPa	80	260
弯曲强度/MPa	120	360
冲击强度/(kJ/m^2)	10	300

1) 玻璃纤维

玻璃纤维是由熔融玻璃快速抽拉而成的纤维,其主要成分为二氧化硅。增强用的玻璃纤维按含碱量及其性能可分为有碱玻璃纤维、低碱玻璃纤维(E玻璃纤维)、高强度玻璃纤维(S玻璃纤维)、高弹性模量玻璃纤维等。

由于无机玻璃纤维与有机树脂的分子结构和表面形态极不相同,所以这两种材料一般不能紧密地结合在一起。为了改善玻璃纤维与树脂间的黏结性,提高复合材料性能,一般应在制造复合材料前用偶联剂对玻璃纤维进行表面处理。偶联剂是一类具有两性结构的物质,它的一部分基团可与无机物表面的化学基反应,形成强固的化学键;另一部分亲有机物的基团可与有机物分子反应或进行物理缠绕,从而把两种性质不同的材料牢固地结合起来。

2) 碳纤维

碳纤维是指具有层状结构,含碳量高于90%的纤维状物质。增强用碳纤维按制备工艺和性能可分为高强度碳纤维和高弹性模量碳纤维。有时也把高弹性模量碳纤维称为石墨纤维。工业上制造碳纤维的原料主要是人造丝、聚丙烯腈纤维和沥青纤维等。

碳纤维虽然具有许多优良性能,如比弹性模量和比强度高,热稳定性和化学稳定性好,线膨胀系数小,耐摩擦和自润滑性优良等,但它与树脂之间的黏结力比其他增强纤维低,因此,在将碳纤维制成复合材料前,必须对其进行表面处理,改变纤维表面形状,以提高碳纤维与树脂的黏结力。

3) 芳香族聚酰胺纤维

芳香族聚酰胺纤维,简称芳纶纤维,是由聚对苯二甲酰对苯二胺在液晶态进行纺丝而得到的分子取向度很高的纤维。芳纶纤维由美国杜邦公司1972年投产,产品牌号为Kevlar29和Kevlar49,一般在复合材料中作增强纤维用的是弹性模量较高的Kevlar49。20世纪80年代以来,荷兰、日本、苏联也先后开展了芳纶纤维的研制开发工作。日本及俄罗斯的芳纶纤维已投入市场,年增长速度达到20%左右。

芳纶纤维的强度可达3.6GPa,弹性模量可达130GPa,而密度约为$1.4g/cm^3$,比强度超过玻璃纤维、碳纤维、硼纤维,比弹性模量超过玻璃纤维。芳纶纤维还具有优良的韧性,常与碳纤维混合使用,以提高复合材料的冲击强度,因此被广泛应用于航空航天领域的高性能复合材料零部件(如火箭发动机壳体、飞机发动机舱、整流罩、方向舵等)、舰船(如航空母舰、核潜艇、游艇、救生艇等)、汽车(如轮胎帘子线、高压软管、摩擦材料高压气瓶等)以及耐热运输带、体育运动器材等。

4) 超高分子量聚乙烯纤维

超高分子量聚乙烯纤维的比强度在各种纤维中位居第一,尤其是它的抗化学试剂侵蚀性能和抗老化性能优良。它还具有优良的高频声呐透过性和耐海水腐蚀性,许多国家已用它来制造舰艇的高频声呐导流罩,大大提高了舰艇的探雷、扫雷能力。除在军事领域,在汽车制造、船舶制造、医疗器械、体育运动器材等领域超高分子量聚乙烯纤维也有广阔应用前景。该纤维一经问世就引起了发达国家的极大兴趣和重视。

2.4.3 碳纤维复合材料

碳纤维主要是由碳元素组成的一种特种纤维,是在热处理过程中不熔融的人造化学纤维经热稳定氧化处理、碳化处理及石墨化等工艺制成的。其含碳量随种类不同而异,一般在90%以上。外形有显著的各向异性,柔软,可加工成各种织物,沿纤维轴方向表现出很高的强度。碳纤维密度低,因此有很高的比强度。

碳纤维是一种力学性能优异的新材料。它的密度不到钢的1/4；碳纤维树脂复合材料抗拉强度一般都在3500MPa以上,是钢的7~9倍；抗拉弹性模量为23 000~43 000MPa,亦高于钢；材料的强度与其密度之比可达2000MPa/(g/cm^3)以上,而A3钢的比强度仅为59MPa/(g/cm^3)左右,其比模量也比钢高。

碳纤维的优点是轴向强度和模量高,无变形,耐疲劳性好,比热容及导电性介于非金属和金属之间,热膨胀系数小,耐蚀性好,纤维的密度低,X射线透过性好。其缺点是耐冲击性较差,容易损伤,在强酸作用下发生氧化,与金属复合时会发生金属碳化、渗碳及电化学腐蚀现象。因此,碳纤维在使用前须进行表面处理。碳纤维的主要用途是与树脂、金属、陶瓷等基体复合,制成结构材料。

碳纤维复合材料在汽车上的应用主要包括以下几个方面：

1. 汽车车身

图2-52为碳纤维复合材料制成的车身,图2-53为碳纤维复合材料制成的后视镜。现在的F1(世界一级方程式锦标赛)赛车,车身大部分结构使用碳纤维材料。顶级跑车的大卖点也是周身使用碳纤维,用以提高气动性和结构强度。BMW公司的Z-9、Z-22的车身,M3系列车顶棚和车身,GM公司的Ultralite车身,福特公司的GT40车身,保时捷91GT3承载式车身等使用的都是碳纤维增强复合材料。兰博基尼公司生产的GallardoSpyder轿车的后备厢采用碳纤维增强塑料材料,将重量降低了20%。据相关数字显示,碳纤维增强塑料材料一般比铝合金材料的重量还要轻25%,与钢材相比要轻60%左右。

图2-52 碳纤维复合材料车身

图2-53 碳纤维复合材料后视镜

2. 制动器刹车片

图2-54为碳纤维复合材料刹车片。碳纤维因其环保、耐磨的特点应用在刹车片上,但含有碳纤维复合材料的产品都格外昂贵,所以目前这种刹车片还主要应用在高档轿车上。碳纤维制动盘被广泛用于竞赛用汽车(如F赛车)上。它能够在50m的距离内将汽车的速度由300km/h降低到50km/h,此时制动盘的温度会升高到900℃以上,制动盘会因为吸收

大量的热能而变红。碳纤维制动盘能够承受2500℃的高温,而且具有非常优秀的制动稳定性。虽然碳纤维制动盘具有性能卓越的减速性能,但是目前在量产的汽车上使用碳纤维制动盘并不实际,因为碳纤维制动盘的性能在温度达到800℃以上时才能达到最好。也就是说,必须在行驶了数千米之后,汽车的制动装置才能进入最佳工作状态,这对于大多数只是短途行驶的车辆并不适用。另外,碳纤维制动盘的磨损速度很快,制造成本也非常高。

图 2-54　碳纤维复合材料刹车片

3. 座椅加热垫

碳纤维汽车座椅加热垫是碳纤维加热技术应用于汽车工业的一个突破。碳纤维加热技术在汽车配套市场变得越来越受欢迎,它将会完全替代传统的座椅加热系统。目前几乎全球所有汽车制造厂商的高档、豪华轿车都配备了这种座椅加热装置,比如奔驰、宝马、奥迪、大众、本田、日产等。热载荷碳纤维是一种效能比较高的导热材料,热效率高达96%,并在加热垫中均匀密布,保证热量在座椅加热区域均匀释放,碳纤维线及温度分布均匀,又确保了加热垫长期使用保持座椅表面皮革平整完好,不产生纹路痕迹、不产生局部变色;温度超出设定区间则自动断电,不满足温度要求时自动通电调节温度。碳纤维有适宜人体吸收的红外线波长,具有促进健康的保健作用,可以充分减少驾乘疲劳,增加舒适度。

4. 轮毂

图 2-55 为用碳纤维复合材料制成的轮毂。德国的知名轮毂制造专家 WHEEISANDMORE 推出 Megalight-Forged-Series 轮毂系列,采取两片式设计,外环为碳纤维材质打造,内毂为轻量化的合金,搭配不锈钢制的螺丝,较一般同尺码的轮毂可减重40%左右。以20英寸的轮为例,Megalight-Forged-Series 3 轮圈仅有6kg,较一般大约18kg的重量轻了2/3。20英寸的 Megalight-Forged-Series 一组轮要价2万欧元,约合21.86万元人民币;目前共有18~23英寸尺码可供选择。英国KHM公司使用CFRP制得的RX-X型高级轿车专用车轮,重量仅为6kg,可高速行驶,并可最大限度地降低车轮的径向惯性力。由英国DYMAG公司开发的世界最轻碳纤维/镁车轮由碳纤维轮辋和镁刹车盘两部分组成,并用镀钛的特殊硬件连接起来。

5. 燃料储罐

采用碳纤维强化塑料(CFRP)可以在满足一定工作要求的条件下实现压力容器的轻量

图 2-55 碳纤维轮毂

化。随着环保汽车(Ecocar)的开发,以氢为燃料的燃料电池汽车使用 CFRP 材料制作燃料储罐已为市场所接受。依据日本能源厅燃料电池研讨会信息,2020 年日本将有 500 万台汽车使用燃料电池。美国福特汽车 Hummer H2H 越野车也开始使用氢燃料电池,氢燃料电池汽车在不久的将来会达到一定的市场规模。

习 题

一、解释下列名词术语
有色金属、高分子材料、陶瓷材料、复合材料、镀锌、纳米陶瓷、模压成型、注射成型

二、简答题
1. 简述金属材料的分类及在汽车上的应用。
2. 简述陶瓷材料的分类及在汽车上的应用。
3. 简述高分子材料今后的创新方向。
4. 简述钛在汽车上的主要用途。
5. 简述镁合金的特点及应用。
6. 简述 3 种新型材料。
7. 简述塑料在汽车上使用的优势。
8. 列出 4 种塑料的特性以及在汽车上的应用。
9. 简述常用的塑料成型加工方法。
10. 简述碳纤维复合材料的分类、性能特点及应用。
11. 列出 3 种增强纤维,简述其性能特点。
12. 简述碳纤维复合材料在汽车上的应用。

第 3 章

工件的装夹和机床夹具

为了在工件的某一部位上加工出符合规定技术要求的表面,在机械加工之前,必须使工件在机床的夹具中占据某一正确的位置,通常把这个过程称为工件的定位。当工件定位后,为了避免在加工中受到切削力、重力等作用而受到破坏,还应该用一定的机构或装置将工件固定住。工件定位后将其固定,使其在加工过程中保持定位位置不变的操作,称为夹紧。工件的装夹过程就是定位过程和夹紧过程的综合。装夹过程所使用的机构或装置即机床夹具。夹具设计是直接为机械产品生产服务的一项重要的生产准备工作。

3.1 工件的装夹方法

1. 工件的正确装夹

工件上的加工表面是刀具、工件相对运动而形成的轨迹。例如,在车床上车削轴的外圆表面,该表面是由工件的旋转与刀具(车刀)的进给运动共同作用形成的。因此,要想得到正确的,即符合图纸要求的加工表面,首先必须保证在加工之前,以及在加工的整个过程中,工件与刀具处于正确的相对位置。

如果在加工之前或在整个加工过程中不能保证工件与刀具处于正确的位置,都可能会出现废品。所以,为了加工合格的产品,必须设法保证:

(1) 在加工之前工件与刀具有正确的位置;

(2) 在整个加工过程中这个正确的位置保持不变。

如果满足了上述两点要求,则认为工件实现了正确的装夹。因此,正确的装夹应具备:

(1) 在加工之前,工件(实质上是工件的工序基准)相对于刀具和机床应保持正确位置,即正确定位。

(2) 在整个加工过程中,作用于工件上的各种外力不应破坏原有的正确定位,即正确夹紧。

2. 装夹方法

在机床上对工件进行加工,由于工件的形状、大小和加工的数量不同,装夹的方法也不同,装夹方法大致可归纳为两类:找正装夹法和专用夹具装夹法。

1) 找正装夹法

所谓找正装夹,就是定位时,根据待加工表面与其他表面之间的尺寸关系用划针目测判断或用量具、量仪直接测量,使工件处于正确位置,然后将工件夹紧的装夹方法。

(1) 直接找正装夹。利用划针、角尺、百分表或直接凭眼力来找正工件在机床上的位置,然后将其夹紧。如图3-1所示,在磨床上磨削零件内孔,对零件的外圆与内孔有很高的同轴度要求。采用四爪单动卡盘装夹工件时,使用指示表通过控制外圆的径向圆跳动,对工件外圆进行找正,确保外圆轴线与磨床主轴轴线的同轴度,从而使工件在磨床上占有一正确位置后,用四爪单动卡盘将找正获得的正确位置固定下来。此时,定位基准为外圆轴线。

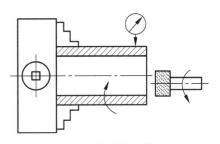

图3-1　直接找正装夹

(2) 划线找正装夹。预先根据零件图纸,在毛坯上将待加工表面的轮廓线划出,然后用划针按照所划线找正工件在机床上的位置并夹紧。该方法简单、实用,但找正精度与找正工具的精度、找正方法以及工人的技术水平有关,且效率低、工人劳动强度大,适用于产量不大、加工质量要求不高的场合。

2) 专用夹具装夹

专用机床夹具是相对通用机床夹具而言的,如车床上的三爪卡盘、四爪卡盘,均属于通用机床夹具。专用机床夹具是指为某零件的某道工序专门设计制造的夹具,它能使工件迅速而准确地定位与夹紧,不需找正就能保证工件与机床、刀具的正确位置。图3-2所示为在连杆上铣槽时所用的铣床夹具,这种夹具机构简单,成本低,生产率较高。

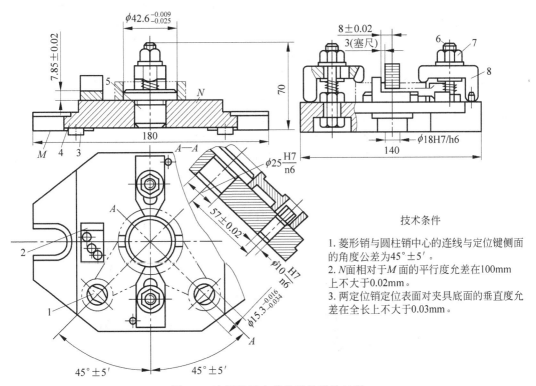

图3-2　连杆铣槽夹具总图的设计过程

1—菱形销;2—对刀块;3—定位键;4—夹具体;5—圆柱销;6—螺钉;7—带肩六角螺母;8—压板

专用夹具定位准确,装卸工件迅速,但设计制造周期较长,费用较高,适用于产品相对稳定而产量较大的成批和大量生产。在生产中安装工件时,有时也采用以上两种夹具的结合,比如先将工件装夹在专用机床夹具中,然后辅之以找正方法,所以要从保证加工精度、提高生产率、降低制造成本等综合要求出发全面考虑。

3.2 基准的概念

零件是由若干几何要素(点、线、面)组成的,各几何要素之间有一定的相互位置和距离尺寸要求。在加工过程中,也必须相应地以某个或某几个要素为依据来加工其他表面,以保证图样上所规定的要求。用来确定生产对象上几何要素间的几何关系所依据的那些点、线、面称作基准。

3.2.1 基准的分类

根据基准作用和应用场合不同,常分为设计基准和工艺基准两大类,工艺基准又分为工序基准、定位基准、测量基准、装配基准和对刀基准等。基准的分类如图 3-3 所示。

1. 设计基准

设计基准是设计图上所采用的基准。设计基准可以是轮廓要素(零件上实际存在的点、线、面),也可以是中心要素(由轮廓要素取得的轴线或中心平面),它是设计图上尺寸标注的起始点。通常,基准关系是可逆的。

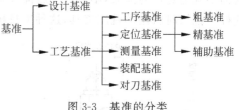

图 3-3 基准的分类

如图 3-4 所示,钻套的轴线是各外圆和内孔的设计基准,端面Ⅰ是端面Ⅱ和端面Ⅲ的设计基准,内孔的轴线是外圆表面Ⅳ的径向圆跳动的设计基准。

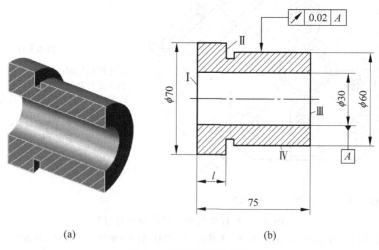

图 3-4 钻套的设计基准

图 3-5 所示的汽车变速器拨叉图样中，孔 ϕ19mm 和螺纹孔 M10 的设计基准分别为孔的轴线和螺纹孔轴线。拨叉平面 F，用尺寸 (31.7 ± 0.15)mm 与螺纹孔相联系，螺纹孔轴线是拨叉平面 F 的设计基准；反之也可以认为拨叉平面 F 是螺纹孔的设计基准，两者互为设计基准。螺纹孔垂直度的设计基准为 ϕ19mm 孔的轴线和 19mm 槽的对称中心平面组成的公共轴平面 A-B。

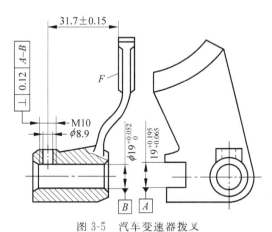

图 3-5 汽车变速器拨叉

2. 工艺基准

在机械加工工艺过程中用来确定加工后尺寸、形状、位置的基准称为工艺基准。根据用途不同，工艺基准可分为工序基准、定位基准、测量基准、装配基准和对刀基准等。

1) 工序基准

工序卡上用以表示工件被加工表面加工要求及工件装夹情况的简图，称为工序图。在工序图上用来确定本道工序被加工表面加工尺寸、位置公差的基准，称为工序基准。工序基准可以是轮廓要素，也可以是中心要素，它是工序尺寸标注的起始点。

图 3-6 所示为摩托车发动机变速机构齿轮轴的某一加工工序图，该工序加工内容为磨削齿轮后端面 1，要求保证尺寸 (12.5 ± 0.03)mm，对 ϕ15mm 轴线的垂直度误差不超过 0.01mm，因此，该工序的工序基准为平面 2 及 ϕ15mm 的轴线。

2) 定位基准

在加工中确定工件在机床上或机床夹具中占有正确位置的基准，称为定位基准。图 3-7 所示零件在加工 C 面时，若装夹基准为 A 面，则加工 C 面的定位基准为 A 面。

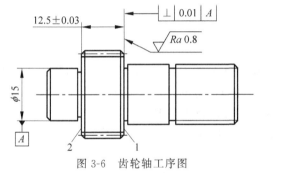

图 3-6 齿轮轴工序图

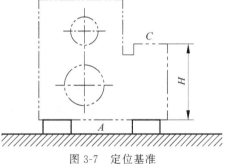

图 3-7 定位基准

零件加工时,应尽量使工序基准、定位基准与设计基准重合,否则就要进行尺寸换算(具体计算参见第 7 章尺寸链原理与应用),由此会产生基准不重合误差。

工件首次加工所使用的定位基准都是未加工的表面,这样的定位基准称为粗基准。当采用已加工表面作为基准时,称为精基准。纯粹为机械加工工艺需要专门在工件上设计制造出的定位基准称为辅助基准(如轴类零件端面上的中心孔、连杆类零件的工艺凸台等)。

3) 测量基准

测量时所采用的基准,即用来确定被测量尺寸、形状和位置的基准,称为测量基准。测量基准可以是实际存在的,也可以是假想的。采用不同的测量方法,如图 3-8 所示的零件的测量基准可以有多种,其中图 3-8(a)以轴线 C_1 为测量基准;图 3-8(b)表示用量规检测时,以母线 C_2 为测量基准;图 3-8(c)表示用卡尺检测时,以母线 C_3 为测量基准。

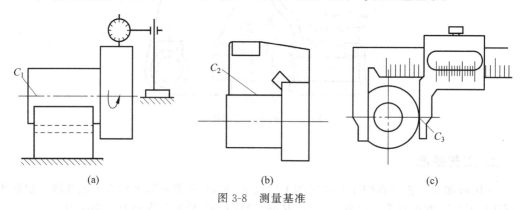

图 3-8 测量基准

4) 装配基准

装配时用来确定零件或部件在产品中的相对位置所采用的基准,称为装配基准。装配基准可以是实际存在的,也可以是假想的。如图 3-9 所示,倒挡齿轮 2 轴向的装配基准是与变速器壳体 1 接触的右端轮毂端面,倒挡齿轮径向的装配基准为其内孔轴线。

5) 对刀基准

在加工过程中,调整刀具与机床夹具相对位置所采用的基准称为对刀基准。如车床的主轴轴线就是对刀基准。

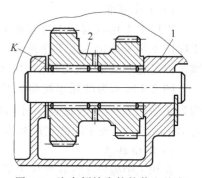

图 3-9 汽车倒挡齿轮的装配基准
1—壳体;2—倒挡齿轮

3.2.2 基准间的相互关系

对于设计基准和装配基准,是设计人员根据零件在机器中的功能而决定的,其他基准则是工艺人员根据设计图纸要求,结合具体生产条件而选定的。对于基准的选择应满足以下要求:保证零件图的要求;保证测量方便;保证装配的技术要求。

为了实现上述要求,前述几种基准应重合,但在实际生产中难以实现。所以,通过合理选择基准,实现以最小加工成本满足以上要求,就成为工艺人员应该考虑的重要问题之一。因此,在解决基准的选择问题之前,应先明确各个基准间的相互关系。

工序基准的功用是根据它来标定被加工表面的工序尺寸,因而它是工序尺寸检验的依据,如图 3-10 所示。

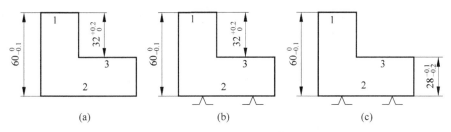

图 3-10 基准间的相互关系
(a) 零件图;(b) 工序图Ⅰ;(c) 工序图Ⅱ

图 3-10(a)为零件简图,图(b)和图(c)是在尺寸 $60_{-0.1}^{\ 0}$ 已保证的前提下加工台阶表面 3 的两种工序尺寸标准方案。若都选底面作定位基准,则图(b)为工序基准与设计基准重合,图(c)为工序基准与定位基准重合。由于图(c)中工序基准与设计基准不重合,所以最终工序的工序尺寸 $28_{-0.2}^{-0.1}$ 必须通过换标(工艺尺寸链)得到。为了保证设计尺寸 $32_{\ 0}^{+0.2}$ 合格,工序尺寸的公差就比设计尺寸的公差小。按这种换标后得到的工序尺寸去检验工件,检出的废品可能是假废品,必须通过设计尺寸的检验定出真废品,这样就增加了检验的工作量,所以工序基准应尽量与设计基准重合。但在成批生产时,一般采用定距装刀进行台阶面的加工。在调整刀具的过程中,必须检验刀具相对于工件定位面的位置尺寸,因此工序图上经常标注如图 3-10(c)所示的工序尺寸。

同样,如果工序基准与定位基准不重合、工序基准与测量基准不重合都将会给加工、测量等带来很多问题,在此不再赘述。基准重合是产品设计人员和工艺人员都应遵循的基本准则。在产品设计时,应尽量把装配基准作为零件图样上的设计基准,以便直接保证装配精度的要求;在零件加工时,应尽量使工序基准与设计基准重合,以便能直接保证零件的加工精度;同时还应使工序基准与定位基准重合,避免进行复杂的尺寸换算,同时避免产生基准不重合误差,提高加工精度。

3.3　工件定位的基本规律

工件在夹具中定位,就是要使同一批工件在夹具中占有相同的正确加工位置。在夹具设计中,如果定位方案不合理,工件的加工精度就无法保证,因此,工件在夹具中的正确定位,是保证加工精度的重要环节之一,是工件正确装夹的第一步。

1. 六点定位规则

可以将工件在机床或夹具上的定位转化为刚体在空间直角坐标系中约束自由度的情况来分析。一个自由刚体在空间直角坐标系中有 6 个自由度,即沿 x、y、z 三个坐标轴的移动(用符号 $\vec{x}$、$\vec{y}$、$\vec{z}$ 表示)和绕这三个坐标轴的转动(用符号 $\hat{x}$、$\hat{y}$、$\hat{z}$ 表示)的自由度,如图 3-11 所示。

工件可以近似地看成自由刚体。工件在没有采取定位措施时,其位置具有 6 个可活动的自由度。要使工件在某个方向有确定的位置,就必须限制该方向的自由度。可通过在坐标平面上适当布置支承点(实际上是一较小的支承面积)的方式来限制相应的自由度。如图3-12所示,若使一个六方体工件在空间占有唯一确定的位置,可在空间直角坐标系的3个平面上适当布置6个支承点,即在 XOY 平面上布置3个不在同一直线上的支承点1、2和3,相应限制工件的 $\vec{z}$、$\hat{x}$、$\hat{y}$ 3个自由度;在 YOZ 平面上布置两个支承点4和5,限制 $\vec{x}$、$\hat{z}$ 2个自由度;在 XOZ 平面上布置一个支承点6,限制工件 $\vec{y}$ 自由度。

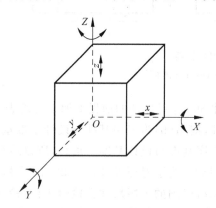
图 3-11 空间刚体的自由度

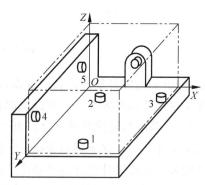
图 3-12 工件在空间的六点定位

6个支承点实现限制工件在空间的6个自由度,使工件在空间占据了唯一确定位置。将在工件的适当位置上布置6个支承点,相应限制工件的6个自由度,从而确定工件唯一确定位置的规则,称为六点定位规则。

2. 工件的定位规律

在用调整法加工一批工件的过程中,刀具相对于机床和夹具的位置是调整好的,刀具的运动轨迹也是一定的。为了保证工件被加工表面相对于机床上的刀具有正确的位置,用来确定被加工表面位置的工序基准就必须具有正确的位置。因此,工件的定位问题,可以转化为在空间直角坐标系中限制工件工序基准自由度的方法来分析。工件定位时应限制哪些自由度(方向和数量),完全由工件在该工序中的加工要求和工序基准的结构特点来决定。下面结合实例加以说明。

如图3-13所示,有6个待加工工件,图3-13(a)要在一个球体工件上加工一个平面,根据如图所示的工序尺寸要求,只需限制1个自由度 $\vec{z}$;同理,图3-13(b)要在球体上钻通孔,需限制 $\vec{x}$、$\vec{y}$ 两个自由度;图3-13(c)要在长方形上通铣平面,需限制 $\vec{z}$、$\hat{x}$、$\hat{y}$ 3个自由度;图3-13(d)要在圆柱轴上通铣键槽,需限制 $\vec{x}$、$\vec{z}$、$\hat{x}$、$\hat{z}$ 4个自由度;图3-13(e)要在长方体上通铣键槽,需限制 $\vec{x}$、$\vec{z}$、$\hat{x}$、$\hat{y}$、$\hat{z}$ 5个自由度;图3-13(f)要在长方形上铣不通键槽,则6个自由度都要加以限制。

由上述实例分析可见,用静调整法加工一批工件时,为保证某一工序的加工要求,工件必须正确定位,但并不一定6个自由度都要加以限制,因为有些自由度并不影响加工要求。因此,不影响加工要求的自由度,就不一定加以限制。在考虑工件定位方式时,首先要找出哪些自由度会影响加工要求(尺寸和位置公差),哪些自由度与加工要求无关。为保证加工

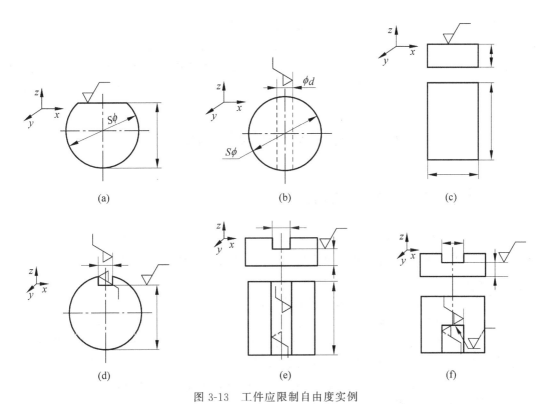

图 3-13 工件应限制自由度实例

(a) 球体上铣平面；(b) 球体上钻孔；(c) 长方体上通铣平面；(d) 圆柱轴上通铣凹槽；
(e) 长方体上通铣凹槽；(f) 长方体上铣不通凹槽

要求应限制的自由度，称为第一类自由度，工件定位时必须限制，不能遗漏。而对加工要求无关的自由度称为第二类自由度。在工件实际定位时，第二类自由度是否应加以限制，应按照加工系统所承受的切削力、夹紧力和定位方案的可能性等因素来决定。

特别需要注意的是，定位与夹紧是两个不同的概念。夹紧不等于定位，它不限制工件的自由度。工件夹紧了，不等于其自由度就限制了。定位是解决工件在夹紧前位置是否正确、是否到位的问题；而夹紧是将工件压紧夹牢，解决工件在加工过程中受到切削力、重力等外力的作用下是否稳定地保持定位的问题。

3. 工件定位的几种情况

根据工件定位的自由度数以及工件正确定位与自由度的关系，工件定位有以下几种情况：

(1) 完全定位：若工件在夹具中定位时，6 个自由度都被限制，则称为完全定位。当工件在 x、y、z 三个坐标方向上均有尺寸要求或位置精度要求时，一般采用这种定位方式。

(2) 不完全定位：若工件在夹具中定位，6 个自由度没有被完全限制，但能满足加工要求，这种方法称为不完全定位，如图 3-13(a)～(e)所示。

(3) 欠定位：根据工件加工要求，应该限制的自由度没有被完全限制的情况称为欠定位。欠定位在零件加工中是不允许出现的。

(4) 过定位(重复定位)：工件在夹具中，如果某一自由度被限制两次或两次以上，这种定位方式被称为过定位或重复定位。

过定位一般会造成如下不良影响：①使接触点不稳定,增加了同批工件在夹具中位置不同一性；②增加了工件和夹具的夹紧变形；③导致部分工件不能顺利与定位元件定位；④干扰了设计意图的实现。因此,在通常情况下一般不允许出现这种定位方式。但在实际生产中,工件定位基准经过机械加工后,其形状、尺寸、位置精度较高,有时允许过定位存在。

3.4 机床夹具的组成和分类

3.4.1 机床夹具的概念及功用

机床夹具,是指在机械加工过程中,根据工件机械加工工艺规程的要求,使工件相对机床、刀具保持正确的位置,并能迅速可靠地夹紧工件的机床附加装置,简称夹具。如车床上使用的自定心卡盘、铣床上使用的机用虎钳等。

机床夹具在机械加工中的作用可归纳如下：

(1) 提高劳动生产率,降低加工成本。

使用夹具后免除了每个工件都要找正、对刀等时间,加快了工件的安装速度,节省了加工的辅助时间,尤其对机动时间较短而辅助时间较长的中、小件加工意义更大。此外,用夹具安装还容易实现多件加工、多工位加工,可进一步缩短辅助时间,提高劳动生产率。

(2) 易于保证加工精度,加工精度稳定。

因为同一批工件都处于夹具的同一个位置上加工,所以从安装角度,如果第一个工件的加工精度得到保证,那么其余工件的精度都可以保证,且精度变化不大。

(3) 扩大机床工艺范围。

某种机床只能完成一定的工艺范围,所能达到的加工精度也是一定的。在不同的工厂,各类机床的生产能力和负荷往往是不平衡的。特别是在一些中小工厂里,机床类型和数量都有限,但要求加工的工艺范围却很广,因此有时要用一种机床代替另一种机床工作,这样就需要用夹具扩大原有机床的工艺范围,做到一机多用,充分发挥设备的潜力。例如,在车床或铣床上安上镗孔夹具,可代替镗床进行镗孔工作,扩大了车床或铣床的工艺范围,解决了中小工厂缺少镗床的困难。

(4) 降低对工人的技术要求,减轻劳动强度。

用夹具安装的精度不受操作技术的影响,不需反复测试和找正,因此,可以降低对工人的技术要求,减轻劳动强度。

3.4.2 机床夹具的组成

在汽车零件生产中使用的机床夹具多为专用夹具,其种类繁多,结构千变万化,但它们都由下列元件和装置组成：

(1) 定位元件。定位元件是夹具上用以确定工件正确位置的元件,用工件的定位基准或定位基面与它们相接触或配合来实现工件的定位。如图 3-14 所示加工拨叉孔的专用钻床夹具中的短 V 形块和支承元件。

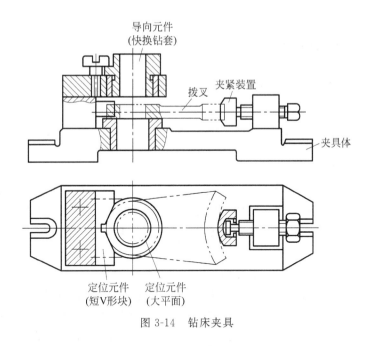

图 3-14 钻床夹具

(2) 夹紧装置。夹紧装置是在工件定位后将工件夹紧的装置。如图 3-14 所示钻床夹具中的螺旋夹紧机构。

(3) 连接元件。连接元件是指用于保证机床夹具在机床上定位和夹紧用的元件。如进行多工位加工用的分度转位装置、靠模装置、工件抬起装置等。

(4) 对刀导向元件。对刀、导向元件是指用于确定或引导刀具,能使刀具相对于机床夹具的定位元件取得正确位置的元件。如钻套(图 3-14 所示的快换钻套)、镗套、铣床夹具的对刀元件等。

(5) 夹具体。夹具体用于连接夹具各元件及装置使之成为一个整体的基础件。

(6) 其他元件及装置。根据工件加工要求,有些机床夹具还设置了其他的元件或装置。

通常定位元件、夹紧装置和夹具体是机床夹具的基本组成部分,其他部分则需根据机床夹具所属的机床类型、工件加工表面的特殊要求等而设置。这些元件和装置与工件、机床、刀具间的关系可用图 3-15 表示。

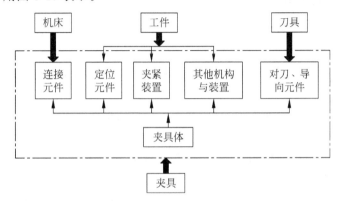

图 3-15 夹具的组成及其与工件、刀具和机床间的关系

3.4.3 机床夹具的分类

机床夹具的种类繁多,形状差别很大,为了便于设计、制造及管理,夹具往往按照某一属性进行分类。

1. 按照生产类型分类

1) 大批量生产用夹具

主要使用专用夹具。专用夹具主要用于生产的产品固定,生产批量较大的工厂。由于专用夹具是针对某一工件的某一特定工序专门设计制造的,所以针对性强,提高了产品的生产率和经济性。但如果产品品种发生了变化,则该套专用夹具一般不能再利用,故其不具备继承性。

2) 单件、小批或新产品试制用夹具

主要使用组合或半组合夹具。组合夹具是由一整套预先制造好的高度标准化和系列化的元件组装而成,具有灵活多变、供应及时、元件可以长期重复使用的特点,即具有继承性,故又称之为"积木式"夹具。但是,这类夹具也具有刚性较低、夹紧系统落后的缺点。

如果使用组合夹具不能满足零件的加工要求,可以以组合夹具的标准元件为主体(基础),加之根据零件的具体要求设计制造的专用夹具零件配合组装成夹具-半组合夹具,可以在一定程度上弥补组合夹具功能上的不足。

3) 中小批生产用夹具

主要使用通用夹具或可调夹具(成组夹具)。

(1) 通用夹具。这是针对专用夹具而言的。如车床上使用的三爪卡盘、四爪卡盘、顶尖,铣床上使用的各种回转工作台、虎钳、分度头等都具有一定的通用性,故称为通用夹具,一般都已经标准化、系列化了。

(2) 可调夹具(成组夹具)。即通过对夹具少量零件的更换、调整就能适应另外一些零件的加工的夹具,既克服了专用夹具无继承性的缺点,又克服了组合夹具适应面太宽、夹紧系统落后的缺点。这种夹具的出现是改革工艺装备设计和生产管理的一个新的发展方向。

2. 按照夹紧动力源分类

(1) 手动夹具。以人力作为动力源,适用于夹紧力要求不高的场合,例如图 3-16(a)所示的快速虎钳手动夹具。

(2) 气动夹具。以压缩空气为动力源,应用比较广泛,具有夹紧迅速、操纵方便的优点。如图 3-16(b)所示。

(3) 液压夹具。以液压油为动力源,主要用于自动机床及组合机床或组合机床自动线上。如图 3-16(c)所示。

(4) 电动夹具。以电动机为动力源,通过减速装置产生夹紧力,如车床上用的电动卡盘、铣床上用的电动虎钳等。

(5) 磁力夹具。以电磁铁或永久磁铁为动力源,多用于小型较薄的导磁材料的工件的磨削加工,如磨床上用的电磁无心夹具。

(6) 真空夹具。用真空泵或用抽气筒使夹具内产生真空,依靠大气压力将工件夹紧。

(7) 离心力夹具。用高速旋转的重块的离心力夹紧工件,这种夹具在车床上多有应用。

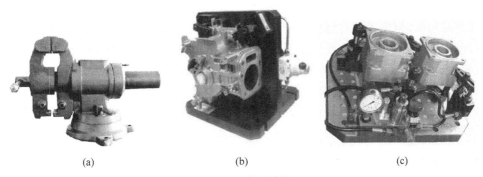

图 3-16 典型夹具
(a) 手动夹具;(b) 气动夹具;(c) 液压夹具

此外,还有其他的分类方法,如按应用范围分为通用夹具、专用夹具、成组夹具、组合夹具等;按机床种类分为车床夹具、磨床夹具、钻床夹具等;按夹具所在机床的功能范围分为万能机床夹具、专用机床与组合机床夹具、自动线夹具、随行夹具等。

3.5 夹具的定位元件

在 3.3 节中已经讨论了工件的定位问题,以支承点来限制工件的自由度。但在实际生产中,不可能制造出没有面积的"点"定位件,只能用小面积代替点,这个小面积的定位件即定位元件,相当于一个支承点,限制 1 个自由度。因此,定位元件是定位支承点的具体化。

3.5.1 对定位元件的要求

由于机床夹具定位元件是确定工件正确位置的元件,它要经常与工件定位基准表面接触,所以定位元件必须满足以下几点要求:

(1) 足够的精度。定位元件的精度直接影响工件的加工精度,因此,对定位元件的尺寸及形位精度都提出了严格的要求。一般定位元件之间的尺寸及位置公差是工件相应尺寸及位置公差的 $1/5 \sim 1/2$。

(2) 良好的耐磨性。定位元件与定位基准表面直接接触,易引起磨损,为了能在长期的使用中保证其精度,必须有良好的耐磨性。

(3) 足够的刚性。为了保证在受到夹紧力、切削力等力的作用时不至于发生较大的变形而影响加工精度,定位元件必须具有足够的刚性。

(4) 良好的工艺性。定位元件应便于加工、装配和维修。

(5) 便于清理切屑。定位元件工作表面的形状应有利于清理切屑,否则,会因切屑影响定位精度,而且切屑还会损伤定位基准表面。

3.5.2 定位元件的类型

工件定位时,根据工件的结构特点和工序加工要求不同,选择的定位基准有各种形式(如平面、内孔、外圆、内锥面、外锥面等),不同的定位基准选择不同类型的定位元件(如支承钉、支承板、定位销、定位套、V形块等)。不同的定位基准与不同定位元件配合,所能限制的自由度是不同的。对于不同的工件,由于结构形状不同、尺寸和精度要求不同,要采用不同的定位方式,而不同的定位方式又需要不同的定位元件。生产中常见的定位方式通常有以下几种。

1. 工件以平面定位

工件以平面定位是最常用的一种形式,如箱体零件、盘状零件等多以平面作为定位基准。定位元件以平面支承,即将工件的平面支承在定位元件上,此种定位元件通常称为支承件。

支承件有两类:一类是用来限制自由度的支承件,即起定位作用的支承件,称为基本支承;另一类是不起限制自由度作用的支承件,称为辅助支承。

1) 支承钉

如图3-17所示,(a)、(b)、(c)分别为三种常用支承钉的结构形式。图(a)是平头支承钉,主要用于精基准定位;图(b)是球头支承钉,主要用于粗基准定位;图(c)为齿纹平面支承钉,它增大了与工件定位面之间的摩擦,但槽中易积切屑,主要用于粗糙表面的侧面定位。以上三种支承钉的尾部与夹具体内孔均选用过盈配合。如果支承钉需经常更换,则可采用图3-17(d)所示结构,在支承钉与夹具体之间增加一中间套筒,套筒内孔与支承钉尾部选用过渡配合。

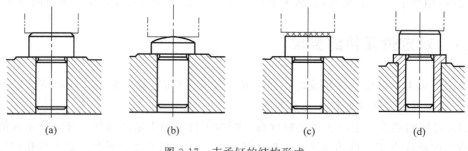

图3-17 支承钉的结构形式

一个支承钉相当于一点支承,限制1个自由度;在一个平面内,两个支承钉限制2个自由度;不在同一条直线上的三个支承钉限制3个自由度。为保证定位的稳定和可靠性,在用三个支承钉支承大平面时,三钉间距离应尽可能拉开;在用两个支承钉支承狭长平面时,两钉间距离应尽可能长。几个支承钉在夹具上安装好以后,应对支承钉的定位面统一进行一次磨削,以保证它们在同一个平面上。

2) 支承板

如图3-18所示,(a)和(b)为两种形式的支承板。A型支承板结构简单,但埋头螺钉处理切屑比较困难,适用于侧面和顶面定位。B型支承板在螺钉处带有斜凹槽,易于清除切屑,适用于底面定位。

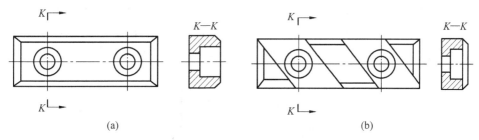

图 3-18 支承板的结构形式
(a) A 型支承板;(b) B 型支承板

支承板多用于精基准。与支承钉一样,当用几块支承板定位时,为保持几块支承板的定位面在同一平面上,支承板在夹具上安装好以后,应将顶部定位面再统一进行一次磨削。

3) 可调支承

可调支承是一种可以调节的定位元件,主要用于工件毛坯尺寸及形状变化较大的场合。通常,每更换一批毛坯,可调支承就要调节一次。图 3-19(a)所示为可调支承的基本形式,它由螺钉及螺母组成。支承高度调节好以后,要用螺母锁紧。由图 3-19(b)可以看出,当一批毛坯的 H 尺寸偏差较大时,可通过调整支承高度使工件处于正确的位置。

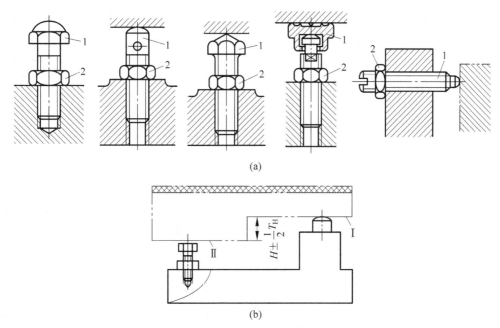

图 3-19 可调支承的结构形式
1—调节支承钉;2—锁紧螺母

4) 自位支承

自位支承指的是支承点的位置在工件定位过程中随工件定位基准面位置的变化而与之相适应的定位元件。这种支承在结构上均需设计成活动的或浮动的,故又称为多点浮动支承。当工件以粗基准定位而只需要限制 1 个自由度时,为了增加支承点,减小工件变形和减少接触应力,可采用自位支承。图 3-20 是常见的几种结构。图(a)、(b)为两点自位支承,图(c)为三点自位支承。不论是几点自位支承,其实质只起一个点的支承作用,限制 1 个自由度。由于自位支承是浮动的,其定位稳定性校差,当夹紧力作用点选择不当时会破坏定位,设计时要使夹紧力作用在活动点的中心上,必要时应加以锁紧。

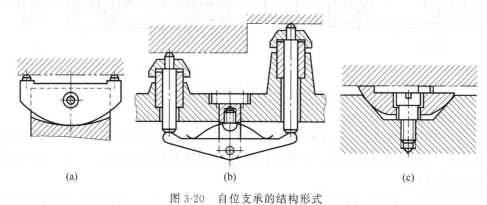

图 3-20 自位支承的结构形式

5) 辅助支承

若工件刚度较差,在按照六点定位规则进行定位并夹紧后,仍可能在切削力和夹紧力的作用下发生变形或振动。这就需要在基本支承外另加辅助支承,减小变形,以提高刚性和稳定性。图 3-21 所示为工件以两个相互垂直的平面定位在支承上,并在上部夹紧,加工表面远离定位支承面和夹紧点。由于加工面悬伸较大,刚性差,加工时工件容易发生变形和引起振动。因此,在悬伸部位增设辅助支承,并在辅助支承对面处施加夹紧力 F_j',这样,缩短了力臂,提高了工件在加工中的刚性和稳定性。

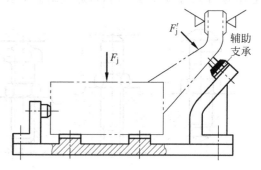

图 3-21 辅助支承的应用示例

辅助支承不应限制工件的自由度,或破坏工件原来已经限制的自由度,因此辅助支承的高度必须按定位件所决定的工件定位表面位置来调节,一般每个工件加工前均要调节一次。为此,当每一个工件加工完毕后,一定要将所有辅助支承退回到和新装上去的工件不相接触的位置。

辅助支承的结构形式很多,如图 3-22 所示。在单件小批生产时,常用螺旋式;生产批量较大时,可用自位式(自动调节式)或推引式。使用螺旋式辅助支承,要注意调节时不能将工件顶起,否则就破坏了工件的正确定位。

2. 工件以内孔定位

在实际生产中,以内孔定位的工件很多,如齿轮、套类、盘类零件等。常用的定位元件有心轴、定位销两类。

1) 心轴

常用心轴有下列三种结构形式:

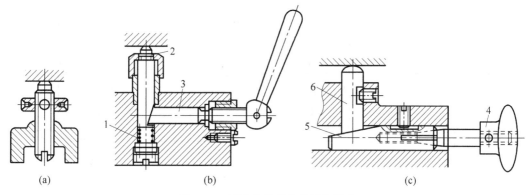

图 3-22 辅助支承常见的结构形式
(a) 螺旋式;(b) 自位式;(c) 推引式
1—弹簧;2—滑柱;3—顶柱;4—手轮;5—斜楔;6—滑销

(1) 锥形心轴。如图 3-23(a)所示,锥形心轴的锥度一般为 1/1000~1/5000,属于小锥度心轴,工件定位时依靠心轴的锥体定心和胀紧,可以限制工件的 5 个自由度。

(2) 过盈配合圆柱心轴。如图 3-23(b)所示,心轴的定位部分与工件过盈配合,工件安装时轻轻敲入或压入,通过孔和心轴接触表面的弹性变形夹紧工件,一般过盈量≤H7/r6,以避免压入压力过大及工件变形。这种心轴定心精度较高,可以传递一定的扭矩,常用于多刀车床精车盘套类零件,过盈配合圆柱心轴限制工件的 4 个自由度。

(3) 间隙配合心轴。如图 3-23(c)所示,心轴定位部分与工件定位孔为间隙配合,轴肩为轴向定位,通过右端的螺母进行夹紧。这种心轴装卸工件较为方便,但定心精度较低。带轴肩的间隙配合心轴可以限制工件的 5 个自由度。

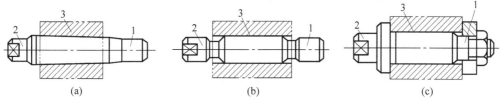

图 3-23 常用刚性心轴的结构
(a) 锥形心轴;(b) 过盈配合圆柱心轴;(c) 间隙配合心轴
1—导向部分;2—传动部分;3—定位部分

2) 定位销

(1) 圆柱定位销。图 3-24 所示为常用的几种结构形式,其中图(a)为固定式定位销,图(b)为可换式定位销。固定式定位销与夹具体采用小过盈(H7/r6)配合或过渡配合(H7/n6),直接压入;可换式定位销与衬套内孔采用小间隙配合(H7/h6),而衬套与夹具体则采用过渡配合。由于这种定位销与衬套之间存在配合间隙,故其位置精度比固定式低。

(2) 圆锥定位销。主要应用在工件的内外圆同轴度要求较高的场合,如图 3-25 所示,限制了工件的 3 个自由度,图(a)所示结构用于精基准定位,图(b)用于粗基准定位。

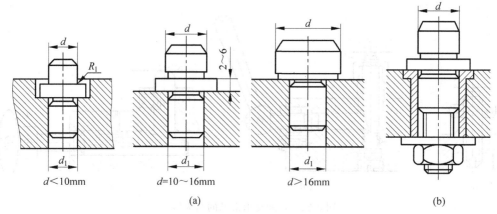

图 3-24 常用圆柱定位销的几种典型结构
(a) 固定式; (b) 可换式

3. 工件以外圆定位

工件以外圆定位是一种在生产上最常用的定位方式,如发动机曲轴、凸轮轴等零件的加工都采用这种定位方式。该定位方式常用的定位元件有 V 形块、半圆形定位块、定位套筒、定心夹紧机构等。

1) 固定式 V 形块

固定式 V 形块几种常见的结构形式如图 3-26 所示。其中图(a)所示为短 V 形块;图(b)所示为两个短 V 形块的组合,用于作为定位基面的外圆柱面较长或两段外圆柱面分布较远时的情况;图(c)所示为分体式结构的 V 形块,它们装在夹具体上,其 V 形块工作面上镶有淬硬钢或硬质合金镶块,常用于工件定位基面外圆柱面长度和直径均较大的情况。上述 V 形块如用于粗基准或阶梯外圆柱面的

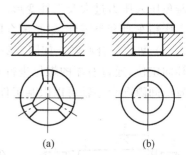

图 3-25 工件以圆锥销定位示意图
(a) 用于已加工过的孔;(b) 用于未加工过的孔

定位时,V 形块工作面的长度一般应减为 2～5mm,可制造成图(d)所示的结构,以提高定位的稳定性。一个短 V 形块限制 2 个自由度;两个短 V 形块的组合或一个长 V 形块均限制 4 个自由度。

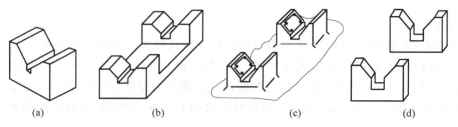

图 3-26 常见的几种固定式 V 形块的结构形式

2) 活动式 V 形块

在组合定位中,为了防止过定位,经常采用活动式 V 形块。活动式 V 形块可以起到夹

紧工件的作用,同时也可以补偿毛坯尺寸变化对定位的影响。活动式 V 形块有浮动式 V 形块和移动式 V 形块两种常见的结构形式,如图 3-27 所示,V 形块是依靠其后边或下面的弹簧实现浮动的。活动式 V 形块限制 1 个自由度。

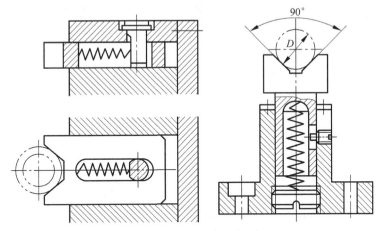

图 3-27 活动式 V 形块的结构

3) 定位套(筒)

工件以定位套(筒)定位的方法一般适用于精基准的定位。定位套(筒)的结构形式如图 3-28 所示。图(a)结构用于工件以端面为主要定位基准,工件短圆柱面定位于夹具定位套(筒)内孔内,定位套(筒)孔限制 2 个自由度;图(b)结构用于以工件外圆柱面为主要定位基面定位在长定位套(筒)内孔内,长定位套(筒)孔限制 4 个自由度;图(c)结构用于工件以圆柱端面外缘为定位基面定位于锥孔内,定位元件锥孔限制 3 个自由度。

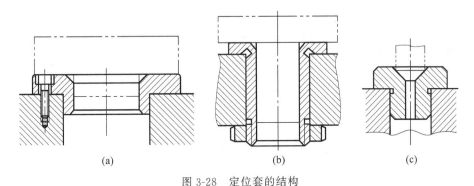

图 3-28 定位套的结构

4) 半圆定位装置

半圆定位装置常用于大型轴类工件的定位。当工件尺寸较大,用圆柱孔定位不方便时,可将圆柱孔改成两半,下半孔用作定位,上半孔用于压紧工件,如图 3-29 所示。短半圆孔定位限制工件的 2 个自由度;长半圆孔定位限制工件的 4 个自由度。

5) 外圆定心夹紧机构

外圆定心夹紧机构既能定心又能夹紧。图 3-30 所示为拉式锥面刀柄定心夹紧机构,锥孔限制 5 个自由度(绕轴线旋转自由度除外)。

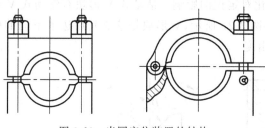
图 3-29 半圆定位装置的结构

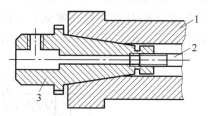
图 3-30 拉式锥面刀柄定心夹紧机构
1—主轴；2—拉杆；3—刀柄

4. 工件以组合表面定位

单个定位元件所能限制的自由度是有限的，实际生产中，为满足工序加工要求，一般采用几个定位基准的组合方式进行定位，即组合定位。常用组合定位基准有前后顶尖孔、一孔一端面、一端面一外圆、两阶梯外圆及一端面、一长孔一外圆、一面两孔等。相应采用定位元件的组合定位，如前后顶尖、定位销（或心轴）与支承钉（或小支承环）组合、V 形块与支承钉（或小支承环）组合、长定位销与 V 形块组合、支承板与双销组合等。使用几个定位元件共同限制第一类自由度，保证工件的正确定位，其中以一面两销为最常见的组合定位形式。

如图 3-31 所示，工件以一平面及其上的两孔作为定位基准，故从工件的角度称为一面两孔定位。这种定位方式在汽车箱体零件加工中最为常见，如变速器壳体、气缸体（机体）、减速器壳体等零件的定位。在夹具上相应地用一个支承面和两个短销作为组合定位元件，与相应的表面接触和配合实现定位，通常简称为一面两销定位。

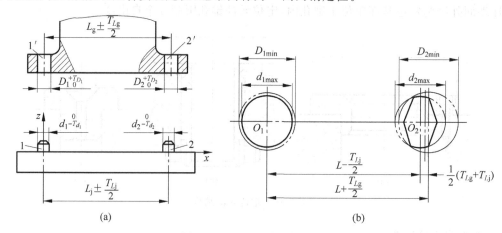

图 3-31 一面两销组合定位

定位时，支承平面限制了 $\vec{x}$、$\vec{y}$、$\vec{z}$ 3 个自由度。

假设一个短销（如销 1）限制了 $\vec{x}$、$\vec{z}$ 2 个自由度，则另一短销 2 一定限制了 $\vec{x}$、$\vec{z}$ 2 个自由度。这样 $\vec{x}$ 自由度就被两个短定位销同时限制。因两孔和两销间的中心距离都存在误差，若短销 1(d_1) 插入孔 1'(D_1) 内之后，短销 2(d_2) 与孔 2'(D_2) 就很可能套不进去，发生干涉现象。这时，出现定位干涉最严重的两种情况，中心距为 $L_j + T_{Lj}/2$ 和 $L_g - T_{Lg}/2$，或 $L_j - T_{Lj}/2$ 和 $L_g + T_{Lg}/2$。图 3-31(b)所示为后一种情况。为解决这一矛盾，常常将短销 2(d_2)

在两销中心连线的垂直方向削边,变成扁销或菱形销。

由上述分析可知,在一面两销组合定位时,其中一销应在垂直于两销中心连线的方向削边,削边销与另一圆柱销的组合作用限制全部自由度。

3.6 定位误差的分析与计算

3.6.1 定位误差及其计算方法

1. 正确定位应满足的条件

工件在加工后能否达到规定的精度要求,受很多因素的影响,例如,毛坯质量的高低、机床的精度等。其中工件能否实现正确定位是一个重要因素,正确定位包含两层意思:①位置正确,即工件在夹具中的位置符合定位规律;②位置准确,即定位误差不超过允许的范围。所谓符合定位规律,是指为了保证零件的加工要求,应该限制必要的自由度,这种自由度的限制是通过定位元件来实现的,即选用合适的定位元件并通过适当的布置,来实现限制影响某工序加工要求的自由度的目的,这在前面已讨论过,不再赘述。由于工件和夹具的定位元件均有制造误差,所以,一批工件在夹具中定位后的位置将是变动的,那么反映在某一工序尺寸或位置要求方面,这种变动量的最大值即为这一工序尺寸或位置要求的定位误差。为了保证加工合格产品,定位误差应在一定的范围内。一般情况下,如果定位误差小于工件有关尺寸或位置公差的 $1/5 \sim 1/3$,即认为此定位方案能满足该工序的加工精度要求。

2. 定位误差产生的原因

当用调整法加工一批工件时,工件在定位过程中,会遇到由于定位基准与工件的工序基准不重合,以及工件的定位基准与定位元件工作表面存在制造误差,这些都能引起工件的工序基准偏离理想位置,由此引起工序尺寸产生加工误差。定位误差是指由于定位的不准确原因使工件工序基准偏离理想位置,引起工序尺寸变化的加工误差。定位误差的值为工件的工序基准沿工序尺寸方向发生的最大位移量,并用 Δ_d 表示。

前面已讨论过几种不同的定位方式,如以平面定位、以内孔定位、以外圆定位等。不同的定位方式产生的定位误差的大小是不同的,分析定位误差的目的是找出在某种定位方式下产生定位误差的原因及大小,以便根据加工要求选择正确的定位方式,加工合格产品。

工件在夹具中的位置是由定位元件确定的,工件上的定位基准一旦与夹具上的定位元件相接触或相配合,作为一个整体的工件的位置也就确定了。但对于一批工件来说,由于在各个工件的有关表面之间,彼此在尺寸及位置上均存在公差范围内的差异,夹具定位元件本身和各定位元件之间也具有一定的尺寸及位置公差。这样一来,工件虽已定位,但每个被定位工件的某些具体表面都会有自己的位置变动量,从而造成在工序尺寸和位置要求方面的加工误差。

下面举例说明产生定位误差的原因。

1) 定位基准与工序基准不重合

以孔与销配合为例,如图 3-32 所示,对一批盘形工件进行钻孔(M)加工,若该批工件的内孔、外圆及定位销均无制造误差,且工件内孔与定位销又无配合间隙,则这一批被加工工件的内孔中心、外圆中心与定位销中心重合,此时每个工件的内孔中心线和外圆侧母线的位置也均无变化,加工后这一批工件的工序尺寸 A 是完全相同的。但实际上工件的内孔、外圆及定位销的直径不可能制造得绝对准确,且工件内孔与定位销也不是无间隙配合,故一批工件的内孔中心线及外圆侧母线均在一定的范围内变动,加工后这一批工件的工序尺寸 A 也是不相同的。

如图 3-32(a)所示,盘形工件与垂直放置的定位销配合,加工 M 孔,先假定工件与销正确配合,即一批工件孔中心和销中心重合(O 点)。此时,工件的定位基准为内孔中心,工序基准为外圆左侧母线,由于工件外圆尺寸为 $d_{g-T_{dg}}^{0}$,存在着直径误差 T_{dg},必然使工序基准沿工序尺寸 A 的方向产生最大为 $T_{dg}/2$ 的位移量(图 3-32(b)中由 A' 变化到 A''),可见,由于定位基准与工序基准不重合,产生了定位误差。将这种由于定位基准与工序基准不重合引起的加工误差称为基准不重合误差,以 $\Delta_{j,b}$ 表示。基准不重合误差的值等于在工序尺寸方向上工序基准至定位基准间的尺寸公差值,则该例中的定位误差为

$$\Delta_d = \Delta_{j,b} = T_{dg}/2 \tag{3-1}$$

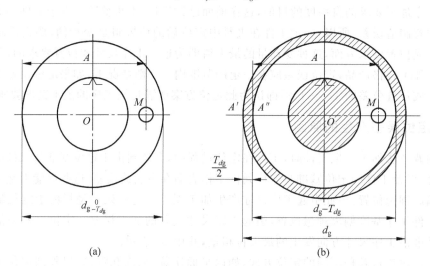

图 3-32 钻孔时基准不重合引起的定位误差

2) 定位基准发生位移

图 3-32 中定位误差是在不考虑孔与销的制造误差及配合间隙的情况下分析的,实际上,孔和销均有制造误差,且有配合间隙。设孔的尺寸为 $D_0^{+T_D}$,销的尺寸为 $d_{-T_d}^{0}$,它们的最小配合间隙为 x,为了分析问题,首先假设盘形工件的外圆无制造误差,此时,孔与销配合的两种极限情况为:①当孔最大,销最小,孔的右侧面与销的右侧面接触,其定位基准为 O_2;②当孔最大,销最小,孔的左侧面与销的左侧面接触,其定位基准为 O_1(图 3-33(a))。此时,定位基准 O 在工序尺寸 A 方向上的最大可能变动量

$$\Delta_{j,y} = \overline{O_1O_2} = T_D + T_d + x \tag{3-2}$$

将由于工件定位基面(内孔)和定位元件(心轴)制造不准确,使定位基准在工序尺寸方

向上产生位置变化而引起的加工误差称为基准位移误差。基准位移误差的值等于在工序尺寸方向上定位基准的最大位移量,以 $\Delta_{j,y}$ 表示。

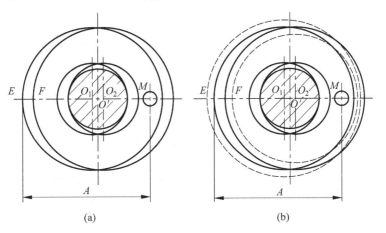

图 3-33 基准位移误差分析

由以上分析可知,盘形工件与垂直放置的销配合时,其定位误差 Δ_d 由基准不重合误差和基准位移误差两部分构成(图 3-33(b)),即

$$\Delta_d = \Delta_{j,b} + \Delta_{j,y} = \frac{T_{dg}}{2} + T_D + T_d + x \tag{3-3}$$

由以上分析,可以归纳如下:

(1) 定位误差只发生在按调整法加工一批工件时,如果逐个按试切法加工,则不存在定位误差。

(2) 定位误差是工件定位时,由于定位不准产生的加工误差。它的表现形式为工序基准相对加工表面沿工序尺寸方向所产生的最大尺寸或位置变动量。其产生原因是工件制造误差、定位元件制造误差、两者配合间隙及基准不重合等。

(3) 定位误差由基准不重合误差和基准位移误差两部分组成。但不是在任何情况下两部分都存在。当定位基准无位置变动时,$\Delta_{j,y}=0$;当定位基准与工序基准重合时,$\Delta_{j,b}=0$。

(4) 定位误差的计算可按定义,即根据一批工件定位时可能产生定位误差的两个极限位置,再通过一些几何关系直接求得。也可根据定位误差的组成,即按照 $\Delta_d=\Delta_{j,b}+\Delta_{j,y}$ 计算得到。但计算时应注意,当一批工件定位时,由一个可能的极限位置变为另一个可能的极限位置时,定位基准与工序基准分别相对理想定位基准位置的变动方向是否一致,以确定公式中的正负号。

3.6.2 定位误差的分析计算

由上述内容可知,定位误差 Δ_d 的计算就是计算工件的工序基准在工序尺寸方向上的最大位移量。下面介绍几个定位误差计算的实例。

1. 工件以平面定位

如图 3-34 所示,待加工工件在上道工序中已将 Q、N 面加工完成,其设计尺寸为 50 ± 0.2,

本工序要加工 M 面,此时可采用图(a)、图(b)两种方案。

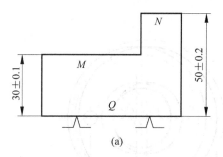
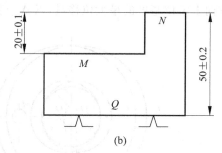

图 3-34 工件以平面定位的误差分析

图 3-34(a)中,本工序的工序尺寸为 30 ± 0.1,同时该尺寸也是设计尺寸,为得到此尺寸,加工时以 Q 面为定位基准,故定位基准与工序基准重合。显然,因加工时以 Q 面为基准进行对刀,尺寸 50 ± 0.2 对加工尺寸 30 ± 0.1 没有影响,可直接保证尺寸 30 ± 0.1,无定位误差,即

$$\Delta_d = 0$$

图 3-34(b)中,同是加工 M 面,定位面没有变,仍是 Q 面,但工序尺寸为 20 ± 0.1,大批大量生产时,一般是以定位面为准进行对刀,此时,由于 N 面的位置是变化的,故尺寸 20 ± 0.1 受 N 面变动的影响,即受尺寸 50 ± 0.2 的影响。此时,加工 20 ± 0.1 所产生的总误差除了加工 M 面所产生的误差(即加工误差 0.2)外,还有加工 N 面时所产生的误差 0.4,后者为由于基准不重合所引起的定位误差,即

$$\Delta_d = \Delta_{j,b} = 0.4$$

由此可以看出,即使加工中不考虑其他误差,仅由于定位误差的存在,也超出了加工尺寸 20 ± 0.1 所允许的范围。

由上述分析更进一步说明:基准不重合误差等于本工序的工序基准在所要完成的尺寸方向上的最大可能变动值,即工序基准的最大可能变动值。如图 3-34(b)所示的定位情况,其基准不重合误差等于 N 面的最大可能变动值 0.4。所以,在设计夹具时,应尽可能避免基准不重合的现象,以避免定位误差的产生。

对平面定位来说,基准位移误差是由定位基准间位置误差引起的。如图 3-35 所示,在一长方铁上加工槽,加工要求保证工序尺寸 b、H 和 B,其中槽宽 b 是用铣刀宽度直接保证的;尺寸 H 及 B 依靠工件相对于铣刀的正确定位来保证。当以工件定位基准 K_1 及 K_2 定位时,由于定位基准与工序基准重合,基准不重合误差等于零。当定位基准 K_1 与 K_2 之间存在垂直度误差(以 $90°\pm\Delta\alpha$ 表示),在调整好的机床上加工一批工件时,由于存在定位基准之间的位置误差,将引起工序基准 K_2 位置发生变化,所以工序尺寸 B 将产生加工误差——基准位移误差,定位误差 $\Delta_{d(B)}$ 为

$$\Delta_{d(B)} = \Delta_{j,y(B)} = 2h\tan\Delta\alpha$$

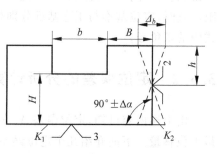

图 3-35 定位基准间位置误差引起基准位移误差

2. 工件以内孔定位

一批工件在夹具中以内孔表面定位时,其可能产生的定位误差将随定位方式和定位时圆孔与定位元件配合性质的不同而各不相同,下面分几种情况进行分析和计算。

(1) 工件上圆孔与刚性心轴或定位销过盈配合,定位元件水平或垂直放置。

如图 3-36(a)所示,在一套类工件上铣一平面,要求保证与内孔中心 O 的距离为 H_1 或与外圆侧母线的距离为 H_2,分析采用刚性心轴定位时的定位误差。

由图 3-36(b)给出一批工件定位时可能出现的两种极限情况:①当外圆中心为 O^1 时,直径最小;②当外圆中心为 O^2 时,直径最大。由图可知,工序尺寸 H_1 的工序基准为 O,工序尺寸 H_2 的工序基准为 A,加工时的定位基准均为工件内孔中心 O。

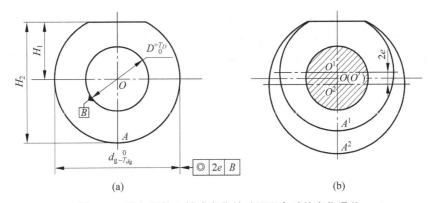

图 3-36 孔与刚性心轴或定位销过盈配合时的定位误差

当一批工件在刚性心轴上定位时,虽然作为定位基准的内孔尺寸在其公差 T_D 的范围内变动,但由于与刚性心轴是过盈配合,故每个工件定位时的内孔中心 O 均与定位心轴中心 O' 重合。此时,一批工件的定位基准在定位时没有任何位置变动,故 $\Delta_{j,y}=0$。

① 对 H_1 来说,由于工序基准又与定位基准重合,即 $\Delta_{j,b}=0$,故
$$\Delta_{d(H_1)} = \Delta_{j,b} + \Delta_{j,y} = 0$$

② 对 H_2 来说,因工件的外圆本身尺寸及其对内孔位置均有公差,故工序基准 A 相对定位基准理想位置的最大变动量为工件外圆尺寸公差的一半与同轴度公差之和,故 H_2 的定位误差为
$$\Delta_{d(H_2)} = \overline{A_1 A_2} = H_{2\max} - H_{2\min} = T_{dg}/2 + 2e$$

(2) 工件上圆孔与刚性心轴或定位销间隙配合,定位元件水平放置。

如图 3-37 所示,在一套类工件上铣一键槽,要求保证工序尺寸 H_1、H_2 或 H_3,分析采用水平定位销定位时的定位误差。

由于定位销水平放置且与工件内孔有配合间隙,每个工件在重力作用下均使其内孔上母线与定位销单边接触。

在设计夹具时,由于对刀元件相对定位销中心

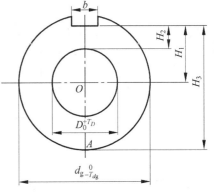

图 3-37 孔与刚性心轴或定位销间隙配合的示意图

的位置已定,且定位销和工件的内孔、外圆等均有制造误差。因此,

$$\Delta_{d(H_1)} = \frac{1}{2}(T_D + T_d + x) \tag{3-4}$$

$$\Delta_{d(H_2)} = \frac{T_d}{2} + \frac{x}{2} \tag{3-5}$$

$$\Delta_{d(H_3)} = \frac{T_D + T_d + x}{2} + \frac{T_{dg}}{2} \tag{3-6}$$

式中,T_d——定位销的直径公差;

x——最小配合间隙。

(3) 工件上圆孔与刚性心轴或定位销间隙配合,定位元件垂直放置。

仍以图 3-37 为例,在套类工件上铣键槽,并保证工序尺寸 H_1、H_2 或 H_3。此种情况下,由于各工序尺寸的工序基准不同,在对定位误差进行分析时,由基准位移误差 $\Delta_{j,y}$ 引起的工序基准(定位基准)位移量,是以刚性心轴或定位销的轴线为圆心,最大配合间隙为直径的圆。因此刚性心轴或定位销垂直放置时的基准位移误差比水平放置时的值增大一倍,即

$$\Delta_{d(H_1)} = T_D + T_d + x \tag{3-7}$$

$$\Delta_{d(H_2)} = T_D + T_d + x \tag{3-8}$$

$$\Delta_{d(H_3)} = T_D + T_d + x + \frac{T_{dg}}{2} \tag{3-9}$$

3. 工件以外圆定位

下面以工件在 V 形块上定位为例进行分析。

如图 3-38 所示,在圆柱体上铣槽要保证槽宽尺寸 b、槽底尺寸 h 和槽对外圆的对称度。槽宽尺寸 b 由铣刀尺寸直接保证,与定位无关,定位误差等于零。槽对外圆轴线的对称度,因定位基准与工序基准重合,定位基面外圆尺寸的变化会引起定位基准位置变化,但不会引起工序基准水平位移,所以对称度的定位误差等于零。槽底的工序尺寸可按图中所示采用三种尺寸标注方案,其工序基准不同,所产生的定位误差的原因和数值不同。

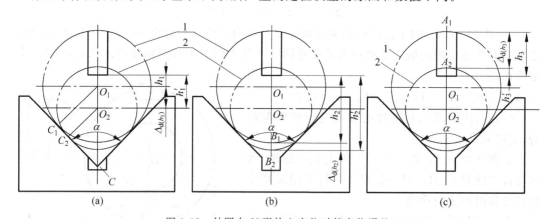

图 3-38 外圆在 V 形块上定位时的定位误差

(1) 如图 3-38(a) 所示,以外圆轴线 O 为工序基准在外圆上铣槽,工件外圆直径为 $d_{g-T_{dg}}^{0}$,保证工序尺寸 h_1。工序基准为外圆的轴线 O,而定位基准也是外圆的轴线 O,两者

是重合的,因此,不存在基准不重合误差。但是由于一批工件的定位基面——外圆存在制造误差,将引起工序基准(定位基准)O 在 V 形块对称平面上产生位移——基准位移误差。定位误差可通过 $\triangle O_1C_1C$ 与 $\triangle O_2C_2C$ 的几何关系求出:

$$\Delta_{d(h_1)} = \overline{O_1O_2} = \overline{O_1C} - \overline{O_2C} = \frac{\overline{O_1C_1}}{\sin\frac{\alpha}{2}} - \frac{\overline{O_2C_2}}{\sin\frac{\alpha}{2}} = \frac{d_g}{2\sin\frac{\alpha}{2}} - \frac{d_g - T_{dg}}{2\sin\frac{\alpha}{2}} = \frac{T_{dg}}{2\sin\frac{\alpha}{2}}$$

(3-10)

(2) 如图 3-38(b)所示,以外圆下母线 B 为工序基准铣槽,外圆下母线 B 为工序基准,需保证工序尺寸 h_2。此时,定位误差除存在基准位移误差外,还存在由于工序基准(B 点)与定位基准(O 点)不重合而产生的基准不重合误差。由图(b)可知,定位误差为

$$\Delta_{d(h_2)} = \overline{B_1B_2} = \overline{O_1O_2} + \overline{O_2B_2} - \overline{O_1B_1} = \frac{T_{dg}}{2\sin\frac{\alpha}{2}} + \frac{d_g - T_{dg}}{2} - \frac{d_g}{2} = \frac{T_{dg}}{2}\left(\frac{1}{\sin\frac{\alpha}{2}} - 1\right)$$

(3-11)

(3) 如图 3-38(c)所示,以外圆上母线 A 为工序基准铣槽,需保证工序尺寸 h_3。定位误差由基准不重合误差和基准位移误差共同引起。定位误差为

$$\Delta_{d(h_3)} = \overline{A_1A_2} = \overline{O_1A_1} + \overline{O_1O_2} - \overline{O_2A_2} = \frac{d_g}{2} + \frac{T_{dg}}{2\sin\frac{\alpha}{2}} - \frac{d_g - T_{dg}}{2} = \frac{T_{dg}}{2}\left(\frac{1}{\sin\frac{\alpha}{2}} + 1\right)$$

(3-12)

通过上述分析计算可知:

① $\Delta_{d(h_2)} < \Delta_{d(h_1)} < \Delta_{d(h_3)}$,即以工件外圆底母线为工序基准时,其定位误差最小,而以工件外圆顶母线为工序基准时,其定位误差最大。

② 用 V 形块定位时,定位误差 Δ_d 与 V 形块夹角 α 有关,α 越大 Δ_d 越小,但 α 角太大其定位的稳定性也会降低。一般 α 取 60°、90°、120°和 150°几种。

③ α 角不变时,Δ_d 随工件外圆直径公差 T_{dg} 的变化而变化,T_{dg} 越小 Δ_d 越小,反之亦然。

因此,在生产上,为了减少定位误差,提高定位精度,可采取如下措施:

① 以外圆下母线为工序基准;
② 采用 α 大的定位元件;
③ 适当提高工件直径的精度。

4. 工件以组合表面定位

工件以组合表面定位形式较多,其定位误差的计算也较为复杂。下面以其中常见的一面两孔组合定位为例,说明其定位误差的计算方法。

在图 3-39(a)所示的箱体零件中,加工两孔 M_1 和 M_2,分别保证坐标尺寸 A、B 和 E、F。工件采用一面两孔(工艺孔 I' 及 II')作为定位基准。工艺孔 I' 与圆柱销 I 配合,直径尺寸分别为 $D_1{}^{+T_{D1}}_{\ \ 0}$ 和 $d_{1-T_{d1}}^{\ \ 0}$,最小配合间隙为 x_1;工艺孔 II' 与菱形销 II 配合,直径尺寸分别为 $D_2{}^{+T_{D2}}_{\ \ 0}$ 和 $d_{2-T_{d2}}^{\ \ 0}$,最小配合间隙为 x_2,配合间隙 $x_2 > x_1$。两孔和两销的中心距分

别为 $L\pm T_{Lg}/2$ 和 $L\pm T_{Lj}/2$。

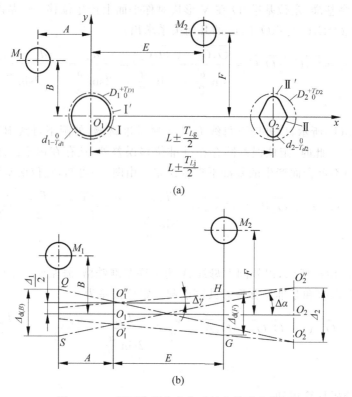

图 3-39 一面两孔组合定位时的定位误差分析

从图 3-39(a)可以看出，孔 M_1 和孔 M_2 的工序基准分别为工艺孔 Ⅰ′的中心 O_1 和孔 Ⅰ′及孔 Ⅱ′的中心连线 $\overline{O_1O_2}$。工件的定位基准也分别为孔 Ⅰ′的中心 O_1 和孔 Ⅰ′及孔 Ⅱ′的中心连线 $\overline{O_1O_2}$。因此孔 M_1 和孔 M_2 的工序基准与定位基准重合，基准不重合误差等于零。可以认定，工序尺寸 A、B、E 及 F 产生的定位误差，是由于基准位移误差引起的。计算定位误差时，只要找出定位基准产生位移的几何关系，计算在工序尺寸方向上定位基准产生的最大位移值，就可以求出定位误差值。

基准位移误差有两个方向的计算，即图 3-39(a)中沿工序尺寸 A 和 E 的方向(称 X 轴方向或纵向方向)和定位基准 $\overline{O_1O_2}$ 偏离理想位置的转动的基准位移(图 3-39(b)中的 $\Delta\alpha$ 及 $\Delta\gamma$)。

(1) 纵向定位误差：一般加工箱体零件时，由于箱体重量较大，定位销多为垂直放置。加工孔 M_1 及 M_2 时，沿两孔中心连线方向的纵向定位误差与垂直放置的单销定位情况相同，即

$$\Delta_{d(A,E)}=\Delta_{j,y(A,E)}=x_{1\max}=T_{D_1}+T_{d_1}+x_1=\Delta_1$$

(2) 转动的基准位移误差：实际定位时，由于两个工艺孔中心 O_1 及 O_2 有两种位置变化，即 O_1 在 O_1' 和 O_1'' 间变动，O_2 在 O_2' 和 O_2'' 间变动，因此中心线 $\overline{O_1O_2}$ 有两种极限位置变动：一种是 $\overline{O_1'O_2'}$ 变动到 $\overline{O_1''O_2''}$；另一种是从 $\overline{O_1'O_2''}$ 变到 $\overline{O_1''O_2'}$。计算定位误差时，首先要分析哪种极限变动会引起工序基准产生最大位移量，然后再根据几何关系计算定位误差的最

大值。

由图 3-39 可知：

① 加工表面处于两定位孔之外（如加工 M_1 时），孔Ⅰ′与销Ⅰ在上母线接触，而孔Ⅱ′与销Ⅱ在下母线接触，或者相反。这时，两孔中心连线 $\overline{O_1'O_2''}$ 相对理想位置偏移了一个角度 $\Delta\alpha$，通常将 $\Delta\alpha$ 称为转角误差，亦称为角向误差或角度误差，其值为

$$\tan\Delta\alpha = \frac{T_{D_1}+T_{d_1}+x_1+T_{D_2}+T_{d_2}+x_2}{2L} = \frac{\Delta_1+\Delta_2}{2L} \tag{3-13}$$

工序尺寸 B 的定位误差为

$$\Delta_{d(B)} = \overline{SQ} = \Delta_1 + 2A\tan\Delta\alpha = T_{D_1}+T_{d_1}+x_1+2A\tan\Delta\alpha$$

② 当加工表面处于两孔之间（如加工 M_2 时），孔Ⅰ′和孔Ⅱ″的上母线分别与销Ⅰ和销Ⅱ的上母线或者它们的下母线接触，两孔连线产生的角度误差为 $\Delta\gamma$（一般 $\Delta_2>\Delta_1$），$\Delta\gamma$ 称为横向转角误差，其值为

$$\tan\Delta\gamma = \frac{\Delta_2-\Delta_1}{2L} = \frac{(T_{D_2}+T_{d_2}+x_2)-(T_{D_1}+T_{d_1}+x_1)}{2L} \tag{3-14}$$

则公序尺寸 F 的定位误差为

$$\Delta_{d(F)} = \overline{HG} = \Delta_1 + 2E\tan\Delta\gamma = T_{D_1}+T_{d_1}+x_1+2E\tan\Delta\gamma$$

从上述分析可知，对于一面双孔定位，为减少定位误差，可采取下列措施：

(1) 适当提高定位孔、定位销的尺寸精度及减小配合间隙；

(2) 增大两定位孔的中心距。为此，在设计产品零件时，应尽量使两定位孔布置得远些。通常，两孔的配合性质选择 H7～H9。两孔中心距偏差取双向对称偏差，公差取决于工件要求和工艺水平，一般取 $\pm(0.03\sim0.05)$mm，加工要求低时，可取 ± 0.1mm。

通过上述一面两孔组合定位时定位误差的计算，可以得出组合定位误差分析与计算的规律：

(1) 找到工件定位时工序基准偏离理想位置的两个极限位置；

(2) 从工序基准与其他有关尺寸的几何关系中，分析计算工序基准沿工序尺寸（或位置公差）方向上的最大位移值，即为工序尺寸的定位误差。

5. 加工误差不等式

前面分析了各种定位方式下产生的定位误差，但影响零件加工质量的因素不只是定位误差，还有其他因素。只要加工误差总和在工序尺寸公差允许范围内，工件就是合格的。归纳起来，导致工件产生加工误差的原因有以下几个方面。

(1) 定位误差 Δ_d：工件在夹具中定位时，由定位系统所产生的误差。

(2) 对刀误差 $\Delta_{d,d}$：调整刀具与对刀基准时产生的误差，包括操作时人为因素造成的读数误差、夹具对刀和导向元件与定位元件间的误差，以及夹具定位元件与夹具安装基面间的位置误差等。

(3) 安装误差 Δ_a：夹具安装在机床上时，由于安装不准确而引起的误差。

(4) 其他误差 Δ_c：加工中其他原因引起的加工误差，如机床误差、刀具误差以及加工中的热变形及弹性变形引起的误差等。

在这 4 项误差中，Δ_d、Δ_a、$\Delta_{d,d}$ 均与夹具设计有直接的关系，也就是说，设计机床夹具

时,一定要考虑并确定这几项误差。

为了保证工件的加工要求,上述4项加工误差总和不应超过工件设计要求的公差T,即应满足不等式

$$\Delta_d + \Delta_a + \Delta_{d,d} + \Delta_c \leqslant T \qquad (3-15)$$

在进行粗略估算时,对以上各项误差可进行预分配,大体上可按三等分进行分配,即

$$\Delta_d = \Delta_a + \Delta_{d,d} = \Delta_c = \frac{1}{3}T$$

但在具体的夹具设计时,要根据具体情况进行分析,因为并不是在所有的夹具中以上几种误差都存在,如在车床夹具中无导向误差(无导向装置)、钻床夹具无安装误差等。即使以上4种误差都存在,也可按具体情况作适当调整。当然,对夹具定位方案进行误差分析时,如不知道其他几项误差的值,若所求得的定位误差$\leqslant \frac{1}{3}T$,就认为此方案是可行的。

3.7 工件的夹紧及夹紧装置

工件在夹具里定位正确、准确与否,是关系到能否保证加工质量的重要问题。但是,只解决定位问题,还不能保证加工正常进行,如果工件不夹紧,或夹而不紧,夹而过紧,以及夹紧机构不合理等,均可能影响产品的加工质量、生产率,进而影响经济效益。因此,本节主要研究工件的夹紧问题。

3.7.1 夹紧装置的组成及要求

1. 夹紧装置

工件在夹具中正确定位后,将工件压紧夹牢的装置称为夹紧装置。其作用是防止工件在切削力、重力及惯性力等的作用下产生移动或振动,也即保持工件定位后的正确位置在整个加工过程中不变。图3-40所示为一典型的夹紧装置。

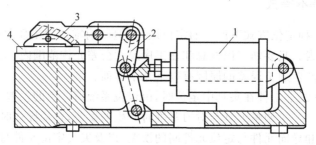

图3-40 夹紧装置的组成实例
1—液压缸;2—杠杆;3—压块;4—工件

2. 夹紧装置的组成

夹紧装置的结构形式和夹紧方式各式各样,但其组成大体相同,一般由以下三个部分

构成：

1) 力源装置

力源装置是指产生原始夹紧力的动力装置，如图 3-40 中的液压缸。夹紧力的动力来自气动、液动、电动等动力源的，称为机动（或动力）夹紧；夹紧力的力源来自人力的，称为手动夹紧。

2) 夹紧元件

夹紧元件是指直接用于夹紧工件的元件，它是夹紧装置的最终执行元件，它与工件直接接触，把工件夹紧，如各种螺钉、压板等，如图 3-40 中的压块。

3) 中间传力机构

中间传力机构是指介于力源装置与夹紧元件之间的机构，将力源装置产生的原动力以一定的大小和方向传递给夹紧元件，如图 3-40 中的杠杆。它可以根据实际需要设计得简单或者复杂，甚至没有。它一般具备三个功能：使夹紧元件获得夹紧力、改变夹紧力的大小和改变夹紧力的方向。

在实际生产中，许多夹紧装置并不一定都由上述三个部分构成，某些部分可能合二为一，或不存在，有时还因不必夹紧而不需夹紧装置（如在重型工件上钻小孔）。

3. 对夹紧机构的基本要求

（1）夹紧时，不能破坏工件在定位时所处的正确位置。

（2）夹紧力大小要适当，既要使工件在加工中的位置稳定不变、振动小，又要使工件不产生过大的夹紧变形和表面损伤。

（3）夹紧机构的复杂程度、工作效率应与生产类型相适应，尽量做到结构简单，操作简便、安全，便于制造和维护。

（4）具有良好的自锁性能。

3.7.2 夹紧力的确定

设计夹紧装置时，夹紧力的确定就是确定夹紧力的大小、方向和作用点（力的三要素），必须通过综合分析工件的结构特征、加工要求、工件的定位方案以及工件在加工过程中所受到的外力来确定。

1. 夹紧力作用点的选择原则

（1）夹紧力的作用点应正对支承元件或支承元件所形成的支承面内，以保证工件已获得的定位保持不变，如图 3-41(a)、(c)所示。若夹紧力的作用点位于定位元件的支承范围之外，将产生转动力矩，使工件发生倾斜或变形，从而破坏工件的定位，如图 3-41(b)、(d)所示。

（2）夹紧力的作用点应位于工件刚性较强的部位上，以减小工件的夹紧变形。这一原则对刚性差的工件特别重要。如图 3-42 所示，作用点由图(a)的刚性较差的中间部位改为图(b)刚性强的两侧点，可避免工件发生变形，且夹紧也较为可靠。

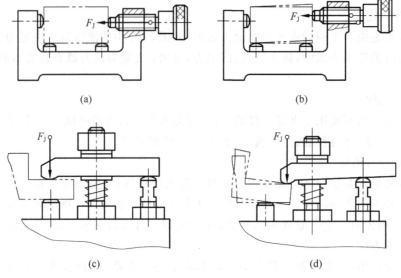

图 3-41 夹紧力作用点的位置

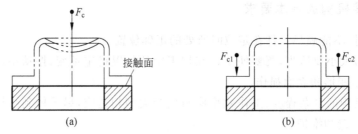

图 3-42 夹紧力的作用点和夹紧变形的关系

(3) 夹紧力的作用点应尽量靠近加工部位,以减小切削力对夹紧点的力矩,防止工件的振动或变形。如图 3-43 所示,因切削力矩 $FR'<FR$,夹紧力作用于 O_1 点比作用于 O_2 点更加牢固可靠。

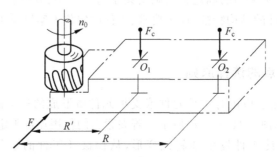

图 3-43 夹紧力的作用点应靠近加工面

2. 夹紧力方向的选择原则

(1) 主要夹紧力的方向应指向工件主要定位基准面,以保证工件的加工要求和加工精度。如图 3-44 所示,在工件上镗孔要求保证内孔轴线与 A 平面垂直,应选择 A 平面为主要定位基准,这样不仅符合基准重合原则,而且定位稳定,工件夹紧和加工中的变形也小。

(2) 夹紧力的方向应尽量与工件刚度最大的方向一致,以减小工件的夹紧变形。由于工件不同方向上的刚度是不等的,不同的受力表面也因其接触面积大小而变形各异。尤其在压紧薄壁零件时,更需密切注意这种情况。如图 3-45 所示对薄壁套筒内圆表面加工,因其轴向刚性比径向好,用三爪卡盘夹紧外圆时的工件变形比用特制螺母从轴向夹紧的变形大。

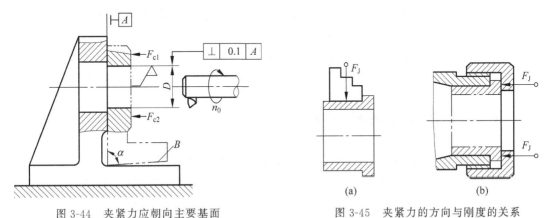

图 3-44 夹紧力应朝向主要基面　　　　图 3-45 夹紧力的方向与刚度的关系

(3) 夹紧力的方向应利于减小所需的夹紧力。夹紧力方向应尽量与切削力、重力等力的方向一致,以减小夹紧力。如图 3-46 所示,钻孔时,图 3-46(a)中的夹紧力与轴向进给力、工件重力的方向一致,需要的夹紧力较小;图 3-46(b)中的夹紧力与轴向进给力、工件重力的方向相反,需要的夹紧力较大。加工时所需的夹紧力小,可以简化夹紧装置的结构和便于操作。

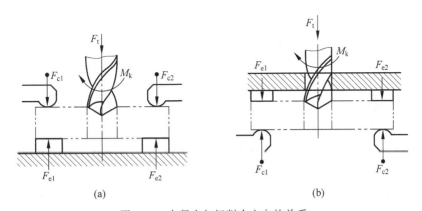

图 3-46 夹紧力与切削力方向的关系

3. 夹紧力大小的估算

为保证工件定位的稳定及选择合适的夹紧机构,就必须知道所需夹紧力的大小。夹紧力过大可能会增大工件夹紧变形,还会无谓地增大夹紧装置的结构尺寸,造成成本增加;夹紧力过小工件夹不紧,切削加工中工件的定位遭到破坏,而且容易引发安全事故。

手动夹紧时,可由人力控制,一般不需算出确切数值,必要时才对螺钉压板的尺寸作强度和刚度校核。

设计机动(如气动、液压、电力等)夹紧装置时,则应计算夹紧力大小,以便决定动力部件的尺寸(如气缸、活塞的直径等)。

计算夹紧力时,通常将机床夹具和工件看作一个刚件系统,以简化计算,根据工件在切削力、夹紧力(大工件还应考虑重力,运动速度较大的还应考虑惯性力)作用下处于外力平衡,列出平衡方程式,即可算出理论夹紧力,再乘以安全系数 k,作为所需的实际夹紧力,k 值在粗加工时取 2.5~3,精加工时取 1.5~2。

夹紧力三要素的确定,是一个综合性问题,必须全面考虑工件的结构特点、工艺方法、定位元件的结构和布置等多种因素,才能最后确定并具体设计出较为理想的夹紧机构。

3.7.3 常用的典型夹紧机构

各类夹紧装置中,不论采用何种动力源形式,一切外加的作用力都要转换成夹紧力,并通过夹紧机构来实现工件的夹紧。常用的典型夹紧机构有斜楔夹紧机构、螺旋夹紧机构、偏心夹紧机构、铰链夹紧机构、定心夹紧机构和多位多件夹紧机构等。下面将简要介绍几种常用的典型夹紧机构的结构、特点和应用等内容。

1. 斜楔夹紧机构

斜楔夹紧机构是利用斜楔移动所产生的力来夹紧工件的机构。

图 3-47 所示为具有斜楔夹紧机构的钻床夹具。斜楔在外力 $F_{e,x}$ 的作用下,以夹紧力 F_c 直接夹紧工件,斜楔所产生的夹紧力为

$$F_c = \frac{F_{e,x}}{\tan\varphi_1 + \tan(\alpha + \varphi_1)} \tag{3-16}$$

式中:F_c——斜楔对工件的夹紧力(N);
α——斜楔升角(°);
$F_{e,x}$——加在斜楔上的作用力(N);
φ_1——斜楔与工件间的摩擦角(°);
φ_2——斜楔与夹具体间的摩擦角(°)。

斜楔的自锁条件为斜楔的升角小于斜楔与工件、斜楔与夹具体之间的摩擦角之和,即

$$\alpha \leqslant \varphi_1 + \varphi_2$$

一般钢件接触面摩擦系数 $\mu = 0.1 \sim 0.15$,则 $\varphi_1 = \varphi_2 = 5° \sim 8°$,故 $\alpha \leqslant 10° \sim 16°$,为了安全,通常取 $\alpha = 5° \sim 7°$。

斜楔夹紧机构具有增力作用,当外加一个较小作用力 F 时,可获得比 F 大几倍的夹紧力。夹紧力和原始外力之比称为扩力比(或称增力系数),即 $i_c = F_c/F$。斜楔夹紧机构的扩力比 $i_c \approx 3$。α 越小,增力越大;而升角的选取还与斜楔的夹紧行程有关。夹紧力的增加倍数和夹紧行程的缩小倍数正好相等,即夹紧力增大多少倍,夹紧行程就缩小多少倍,这是斜楔夹紧机构的一个重要特性。

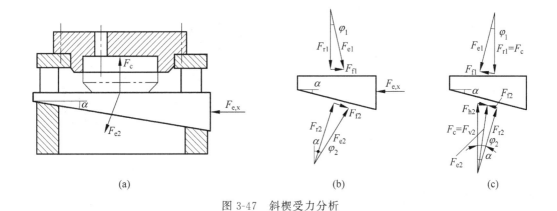

图 3-47 斜楔受力分析

在实际生产中,手工操作的简单斜楔夹紧机构应用较少。但是利用斜楔与其他机构组合为夹紧工件的机构却用得比较普遍,如图 3-48 所示的气动滚子斜楔夹紧机构。这种夹紧机构具有增力倍数大、夹紧行程短和夹紧动作迅速等特点,适用于成批大量生产中,夹紧较大型工件的场合。

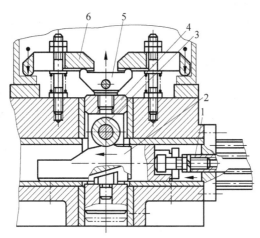

图 3-48 气动滚子斜楔夹紧机构
1—活塞杆;2—斜楔;3—滚子;4—滑柱;5—双头支承;6—压板

2. 螺旋夹紧机构

采用螺旋装置直接夹紧或与其他元件组合实现夹紧的机构,统称螺旋夹紧机构。螺旋夹紧机构结构简单,容易制造。由于螺旋升角小,螺旋夹紧机构的自锁性能好,夹紧力和夹紧行程较大,在手动夹具上应用较多。螺旋夹紧机构可以看作是绕在圆柱表面上的斜面,将它展开就相当于一个斜楔。因此,其夹紧原理与斜楔夹紧机构一样,通过转动螺旋,使绕在圆柱上的斜面位置发生变化,从而将工件夹紧。

1)单个螺旋夹紧机构

图 3-49 所示是直接用螺钉或螺母夹紧工件的机构,称为单个螺旋夹紧机构。

单个螺旋夹紧工件的形式有两种：一种是图 3-49(a)所示螺钉头部与工件表面直接接触；另一种如图 3-49(b)所示，螺杆的头部通过活动压块与工件接触。前者容易使工件产生转动，后者因压块防止在夹紧时带动工件转动，并避免螺钉头部与工件接触而产生压痕。

单个螺旋夹紧机构的缺点是操作缓慢，如图 3-49 所示，装卸工件时，要将螺母拧上拧下，费时费力。为了提高其工作效率，生产实际中常采用快速螺旋夹紧机构，如图 3-50 所示。

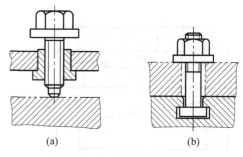

图 3-49 单个螺旋夹紧机构

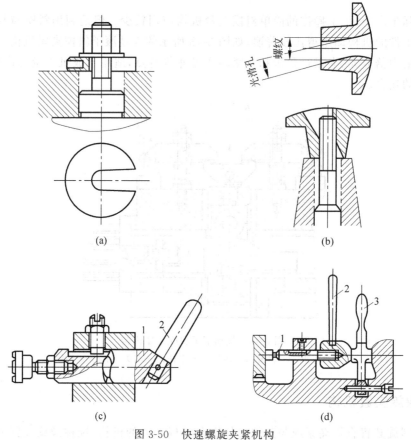

图 3-50 快速螺旋夹紧机构
1—夹紧轴；2、3—手柄

2) 螺旋压板机构

在生产中应用较多的是螺旋压板夹具机构。图 3-51 所示是常用的几种螺旋压板机构。图 3-51(a)中，螺旋压紧位于压板中间，螺母下用球面垫圈。压板尾部的支柱顶端也做成球面，以便在夹紧过程中压板根据工件表面位置做少量偏转。采用移动压板，其主要用途在于增大夹紧行程。图 3-51(b)所示形式主要起改变夹紧力方向的作用。图 3-51(c)所示形式主要起增力作用。

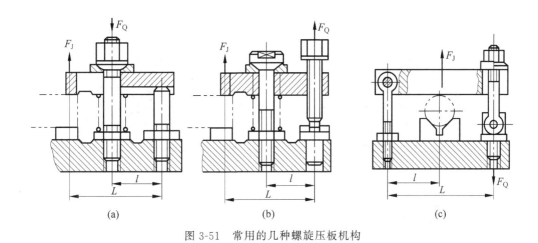

图 3-51 常用的几种螺旋压板机构
(a) 移动压板；(b) 转动压板；(c) 翻转压板

3. 偏心夹紧机构

偏心夹紧机构是斜楔夹紧机构的另一种转化形式，它是通过偏心轮直接夹紧工件或与其他元件组合夹紧工件的。常用的偏心件按偏心轮的外缘形状可分为圆偏心和曲线偏心，曲线偏心采用阿基米德螺旋线或对数螺旋线作为轮廓曲线。这两种曲线的优点是升角变化均匀，可使工件夹紧稳定可靠，但制造困难，故使用较少。

圆偏心夹紧机构具有结构简单、夹紧迅速等优点；但它的夹紧行程小，增力倍数小，自锁性能差，故一般只用在被夹紧表面尺寸变动不大和切削过程振动较小的场合。圆偏心夹紧机构很少直接用于夹紧工件，经常与其他机构联合使用。图 3-52(a)、(b)为圆偏心轮-压板夹紧机构，压板上开有长槽，松开后可以快速撤离工件；图 3-52(c)为偏心轴与拉杆组成的夹紧机构，通过球面开口垫圈压紧工件；图 3-52(d)为直接用偏心圆弧将铰链压板锁紧在夹具体上，通过摆动压杆将工件夹紧。

4. 定心夹紧机构

定心夹紧机构(亦称为自动定心机构)能够在实现定心作用(定位基准与工序基准重合于机床夹具定位元件的对称中心平面)的同时，又起到夹紧工件的作用。定心夹紧机构中与工件定位基面相接触的元件既是定位元件，又是夹紧元件。这种机构能使定位夹紧元件等快速趋近或退离工件，所以能将定位基面的误差沿径向或沿对称面对称分布，从而使工件的轴线、对称中心不产生位移，实现定心夹紧作用。常用的三爪卡盘就是一种定心夹紧夹具。

定心夹紧机构的结构形式很多，但就其工作原理而言，可分为两大类。

1) 按等速移动原理工作的定心夹紧机构

图 3-53 所示为螺旋双移动 V 形块式定心夹紧机构。工件装在两个可左右移动的 V 形块 2 及 3 之间，V 形块的移动由具有左、右旋的螺杆 1 操纵。螺杆 1 的中部支承在叉形支架 4 上，支架用螺钉紧固在夹具体 7 上。借助调整螺钉 5 和 6 可调节支架 4 的位置，以保证两个 V 形块的对中性。该类定心夹紧机构的特点是制造方便，夹紧力和夹紧行程较大；但由于制造误差和组成元件间的间隙较大，故定心精度不高，常用于粗加工和半精加工中。

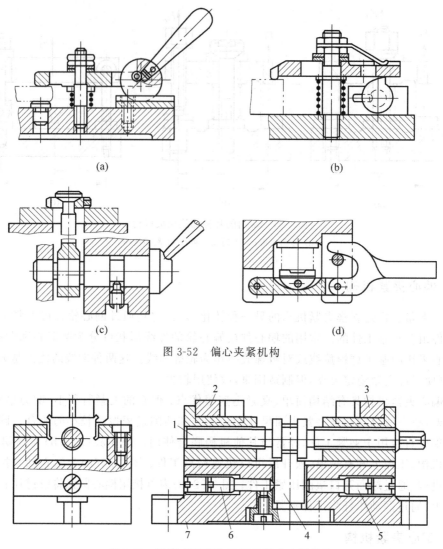

图 3-52 偏心夹紧机构

图 3-53 螺旋式双移动 V 形块定心夹紧机构
1—螺杆;2、3—V 形块;4—叉形支架;5、6—调整螺钉;7—夹具体

图 3-54 所示为齿轮偏心式定心夹紧机构。在 3 个齿轮轴 3 上方装有偏心卡爪 2,并与中心齿轮 4 相啮合。使用时,将手柄 1 顺时针转动使 3 个偏心卡爪张开,装入盘类工件后松开手柄,偏心卡爪在拉弹簧 5 的作用下同时将工件定心夹紧。该夹具的特点是结构简单,操作方便,通用性好,夹紧力随切削扭矩增大而加大。但定心精度较低,适用于以毛坯外圆为粗基准定位的盘类(如圆柱齿轮)工件的钻孔、扩孔等工序的工件装夹。

图 3-55 所示为斜楔式定心夹紧机构,主要依靠斜楔的移动,推动滑块径向移动,实现对工件的定心定位和夹紧。以内孔为定位基面的工件套在 3 个均布的径向滑块 1 上,通过拉杆 3 带动具有斜槽的滑套 2 左移,在斜面作用下使 3 个滑块同时向外移动,将工件内孔定心夹紧。该机构常用于工件大孔的定心夹紧,加工其外圆表面和两端面。

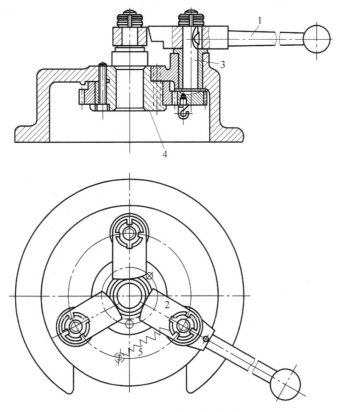

图 3-54 齿轮式定心夹紧机构
1—手柄；2—偏心卡爪；3—齿轮轴；4—中心齿轮；5—拉力弹簧

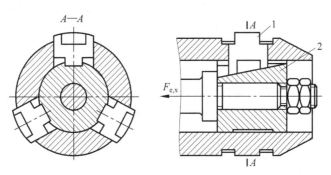

图 3-55 斜楔式定心夹紧机构
1—卡爪；2—斜楔

2) 弹性变形式定心夹紧机构

这种定心夹紧机构利用薄壁弹性元件受力后的均匀弹性变形，使工件定心并被夹紧。这种定心夹紧机构和上一类相比，其定心精度高，但夹紧力有限，适用于精加工或半精加工场合。

齿轮加工中，常以齿轮分度圆齿面定位（定位基准是分度圆柱面的轴线）精加工齿轮内孔，以保证内孔与分度圆的同轴度。图 3-56 所示为磨削圆柱齿轮内孔的一种弹性膜片定心卡盘。3个高精度的定心圆柱6均匀地卡在齿轮工件的齿槽里(定心圆柱的直径尺寸决定了其轴线处于齿轮工件的分度圆上)。卡爪3与定心圆柱母线的接触实现了对齿轮工件的夹紧。当推杆9右移,施力于弹性膜片2的中部时,弹性膜片2产生变形而使卡爪3张开,放入工件后,向左退回推杆9,靠弹性膜片2的弹性恢复力使工件定心夹紧。卡爪3可以更换,以适应不同的工件尺寸。更换后应重磨工作面。这种弹性变形式定心夹紧机构的优点是定心精度高,可保证定心精度为 0.005~0.01mm;操作简便,生产率高。其缺点是夹紧力较小,因此多用于精加工,例如热处理后磨削圆柱齿轮内孔等。

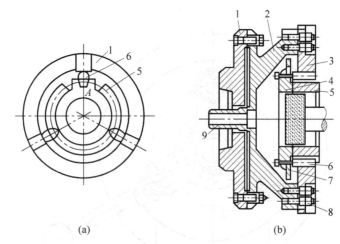

图 3-56 弹性膜片定心卡盘
(a) 夹紧原理示意图;(b) 弹性膜片定心卡盘结构示意图
1—夹具体;2—弹性膜片;3—卡爪;4—保持架;5—工件;6—定心圆柱;7—弹簧;8—螺钉;9—推杆

液性塑料在常温下是一种介于固体和液体之间的胶状物质,具有一定的弹性和流动性。液性塑料定心夹紧机构,是利用液性塑料作为传力介质,使薄壁套筒发生均匀的弹性变形而起定心夹紧作用,可以制成夹紧外圆的液性塑料夹头,也可制成夹紧内孔的液性塑料心轴。

图 3-57 所示为液性介质弹性夹具,弹性元件薄壁筒4的两端与夹具体成过渡配合,两者间的环形槽与通道内灌满油液,拧紧螺钉2,柱塞1对密封腔内的液体施加一定的压力,在液体压力作用下,薄壁筒4产生径向变形将工件定心夹紧,将螺钉反向拧动后,密封腔内液体压力降低,薄壁筒恢复原始状态将工件松开。此种方式定心精度高,但由于薄壁筒的弹性变形量小,故只适用于定位孔精度较高的精加工工序。

5. 铰链夹紧机构

铰链夹紧机构(又称铰链杠杆增力机构)具有动作迅速、增力倍数大、摩擦损失小且容易改变作用力方向等优点;缺点是自锁性能差,故多用作中间传力机构,即安置在动力源和夹紧元件之间起增力作用,一般常用于气动、液动夹具中。图 3-58 所示为铰链夹紧机构的应用实例。压缩空气进入气缸1后,气缸1经铰链扩力机构2,推动压板3、4同时将工件夹紧。

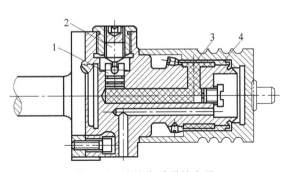
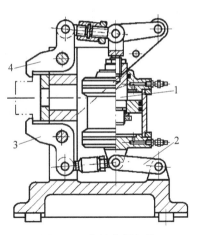

图 3-57　液性介质弹性夹具
1—柱塞；2—螺钉；3—液体介质；4—薄壁筒

图 3-58　铰链夹紧机构
1—气缸；2—铰链扩力机构；3、4—压板

6. 多位多件夹紧机构

多位多件夹紧机构就是操作一个手柄或一个传动机构时，能同时夹紧几个工件或在一个工件的几个位置上均匀夹紧的夹紧机构。

1）多件平行夹紧机构

图 3-59（a）所示是 4 根轴在 V 形块上定位，用螺旋压板机构夹紧多件工件的夹具。夹紧元件做成铰链式结构是因为工件有尺寸偏差，这样可使夹紧力均匀地分布在 4 个工件上。图 3-59（b）所示结构为液性塑料多件夹紧机构，夹紧柱塞通过液性塑料的流动补偿同批工件尺寸误差的变化，实现多件均匀地夹紧。这两种夹具都是平行夹紧多个工件的，总的夹紧力较大。

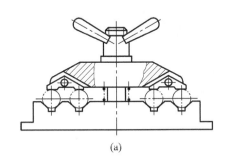
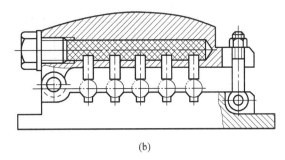

图 3-59　多件平行夹紧机构
(a) 铰链式；(b) 液性塑料式

2）多件顺序夹紧机构

图 3-60 所示为用于铣轴承盖两端面的多件顺序夹紧机构。夹紧时通过夹紧螺钉 2 将工件顺序地夹紧。夹紧力顺次地由一个工件传至另一个工件上。V 形定位压板 1 可绕销轴 3 转动，以保证各工件都被夹紧。若不计摩擦损失，每个工件的夹紧力等于螺钉产生的夹紧力。这种夹紧方式，因工件的尺寸误差依次传递，逐个积累，故适用于工件的加工表面和夹

紧力方向相平行的场合。

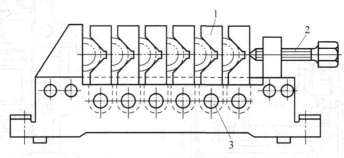

图 3-60 多件顺序夹紧机构
1—V形定位压板；2—夹紧螺钉；3—销轴

3) 多位夹紧机构

如图 3-61 所示,可将一套夹紧机构的夹紧力施加在同一工件的多处表面上。当旋紧左边的夹紧螺母 1 时,压板 2 向下夹紧工件,而螺杆 7 向上提起,使与螺杆相连的横杆 4 绕中间支点摆动,导致右边螺杆 5 向下移动,从而使右边压板 6 同时夹紧工件。这种机构借助于浮动夹紧实现多点夹紧,一般多用于多夹紧点相距较远的场合,如箱体零件的夹紧。

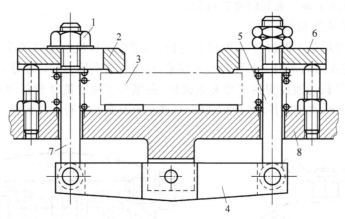

图 3-61 平行联动夹紧机构
1—夹紧螺母；2、6—压板；3—工件；4—横杆；5、7—螺杆；8—夹具体

3.8 典型夹具设计

机床夹具可以看作机床的附件。夹具可以增强或拓展机床的功能,使通用机床具有一定的专用机床的属性。机床类型往往决定了机床夹具设计,不同类型机床的夹具设计各具特点。下面着重介绍常见的钻床夹具、铣床夹具、镗床夹具、组合夹具、成组夹具以及随行夹具的设计。

3.8.1 钻床夹具

钻床夹具亦称钻模,是使用钻头、扩孔钻和铰刀等刀具进行孔加工的机床夹具。其特点是具有引导钻头、铰刀等孔加工刀具的导向元件——钻套和安装钻套的钻模板。钻套和钻模板是钻床夹具的特殊元件。

1. 钻床夹具的种类

钻床夹具的种类繁多,根据被加工孔的分布情况和钻模板的特点,一般分为固定式、回转式、移动式、翻转式、盖板式和滑柱式等几种类型。

1) 固定式钻模

固定式钻模的结构特点是,钻模板与夹具体固定连接,加工过程中钻模的位置固定不动。这种钻模的定位精度相对较高,一般用于立式钻床加工单孔或在摇臂钻床上加工平行孔系和多轴组合钻床上。在机床上安装钻模时,一般应先将装在主轴上的钻头插入钻套中,以校正钻模位置,然后将其紧固在机床工作台上。这样既可减少钻模的磨损,又可保证钻孔有较高的尺寸精度。

图 3-62 所示为加工拨叉轴向孔的固定式钻床夹具。根据工件的加工要求,选用底端面和外圆柱面作为定位基准。相应地,圆支承板 1 和长 V 形块 2 作为定位元件,共限制 5 个自由度;旋转手柄 8 由转轴 7 上的螺旋槽,推动 V 形压块 5 夹紧工件;钻头由安装在固定钻模板 3 上的钻套 4 导向。钻模板用螺钉紧固在夹具体上。

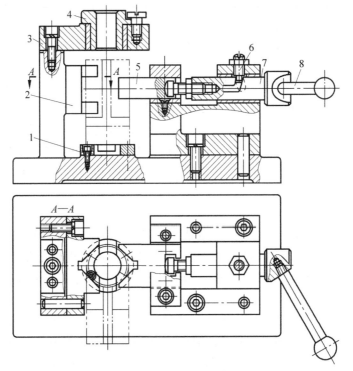

图 3-62 固定式钻模

1—圆支承板;2—长 V 形块;3—钻模板;4—钻套;5—V 形压头;6—螺钉;7—转轴;8—手柄

2)回转式钻模

在钻削加工中,回转式钻模使用较多,它主要用于加工工件上同一圆周上平行孔系或加工分布在同一圆周上的径向孔系。回转式钻模的基本形式有立轴、卧轴和倾斜轴3种。工件一次装夹中,靠钻模依次回转加工各孔,因此这类钻模必须有分度装置。

回转式钻模使用方便、结构紧凑,在成批生产中广泛使用。一般为缩短夹具设计和制造周期,提高工艺装备的利用率,夹具的回转分度部分多采用标准回转工作台。图3-63所示为标准回转台与钻模组成的回转夹具。

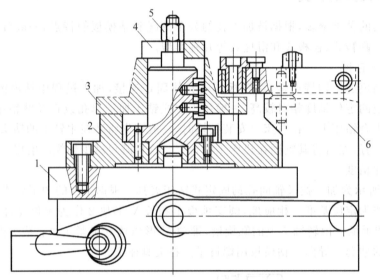

图3-63 标准回转台与钻模组成的回转夹具
1—回转工作台;2—夹具;3—工件;4—开口垫片;5—螺母;6—支座

图3-64所示为一卧轴式回转钻模,用于加工套筒零件上3个等分径向均布孔$\phi 6H9$。工件以孔$\phi 40H7$与端面 C 在心轴2上定位,通过开口垫圈9、螺母10实现夹紧。钻模板11紧固在夹具体1上,其上有钻套12。加工完一个孔后,通过把手6拔出对定销5,转动手柄7,使工件转动120°后,对定销5插入另一个定位孔中,然后通过转动手柄7将分度盘锁紧,即可加工第二个孔。3个孔的加工是在工件一次安装中,由夹具本身的回转分度机构经两次分度完成的。

3)滑柱式钻模

滑柱式钻模是一种带有升降钻模板的通用可调夹具,在生产中应用较为广泛,一般由夹具体、滑柱、升降模板、传动和锁紧机构组成。其结构已经标准化和规格化,设计时可按标准选用。其特点是夹具可调、装卸工件迅速、操作方便;钻孔的垂直度和孔距精度不太高,适用于中等精度的孔和孔系加工。

根据钻模板升降采用的动力不同,滑柱式钻模分为手动滑柱式钻模和机动滑柱式钻模两类。图3-65所示为手动滑柱式钻模的通用结构,升降钻模板3通过两根导柱6与夹具体的导孔相连。当转动手柄5时,经齿轮轴1带动斜齿条滑柱2移动,使钻模板实现升降,将工件夹紧或松开。

第 3 章 工件的装夹和机床夹具

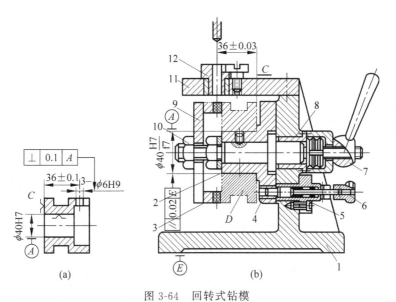

图 3-64 回转式钻模

1—夹具体；2—心轴；3—工件；4—定位套；5—对定销；6—把手；
7—手柄；8—压紧套；9—开口垫圈；10—螺母；11—钻模板；12—钻套

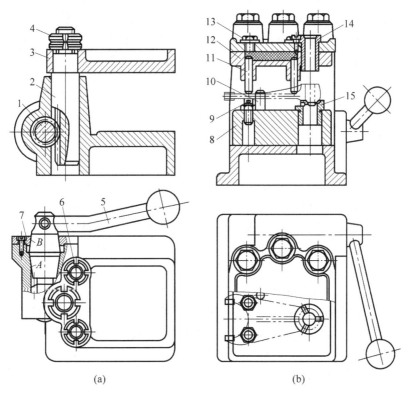

图 3-65 滑柱式钻模

1—齿轮轴；2—斜齿条滑柱；3、12—钻模板；4—螺母；5—手柄；6—导向柱；7—锥套环；8—定位支承；
9—可调支承；10—挡销；11—自位压柱；13—螺钉；14—钻套；15—定位元件

2. 钻床夹具设计的特点

钻床夹具设计中,除了要解决一般夹具所共有的定位、夹紧等问题外,它所特有的元件是钻套和钻模板。

1) 钻套

钻套是钻模上的特殊元件,其主要用来引导刀具以保证被加工孔的位置精度和提高工艺系统的刚度。根据使用特点,钻套可分为标准钻套和特殊钻套两大类。

(1) 标准钻套。标准钻套又分为固定钻套、可换钻套和快换钻套,如图 3-66 所示。

① 固定钻套。固定钻套直接装在钻模板或夹具体的相应孔中,其外圆与夹具体上孔的配合为 H7/n6 或 H7/r6。这种钻套结构简单,钻孔精度高,但钻套磨损后,不易更换,适于中小批生产或小孔距及孔距精度高的孔加工。图 3-66(a)为无肩式结构,图 3-66(b)为有肩式结构,钻模板较薄时,为使钻套具有足够的引导长度,应采用有肩钻套。

② 可换钻套。当工件为单一钻孔工序,大批量生产时,为便于更换磨损的钻套,可选用可换钻套,钻套与衬套之间为小间隙配合,通常取 H6/g5 或 H7/g6,而衬套与夹具体上的孔则采用较紧的过渡配合或小过盈量的过盈配合,一般取 H7/n6 或 H7/r6。其结构如图 3-66(c)所示。钻套装在衬套中,衬套压装在钻模板中;由螺钉将钻套压紧,以防止钻套转动或退刀时脱出。钻套磨损后,将螺钉松开可迅速更换。

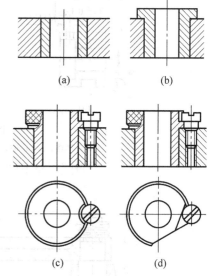

图 3-66 标准钻套的结构
(a) 无台肩的固定钻套;(b) 有台肩的固定钻套;(c) 可换钻套;(d) 快换钻套

③ 快换钻套。当被加工孔要连续进行钻、扩、铰、锪面或攻丝时,由于刀具尺寸的变化,需要用不同引导孔直径尺寸的钻套分别引导刀具,或去掉钻套直接加工,这时应使用快换钻套,其结构如图 3-66(d)所示。更换钻套时,只需逆时针转动钻套使削边平面转至螺钉位置,即可向上快速取出钻套。削边方向应考虑刀具的旋向,以免钻套自动脱出。

以上三种钻套及衬套已标准化,设计时可参考国标。

(2) 特殊钻套。由于工件的形状特殊或者被加工孔位置的特殊性,不适合采用标准钻套,故需要自行设计结构特殊的钻套。图 3-67 所示为几种特殊钻套的结构。图 3-67(a)所示为用于加工深坑底面上孔的加长钻套。钻套可做成悬伸式,为减少刀具与钻套的摩擦,可将钻套引导高度以上的孔径放大,做成阶梯形。图 3-67(b)所示为在斜面或圆弧面上钻孔的钻套,可避免钻头引偏或折断。图 3-67(c)所示为小孔距钻套。将两孔做在同一个钻套上时,要用定位销确定钻套位置。

(3) 钻套的有关尺寸及材料。

① 导向孔径 d。如图 3-68 所示,钻套导向孔径的公称尺寸取刀具的上极限尺寸。对于钻头、扩孔钻、铰刀等定尺寸刀具,按基轴制选用动配合 F7 或 G6。

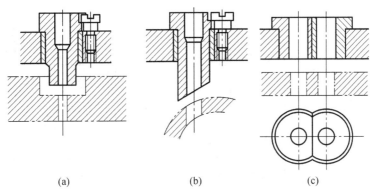

图 3-67 特殊钻套的结构

② 钻套高度 H。H 太小时,导向作用差;H 太大时,增大了钻头与钻套间的摩擦。一般,当 $d \geqslant 25\text{mm}$ 时,取 $H/d = 1 \sim 2$;$d < 5\text{mm}$ 时,取 $H/d = 2.5 \sim 3.5$。

③ 排屑间隙 C。钻套与工件之间应留排屑间隙,C 不宜过大,以免影响导向作用,进而影响孔的加工精度;如果尺寸 C 太小,切屑难以自由排出,会影响被加工孔的表面质量,甚至会因阻力矩的增大而折断钻头。根据经验,加工钢件材料时取 $C = (0.7 \sim 0.5)d$;加工铸铁等脆性材料时取 $C = (0.3 \sim 0.4)d$,其中大孔取小值,小孔取大值。

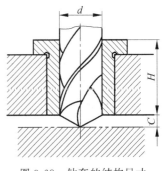

图 3-68 钻套的结构尺寸

④ 材料。钻套在使用过程中很容易磨损,所以应选用硬度高、耐磨性好的材料。钻套的直径小于 25mm 时,常用 T10A 钢淬火,淬火后硬度为 58~62HRC;当 $d > 25\text{mm}$ 时,用 20 钢或 20Cr 钢表面渗碳 0.8~1.2mm,淬火后硬度为 55~60HRC。

2) 钻模板

钻模板用于安装钻套,与夹具体连接,使装在钻模板上的钻套相对夹具体获得正确的位置。常见的钻模板按其与夹具体的连接方式不同,可分为固定式钻模板、铰链式钻模板和悬挂式钻模板等。

(1) 固定式钻模板。固定式钻模板与夹具体是固定连接的,故钻套相对于夹具体也是固定的,通常用销钉定位,用螺钉紧固在夹具体上或者在夹具体上直接加工出钻套座孔,如图 3-69 所示。这种结构的钻套位置精度高,但装卸工件和排屑不便,多用在中小批生产或孔的位置精度要求较高的夹具中。

(2) 铰链式钻模板。铰链式钻模板与夹具体通过铰链连接,如图 3-70 所示。使用铰链式钻模板,装卸工件方便,但由于铰链销孔之间存在配合间隙,因此加工孔的位置精度比固定式钻模板低。它主要用在生产规模不大、钻孔精度要求不高的场合。

(3) 悬挂式钻模板。悬挂式钻模板与机床主轴箱相连接,随机床主轴上下移动靠近或离开工件。在大批大量生产中广泛采用这种钻模板,如图 3-71 所示,钻模板装在两根滑柱上(有的为 4 根),并悬挂在多轴传动箱上,因此确定了钻模板相对于夹具体的位置。机床主轴下降时,钻模板首先压在工件上,借助于弹簧的压力将工件压紧,主轴继续下降,钻头钻

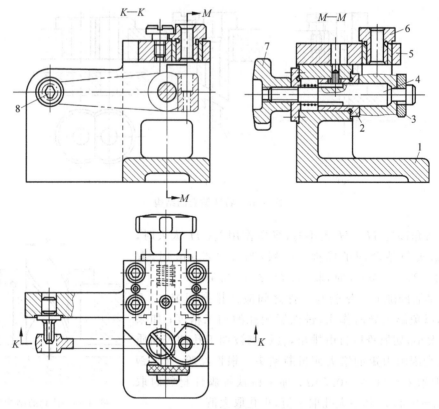

图 3-69 固定式钻模板

1—夹具体；2—挡套；3—开口垫片；4—活动心轴；5—钻模板；6—钻套；7—螺母；8—菱形销

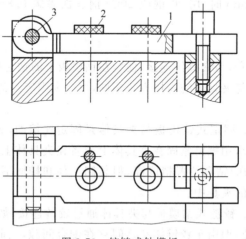

图 3-70 铰链式钻模板

1—钻模板；2—钻套；3—销轴

孔。钻削完毕，钻头退出工件，钻模板也随机床主轴上升，恢复到原始位置。在组合机床或立式钻床上用多轴传动头加工平行孔系时，常采用悬挂式钻模板。

在设计钻模板的结构时，主要根据工件的外形大小、加工部位、结构特点和生产规模以

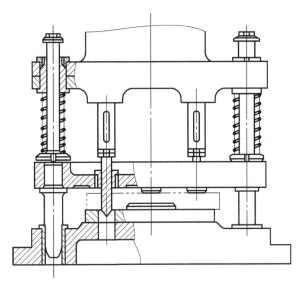

图 3-71 悬挂式钻模板

及机床类型等条件而定,要求所设计的钻模板结构简单、使用方便、制造容易。设计钻模板时应注意以下问题:

(1) 在保证钻模板有足够刚度的前提下,要尽量减轻钻模板的重量。在生产中,钻模板的厚度往往按钻套的高度确定,一般为 10~30mm。如果钻套较长,可将钻模板局部加厚,加强钻模板的周边以及合理布置加强筋,以提高其刚性。此外,钻模板一般不宜承受夹紧力。

(2) 钻模板上安装钻套的底孔与定位元件间的位置精度直接影响工件孔的位置精度,因此要求其有足够的精度。在上述各钻模板结构中,固定式钻模板钻套孔的位置精度较高。对于悬挂式钻模板,由于钻模板定位靠两导柱与夹具体的间隙配合连接,其位置精度较低。

(3) 焊接结构的钻模板往往因焊接内应力不能彻底消除,而不易保证精度。当工件孔距公差大于±0.1mm 时方可采用。

3.8.2 铣床夹具

铣床夹具主要用于加工平面、沟槽、缺口、花键、齿轮以及成型表面等。一般由定位元件、夹紧机构、对刀装置(对刀块与塞尺)、定位键和夹具体组成。

由于铣削加工切削用量及切削力较大,且为多刃断续切削,加工时易产生振动,因此,在设计铣床夹具时应注意:①夹紧力要足够大且能自锁;②夹具安装准确可靠,即安装及加工时要求正确使用定位键与对刀装置;③夹具体具有足够的刚度和稳定性,做到结构科学合理。

1. 铣床夹具的种类

铣床夹具是应用较为广泛的一类机床夹具。铣床夹具的结构在很大程度上取决于铣削的进给方式。常用的有直线进给铣床夹具和圆周进给铣床夹具。

1) 直线进给铣床夹具

直线进给铣床夹具安装在铣床工作台上,加工中同工作台一起以直线进给方式运动。按照在夹具中同时安装工件的数目和工位多少分为单件加工、多件加工和多工位加工夹具。为了降低辅助时间,提高铣削工序的生产率,在生产中多采用多件加工和多工位加工夹具,这样可以节省每次进给时刀具的切入和切出的空程时间,使装卸工件等的辅助时间与切削基本时间重合,提高夹具的工作效率。

图 3-72 所示为多件加工的直线进给式铣床夹具,该夹具用于在小轴端面上铣一通槽。6 个工件以外圆面在活动 V 形块 7 上定位,以一端面在支承钉 2 上定位。活动 V 形块装在两根导向柱上,V 形块之间用弹簧 5 分离。工件定位后,由薄膜气室 4 推动 V 形块 7 依次将工件夹紧。由对刀块 1 和定位键 8 来保证夹具与刀具和机床的相对位置。这类夹具生产率高,多用于生产批量较大的情况。

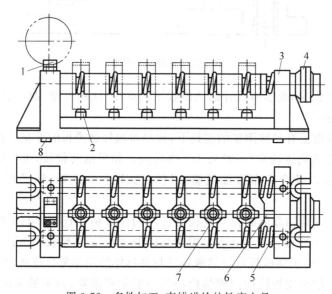

图 3-72　多件加工、直线进给的铣床夹具

1—对刀块；2—支承钉；3—夹具体；4—薄膜气室；5—弹簧；6—推杆；7—V 形块；8—定位键

2) 圆周进给式铣床夹具

圆周进给式铣床夹具多用在回转工作台或回转鼓轮的铣床上,依靠回转台或鼓轮的旋转将工件顺序送入铣床的加工区域,实现连续切削。在切削的同时,可在装卸区域装卸工件,使辅助时间与切削的基本时间重合,因此它是一种高效率的铣床夹具,适用于大批大量生产。

图 3-73 所示为在立式铣床上圆周进给铣拨叉的夹具,通过电动机、蜗轮副传动机构带动回转工作台 2 回转,夹具上可同时装夹 12 个工件,工件以一端的孔、端面及侧面在夹具的定位板、定位销、挡销上定位,由液压缸驱动拉杆,通过开口垫圈 5 夹紧工件。

2. 铣床夹具的设计特点

铣床夹具除了有定位元件、夹紧机构和夹具体等主要部件外,还有其特殊元件——定位键和对刀装置。

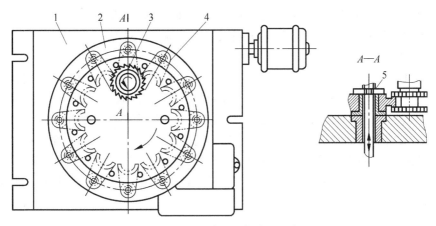

图 3-73 圆周式进给铣多个工件
1—夹具体；2—回转工作台；3—铣刀；4—工件；5—开口垫圈

1) 对刀装置

对刀装置可便于迅速确定刀具相对于夹具的位置，由对刀块及塞尺组成。塞尺的主要作用是检验调刀尺寸的精度，其次是保证刀具和对刀块的表面之间应留有一定间隙，以免在加工过程中造成对刀块的损坏。常用塞尺的尺寸 S 为 1mm、2mm、3mm、4mm、5mm，按 h8 精度制造。图 3-74 所示为铣床夹具中常见的对刀装置结构。图 3-74(a) 为圆形对刀块，用于铣削平面的对刀；图 3-74(b) 为直角形对刀块，用于对立铣刀、槽铣刀等的对刀；图 3-74(c)、(d) 为特殊结构对刀块，用于对成型铣刀的对刀。对刀装置还应有严格的尺寸要求，如图 3-74

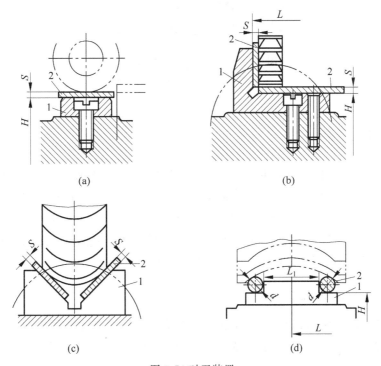

图 3-74 对刀装置
1—对刀块；2—塞尺；S—与间隙值相等的塞尺厚度

中的 H 及 L 尺寸是对刀块工作表面与定位元件基准间要求的位置尺寸。若对刀要求较高而夹具上不便设置对刀装置时,也可以采用试切法或按样件对刀。

2) 定位键

铣床夹具上一般都配置两个定位键,安装在夹具体底面的纵向槽中,通过定位键与铣床工作台 T 形槽配合,确定夹具与机床工作台的正确位置。同时,定位键还可以承受部分切削力矩,以减轻夹具体与工作台连接用螺栓的负荷,增强夹具在加工过程中的稳定性。图 3-75 所示为定位键的结构及使用实例。为了提高定位精度,定位键上部与夹具体 1 的底面的纵向槽配合,下部与机床工作台的 T 形槽配合。两个定位键应尽量布置得远一些,以提高夹具的安装精度。定位键已标准化,T 形槽也已标准化,因此,根据机床上 T 形槽的规格选用定位键。

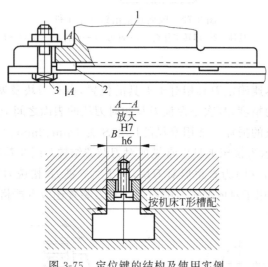

图 3-75 定位键的结构及使用实例
1—夹具体;2—定位键;3—T 形螺钉

3.8.3 镗床夹具

在加工精密孔系时,不仅要求孔的尺寸和形状精度高,而且要求各孔之间、孔与其他基准面之间具有较高的位置精度,此时多采用镗床夹具。镗床夹具通常称为镗模,是一种精密夹具,主要用来加工箱体、支架类零件上的孔和孔系。镗模和钻模一样,是依靠专门的导引元件——镗套来导引镗杆,从而保证所镗的孔具有很高的位置精度。采用镗模后,不仅镗孔的精度可不受机床精度的影响,还可以扩大车床、组合机床、钻床的工艺范围进行镗孔加工。

1. 镗床夹具的种类

按其所使用的机床形式不同,镗床夹具可分为卧式镗模和立式镗模两类;按其导向支架的布置形式不同,可分为单支承镗模、双支承镗模和无支承镗模三类。

1) 单支承镗模

镗杆与机床主轴采用刚性连接,主轴回转精度会影响镗孔精度,故只适于小孔和短孔加工。保证了镗套中心与主轴轴线重合,故机床主轴的回转精度将影响工件的镗孔精度。图 3-76 所示为几种常见单支承镗模。

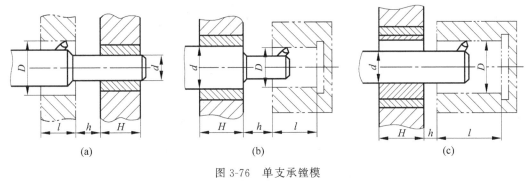

图 3-76 单支承镗模
(a) 单面前导向;(b)、(c) 单面后导向

2) 双支承镗模

双支承镗模上有两个引导镗杆的支承,镗杆与机床主轴采用浮动连接,镗孔的位置精度由镗模保证,消除了机床主轴回转误差对镗孔精度的影响,故能使用低精度的机床加工精密孔系,如图 3-77 所示。

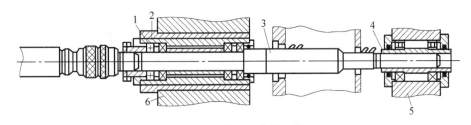

图 3-77 前后双支承镗模
1、4—镗套;2—导向滑套;3—镗杆;5、6—支架

3) 无支承镗模

工件在刚性好、精度高的金刚镗床、坐标镗床或数控机床、加工中心上镗孔时,夹具上不设镗模支承,加工孔的尺寸和位置精度由镗床保证。无支承镗模只需设计定位、夹紧装置和夹具体即可。

2. 镗床夹具的设计要点

1) 镗套

镗套主要用于引导镗杆,其结构形式和精度直接影响被加工孔的精度。常用镗套有两类,即固定式镗套和回转式镗套。

(1) 固定式镗套

固定式镗套与快换钻套结构相似,其外形尺寸小,结构简单,精度高。加工时镗套不随镗杆转动,镗杆与镗套之间有相对运动,镗套容易磨损,故只适用于低速扩孔、镗孔加工,一般摩擦面线速度 $v<0.3\mathrm{m/s}$。图 3-78 所示为标准的固定镗套(GB/T 2266—91),A 型不带油杯和油槽,靠镗杆上开的油槽润滑;B 型则带油杯和油槽,使镗杆和镗套之间能充分地润

滑,从而减少镗套的磨损。

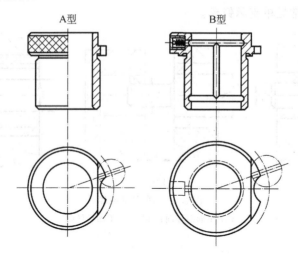

图 3-78 固定式镗套

（2）回转式镗套

回转式镗套在镗孔过程中随镗杆一起转动,镗杆与镗套之间无相对转动,只有相对移动。因而可以避免镗杆与镗套发热咬死,减少镗套和镗杆的磨损,一般适用于高速镗孔。

根据回转式镗套所用支承轴承的形式不同,回转式镗套可分为滑动式和滚动式两种。

图 3-79(a)所示为滑动回转式镗套,镗套可在滑动轴承内回转,镗模架上所设镗套的结构形式和精度直接影响被加工孔的精度。

图 3-79(b)为立式滚动回转式管套。为避免切屑和切削液落入镗套,需设防护罩;为承受轴向力,一般采用圆锥滚子轴承。

图 3-79(c)所示为卧式滚动回转式镗套。镗套支承在两个滚动轴承上,回转精度受轴承精度的影响,对润滑要求较低。但这种镗套径向尺寸较大,适用于粗加工和半精加工。滚动回转式镗套一般用于镗削孔距较大的孔系,摩擦面线速度 $v>0.4 \mathrm{m/s}$。其结构中常采用圆锥滚子轴承。

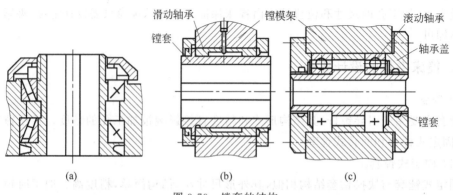

图 3-79 镗套的结构
(a) 滑动回转式镗套；(b) 立式滚动回转式镗套；(c) 卧式滚动回转式镗套

2) 镗模支架和底座

镗模支架和底座是组成镗模的重要零件。它们要求有足够的强度和刚度,以保证加工过程的稳定性。材料多为铸铁,常分开制造,这样便于加工、装配和时效处理。

镗模支架主要用来安装镗套和承受切削力,在结构上一般要有较大的安装基面和设置必要的加强筋,而且支架上不允许安装夹紧机构和承受夹紧反力,以免支架变形而破坏精度。图 3-80(a)所示的夹紧反力作用在镗模支架上,这种设计是错误的。图 3-80(b)所示结构,夹紧反力作用在镗模底座上,有利于保证镗孔精度。

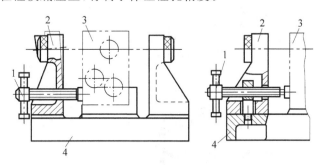

图 3-80 不允许镗模支架承受夹紧反力
1—夹紧螺钉;2—镗模支架;3—工件;4—镗模底座

镗模底座是安装镗模其他所有零件的基础件,并承受加工中的切削力和夹紧的反作用力,因此底座要有足够的强度和刚度。镗模底座与其他夹具体相比厚度较大,且内腔没有十字形加强筋。镗模底座上还设有定位键或找正基面,以保证镗模在机床上安装时的正确位置。找正基面与镗套中心线的平行度应在 300∶0.01 之内。此外,底座上应设置适当数目的耳座,以保证镗模在机床工作台上安装牢固可靠;还应有起吊环,以便于搬运。

3.8.4 组合夹具

组合夹具是一种标准化、系列化、柔性化程度很高的夹具。它由一套预先制好的各种不同形状、不同尺寸规格、具有完全互换性和高耐磨性、高精度的标准元件及合件组成。使用时按照工件的加工要求,采用组合的方式组装成所需的夹具。使用完毕后,可方便地拆散,洗净后将其存放,并分类保管,以备再次组合使用。在正常情况下,组合夹具元件能使用 15~20 年。

与专用夹具相比,组合夹具具有结构灵活多变、适用范围广、制造周期短、元件能反复使用等诸多优点,不足之处是组合夹具一般体积较大、结构笨重、刚性较差。此外,为了适应组装各种不同性质和结构类型的夹具,必须有大量元件的储备,因此特别适用于单件小批生产、新产品的试制和完成临时突击性任务。

1. 组合夹具的种类

根据组合夹具组装连接基面的形状,可将其分为槽系和孔系两大类。槽系组合夹具的连接基面为 T 形槽,夹具元件由键和螺栓等定位紧固连接。孔系组合夹具的连接基面为圆柱孔,通过孔与销来实现元件间的定位。

1) 槽系组合夹具

图 3-81 所示为一套组装好的槽系组合钻模及其元件分解图。组合夹具元件按其用途不同,分为 8 类,即基础件、支承件、定位件、导向件、夹紧件、紧固件、其他件和合件。

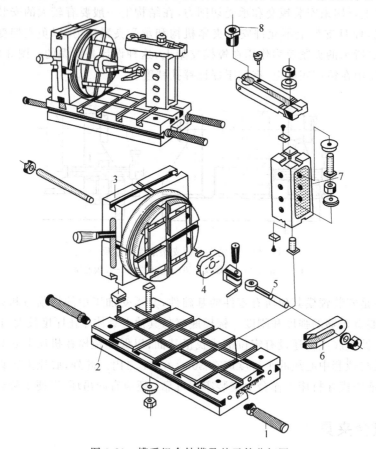

图 3-81　槽系组合钻模及其元件分解图
1—其他件；2—基础件；3—合件；4—定位件；5—紧固件；6—夹紧件；7—支承件；8—导向件

基础件是组合夹具中最大的元件,经常用作组合夹具的夹具体,通过它将其他各种零件或组合件装成一套完整的夹具。常见的基础件有方形、矩形、圆形基础板和基础角铁等。

支承件是组合夹具中的骨架元件,它在夹具中起着承上启下的连接作用,即把上面的定位、导向元件及合件等,通过支承件与下面的基础件连成一体。常用的支承件有 V 形支承、长方支承、加筋角铁和角度支承等。

定位件主要用于工件的定位及确定组合元件之间的相对位置,以保证夹具中各元件的使用精度以及强度和刚度。常用的定位件有平键、T 形键、圆柱销、菱形销、圆形定位盘、定位接头、方形支承、六棱支座等。

导向件主要用来确定刀具与工件的相对位置,加工时起到正确引导刀具的作用。常用的导向元件有固定钻套、快换钻套、钻模板、左右偏心钻模板、立式钻模板等。

夹紧件主要用来将工件夹紧在夹具上,保证工件定位后的正确位置,也可作垫板和挡块用。

紧固件主要用来连接组合夹具中各种元件及压紧工件,主要包括各种螺栓、螺钉、螺母、垫圈等。

组合夹具中,除了上述 6 类元件以外的各种辅助元件称为其他件,包括三爪支承、支承环、手柄、连接板、平衡块等。

合件指由若干零件组合而成,在组装过程中不再拆散而独立适用的部件。合件是组合夹具中的重要组成元件,使用合件可以扩大组合机床的适用范围,节省夹具组装时间,简化夹具结构。

2) 孔系组合夹具

孔系组合夹具元件的连接用两个圆柱销定位,一个螺钉紧固。其元件类别也分为 8 类,与槽系组合夹具不同的是增加了辅助件,没有导向件。图 3-82 所示为孔系组合夹具及其元件分解图。图中组合夹具定位孔的精度为 H6,定位销的精度为 k5,孔距误差为 0.01mm。与槽系组合夹具相比,孔系组合夹具具有精度高、刚性好、易于组装等特点,特别是它可以方便地提供数控编程的基准——编程原点,因此在加工中心、数控机床上得到广泛应用。

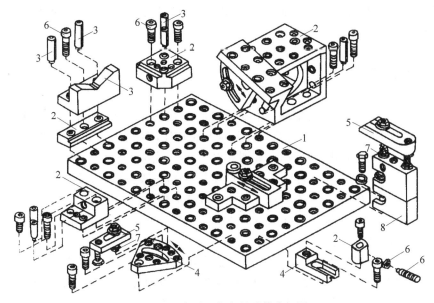

图 3-82 孔系组合夹具元件分解图

1—基础件;2—支承件;3—定位件;4—辅助件;5—夹紧件;6—紧固件;7—其他件;8—合件

2. 组合夹具的组装

组合夹具的组装过程就是将元件和合件组装成加工所需夹具的过程,应遵循一定步骤和程序来进行。通常正确的组装过程如下:

(1) 准备阶段。熟悉基本资料,做好调查研究工作。首先应熟悉被加工的零件图及其加工工艺,了解工序加工内容和加工要求,所使用的加工方法及设备、刀具等情况,这是组装夹具的根据。

(2) 拟定组装方案。在保证工序加工要求的前提下,确定工件的定位基准面和夹紧部位,从而选择适合的定位元件、夹紧元件以及相应的支承元件和基础板等,初步确定夹具结构形式。

(3) 试装。在各元件不完全紧固的条件下,将前面构思好的夹具结构方案先进行试装。对一些主要元件的尺寸精度、平行度、垂直度等,需预先进行挑选和测量。因为试装的目的是验证所拟定的结构方案是否合理,以便进行修改和补充。试装后,应达到下列要求:

① 定位合理准确、夹紧可靠方便,在加工过程中具有足够的刚性,确保工件的加工。

② 夹具结构紧凑,各元件结构尺寸选择合理。

③ 装卸工件方便、操作简单,清除切屑容易。

④ 夹具在机床上安装可靠、找正方便。

(4) 组装。经过试装验证夹具结构方案之后,即可进行组装。首先应清洗元件,接着按一定顺序(一般由下而上,由内到外)将有关元件分别用定位键、螺栓、螺母等连接起来。在连接过程中要注意各合件、元件间的定位和固定,保证有足够的刚度和精度。

(5) 检验。夹具组装之后,要对夹具进行一次全面的检验。首先检查夹具的结构,定位、夹紧是否合理,工件安装、排屑和操作等是否方便,夹具的刚性、稳定性是否满足要求;其次对夹具的尺寸及精度进行仔细的检验,若不合格应进行调整,直至达到要求;最后检查元件是否配齐。

3.8.5 成组夹具

成组夹具是针对成组工艺中的一组零件的某一工序而专门设计的夹具,当改换加工同组内另一种零件时,只需调整或更换夹具上的个别元件,即可进行加工,由此可以减少夹具设计或制造的工作量,简化夹具设计,如图3-83所示。成组夹具在结构上一般包括两部分:

(1) 基础部分。基础部分是成组夹具的通用部分,一般包括夹具体、夹紧机构和操作机构等,它可长期固定在机床上,不随加工对象的改变而更换。

(2) 可调整部分。可调整部分包括某些定位、导向和夹紧元件等,它随组内加工对象的变化可以调整或更换。

成组夹具在设计时,其加工对象十分明确,要求其加工对象的几何形状、工艺过程、定位及夹紧相似,因此与专用夹具很接近。图3-84所示为几种轴类零件的钻孔加工,考虑其形状与工艺基本相似,所选定的基准也相同,可归为同一组。

成组夹具的调整方式可归纳为更换式、调节式、综合式和组合式4种。

(1) 更换式。采用更换夹具可调整部分元件的方法,来实现组内不同零件的定位、夹紧、对刀或导向。优点是适用范围广,使用方便可靠,易于获得较高的精度;缺点是夹具所需更换元件数量较多,会使夹具制造费用增加,保管不便。此法多用于夹具精度要求较高的定位和导向元件。

(2) 调节式。通过改变夹具上可调元件位置的方法来实现组内不同零件的装夹和导向。采用这种方法优点是所需元件数量少,制造成本低;缺点是调整需花费一定时间,夹具精度受调整精度的影响,活动的调整元件有时会降低夹具的刚度。多用于加工精度要求不高和切削力较小的场合。

(3) 综合式。综合式是更换式和调节式的结合。在同一套成组夹具中,既采用更换元件的方法,又采用调节的方法。

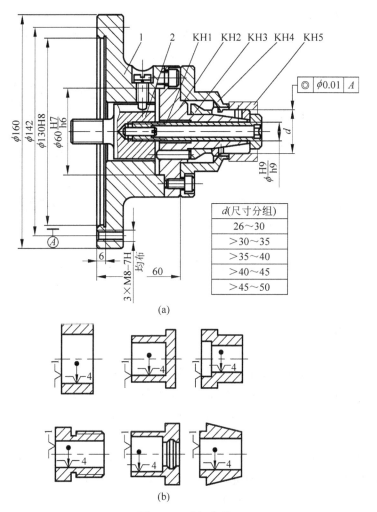

d(尺寸分组)
26～30
>30～35
>35～40
>40～45
>45～50

图 3-83 成组夹具

1—夹具体；2—接头；KH1—夹紧螺钉；KH2—定位锥体；KH3—顶环；KH4—定位环；KH5—弹簧胀套

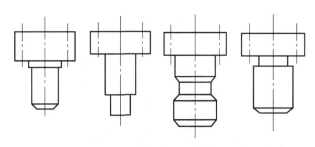

图 3-84 成组加工零件简图

（4）组合式。将一组零件的有关定位或导向元件同时组合在一个夹具体上，以适应不同零件加工的需要。一个零件加工只使用其中的一套元件，占据一个相应的位置。组合式成组夹具由于避免了元件的更换与调节，节省了夹具调整时间。此种夹具只适用于元件组内零件种类较少而数量较大的情况。如图 3-85 所示的成组拉床夹具就是一个组合式成组夹具,该夹具用于拉削 3 种杆类零件的花键孔。由于每种零件的花键孔键槽均有角向位置要求,故在夹具体上分别设置了 3 个不同的角向定位元件:两个菱形销 6 和一个挡销 4。拉削不同工件时,分别采用相应的角度定位元件安装即可。

成组夹具与专用夹具在设计方法上基本相同,但专用夹具是针对一个零件的某一工序而设计的,因此比较简单。而成组夹具是为完成某一组零件加工的特定工艺要求而设计的,因此比较复杂。在设计成组夹具时,需对一组零件的图纸、工艺要求和加工条件进行全面分析,以确定最优的工件装夹方案和夹具调整形式。成组夹具的可调整部分是夹具设计的关键,在设计时,应合理选择调整方法,正确设计调整元件,力求调整方便、更换迅速、结构简单。

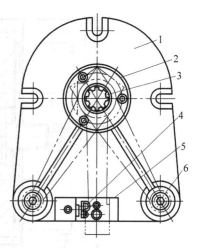

图 3-85　拉花键孔成组夹具
1—夹具体;2—支承法兰盘;3—球面支承套;4—挡销;5—支承块;6—菱形销

3.8.6　随行夹具

随行夹具是组合机床自动线上的一种移动式夹具。它既要完成装夹工件的作用,又要作为运输机构将工件按照自动线的工艺流程运送到各台机床的夹具上,由机床夹具对它进行定位和夹紧。工件就是这样在随行夹具上沿着自动线通过各台机床,完成全部工序的加工。

图 3-86 所示为随行夹具与机床夹具在自动线机床上的工作图。图中,随行夹具 1 由带棘齿爪的步伐式输送带 3 运送到自动线上的各台机床上,输送带 3 支承在支承滚 5 上。自动线上的各台机床都有一个相同的机床夹具 2,它除了要对随行夹具进行定位和夹紧外,还要提供一个输送支承 4。随行夹具在机床夹具上的定位采用一面两销的定位方法。6 是液压操纵的定位机构。定位销由液压杠杆带动,可以伸缩。夹紧是由油缸 8 通过杠杆 9 带动 4 个钩形压板 7 压住随行夹具的下部底板来实现的。

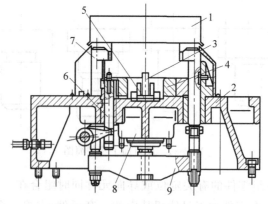

图 3-86　随行夹具与机床夹具在自动线机床上的工作图
1—随行夹具;2—机床夹具;3—带棘齿爪的步伐式输送带;4—输送支承;
5—支承滚;6—定位机构;7—钩形压板;8—油缸;9—杠杆

随行夹具主要用于那些适合在自动线上加工，形状复杂而不规则、又无良好输送基面的工件，以便将工件装夹于输送基面规整的随行夹具上，然后再通过自动线各台机床进行加工。也可用于一些虽有良好输送基面，但材质较软，容易划伤已加工的定位基面的有色金属工件。此外，有时为了在自动线上尽可能加工完所有被加工表面，不得不选用毛坯面作为安装基准，而毛坯面不能作多次安装，这就需要使用随行夹具，以便一次安装完成全部加工任务。设计随行夹具时，不仅要考虑工件在随行夹具中的定位和夹紧问题，而且要考虑随行夹具在机床夹具上的定位和夹紧及自动线上的输送等问题。

3.9 专用机床夹具设计的基本要求和步骤

1. 专用机床夹具设计的基本要求

专用机床夹具设计必须满足下列基本要求：

(1) 保证工件加工的各项技术要求。保证工件加工的各项技术要求是设计专用机床夹具的最基本要求，包括正确确定定位方案、夹紧方案，正确确定刀具的对刀、导向方式和合理制定专用机床夹具的技术要求等。

(2) 专用机床夹具的结构与其用途和生产类型要相适应。在大批量生产中，专用机床夹具的主要功能是保证工件的加工要求和具有一定的生产率。为保证较高的生产率，可以采用机动夹紧装置，如气动、液压等机动夹紧装置。中小批生产中，由于受到生产条件的限制，为达到良好的经济性和发挥专用机床夹具的功能，以保证工件的加工要求为主，应尽可能使夹具结构简单，广泛使用单件加工和手动夹紧机构；在条件允许的情况下，也可考虑采用可调整机床夹具、成组夹具和组合夹具等。

(3) 尽量选用标准化夹具零部件。尽量采用结构成熟的标准夹具元件、标准的夹紧机构等，减少非标准零件，以提高夹具的标准化程度，缩短夹具的设计和制造周期，提高夹具设计质量和降低夹具的制造周期及制造成本。

(4) 夹具结构应具有足够的强度、刚度和良好的稳定性。为保证工件加工精度要求和夹具本身的精度不受破坏，以及加工中夹具不发生振动等，夹具结构应具有较高的刚度和强度。夹具安装在机床工作台上应具有良好的稳定性，为此需注意夹具底面轮廓尺寸与夹具高度尺寸应适当成一定比例。

(5) 保证使用安全和方便。为便于操作，夹紧机构的操作手柄一般应设置在右侧或者前面。为便于夹紧工件，操作夹紧手柄或扳手在操作范围内应有足够的活动空间。要防止夹紧机构的活动件与机床、刀具相碰撞，因此在设计时要认真查阅机床有关数据。同时，还要考虑清除切屑方便、安全。

(6) 具有良好的工艺性。所设计的专用机床夹具应便于制造、装配、检测、调整和维修。对于夹具上精度要求高的位置尺寸和位置公差，应考虑能否在装配后以组合件的方式直接加工保证，或依靠装配时用调整的方法得到保证。

总之，设计夹具时必须对加工质量、生产率、劳动条件和经济性等几个方面进行权衡，其中保证加工质量是最基本的要求。为了提高生产率采用先进的结构，往往会增加夹具的制造成本,但当工件的批量增加到一定规模时,将因单件工时的下降所获得的经济效益而使增加的成本得到补偿,从而降低工件的制造成本。因此所设计的夹具其复杂程度和工作效率必须与生产规模相适应,才能获得良好的经济效果。

设计夹具时,对加工质量、生产率、劳动条件和经济性几个方面有时要有所侧重。如对位置精度要求很高的加工,往往着眼于保证加工精度;对于位置加工精度要求不高而加工批量较大的情况,则侧重考虑提高夹具的工作效率。

在设计过程中必须深入生产实际进行调查研究,广泛征求操作者意见,注意吸取国内外的先进经验,在此基础上拟出初步设计方案,经过讨论,然后确定合理的方案,开展结构设计。

2. 专用机床夹具的设计步骤

1) 收集和研究有关资料

在设计之前必须认真研究有关资料,包括零件图样和夹具设计任务书等技术文件,了解文件的功能、结构特点、材料、对本工序的加工要求和生产类型等,以及本工序使用的机床和刀具,分析研究设计任务书中规定的定位基准和加工要求等内容。

2) 确定夹具的结构方案

确定夹具结构方案时,主要完成以下工作内容:

(1) 确定工件的定位方案。

(2) 确定刀具的对刀、导向方式。

(3) 确定工件的夹紧方案。

(4) 确定夹具其他组成部分的结构形式。

(5) 确定夹具体的形式和夹具的整体结构。

3) 绘制夹具的装配草图和装配图样

夹具总图绘制比例除特殊情况外,一般均应按 1∶1 绘制,以使所设计的夹具具有良好的直观性。总图的主视图,应选择与操作者正对的位置。

夹具装配图样可按如下顺序绘制:将工件视为透明体用双点划线画出工件轮廓、定位基准、夹紧面和加工表面;画出定位元件和导向元件;按夹紧状态画出夹紧装置;画出其他元件或机构;最后画出夹具体,把上述各组成部分连接成一体,形成完整的夹具;标注必要的尺寸、配合和技术条件;对零件编序号,填写零件明细表和标题栏等。

4) 绘制夹具零件图样

对装配图样上的非标准零件均要绘制零件图样,视图尽可能与装配图上的位置一致。

5) 编写专用机床夹具设计说明书

3. 专用机床夹具的制造精度

使用专用机床夹具装夹工件的目的之一,就是为保证工件被加工表面的位置尺寸和位置公差等要求。专用机床夹具的制造精度是保证上述加工要求的基础。因此在夹具设计时,应正确规定夹具的制造精度。专用机床夹具制造精度主要包括以下内容:

(1) 夹具各定位元件本身的制造精度。

(2) 夹具定位元件之间的尺寸和位置精度。

(3) 夹具定位元件与对刀元件、导向元件间的位置尺寸和位置精度。

（4）夹具定位元件相对于机床夹具安装基面间的位置精度。
（5）夹具对刀元件、导向元件相对于夹具安装基面间的位置精度。
（6）铣床夹具定位元件、对刀元件相对于夹具定位键侧面间的位置精度等。

习 题

一、解释下列名词术语

定位、夹紧、装夹、机床夹具、找正装夹法、专用机床夹具、基准、设计基准、工艺基准、工序基准、定位基准、测量基准、装配基准、粗基准、精基准、六点定位规则、第一类自由度、第二类自由度、完全定位、不完全定位、定位误差、基准不重合误差、基准位移误差

二、思考题

1. 专用机床夹具装夹法有何特点？应用于何种场合？
2. 专用机床夹具包含哪些组成部分？它们都起着何种作用？
3. 用静调整法加工一批工件时，为何工件必须正确定位？怎样才能正确定位？
4. 何谓过定位和欠定位？请举例说明。
5. 箱壳体类工件采用一面两孔作为定位基准时，为何夹具定位元件中的一个短圆柱销要采用短菱形销？短菱形销削边方向如何？
6. 试述定位误差产生的原因。
7. 采用外圆柱体在 V 形块上定位时，采取哪些措施可以减小定位误差？
8. 常用的典型夹紧机构有哪些？它们各有何特点？分别用于何种场合？
9. 专用钻床夹具由哪些元件和装置构成？它们各起何作用？
10. 专用铣床夹具由哪些元件和装置构成？铣床夹具的特殊元件是什么？起何作用？
11. 镗床夹具有哪些种类？试述镗床夹具的设计要点。

三、分析题

1. 根据工件的加工要求，试分析必须对下列各工件所限制的第一类自由度。

1）在习题图 3-1(a)所示的连杆上钻通孔 ϕD，要求保证：

（1）小头孔 ϕD 对端面 A 的垂直度公差 t；

（2）小头孔 ϕD 对不加工外圆壁厚的均匀性。

2）加工图 3-1(b)所示汽车减速器主动锥齿轮轴两端面及中心孔，要求保证：

（1）轴向尺寸 47mm 和 $300_{-0.65}^{0}$ mm；

（2）中心孔深度尺寸 $11.5_{+0.16}^{+0.45}$ mm；

（3）两端面对轴线的垂直度；

（4）两端中心孔与未加工轴颈的同轴度。

3）在习题图 3-1(c)所示的差速锁操纵杠杆上铣槽和钻孔，要求保证：

（1）铣槽宽度尺寸为 $4.5_{0}^{+0.16}$ mm，槽对 $\phi 18_{0}^{+0.12}$ mm 和 $\phi 12.5$ mm 两孔中心平面的对称度公差为 0.3mm；

（2）钻阶梯孔 $\phi 6.7$mm 和 $\phi 9$mm 的位置尺寸：$12_{-0.2}^{0}$ mm 和 (14.5 ± 0.25) mm。

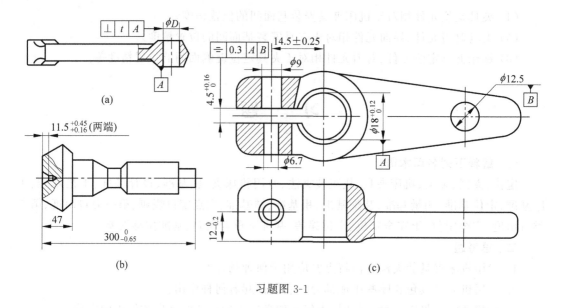

习题图 3-1

2. 试分析习题图 3-2 中各定位元件所限制的自由度情况。

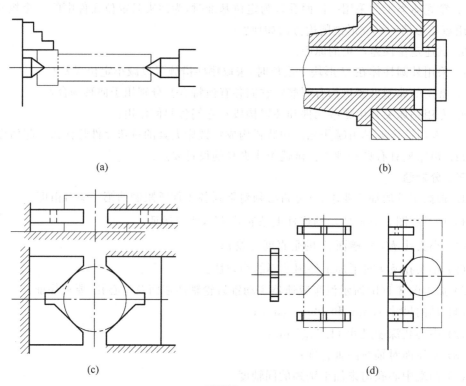

习题图 3-2

3. 试分析习题图 3-3 所示各零件加工所必须限制的自由度:
(1) 在球上打盲孔 ϕB,保证尺寸 H;
(2) 在套筒零件上加工 ϕB 孔,要求与 ϕD 孔垂直相交,且保证尺寸 L;

(3) 在轴上铣横槽,保证槽宽 B 以及尺寸 H 和 L;
(4) 在支座零件上铣槽,保证槽宽 B 和槽深 H 及与 4 分布孔的位置度。

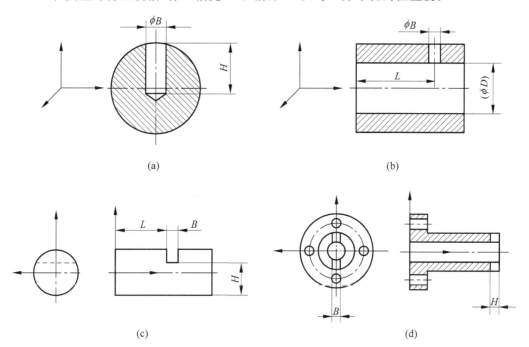

习题图 3-3

四、定位误差的分析计算题

1. 在习题图 3-4 所示圆环形工件上加工键槽,要求保证尺寸 $54_{-0.14}^{\ 0}$ mm 和对称度 0.03mm(图(a))。现有 3 种定位方案,分别如图(b)、(c)、(d)所示,其中图(c)的定位元件垂直放置。试分别计算 3 种方案的定位误差。

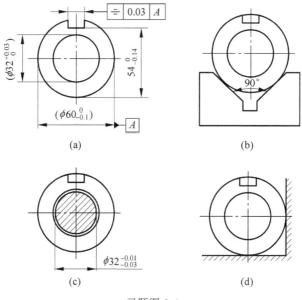

习题图 3-4

2. 在习题图 3-5 所示阶梯轴(双点划线表示)上铣削一平面,其工序尺寸为 $30_{-0.28}^{0}$ mm,有图(a)、(b)、(c)、(d)、(e)所示 5 种定位方案。试计算:

(1) 如果不考虑阶梯轴两外圆柱同轴度公差时,5 种定位方案的定位误差;

(2) 如果考虑阶梯轴两外圆柱的同轴度公差 $\phi 0.03$ mm 时,5 种定位方案的定位误差。并指出哪几种定位方案能可靠保证加工要求。

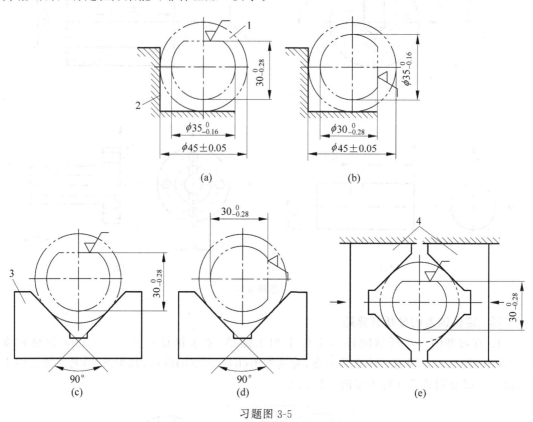

习题图 3-5

1—阶梯轴;2—直角铁;3—V 形块;4—双移动式 V 形块

3. 习题图 3-6 所示零件,外圆及两端面已加工好(外圆直径 $D = 50_{-0.1}^{0}$ mm)。现加工槽 B,要求保证位置尺寸 L 和 H。试:

(1) 确定加工时必须限制的自由度;

(2) 选择定位方法和定位元件,并在图中示意画出;

(3) 计算所选定位方法的定位误差。

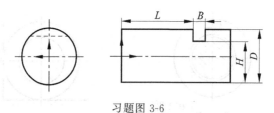

习题图 3-6

4. 习题图 3-7 所示齿轮坯,内孔及外圆已加工合格($D=\phi 35^{+0.025}_{0}$ mm, $d=\phi 80^{0}_{-0.1}$ mm),现在插床上以调整法加工键槽,要求保证尺寸 $H=38.5^{+0.2}_{0}$ mm。试计算图示定位方法的定位误差(忽略外圆与内孔同轴度误差)。

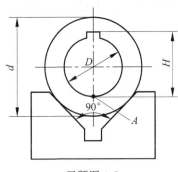

习题图 3-7

5. 在习题图 3-8 所示箱体上铣削平面 P 和镗孔。加工要求:镗孔直径为 $\phi 107^{+0.07}_{0}$ (H7) mm,孔位置尺寸为 (160.5 ± 0.5) mm 和 (115 ± 0.5) mm;平面 P 的工序尺寸为 (200 ± 0.5) mm。加工时采用一面两孔作为定位基准:两孔直径为 $\phi 16^{+0.027}_{0}$ mm,两孔中心距为 (336 ± 0.4) mm;机床夹具定位元件采用一面两销:圆柱销直径为 $\phi 16^{-0.006}_{-0.017}$ mm,菱形销直径为 $\phi 16^{-0.025}_{-0.036}$ mm。试分析计算加工要求的定位误差,并指出哪个孔与圆柱销配合较好,为什么?

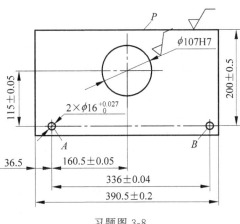

习题图 3-8

第 4 章

汽车零件表面的加工方法

汽车零件由不同的典型表面——外圆、内孔、平面、螺纹、花键和轮齿齿面等构成,它们都有一定的加工要求。它们中的大多数表面都需经过机械加工获得。根据零件的结构特征、加工表面形式及其加工要求、生产率要求等条件,可以采用不同的加工方法及工艺过程来保证加工要求。由于不同表面的加工方法繁多,本章主要介绍一些在汽车零件制造中应用较为广泛和生产率高的加工方法,并适当介绍一些近年来引进的新工艺。

4.1 车削、钻削和铰削

4.1.1 车削

1. 普通车削

汽车发动机、变速器、转向机、主减速器等总成中诸多零件如各种传动轴、齿轮、曲轴和凸轮轴等的回转体表面,都需要进行车削加工。车削是一种材料去除过程,它使用一个单点切割刀具,刀具的主要运动与工件的旋转轴线平行,适用于单件和小批量生产。端面车削是车削加工的一种特殊情况,刀具的主要运动垂直于旋转轴。车削加工能够获得圆柱形外表面。外表面可以是直圆柱体、锥形圆柱体,或二者的组合。端面车削能够获得垂直于旋转轴的平面。工件固定在卡盘上,刀具安装在刀架上。尺寸精度和表面粗糙度受刀具几何形状、切削速度和进给速度,刀具、工件和机器的刚度,机器部件和夹具的对齐以及切削液的影响。车削加工的材料利用率极低。由于润滑剂的污染和切屑产生过程所导致的材料微观结构的变化,使对加工过程中产生的废料的回收成本高昂。在汽车零件回转体表面的车削加工中,广泛进行外圆、内孔、端面、螺纹和内、外回转体成型等表面的加工。

车削外圆时,工件绕其轴线旋转(主运动),车刀沿工件轴线移动(进给运动)。切削运动中的主运动是工件与刀具产生相对运动以进行切削的基本运动,是切削运动中最主要的运动。切削运动中的主运动速度高,消耗的切削功率最大,一般是连续运动,有且只有一个。进给运动是使切削持续进行以形成所需要的工件表面的运动,不断地将切削层投入切削。一般来说,进给运动的速度较低,功率消耗较少,其数量可以是一个,如钻削(钻头轴向进给);可以是多个,如外圆磨削(轴向进给、圆周进给和径向进给)。因此,车削是以工件的旋转作为主运动,车刀的移动作为进给运动的切削加工方法。

车削加工时,工件以一定的旋转速度旋转,车刀切削刃选定点相对于工件主运动的瞬时速度称为切削速度v_c,计算公式为

$$v_c = \frac{\pi d_w n_w}{1000} \tag{4-1}$$

式中：d_w——车刀切削刃选定点工件的回转直径(mm)；

n_w——工件或刀具的转速(r/min)。

车刀或工件旋转一周，车刀在进给方向上相对于工件的位移量，称为进给量 f(mm/r)；每分钟的进给量称为进给速度 v_f。进给速度、进给量间的关系可以表示为

$$v_f = fn \text{ (mm/min)} \tag{4-2}$$

在车削外圆时，车刀车削刃与工件的接触长度在同时垂直于主运动和进给运动的方向上的投影值称为背吃刀量 a_p，即工件已加工表面与待加工表面间的垂直距离。上述切削速度 v_c、进给量 f 和背吃刀量 a_p，统称为切削用量或切削三要素。

按加工进度和表面粗糙度，车削加工可分为粗车、半精车、精车和精细车。

粗车是外圆粗加工最经济有效的方法。由于粗车的目的主要是迅速地从毛坯上去除多余的金属，因此，提高生产率是其主要目的。一般在粗车中尽可能采用较大的背吃刀量和进给量。对毛坯表面进行粗车时，为避免车削量的不均匀而产生车削振动和保证较高的车刀寿命，粗车时的速度一般较低。粗车时，一般选取较大的主偏角，以减小背向力，防止工件的弯曲变形和振动；选取较小的前角、后角和负值的刃倾角，以增强车刀切削部分的强度。粗车加工所能达到的加工精度为 IT11～IT12 级，表面粗糙度为 $Ra12.5～6.3\mu m$。粗车一般可作为低精度表面的终加工，或高精度表面的预加工。

半精车是介于精车和粗车之间的车削加工。半精车的经济精度为 IT8～IT10 级，表面粗糙度为 $Ra6.3～3.2\mu m$。可作为中等精度表面的终加工，或作为磨削或其他精加工工序的预加工。

精车一般作为较高精度表面的终加工，其主要任务是保证零件所要求的加工精度和表面质量。精车外圆表面一般采用较小的切削深度、进给量和较高的切削速度进行加工。在加工大型轴类零件外圆时，则常采用宽刃车刀低速精车。精车时车刀应采用较大的前角、后角和正值的刃倾角，以提高加工表面质量。精车可作为较高精度外圆的最终加工或作为精细加工的预加工。精车的经济精度为 IT6～IT8 级，表面粗糙度为 $Ra1.6～0.8\mu m$。

精细车是作为小的表面粗糙度值和高精度表面的终加工。精细车的特点：切削深度和进给量取值极小，切削速度高达 150～2000m/min。精细车一般采用立方氮化硼(CBN)、金刚石等超硬材料刀具进行加工，所用机床也必须是主轴能做高速回转、并具有很高刚度的高精度或精密机床。精细车削的经济精度 IT6～IT7 级，表面粗糙度为 $Ra0.8～0.2\mu m$。精细车一般用于磨削加工性不好的有色金属的精密加工，对于容易堵塞砂轮气孔的铝及铝合金等工件，精细车更为有效。在加工大型精密外圆表面时，精细车可以代替磨削加工。

汽车零件切削加工中使用的刀具材料有高速钢、硬质合金、立方氮化硼、陶瓷和金刚石等。常使用的有高速钢、硬质合金和立方氮化硼等几类刀具材料。目前车刀材料主要有硬质合金和硬质合金涂层刀片。硬质合金是用高硬度、难熔的金属碳化物(WC、TiC、NBC 等)粉末和金属黏结剂(Co、Ni、W 等)，在高温下烧结而成的粉末冶金制品。与高速钢刀具材料相比较，其特点在于硬度高，热硬性好，耐磨性高，刀具寿命提高几倍甚至几十倍，在相同刀具寿命条件下，切削速度可提高几倍。但它的缺点是强度和韧性较差，承受切削振动和冲击能力较低。在我国汽车工业生产中常用的硬质合金刀片材料主要有三类：

(1) 钨钛钴类硬质合金。由碳化钨（WC）、碳化钛（TiC）和黏结剂钴（Co）组成的硬质合金，称为 P 类硬质合金。常用牌号有 YT5、YT14、YT15 和 YT30 等。

(2) 钨钴类硬质合金。由碳化钨（WC）和黏结剂钴（Co）组成的硬质合金，称为 K 类硬质合金。常用牌号有 YG8、YG6、YG8C、YG6X 和 YG3X 等。

(3) 钨钛钽钴类硬质合金。在 P 类和 K 类硬质合金中加入少量稀有金属的碳化钽（TaC）或碳化铌（NbC）的硬质合金，称为 M 类硬质合金。常用牌号有 YW1 和 YW2 等。

为了提高硬质合金和高速钢刀具的切削性能，通常在刀具基体上涂覆一层耐磨性高的难熔金属化合物，将这类刀具称为涂层刀具。常用涂层材料有氮化钛（TiN）、碳化钛（TiC）、氧化铝（Al_2O_3）等。涂层刀具可显著提高刀具的切削性能。硬质合金刀具通常可提高切削速度 30%，或在同等切削条件下提高刀具寿命 2～3 倍。加工材料的硬度越高，涂层刀具的效果越高。

除了常用的硬质合金刀具材料外，超硬刀具材料——立方氮化硼、人造金刚石和天然金刚石刀具材料也得到了一定的应用。在汽车工业生产中应用较广泛的是立方氮化硼材料。立方氮化硼是由六方氮化硼在高温高压下聚合而成的高硬度刀具材料，其主要特点是硬度仅次于金刚石，一般为 3000～4500HV；耐热性高达 1200℃，在 1000℃下不与铁、镍和钴等金属发生化学反应。立方氮化硼刀具材料主要用于加工淬硬钢、冷硬铸铁、耐热合金等材料。

上述的刀具材料不仅适合制造车刀，也适合制造其他刀具，如铣刀、钻头、扩孔钻和磨具等。

通常，车刀按用途可分为外圆车刀、端面车刀、内孔车刀、切断刀、切槽刀等多种形式。在结构上又可分为整体车刀、焊接车刀、焊接装配式车刀、机夹式车刀和可转位车刀等。

1) 整体式车刀

整体车刀主要是整体高速钢车刀，截面为正方形或矩形，俗称白钢刀，使用时可以根据不同用途进行刃磨。整体车刀耗用刀具材料较多，一般多用作切槽、切断刀使用或低速精车。

2) 焊接车刀

焊接车刀是以焊接方式对切削部分的刀片和刀体进行连接的，通过脱水硼砂、铜片、锰铁、玻璃粉等焊料，经高温熔化，让硬质合金、立方氮化硼、金刚石、陶瓷等材质刀片与槽型一致的刀杆焊接在一起，以达到切削加工的使用要求。焊接车刀目前应用最广泛的为硬质合金类焊接车刀，因硬质合金硬度高，能达到大多数被加工材料的使用要求，而且相对其他材料成本很低，所以得到广泛应用。其优点在于结构简单、紧凑、刚性好、使用灵活、制造方便；缺点是由于焊接产生的应力会降低硬质合金刀片的使用性能，有的甚至会产生裂纹，不利于切削过程的进行。

3) 焊接装配式车刀

焊接装配式车刀是将硬质合金刀片装配在小刀片上，再将小刀块装配到刀杆上。这种结构多用于重型车刀。重型车刀体积和重量较大，采用焊接装配式结构以后，只需装卸小刀块，刃磨省力，刀杆亦可重复使用。

4) 机夹重磨车刀

机夹重磨车刀是将硬质合金刀片用机械夹固的方法安装在刀杆上。机夹重磨车刀的主切削刃在用钝后必须修磨,而且可修磨多次。其优点在于刀杆可重复使用,刀具管理简便,刀杆也可进行热处理,提高硬质合金刀片支承面的硬度和强度,减少打刀的危险性,提高刀具的使用寿命。

5) 机夹可转位车刀

可转位车刀是使用可转位刀片的机夹车刀,它与普通机夹车刀的不同点在于刀片为多边形,每一边都可作为切削刃,用钝后只需将刀片转位,使新的切削刃投入工作,当每个切削刃都用钝后,再更换新刀片。可转位车刀除具备机夹重磨车刀的优点外,其最大优点在于几何参数完全由刀片和刀槽保证,不受工人技术水平的影响,因此切削性能稳定,适合现代化生产的要求。

2. 曲轴轴颈的车拉削

随着汽车制造技术的不断发展,传统的车削曲轴轴颈的加工方法已经不能满足汽车工业发展的需要,出现了使用旋转式车拉刀车拉削曲轴轴颈的工艺方法。圆柱形车拉刀对曲轴曲柄臂侧面和主轴颈外圆等表面进行车拉削加工如图4-1所示。车拉削加工是车削和拉削相组合的一种新工艺。在此基础上,又有一个分支——曲轴车-车拉削加工的出现。它们加工的实质都是车削加工。从图4-1可以看出,车拉削加工时被加工曲轴以高速(n_w=300～800r/min)绕被加工轴颈轴线旋转,车拉刀以慢速绕车拉刀具中心旋转。如图4-2所示,车拉刀具是一直径为$\phi 400$～$\phi 700$mm的圆盘形刀具,在刀具轮鼓1的外圆周上装有多组扇形刀块3,扇形刀块上镶有加工曲轴曲柄臂侧平面、轴颈轴肩、

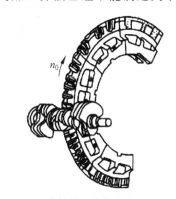

图4-1 曲轴轴颈车拉削加工示意图

轴颈外圆和沉割的刀夹2和硬质合金刀片或刀齿。因此,车拉削加工时,在一次装夹中可完成曲柄臂侧平面、轴颈轴肩、轴颈外圆、圆角和沉槽的车削加工。旋转式车拉刀有两种形式,即螺旋形车拉刀和圆柱形车拉刀。两种形式车拉刀的车拉削原理如图4-3所示。图4-3(a)为使用螺旋形刀具车拉削示意图,图中圆盘拉刀的同名前后刀齿(或刀片)具有一定的半径尺寸差,这个半径尺寸差称为齿升量f_z。因此,装在刀盘刀鼓上的刀片在圆周上呈螺旋线布置。车拉削加工时,被加工曲轴轴颈与螺旋形刀具的中心距保持不变,其刀具的径向进给是靠刀具旋转时刀齿(或刀片)的齿升量完成的。图4-3(b)所示为圆柱形刀具车拉削示意图,加工时在数控装置控制下,刀具3一边慢速旋转,一边沿径向运动f_z实现切入进给。如果使用圆柱形车-车拉刀进行加工,则可以使用第1～7个扇形刀块上的第1个刀夹的硬质合金涂层刀片,可以使用第2个刀夹的硬质合金涂层刀片,依次使用第3个刀夹的刀片,……,第7个刀夹的刀片。使用不同刀夹的刀片轮流车削,可以使刀片得到充分的散热冷却,延长刀具的使用寿命。刀盘第7个扇形刀块以后部分至第9个扇形刀块用于粗车拉曲轴轴颈、圆角和沉割,第10个扇形刀块的刀片用于精车拉曲轴轴颈及轴肩端面。上述以不同刀片进行加工时,每一时刻都只有一个刀片参加切削,因此切削时的切削力较小,车拉加工后的加工精度较高。

综上所述,车-车拉曲轴具有如下特点:

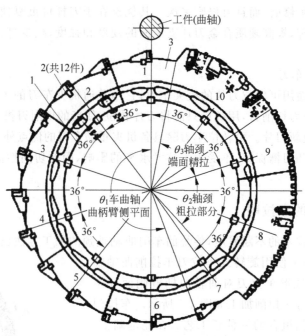

图 4-2 车-拉刀示意图
1—刀具轮廓；2—刀夹；3—扇形刀块

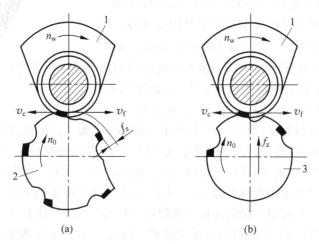

图 4-3 两种车拉刀具车拉加工原理
1—被加工曲轴；2—螺旋形刀具；3—圆柱形刀具；v_f—切向进给速度；v_c—切削速度

(1) 每一个刀片在一个加工循环中只参加一次切削，切削时间短而散热冷却时间长；每一刀片切削时切削量由零开始，逐渐加大后又逐渐减小，直至切削量为零切离切削区。因此加工平稳，切削力小，刀具散热冷却条件好，刀具寿命较长。

(2) 由于轴颈的加工余量被分配在若干个刀片上完成，因此每一个刀片的切削量很小；对刀具的粗加工刀片精度要求较低，只是精加工刀片应具有较高精度；刀具的粗加工刀片采用硬质合金涂层刀片，精切刀片采用陶瓷刀片，可较长时间保持刀具的制造精度，刀具使用寿命很长，如加工球墨铸铁和锻钢曲轴，更换一次刀具可加工 1000~2000 件曲轴。数控装置还可以根据轴颈和轴颈宽度尺寸误差进行自动补偿。

(3) 车拉加工曲轴可保证较高的加工精度：轴颈直径尺寸误差在 0.05mm 之内，轴颈宽度尺寸误差在 0.05mm 之内，轴颈径向圆跳动在 0.05mm 之内，表面粗糙度可达 $Ra0.8\sim0.3\mu m$。

(4) 由于车拉加工的精度较高，所以可省去粗磨工序；又因为在一次装夹条件下可加工出曲柄臂侧平面、轴肩、外圆和沉割槽，不需要另外增加车削沉割槽的工序。因此，车-车拉曲轴的经济性也是较好的。

(5) 生产率高。对多个主轴颈的加工可实现多个刀盘同时加工。对连杆轴颈实现同时车拉加工同相位的两个轴颈时，车拉刀盘只需旋转一周即可完成一个轴颈的加工。每小时可加工 50～80 根曲轴。

(6) 对于多品种较大批量轮番生产，车-车拉加工的柔性是很好的，只需对数控程序适当修改和更换车拉刀盘等，在较短时间内就可以变换不同品种曲轴的加工。

车拉加工不仅可以加工主轴颈，也可以加工连杆轴颈。车拉连杆轴颈时，必须使连杆轴颈与机床回转中心，即必须以连杆轴颈轴线旋转。当加工四缸曲轴的连杆轴颈时，机床必须带有自动分度的机构，在两个工位上分别加工。

由于车拉曲轴具有上述优点，在国内外汽车企业中已得到广泛应用。

3. 车床的功用和加工范围

车床的通用性好，可完成各种回转表面、回转体端面及螺纹面等表面加工，如内外圆柱面、圆锥面、端面、成型回转表面以及内外螺纹面等的加工，是一种应用最广泛的金属切削机床。车床的种类很多，按用途和结构的不同，主要分为以下几类：

1) 卧式车床

卧式车床的万能性好，加工范围广，是基本的、应用最广的车床。

2) 立式车床

立式车床的铅锤安置，工作台面处于水平位置。主要用于加工径向尺寸大、轴向尺寸小的大型、重型盘套类、壳体类工件。

3) 转塔车床

转塔车床有一个可装多把刀具的转塔刀架。根据工件的加工要求，预先将所用刀具在转塔刀架上安装调整好。加工时，通过刀架转位，这些刀具依次轮流工作，转塔刀架的工作行程由可调行程挡块控制。转塔车床适于在成批生产中加工内外圆有同轴度要求的较复杂的工件。

4) 自动车床和半自动车床

自动车床调整好后能自动完成预定的工作循环，并能自动重复。半自动车床虽具有自动工作循环，但装卸工件和重复开动机床仍然需要由人工操作。自动和半自动车床适于在大批量生产中加工形状不太复杂的小型零件。

5) 仿形车床

仿形车床能按照样板或样件的轮廓自动车削出形状和尺寸相同的工件。仿形车床适于在大批大量生产中加工圆锥形、阶梯形及成型回转面工件。

6）专门化车床

专门化车床是为某类特定零件的加工而专门设计制造的，如凸轮轴车床、曲轴车床、车轮车床等。

在所有的车床类型中，以卧式车床的应用最为广泛。

4. 车削加工发展趋势

车削是轴类、套类和盘类零件外圆表面加工的主要工序，也是这类零件的加工耗费工时最多的工序。目前，为了提高车削加工的生产效率和加工质量，车削的主要发展趋势有：

1）高速切削

高速切削是通过提高切削速度来提高加工生产效率的主要工序。切削速度的提高除要求车床具有高转速外，主要受刀具材料耐热性的限制。

2）强力切削

强力切削是通过增大切削面积来提高生产效率的。其特点是对车刀切削刃进行改进，在刀尖处磨出一段负偏角为 0°、长度为 $(1.2 \sim 1.5)f$ 的修光刃，在进给量提高几倍甚至十几倍的条件下进行切削时，加工表面粗糙度仍能达到 $Ra 5 \sim 2.5 \mu m$。强力切削比高速切削的生产效率更高，适用于刚度比较好的轴类零件的粗加工。采用强力切削时，车床加工系统必须具有足够的刚性及功率。

3）多刀加工

多刀加工是通过减少刀具行程长度提高生产效率。

4）超硬刀具加工

采用超硬刀具进行精密切削和硬切削。

5）数控机床加工

使用数控车床和车削中心。

4.1.2 钻削

钻削是汽车零件加工中应用较为广泛的一种切削加工方法，如各种箱壳体类零件的连接孔及螺纹孔的底孔、凸缘和法兰类零件的连接孔等，都需要进行钻孔加工。钻孔是在实心材料上加工孔的工序，钻孔直径一般小于 $\phi 80mm$。钻孔加工有两种方式：一种是钻头旋转，例如在钻床上、镗床上钻孔；另一种是工件旋转，例如在车床上钻孔。上述两种钻孔的方式产生的误差是不相同的。在钻头旋转的钻孔方法中，由于切削刃不对称、钻头刚性不足而使钻头引偏时，被加工孔的中心线会发生偏斜或不直，但孔径基本不变；而在工件旋转的钻孔方法中则相反，钻头引偏会引起孔径变化，而孔中心线仍是直线。

钻削是使用钻孔刀具在实体材料上加工孔的切削加工方法。钻削时使用的孔加工刀具称为麻花钻头，简称钻头。使用麻花钻头在预制孔上扩大孔的切削加工称为扩钻。图 4-4 所示为标准麻花钻头的结构及其组成。从图 4-4（a）可看到，锥柄麻花钻头结构分为三部分：工作部分、柄部和颈部。柄部是钻头的夹持部分，用来定心和传递动力，有锥柄和直柄两种。直柄麻花钻头如图 4-4（b）所示。一般直径小于 13mm 的钻头做成直柄；直径大于 13mm 的钻头做成锥柄，因为锥柄可传递较大扭矩。颈部是为磨制钻头时供砂轮退刀用的，钻头的规格、材料和商标一般也可刻在颈部。麻花钻的工作部分又可以分为切削部分和导向部分。从图 4-4(c)可看到,切削部分有两个主切削刃、两个副切削刃和一个横刃。两个主切削刃可视为虚线所画的两把能旋转的车刀切削刃。钻削时被切下的切屑沿钻头的螺旋槽流出孔外排出。导向部分上狭窄的刃带与螺旋槽的螺旋交线是副切削刃,它的作用是修光被加工孔壁,并与刃带共同起导向作用,保证一定的表面粗糙度和被加工孔轴线的直线度,同时也是切削部分的后备部分。导向部分刃带具有很小的倒锥,以减小钻头副切削刃及刃带与孔壁的摩擦。为使钻头有足够强度,麻花钻中心有一定厚度,形成钻心。钻心上切削刃是刃磨主后刀面自然形成的部分,称为横刃,与两条主切削刃相连。

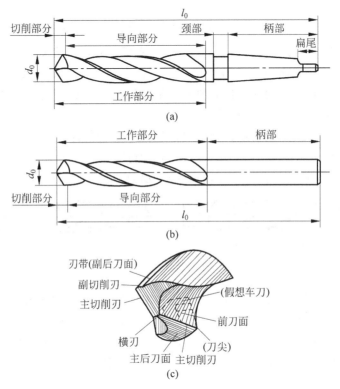

图 4-4 标准麻花钻头结构及其组成
(a)锥柄麻花钻头;(b)直柄麻花钻头;(c)麻花钻头的主副切削刃

标准麻花钻虽经多年使用,结构不断改进,但在切削部分几何形状上仍存在以下一些问题:

(1)沿主切削刃各点前角差别较大($+30°\sim-30°$),横刃上的前角达$-54°\sim-60°$,造成较大的轴向力和扭矩,使切削条件恶化。

(2)刃带(棱边)近似为圆柱面(有少许倒锥)的一部分,副后角为 0°,磨损严重。

(3)在主、副切削刃相交处,切削速度最大,散热条件最差,因此,磨损很快。

(4)两条主切削刃很长,切屑宽,各点切屑流出速度相差较大,切屑宽呈螺卷状,排屑不畅,切削液难以注入切削区。

(5)横刃较长,其前后角与主切削刃后角不能分别控制。

针对上述麻花钻存在的问题,使用时对钻头切削部分加以修磨改进,则可显著改善钻头

切削性能,提高钻削生产率,一般采用以下措施:

(1) 修磨横刃。可将整个横刃磨去,磨短横刃、加大横刃前角、磨短横刃同时加大前角等修磨方式改善麻花钻横刃的切削性能。

(2) 修磨前刀面。加工硬材料时,可将主切削刃外缘处的前刀面磨去一部分,适当减小该处前角,以保证足够强度;当加工软材料时,在前刀面上磨出卷屑槽,加大前角,减小切屑变形,降低切削温度,改善工件的表面加工质量。

(3) 修磨刃带(棱边)。标准麻花钻的副后角为 0°,在加工无硬皮的工件时,为了减少棱边与工件孔壁的摩擦,减少钻头磨损。经实践证明,经修磨后的钻头,其使用寿命可提高一倍左右。

(4) 修磨切削刃。为了改善散热条件,减少主切削刃相交处的磨损,在主、副切削刃的交接处磨出过渡刃,形成双重顶角或三重顶角,后者用于大直径钻头。

(5) 磨出分屑槽。在钻头后刀面上磨出分屑槽有利于排屑及切削液的注入,大大改善了切削条件,特别适用于在韧性材料上加工较深的孔。为了避免在孔壁上留下凸起部分,两条主切削刃的分屑槽位置必须相互错开。

钻孔刀具除了麻花钻头外,还有扁钻、中心钻、深孔钻和复合钻等。在大批大量生产时,为了提高钻削阶梯孔和钻孔及孔口倒角的生产率,经常使用图 4-5 所示的复合钻头。图 4-5(a) 所示为整体高速钢制造的复合钻头,图 4-5(b) 所示为硬质合金制造的复合钻头。

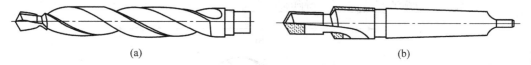

图 4-5 复合钻头

由于构造上的限制,钻头的弯曲刚度和扭转刚度均较低,加之定心性不好,钻孔加工的精度较低,一般只能达到 IT11~IT13;表面粗糙度也较差,一般为 $Ra 50 \sim 12.5 \mu m$。但钻孔的金属切除率大,切削效率高。钻孔主要用于加工质量要求不高的孔,例如螺栓孔、螺纹底孔、油孔等。而对于加工精度和表面要求较高的孔,则应在后续加工中通过扩孔、铰孔、镗孔或磨孔来达到。

4.1.3 扩孔

扩孔是用扩孔钻对已经钻出的、锻出或铸出的孔作进一步加工,以扩大孔径并提高孔的加工质量,如图 4-6 所示。扩孔加工既可以作为精加工孔前的预加工,也可以作为要求不高的孔的最终加工。扩孔钻和麻花钻相似,但刀齿数较多,没有横刃,为整体式扩孔钻的结构,如图 4-7 所示。

与钻孔相比,扩孔具有以下优点:

(1) 扩孔钻齿数多(3~8 个齿),导向性好,切削比较稳定。

(2) 扩孔钻没有横刃,切削条件好。钻削时横刃处发生严重的挤压变形和产生很大的轴向力,所以扩孔时可以采用比钻孔更大的进给量,生产率较高。

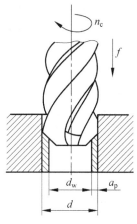
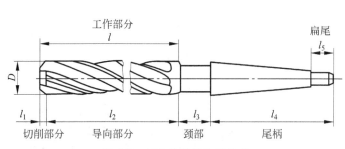

图 4-6 扩孔加工示意图　　　　　图 4-7 扩孔钻的结构及组成

（3）加工余量较小，容屑槽可以做得浅一些，钻芯可以做得粗些，刀体强度和刚性较好，扩孔加工的精度一般为 IT10～IT11 级，表面粗糙度为 $Ra12.5\sim6.3\mu m$。扩孔常用于直径小于 $\phi100mm$ 孔的加工。在钻直径较大的孔时（$D>30mm$），常用小钻头（直径为孔径的 0.5～0.7 倍）预钻孔，然后再相应尺寸的扩孔和钻扩孔，这样可以提高孔的加工质量和生产效率。

扩孔除了可以加工圆柱孔之外，还可以用各种特殊形状的扩孔钻来加工各种沉头座孔、锥面和锪平端面。不同结构的锪钻——平底锪钻、锥面锪钻和端面锪钻对孔口的沉孔、孔口倒角和孔口凸台平面进行切削加工，如图 4-8 所示。

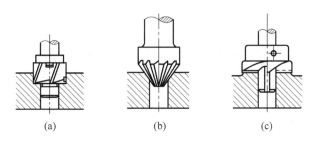

图 4-8 带导向的复合扩孔钻
(a) 平底锪钻；(b) 锥面锪钻；(c) 端面锪钻

在大批大量生产中，为提高同轴线多孔表面扩孔的生产率和加工精度，经常使用多阶复合扩孔钻、带导向的扩孔钻和硬质合金扩孔钻。

4.1.4 铰孔

铰孔是孔的精加工方法之一，在生产中应用很广。对于较小的孔，相对于内圆磨削及精镗而言，铰孔是一种较为经济实用的加工方法。

铰孔是使用铰孔刀具从孔壁上切除较小金属层的切削加工方法。铰孔所用的刀具称为铰刀。铰刀齿数较多，如硬质合金铰刀齿数，按不同直径可选择 4～8 个，高速钢机用铰刀齿数为 6～12 个。铰刀一般分为手用铰刀和机用铰刀两种。手用铰刀柄部为直柄，工作部分较长,导向作用较好。手用铰刀又分为整体式和外径可调式两种。机用铰刀可分为带柄的和套式的。铰刀不仅可以加工圆形孔,也可用锥度铰刀加工锥孔。铰刀的结构由工作部分、颈部及刀柄组成,如图 4-9 所示,工作部分分为切削部分和校准部分。铰刀的校准部分在铰孔中起修光已加工表面和导向的作用。校准部分由两部分组成:前端圆柱部分保证孔径精度和表面粗糙度;后端为倒锥部分,其作用是减小铰刀与被加工孔壁的摩擦和避免孔径的扩大,机用铰刀的校准部分长度较短。铰刀通常用高速钢和硬质合金制造。在变速器箱体类零件上铰孔,大多使用硬质合金铰刀。

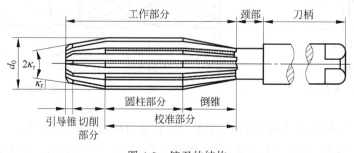

图 4-9 铰刀的结构

铰孔的工艺特点如下:

(1) 铰孔余量对铰孔质量的影响很大,余量过大,铰刀的负荷大,切削刃很快被磨钝,不利于光洁表面的获取,也难以保证尺寸公差。余量太小,不能去掉上一道工序留下的刀痕,自然也就不能改善孔加工质量。一般粗铰余量取为 $0.35\sim0.15\mathrm{mm}$,精铰余量取为 $0.15\sim0.05\mathrm{mm}$。

(2) 铰孔通常采用较低的切削速度以避免产生积屑瘤。进给量的取值与被加工孔径有关,孔径越大,进给量取值越大。

(3) 铰孔时必须采用适当的切削液进行冷却、润滑和清洗,以防止产生积屑瘤并减少切屑在铰刀和孔壁上黏附。与磨孔和镗孔相比,铰孔的生产率高,容易保证孔的精度;但铰孔不能校正孔轴线的位置误差,孔的位置精度应由前道工序保证。铰孔不宜加工阶梯孔和盲孔。

(4) 铰孔的尺寸精度一般为 IT7~IT9 级,表面粗糙度一般为 $Ra\,3.2\sim0.8\mu\mathrm{m}$。对于中等尺寸、精度要求较高的孔,钻-扩-铰工艺是生产中常用的典型加工方案。

在大批大量生产中,为了提高铰孔的生产效率,除常使用的硬质合金铰刀外,也使用不同工艺组合的复合刀具——钻、铰复合刀具或同工艺组合的复合铰刀进行顺序加工。

4.2 铣削、拉削、镗削和磨削

4.2.1 铣削加工

1. 铣削概述

以铣刀旋转作为主运动,工件或铣刀作为进给运动的切削加工方法称为铣削,如图 4-10 所示。铣削平面在汽车零件铣削加工中占有较大的比重,主要用于气缸体、气缸套、变速器箱体、离合器壳体等箱壳体类零件的平面铣削加工。

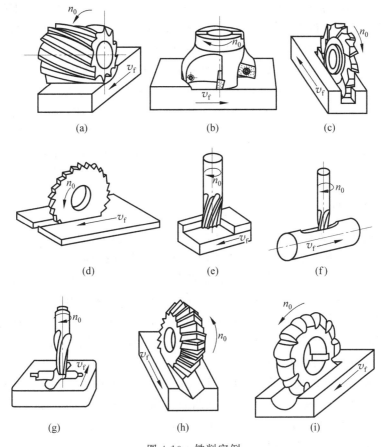

图 4-10　铣削实例

(a) 圆柱铣刀铣平面；(b) 面铣刀铣平面；(c) 槽铣刀铣槽；(d) 锯片铣刀切断；(e) 立铣刀铣小平面；(f) 键槽铣刀铣键槽；(g) 指状铣刀铣模具槽型；(h) 角度铣刀铣V形面；(i) 成型铣刀铣凹槽

铣床是用铣刀进行加工的机床。由于铣床应用了多刃刀具连续切削，所以生产效率较高，还可以获得较好的加工表面质量。铣床的工艺范围很广，在铣床上可以加工平面、沟槽、分齿零件、螺旋形表面，因此在机械制造业中，铣床得到广泛的应用。

铣床的主要类型有卧式铣床、立式铣床、工作台升降铣床、龙门铣床、工具铣床等，此外，还有仿形铣床、仪表铣床和各种专用铣床。

铣刀的种类有很多，按用途可分为圆柱铣刀、面铣刀、三面刃铣刀、立铣刀、键槽铣刀、角度铣刀、成型铣刀等诸多类型。

2. 平面的铣削

由于铣刀是多刃刀具，刀齿能连续地依次进行切削，没有空程损失，且主运动为回转运动，可实现高速切削。由于硬质合金面铣刀和铣床主轴的刚性都较高，因此，铣平面的生产效率一般比刨平面高，但加工质量和刨平面相当。由于铣平面的生产率高，在大批大量生产中铣平面已经逐渐取代了刨平面。在成批生产中，中小件加工大多采用铣削，大件加工则铣刨兼用，一般采取粗铣、精铣的加工流程。而在单件小批量生产中，特别是在一些重型机器制造厂中，刨平面仍然被广泛采用。有色金属材料的平面加工几乎全部采用铣削加工方式。

在汽车箱壳体类零件平面铣削加工中使用的机床，主要有立式或卧式升降台铣床、立式单轴及双轴转台式平面铣床、组合铣床和专用铣床等。

由于硬质合金面铣刀和铣床主轴的刚性都较高，所以平面铣削的加工质量较好，生产率也较高。粗、精铣后尺寸精度可达 IT8～IT9 级，表面粗糙度可达 $Ra6.3～1.6\mu m$。半精铣削时进给速度 v_f 约为 600mm/min。如果在高精度组合铣床上使用密齿（铣刀刀尖所在的圆周直径与刀齿数之比小于 12）硬质合金涂层可转位面铣刀铣削气缸体和气缸盖平面，铣削进给速度 v_f 可达 2～4m/min，平面度达 0.02～0.04mm/1000mm，表面粗糙度 Ra 可达 $1.6\mu m$。

3. 复杂曲面加工

如螺旋桨的表面、涡轮叶片表面、复杂模具型腔面等，其表面形状比较复杂，不能用基本立体要素（例如棱柱、棱锥、球等）进行描述，通常称之为复杂曲面。

复杂曲面的加工主要有仿形铣和数控铣两种，使用的刀具一般是头部为球形的球头铣刀。仿形铣刀必须预先制造出具有与被加工曲面相同形状的样件作为靠模。加工中与球头铣刀直径相同的球形仿形头始终以一定的压力接触样件表面，仿形头相对样件的运动被转换成电信号，经处理后用来控制仿形铣床各对应的坐标轴的伺服进给机构，球头铣刀便在工件上加工出与样件相同形状的曲面。

随着数控加工技术的发展及数控加工设备的普及，特别是随着 CAD/CAM 和计算机辅助编程技术的发展，数控铣削现已成为复杂曲面切削加工最主要的方法。在数控铣床或加工中心上加工曲面时，由加工程序控制机床运动，使球头铣刀逐点按曲面三维坐标加工，被加工曲面是球头铣刀刃在各点切削时形成的包络面。

在数控编程中处理的复杂曲面有两类：一类是用方程式描述的解析曲面；另一类是用三维离散坐标点表示的自由曲面。对于解析曲面，只要给出任意两个坐标值就可以求出第三个坐标值，曲面上的每个点都可由曲面方程严格定义。对于自由曲面，首先采用适当的数学方法对曲面进行描述，建立全面数学模型，然后将数学模型转换成计算机能够接受的形式输入计算机，编程时再由计算机按照输入的数据对曲面进行计算和处理，形成数控加工程序。复杂曲面的数控加工程序一般情况下要由计算机辅助完成。

大型的复杂曲面需要在多轴联动加工中心中进行加工。加工中心设有刀库，一般配备十几把、几十把甚至上百把刀具来完成不同曲率半径曲面的粗、精加工。

数控加工与仿形加工相结合，产生了数控仿形技术。对于在实际生产中要根据实物模型进行加工的零件，数控仿形加工系统可在利用数控机床本身的数控坐标测量系统进行实物模型仿形测量的同时，完成物体几何形状的数字化转换，直接进行仿形加工。

数控仿形加工的另一种加工方式是利用机床本身的测量系统或三坐标测量机先进行型面测量，对测量结果进行数字化建模处理后，再生成数控加工程序提供给机床，按此程序加工出原实物模型的复制品，这种方式称为数字化仿形加工。数字化仿形加工的数字化模型可以是实物模型型面密集测量后的点集，按照它进行复制加工；也可在型面上有选择地测量少量特征点，通过这些点进行几何反求，建立 CAD 曲面模型后，再生成数控加工程序进行加工,后者一般称为反求工程。

4.2.2 拉削加工

拉削是用拉削刀具进行加工的一种高生产率的精切削加工方法,可以加工各种形状的通孔、平面和成型面。图4-11所示为适合拉削加工的典型零件表面形状。

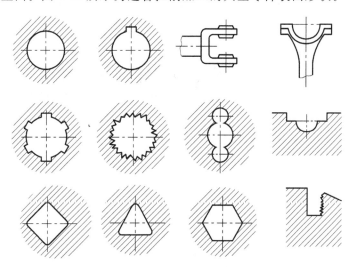

图4-11 适合拉削加工的典型零件表面形状

拉削时使待加工表面在一次进给中成型。圆孔、花键、平键多边形用内拉刀,平面、成型面用外拉刀,各种复杂表面可用组合拉刀。拉削时,按拉刀切削运动方式分为直线切削运动拉削和圆周切削运动拉削;按拉床的布置方式分为卧式拉床拉削和立式拉床拉削等。拉床的运动简单,只有主运动,没有进给运动,它由刀齿尺寸逐渐增大来完成。拉削时,拉刀应做平稳的低速直线运动。拉削时同时工作的齿数较多,拉刀承受的切削力很大,因此,工件刚性要好,不宜拉薄壁零件。

图4-12所示为拉削过程和圆孔拉刀。拉削时后一刀齿比前一刀齿在半径方向上高出一个尺寸量,称为齿升量。拉刀齿升量一般根据被加工材料、拉刀类型、拉刀及工件刚性等因素选取,用粗切刀齿的齿升量为 $0.15\sim0.03$mm/齿,精切刀齿的齿升量为 $0.005\sim0.015$mm/齿。刀齿切下的切屑落在两齿间的空间内,此空间称为容屑槽。这种封闭式的容屑槽,使排屑、冷却润滑都较困难。因此,容屑槽需要有足够的尺寸和一定的形状,否则切屑易堵塞在容屑槽内划伤加工表面,严重时会损坏刀齿和拉刀。一般情况下,拉刀同时工作的齿数一般应不少于3个,否则拉刀工作不平稳,容易在工件表面产生环状波纹。为了避免产生过大的拉削力使拉刀断裂,拉刀工作时,同时工作的齿数一般不应超过 $6\sim8$ 个。

拉刀结构有整体式、装配式和镶齿式三种。对形状复杂和大型拉刀,刀齿材料可用高速钢或硬质合金制造,用机械方法将刀齿紧固在刀体上,做成装配式或镶齿式拉刀。装配式和镶齿式拉刀亦被称为组合式拉刀,如图4-13所示。这种拉刀的刀齿可用高速钢或硬质合金制造,而刀体用高强度碳素钢制造,这样可以节省刀具材料,简化刀具制造,而且刀齿磨损或损坏后,便于更换和调整。

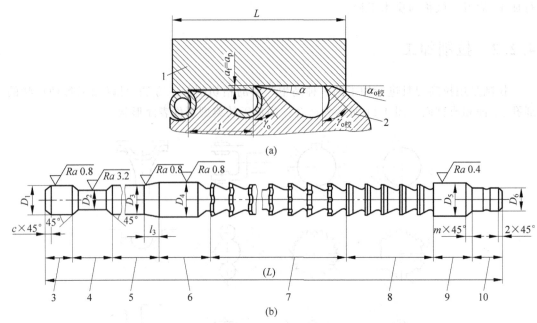

图 4-12 拉削过程和圆孔拉刀
(a)拉削过程；(b)圆孔拉刀
1—工件；2—拉刀；3—头部；4—颈部；5—过渡锥部；
6—前导部；7—切削齿；8—校准齿；9—后导部；10—尾部

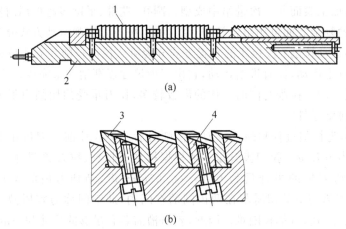

图 4-13 装配式和镶齿式拉刀结构
(a)装配式拉刀；(b)镶齿式拉刀
1—刀齿块；2—刀体；3—刀齿；4—紧固用楔块

拉削时，在拉刀一次工作行程中完成了粗切、半精切和精切加工，被拉孔的尺寸精度可达到 IT7～IT8 级，表面粗糙度可达 $Ra1.6\sim0.4\mu m$。如果在拉刀校准齿后面安装上浮动挤压齿，表面粗糙度可达 $Ra0.2\mu m$。拉孔时，工件是以被拉削内孔及其端面定位的。如果内孔定位限制 4 个自由度，端面限制 3 个自由度，则属于过定位。若拉削前内孔与端面存在较大的垂直度误差，则拉削时拉刀会承受较大的弯曲力矩，拉刀会被拉断。为了避免这种现象的发生,应使端面只限制1个自由度,拉床夹具的支承元件采用球面自位支承。被拉削孔与其端面间的垂直度公差,一般是拉孔后以孔定位精车端面而保证的。拉刀不仅能加工圆孔,还可以加工成型孔、花键孔。但拉刀是定尺寸刀具,形状复杂、价格昂贵,不适合加工大孔,一般以孔径尺寸为 $\phi10\sim80\mathrm{mm}$ 为宜。拉削适于对孔深不大于5倍的中小零件进行加工。同时,拉削加工外表面和成型表面的拉刀可与圆孔拉刀相似做成整体高速钢拉刀,亦可对大尺寸表面的拉刀做成组合式硬质合金拉刀,这样不仅可以节省贵重的刀具材料,而且可以在拉刀齿磨损后或破损后,能够对其更换,延长拉刀的使用寿命。

拉削时拉刀的切削速度一般为 $6\sim8\mathrm{m/min}$,高速拉削的拉削速度可达 $18\sim20\mathrm{m/min}$。使用镶硬质合金刀齿的拉刀拉削大平面时,其拉削速度达 $25\mathrm{m/min}$ 左右。而使用密齿的硬质合金可转位面铣刀铣削箱体平面的铣削进给速度,只有 $2\sim3\mathrm{m/min}$。因此,拉削比铣削具有更高的生产效率。

由于拉削具有上述特点,因此在成批大量生产中得到广泛应用。平面拉削时,由于拉削力很大,工件必须定位稳固,加紧牢固。对于刚性和强度较差的工件,不宜采用拉削加工。拉削时必须使拉刀具有良好的通过性,即在拉刀移动的前进方向上没有障碍表面存在,因此盲孔不能用拉削加工。

4.2.3 镗削加工

镗削是以镗刀的旋转运动作为主运动,对工件预制孔(铸造孔、锻造孔或粗加工孔)扩大的切削加工方法。在汽车零件孔的扩大加工中,镗孔占有较大比重。镗削可以在组合镗床、精刚镗床和铣镗加工中心上进行,利用装有镗刀的镗杆(或镗刀)旋转,装有镗刀的镗杆(简称为镗杆)或装有工件的工作台做轴向进给实现对预制孔进行切削加工。按镗孔的加工质量分为粗镗、精镗和细镗。

1. 组合镗床上镗孔

在成批大量生产中,汽车箱体类零件的轴承孔或轴承座孔的粗、精镗削加工广泛使用组合机床,亦称组合镗床。组合镗床是由系列化、标准化的通用部件和少量专用部件组成的专用镗床。组合镗床镗孔可按镗杆与机床主轴的连接方式,分为刚性主轴镗孔和镗杆与主轴浮动连接的导向镗孔两类。

镗杆与机床主轴刚性连接的镗孔如图 4-14 所示。图中刚性镗杆 6 上装有 4 组镗刀,分别镗削缸体 3 上的缸套底孔、内止孔和孔口倒角。镗刀 2 的两个镗刀镗削右边的缸套底孔,然后镗刀组 1 的两个镗刀镗削左边的缸套底孔,最后由镗刀 4 和 5 分别镗削内止孔和孔口倒角。由于被镗削内孔直径较大,所以镗杆直径大而短,刚性较强,镗杆上的镗刀顺序镗削出左右缸套底孔,容易保证孔直径尺寸相同和两孔间的同轴度尺寸要求。这种镗杆结构在汽车箱体类零件镗孔机床中应用较为广泛。

镗杆与镗床主轴浮动连接如图 4-15 所示,在镗模单导向装置中导向镗孔。从图中可以看出,镗杆在一内滚式导向装置 3 中旋转并随导向装置 3 一起在导套孔 5 中移动——轴向进给和快速前进或后退。根据被加工箱体零件结构和镗杆悬伸长度等条件,镗杆导向可采用单导向、前后双导向和前中后导向结构形式。

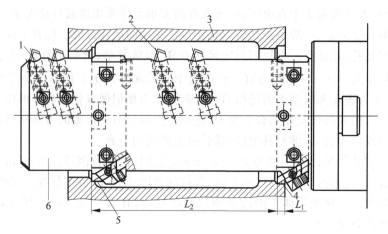

图 4-14　刚性镗杆镗刀镗削气缸套底孔

1—缸套左底孔镗刀；2—缸套右底孔镗刀；3—缸体；4—内止口镗刀；5—孔口倒角；6—镗杆

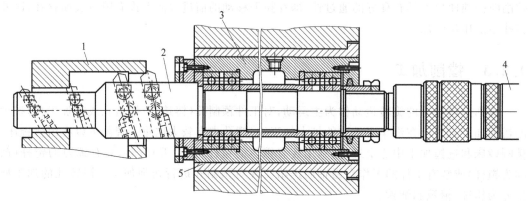

图 4-15　镗杆与主轴浮动连接和导向镗孔

1—工件；2—镗杆；3—导向装置；4—主轴；5—导套孔

2. 细镗孔

细镗是使用经过仔细刃磨，几何角度合适的金刚石或硬质合金镗刀，并以高切削速度和细小进给量进行镗孔的精细加工。目前细镗普遍采用硬质合金、聚晶立方氮化硼、聚晶（人造）金刚石和陶瓷等超硬材料作为刀具材料。高速精镗主要用于加工有色金属工件，也可用于加工铸铁件和钢件。细镗的加工质量好，生产效率高，在大批大量生产中被广泛用于精密孔的最终加工，如发动机气缸孔、活塞销孔、机床主轴箱的主轴孔等。与一般镗孔相比，细镗的特点是切削深度小，进给量小，切削速度高，可以获得很高的加工精度（IT6～IT7）和很光洁的表面（$Ra\,0.4\sim0.05\mu m$）。细镗加工质量高的原因主要有：

（1）镗削时的背吃刀量和进给量小，切削力小和切削热少，因此镗杆受力变形小，工件和镗刀的热变形也小；另外，一般镗杆上前后安装有两把镗刀，在一次镗削工作行程中完成两次切削，有利于减小形位误差和尺寸误差；镗削时的进给量小，可以保证获得较小的表面粗糙度。

（2）对于孔径较小、镗削同轴线两孔间隔较大的孔，镗杆悬臂长度较大，镗杆刚度差。

为保证两孔的同轴度精度,可以增加前导向。

(3) 金刚镗床的传动精度高。金刚镗床主轴具有较高的几何精度和刚度,主轴支承常采用精密的角接触球轴承。轴承经预加载荷,消除了轴承的间隙,提高了轴承的支承刚度和旋转精度。主轴部件和机床电动机需经动平衡处理,消除振源。金刚镗床主传动采用V带传动,保证主传动的平稳性。机床的进给系统采用液压传动,保证了工作台低速而平稳的进给运动。

镗孔和钻-扩-铰工艺相比,孔径尺寸不受刀具尺寸的限制,镗孔具有较强的误差修正能力,可通过多次走刀来修正原孔轴线偏斜误差,而且能使所镗孔与定位表面之间保持较高的位置精度。镗孔和车外圆相比,由于刀杆系统的刚性差、变形大、散热排屑条件不好,工件和刀具的热变形比较大,因此,镗孔的加工质量和生产效率都不如车外圆高。镗削小直径孔时,因为镗杆直径小,镗杆刚性较差,振动较为敏感。为了避免和减小振动,常采用减振镗杆。如图4-16所示,在减振镗杆前端的孔内放置一减振块。减振块的质量应尽可能大,一般用密度大的材料,如硬质合金在钢套内灌注铅制成,减振块与前端内孔间有合理的径向和轴向间隙,其间隙内可以空气或油作为介质。利用两种材料间的碰撞,消耗镗杆振动的能量以减小振动。

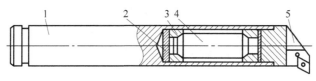

图 4-16 减振镗杆
1—镗杆杆体;2—橡胶圈;3—垫片;4—减振块;5—刀头

综上分析可知,镗孔工艺范围广,可加工各种不同尺寸和不同精度等级的孔,对于孔径较大、尺寸和位置精度要求较高的孔和孔系,镗孔几乎是唯一的加工方法。镗孔的加工精度为IT7~IT9级,表面粗糙度为$Ra3.2~0.5\mu m$。镗孔可以在镗床、车床、铣床等机床上进行,具有机动灵活的特点。在单件或成批生产中,镗孔是经济易行的方法,在大批大量生产中,为提高生产效率和精度,常使用镗模。

4.2.4 磨削加工

1. 磨削概述

用磨料或磨具(砂轮、砂带、油石等)作为工具对工件表面进行切削加工称为磨削加工。它是从精加工淬硬的工件表面发展起来的,目前也用于某些材料的粗加工。磨削加工可用于磨削内、外圆柱面和圆锥面、平面、螺旋面及各种成型面等。在汽车制造业中,磨床约占25%。随着毛坯制造方法的不断改进,毛坯精度日益提高,磨削加工还将获得更广泛的应用。

磨削加工的工艺特点为:

(1) 磨削加工能切除极薄极细的切屑,修正误差的能力强,加工精度高(IT5~IT6),加工表面粗糙度小。

(2) 磨粒硬度高,耐热性好,所以磨削加工可以加工一般金属切削刀具所不能加工的硬材料,例如带有不均匀铸、锻硬皮的工件表面、淬硬表面等。磨削加工更适用于做精加工工作,但它不适用于加工塑性较大的有色金属材料(例如铜、铝及其合金),因为这类材料在磨削过程中容易堵塞砂轮,使其失去切削作用。磨削加工既广泛用于单件小批量生产,也广泛用于大批大量生产。

(3) 砂轮的磨削速度可达到60m/s(约为普通刀具切削速度的10倍以上),而采用CBN砂轮磨削时,磨削速度已发展到120～180m/s。

(4) 磨削加工切除单位体积金属所消耗的能量大,而这些能量大部分转化为切削热。磨削过程中磨粒切削刃与工件接触点的瞬时温度可达1000℃以上,砂轮与工件接触区平均温度一般可达500～800℃。因此,磨削表面容易产生残余应力,容易产生烧伤和裂纹。

通常,磨削加工按照加工对象的几何形状可分为外圆、内圆、平面及成型磨削等;按照工件被夹紧和被驱动的方法,可分为定心磨削和无心磨削;按照进给方向,可分为纵向进给磨削和横向进给磨削;按照砂轮的工作表面类型,可分为周边磨削、端面磨削和周边—端面磨削。

汽车制造业常用的磨床有普通磨床和专用磨床两大类。普通磨床的通用性好,可适应多种零件的加工。普通磨床主要有外圆磨床、内圆磨床、平面磨床、无心磨床等。专用磨床是为加工特定零件的特定部位而专门设计的,生产率比较高。汽车制造业的专用磨床有凸轮轴磨床、曲轴磨床、十字磨床、凸轮轴和曲轴主轴颈无心磨床等。

2. 磨削外圆

磨削加工的主运动是砂轮的旋转,进给运动一般有两个:一个是工件的旋转,即周向进给;一个是工作台的纵向往复运动,称为纵向进给。此外,还需要一个切入运动——砂轮在工作台的两端作横向间歇式的运动,也称为横向进给。

1) 纵向进给磨削外圆

纵向进给磨削外圆时,工件除了旋转外,还由工作台带动做纵向往复运动,工件每往复一次(或单行程),砂轮横向进给一定磨削深度,如图4-17所示。经过多次往复磨削,将全部加工余量磨除。在磨削的最后阶段,要在没有横向进给的情况下,再纵向往复运动几次,即所谓的光磨,以消除工件径向磨削力作用产生的弹性变形的影响。

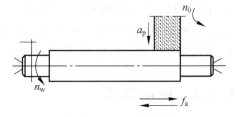

图4-17 纵向进给磨削

纵向进给磨削外圆,因每次往复运动后的磨削深度小,所以加工精度较高,表面粗糙度值较小;但由于工作行程次数多,所以生产效率低。它主要用来磨削轴类零件的较长的外圆表面。

2) 横向进给(切入磨削)磨削外圆

横向进给磨削外圆时,砂轮的宽度大于工件的磨削长度,工件除了旋转外,不做纵向往复运动,如图4-18所示。砂轮的横向进给是连续进行的,横向进给量粗磨时通常为0.008～0.02mm/r,精磨时为0.01～0.012mm/r。磨削的最后阶段也需要进行无横向进给的光磨。

横向进给磨削外圆的生产率高,如将砂轮修整成一定形状,还可以磨削成型表面。在专用磨床上安装多片砂轮(有的可安装5~8片),可同时磨削几个轴颈。如曲轴或凸轮轴的多个主轴颈,就可以在功率大、刚性好的专用磨床上用横向进给磨削法同时进行加工。

横向进给磨削外圆主要用于加工短而刚性好的零件外圆表面。如果采用宽砂轮,也可以磨削较长的轴颈。宽砂轮专用外圆磨床的砂轮宽度可达300mm。

有些零件,如汽车变速器第一轴、前桥转向节、后桥主动锥齿轮轴等,它们的轴颈对相邻的轴肩端面有较高的垂直度要求,这时可在砂轮斜向安装的端面外圆磨床上,在一次安装中将端面和外圆同时磨出。此种磨削方法生产效率高,适合在大批大量生产中磨削轴颈对相邻轴肩端面有垂直度要求的轴套类零件。

3. 磨削平面

1) 周边磨削法

周边磨削法是用砂轮的圆周表面进行磨削的方法,如图4-19所示。它的特点是砂轮与工件的接触面小,因此发热少,散热快,排屑和冷却情况良好,可达到较高的加工精度和较小的表面粗糙度值,但效率较低。该种磨削方法主要用于加工薄片小件。

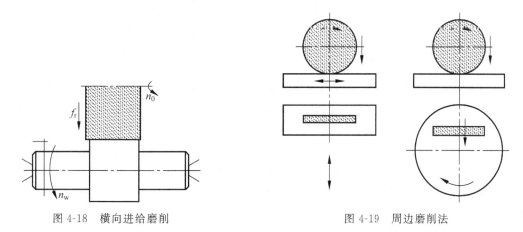

图4-18 横向进给磨削　　　　图4-19 周边磨削法

2) 端面磨削法

端面磨削法是用砂轮的端面进行磨削的方法,如图4-20所示。这种磨削平面的方法磨头伸出长度短,磨头主要受轴向力,弯曲小,刚度好,可以采用较大的磨削用量。此外,因为磨削面积大,故生产率高。大量生产中,对于毛坯制造较为精确的零件,可用此方法代替铣削进行粗加工,如连杆两端面、活塞环两端面的粗加工等。

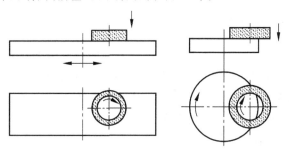

图4-20 端面磨削法

端面磨削法砂轮与工件接触面积大,散热及冷却困难,并且砂轮端面各点的圆周速度不同使砂轮磨损不均匀,故加工精度低,表面粗糙度值大。

普通平面磨床多为电磁工作台,工件由工作台的磁力吸紧。对于薄片工件,如果加工前已有挠曲,则工件放在电磁工作台上时,磁力将把它吸平,磨完后工件被松开时,它又恢复挠曲形状。在大量生产中,加工活塞环这样的薄片零件时,采用同时磨削两端面的双端面自动磨床,可消除上述缺点,还可提高生产率。

4. 磨削内圆

磨削内圆一般在内圆磨床上进行,如图 4-21 所示。内圆磨床的主要类型有普通内圆磨床、无心内圆磨床和行星运动内圆磨床,普通内圆磨床是最常用的一种。

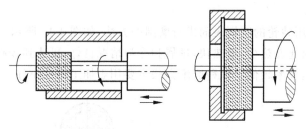

图 4-21　磨削内圆

磨削内圆时,砂轮直径受工件直径内圆直径尺寸的限制,砂轮直径一般取为内圆直径的 0.5~0.8 倍(内圆大时取小值)。因此,内圆磨削时,若使砂轮圆周速度达到一般的磨削速度(30~50m/s),砂轮所需的转速就极高,这是比较难达到的。而外圆磨削时,由于砂轮直径大,达到上述磨削速度的砂轮转速并不高。因此,虽然内圆磨削的砂轮转速一般情况下比外圆磨削更高,但磨削内圆时的磨削速度却比磨削外圆时低得多。由于磨削速度低,表面粗糙度值就大,生产率也就不如外圆磨削。此外,砂轮的轴径受工件内圆直径的限制,刚性差,也影响了内圆磨削的质量和生产率。磨削内圆时砂轮与工件的接触面积大,更容易发生表面烧伤。

内圆磨削尽管有上述缺点,但对于硬表面零件,磨削内圆仍然是精加工的主要方法。断续的内圆表面以及不通孔也常采用磨削作为精加工。

内圆磨削时使用主动测量技术保证尺寸精度较为困难。在成批大量生产中,经常采用的方法是开始时用试切法调整砂轮的位置,在以后的磨削加工中,每磨出一个或几个零件,精确地定量修真砂轮,然后精确地定量补偿调整砂轮架的位置,保证尺寸精度。

5. 无心磨削工作原理及其应用

工件不用顶尖来定心和支承,而是由工件被磨削的外圆表面作定位面。磨削时工件放在砂轮和导轮之间的托板上,不用中心孔支承,故称为无心磨削,如图 4-22 所示。导轮是用摩擦系数较大的橡胶制造的磨粒较粗的砂轮,其转速很低(20~80mm/min),依靠摩擦力带动工件旋转,工件的线速度基本等于导轮的线速度。

采用无心磨削时必须满足下列条件:

(1) 工件和导轮间的摩擦力应足以带动工件旋转;工件和砂轮间应有相对运动以便进

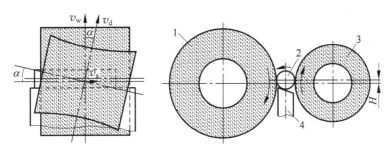

图 4-22 无心磨削示意图

行切削。

(2) 导轮必须倾斜角 α。当导轮以速度 v_d 旋转时，该速度可分解成（图 4-22）

$$v_w = v_d \cos\alpha \tag{4-3}$$

$$v_a = v_d \sin\alpha \tag{4-4}$$

式中：v_w——导轮带动工件旋转的圆周速度；

v_a——导轮带动工件纵向移动的进给速度。粗磨时 α 取为 3°～6°，精磨时取为 1°～3°。

(3) 由于导轮倾斜了一个角度，如果导轮仍为圆柱表面，则理论上导轮和工件将是点接触。为了保证工作平稳，导轮和工件应为线接触。为此，导轮表面应被修整成双曲线回转体的形状。

(4) 为使工件被磨成圆形，工件中心应高出砂轮和导轮的连心线，抬高值 H 与工件直径有关。当工件直径 d 为 8～30mm 时，$H \approx 1/3d$；当 d 为 30～70mm 时，$H \approx 1/4d$。H 值不能过大，否则工作不平稳，容易引起振动。

外圆无心磨削有纵向进给和横向进给两种磨削方式。

1) 纵向进给磨削

不带台阶的零件，如活塞和衬套等，可以采用纵向进给磨削法来加工。纵向进给磨削是连续进行的，工件从一端送进，经过磨削加工，从另一端出来。由于工件是从两个轮的中间通过，故又称为直通法。如果装有自动送料装置，就可以使磨削自动化。

纵向进给磨削时，引导工件移动的导槽必须严格地与砂轮的轴线平行，否则就会将零件磨成不正确的形状。

纵向进给粗磨 ϕ5～75mm 的零件时，每次工作行程的磨削深度为 0.02～0.15mm，工作行程的次数取决于加工余量。精磨时的工件行程次数视要求的表面粗糙度而定，一般不少于两次，每次工件行程的磨削深度为 0.0025～0.01mm。

2) 横向进给磨削

当零件为阶梯轴，或有台肩、凸端不能从两个轮中间通过时，可采用横向进给磨削，如图 4-23 所示。横向进给磨削时，工件和导轮以及支承板一起向砂轮作横向进给，当横向进给到达最终位置后，还要停留一段时间进行光磨。磨削结束后，导轮后退，工件由推杆推出。这种磨削方法的砂轮宽度应大于被加工部位的长度。

无心磨削时不需要装夹，采用纵向进给磨削法可以连续进行加工，辅助时间接近零，且容易实现自动化，因此生产率较高。

无心外圆磨削时，由于机床-工具-工件系统的刚度高，并且工件不会产生安装在顶尖或

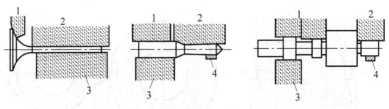

图 4-23 工件导槽必须与砂轮的轴线平行
1、2—砂轮；3—导轮；4—支承板

夹具上所引起的误差。因此,加工精度高,直径尺寸精度可达 IT5~IT6,表面粗糙度值可达 $Ra1.25~0.16\mu m$。

无心磨削时,工件以外圆本身定位,因此不能保证零件外圆表面的位置精度。

断续表面不能在无心磨床上加工。无心磨削前,工件必须具有一定的形状和位置精度,带有形状误差的工件表面无心磨削后会产生棱柱形。

6. 专用磨床磨削

1) 凸轮轴磨床磨削

凸轮轴磨床用于磨削凸轮轴凸轮型面,目前广泛采用的是数控凸轮轴磨床。它用数控装置控制机床主轴作无级变速旋转,砂轮按以凸轮型面的升程数值作横向往复运动以及横向进给,如图 4-24 所示。

数控凸轮轴磨床的机床主轴由数控装置控制的伺服电动机驱动,实现无级变速传动。它不仅可以实现粗磨和精磨所需要的不同转速,而且在每转内按凸轮不同曲线段进行自动变速磨削,使凸轮型面上每一点的磨削速度、金属切除率和磨削力基本保持一致,可靠地保证了凸轮升程精度。

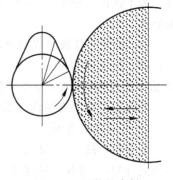

图 4-24 凸轮的磨削

数控凸轮轴磨床具有较大的柔性,可满足凸轮轴多品种性生产的需要。由于数控装置能精确地根据凸轮轮廓外形和砂轮直径的改变自动修正磨削参数,因此消除了在磨削过程中因砂轮直径逐渐减小对凸轮型面精度的影响,能够始终保证正确的凸轮型面。此外,数控凸轮轴磨床也可以磨削凸轮轴的圆柱部分。

2) 曲轴磨床磨削

在曲轴磨床上磨削曲轴轴颈和连杆轴颈时,砂轮架只作切入进给。为防止磨削力和曲轴的自重作用下的歪曲变形,被加工轴颈支承在中心架上。为了避免加工时曲轴的扭曲变形,曲轴磨床一般采用两端同步传动。

磨削曲轴连杆轴颈时,要根据曲轴半径调整机床两端头架卡盘的偏心量,使连杆轴颈的中心与机床主轴的回转中心重合。可通过头架分度的方法磨削不同相位角的连杆轴颈。

在数控曲轴磨床上磨削曲轴的主轴颈或连杆轴颈时,砂轮架进给、头架的分度、中心支承块的进给均为数字控制,设置容易,磨削精度提高,加工时间缩短。当曲轴的曲柄半径变化时,机床左右头架偏心量的调整也采用数字控制,调整方便。曲轴主轴颈和连杆轴颈的磨削可以在具有切点跟踪磨削功能的磨床上,经一次装夹磨出。这种方法亦称为曲线连续轨迹数控磨削。切点跟踪法以主轴轴颈定位,以主轴轴颈中心线为回转中心,磨削主轴颈的方式同普通外圆磨削;在磨削连杆颈时,砂轮沿水平方向采用计算机控制砂轮的横向进给和工件的回转,保证砂轮与连杆颈始终相切,从而完成磨削过程。

3) 凸轮轴与曲轴主轴颈无心磨床磨削

曲轴主轴颈和凸轮轴轴颈的传统磨削方法是将工件支承在两顶点之间,单片砂轮跳挡一次磨削各个轴颈,或用多片砂轮同时磨削几个轴颈。由于轴细长,刚性差,磨削时很容易发生弯曲变形,所以必须在磨削部位用中心架托住,且须随不同轴颈磨削变换位置,始终在轴颈上,磨削量也不能太大,这样才能保证加工的精度。

采用无心磨床磨削凸轮轴和曲轴主轴颈时,凸轮轴或曲轴的每一个主轴颈分别支承在与多片组合砂轮相对应的导轮和支承板之间,凸轮轴或曲轴通过导轮带动旋转,每个轴颈各有一砂轮和导轮进行磨削。有的无心磨床工件放在 V 形托架上,砂轮和导轮相向进给,使工件中心线保持不动。在磨削过程中,工件在全长上被砂轮、导轮和支承板(托架)所包容,克服了刚性较差的凸轮轴或曲轴在传统磨削过程中的弯曲变形和振动现象,能获得较高的加工效率以及较高尺寸精度和形状精度。

在无心磨床上加工,凸轮轴轴颈可直接从毛坯模出具,曲轴轴颈可先车后磨。粗磨时,磨削余量直径方向可达 3~5mm,磨削时间仅为 30s 左右。

7. 高速及超高速磨削

高度磨削是指磨削速度为 50~150m/s 的磨削,而磨削速度超过 150m/s 的磨削则称为超高速磨削。高速和超高速磨削具有以下优点:

(1) 提高生产率。磨削时的材料切除率(单位时间内磨除材料的体积)等于磨屑平均断面面积、磨屑平均长度和单位时间内作用的磨粒数(磨屑数)三者的乘积。高速和超高速磨削可增大单位时间内作用的磨粒数,因此,在与普通磨削的磨屑平均断面面积和磨屑平均长度相同的情况下,加工时间可以缩短。

(2) 提高加工质量。提高砂轮速度后,单位时间通过磨削区域的磨粒数增加,在其他条件不变时,每颗磨粒切除的切屑厚度自然要变小,在工件表面上留下的切痕深度减小,因此改善了表面粗糙度。此外,切屑厚度变小,磨粒作用在工件上的径向力减小,可提高加工精度,对细长工件和薄壁空心管件更为明显。

(3) 提高砂轮寿命。砂轮速度提高后,每颗磨粒的切削厚度减小,磨粒上承受的切削载荷减小,可延长磨料的耐用时间。与普通磨削相比,高度磨削时砂轮的寿命可提高约一倍。

高速和超高速切削时,由于砂轮速度提高,则砂轮的离心力增加,要求砂轮具有足够的强度。此外,由于切屑变形速度高,磨削区温度增加,加之高速旋转所形成的强大气流使冷却润滑液难以到达磨削区内,工件表面容易烧伤。因此,高速和超高速磨削需要有高速和超高速磨具和磨床、磨削液及其供液系统,以及对磨削过程监控等相关技术作为支撑。

8. 快速点磨工艺

快速点磨法的加工原理是在磨削外圆时,砂轮与工件是以点接触进行磨削的,砂轮对工件的磨削加工类似于一个微小的刀尖对工件进行车削加工,如图 4-25 所示。而传统磨削方法磨削外圆时砂轮与工件为线接触,磨削力和磨削热都非常大。

快速点磨时,要求砂轮轴线与工件轴线之间有一个微小摆角,其目的在于使砂轮与工件间以一点接触。砂轮轴线转角后要上移或下移,目的是使砂轮端面与工件外圆的接触点和工件轴线等高。快速点磨法在数控装置的控制下进行准确进给。

快速点磨时,用立方氮化硼(CBN)或金刚石砂轮进行高速磨削,其磨削速度可达150m/s。快速点磨法与传统的磨削方法相比,砂轮与工件接触面积小,磨削速度高,磨削过程中产生的磨削力小,磨削热少。采用快速点磨法可以提高磨削精度,提高磨削效率和砂轮寿命。此外,采用快速点磨法的加工表面无进刀痕迹,表面光滑,工件装夹方便。在汽车制造业中,发动机的曲轴、凸轮轴、变速器上的齿轮轴和传动轴等均可采用快速点磨工艺进行磨削加工。

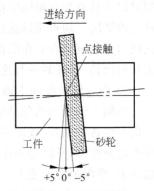

图4-25 快速点磨法

9. 砂轮的特性及其选用

1) 砂轮的特性

砂轮是用结合剂把磨粒黏结起来,经压坯、干燥、焙烧及车整而成。它的特性取决于磨料、粒度、结合剂、硬度、组织及形状尺寸等。

(1) 磨料。磨料是砂轮的主要成分,常用的磨料有氧化物系、碳化物系和超硬磨料系三类。磨料的特性见表4-1。

表4-1 磨料特性及适用范围

系 列	磨料名称	代号	显微硬度/HV	特 性	适用范围
氧化物系	棕刚玉	A	2200~2280	棕褐色,硬度高,韧性大,便宜	磨削碳钢、合金钢、可锻铸铁、硬青铜
	白刚玉	WA	2200~2300	白色,硬度比棕刚玉高,韧性较棕刚玉低	磨削淬火钢、高速钢、高速钢及薄壁零件
碳化物系	黑碳化硅	C	2840~3320	黑色,有光泽,硬度比白刚玉高,性脆而锋利,导热性和导电性良好	磨削铸铁、黄铜、铝、耐火材料及非金属材料
	绿碳化硅	GC	3280~3400	绿色,硬度和脆性比黑碳化硅高,具有良好的导热性和导电性	磨削硬质合金、宝石、陶瓷、玉石、玻璃等材料
高硬磨料系	人造金刚石	D	6000~10 000	无色透明或淡黄色、黄绿色、黑色,硬度高,比天然金刚石脆	磨削硬质合金、宝石、光学玻璃、半导体等材料
	立方氮化硼	CBN	6000~8500	黑色或淡黄色,立方晶体,硬度仅次于金刚石,耐磨性好	磨削各种高温合金、高钴钢、不锈钢等材料

(2) 粒度。粒度用来表示磨料颗粒的尺寸大小。当颗粒尺寸较大时,以其能通过的筛网上每英寸长度的孔数来表示粒度号,如60#表示磨粒正好能通过每英寸60个孔眼的筛网。粒度号越大,磨粒越细。当磨粒直径小于40μm时,粒度以实际尺寸大小表示,称为

微粉。

通常情况下,粗磨加工时选择颗粒较粗的砂轮,以提高生产效率;精磨加工选用颗粒较细的砂轮以减小加工表面粗糙度。砂轮与工件接触面积大时,选用颗粒较粗的砂轮,防止烧伤工件。

(3)结合剂。结合剂的作用是将磨粒黏结在一起,形成具有一定形状和强度的砂轮。常用的结合剂种类有陶瓷结合剂、树脂结合剂、橡胶结合剂和金属结合剂。结合剂的种类及适用范围如表4-2所示。

表4-2 各类结合剂的种类及适用范围

结合剂	代号	性能	适用范围
陶瓷	V	耐热,耐腐蚀,气孔率大,易保持廓形,弹性差	最常用,适用于各类磨削加工
树脂	B	强度较陶瓷高,弹性好,耐热性差	适用于高速磨削、切断、开槽等
橡胶	R	强度较树脂高,更富有弹性,气孔率小,耐热性差	适用于切断、开槽机作无心磨削的导轮
青铜	J	强度最高,型面保持性最好,磨耗少,自锐性差	适用于金刚石砂轮

(4)硬度。砂轮的硬度是指磨粒在磨削力的作用下,从砂轮表面上脱落的难易程度。砂轮硬度高,磨粒不容易脱落;反之,磨粒容易脱落。砂轮的硬度分为7个等级。

磨削时,砂轮的硬度过大,则磨钝了的磨粒不能及时脱落,会使磨削温度升高而造成工件烧伤;砂轮太软,则磨粒脱落过快不能充分发挥磨粒的磨削性能。

工件硬度高时应选用较软的砂轮;工件硬度较低时应选用较硬的砂轮;砂轮与工件的接触面积较大时选用较软的砂轮;磨削薄壁件及导热性差的工件时选用较软的砂轮;精磨和成型磨时应选用较硬的砂轮;砂轮粒度大时应选用较软的砂轮。

(5)组织。砂轮的组织是指磨粒、结合剂、气孔三者之间的比例关系。磨粒在砂轮体积中所占的比例越大,则组织越紧密;反之,则组织越疏松。

(6)砂轮形状。根据不同的用途、磨削方式和磨床类型,砂轮被制作成各种尺寸和形状,并已经标准化。

2)砂轮的选用

砂轮选择的主要依据是被磨工件材料的性质、要求达到的工件表面的粗糙度和金属磨除率。砂轮的具体选用原则如下:

(1)磨削钢时,选用刚玉类砂轮,磨削硬铸铁、硬质合金和非金属时,选用碳化硅砂轮。

(2)磨削软材料时选用硬砂轮;磨削硬材料时选用软砂轮。

(3)磨削软而韧的材料时选用粗磨粒;磨削硬而脆的材料时选用细磨粒。

(4)磨削表面粗糙度要求低的工件时选用细磨粒;金属磨除率要求高时选用粗磨粒。

(5)要求加工质量好时选用树脂或橡胶结合剂的砂轮;要求最大金属切除率时选用陶瓷结合剂砂轮。

超硬磨料系的砂轮用浓度来表示砂轮内含有磨粒疏密程度。浓度用百分比表示,如25%、75%、100%、150%等。100%浓度对应的磨粒含量为$0.88g/cm^3$。金刚石砂轮加工石材、玻璃选用较低浓度的砂轮,磨削硬质合金、金属陶瓷等难加工材料选用高浓度的砂轮。

立方氮化硼砂轮磨削金属材料时选用高浓度的为好。

4.3 精整、光整加工

精整、光整加工是在精加工之后,用粒度很细的磨粒对工件表面进行微量切削和挤压、擦光的过程,以提高加工表面的尺寸和形状精度,减小表面粗糙度或用以强化表面的加工方法。加工过程中,磨具和工件的相对运动轨迹应尽量复杂,尽可能使磨料不走重复轨迹,让工件表面各点都受到具有很大随机性的接触条件,以使凸出的高点相互修整,使误差逐步均化从而得到消除,获得光洁表面和高的加工精度。光整加工可加工外圆柱表面、平面和球面等。

4.3.1 研磨

研磨是在研磨工具和工件之间施以研磨剂,研具在一定压力作用下与工件表面之间作复杂的相对运动,通过研磨剂的机械与化学作用,从工件表面切除很薄的一层材料,具有较强的相对误差与缺陷的修正能力,能提高加工表面的尺寸精度、形状精度,减小表面粗糙度。研磨可加工外圆柱面、平面及球面等。

研具的材料应软硬适当,一般选用比工件材料软且组织均匀的材料。制造研具的材料,最常用的是硬度为120~160HBS的铸铁,这是因为铸铁研具适用于加工各种材料的工件,能保证较好的研磨质量以及较高的生产率和较高的生产率,且研具制造容易,成本也较低。铜、铝等软金属研具较铸铁研具容易嵌入较大的磨料,因此适用于切除较大余量的粗研加工,铸铁研具则适用于精研加工。

研磨剂是由磨料和油脂混合起来的一种混合剂。研磨加工中所使用的磨料主要有:金刚石粉(C)及碳化硼(B_4C),主要用于硬质合金的研磨加工;氧化铬(Cr_2O_3)和氧化铁(Fe_2O_3),是极细的磨料,主要用于表面粗糙度值要求较小的表面研磨加工;碳化硅(SiC)及氧化铝(Al_2O_3),是一般常用的两种磨料。研磨加工中,研磨液(油脂)对加工表面粗糙度和生产率的影响也是不可忽视的。加工中研磨液不仅要起调和磨料和润滑冷却的作用,而且在研磨过程中起化学作用,以加速研磨过程。目前常用作研磨液的油脂主要有变压器油、凡士林油、锭子油、油酸和葵花子油等。

研磨属于精整、光整加工,研磨前加工面要进行良好的精加工,研磨余量在直径上一般为0.03~0.1mm。研磨切削速度,一般粗研时为40~50m/min,精研时为10~15m/min。研磨的工艺特点是设备和研具简单,成本低,容易保证质量。如果加工条件控制得当,研磨外圆可获得很高的尺寸精度(IT4~IT6)、极小的表面粗糙度以及较高的形状精度(圆度误差为0.001~0.003mm);但研磨不能提高位置精度,生产效率较低。研磨可加工钢、铸铁、硬质合金、光学玻璃、陶瓷等多种材料。

4.3.2 珩磨

珩磨是用磨粒很细的油石在一定压力下,以低速对工件表面进行的精整、光整加工方法,多用于加工圆柱孔。珩磨是大批大量生产和成批生产中应用很广的光整加工方法。

珩磨孔的工具称为珩磨头,其结构有很多种,图 4-26 所示为一种手动调整的珩磨头。四块油石 4 用黏结剂与垫块 6 固结在一起,装在磨头体 5 的槽中。垫块 6 两端由弹簧 8 箍住,使油石保持在磨头体 5 上。当转动螺母 1 使之下移时,通过调整锥 3 和顶销 7 使油石张开以调整磨头的工作尺寸和油石的工作压力。这种珩磨头因油石的磨损和孔径的增大,油石对孔壁的压力不能保持恒定,因此在珩磨过程中需要经常停车转动螺母来调整工作压力,从而影响了工作效率。在成批大量生产中,广泛采用气动、液压自动调节工作压力的珩磨头。

珩磨头工作时有两种运动,即旋转运动和轴向往复运动。由于这两种运动的结果,油石上每颗磨粒在工件孔壁上磨出螺旋形的交叉痕迹,如图 4-27 所示。为使整个工件表面能均匀地被加工到,油石在孔的两端都要露出一段越程量(约为油石长度的 1/5～1/3)。

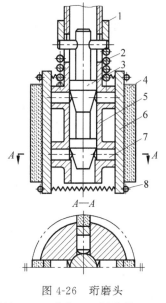

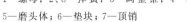

图 4-26 珩磨头

1—螺母;2、8—弹簧;3—调整锥;4—油石;
5—磨头体;6—垫块;7—顶销

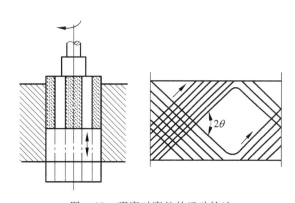

图 4-27 珩磨时磨粒的运动轨迹

珩磨时,由于在被加工表面形成螺旋形的交叉痕迹,能获得 $Ra\,0.63\sim0.08\,\mu m$ 的表面粗糙度值;又由于珩磨头具有很大的径向刚度,因此工作平稳,不会产生振纹。而且由于加工余量小,冷却润滑充分,因此磨削温度低,有利于获得高的尺寸精度(可达 IT6～IT7 级)。珩磨时,油石总是对工件表面施有压力,由于油石是径向弹簧将它保持在珩磨头上的,所以在孔径较小的地方油石的压力大,就会多磨去一些金属;在孔径大的地方油石的压力小,就会磨去一些金属,最后使加工表面逐渐获得精确的圆柱孔,圆度和圆柱度误差可保持在 0.003～0.005mm 范围内。

珩磨时,由于加工余量小,为保证切削时加工余量均匀,珩磨头和机床主轴采用浮动连接,所以珩磨不能修正被加工孔轴线的位置误差与直线度误差。

珩磨的应用范围很广,广泛用于发动机气缸缸体、气缸套及主轴承座孔、连杆大头孔以及各种液压装置的铸铁套和钢套孔等的最终加工。但珩磨不适用于有色金属的加工,因为油石容易被堵塞而不能正常工作。

珩磨作为一种精光整加工,珩磨前被加工表面必须进行精细加工。珩磨余量与孔径、珩磨前的加工方法及工件材料的性质有关。

在大量生产中,珩磨前往往进行细镗(金刚镗)。珩磨通常分为粗珩、精珩两个工步,粗珩去除余量的 2/3~4/5,其余的由精珩去除。精珩一般只是去除或修平所留下的表面凸峰。

珩磨头的旋转速度推荐如下:加工铸铁为 1m/s 左右,铜为 0.5m/s,铝青铜和黄铜为 1.33~1.5m/s。珩磨头的轴向往复速度为:加工铸铁或青铜时为 0.25~0.38m/s,钢为 0.2m/s。

提高珩磨头旋转速度,可以减小工件表面粗糙度值;提高珩磨头的往复速度,可以提高珩磨的生产率。

以 2θ 表示珩磨痕迹的交叉角(图 4-27),以 v_a 和 v_c 分别表示珩磨头的往复速度和旋转速度,则

$$\tan\theta = \frac{v_a}{v_c} \tag{4-5}$$

根据不同的加工要求,θ 角的大小应有不同。粗珩时为了提高生产率,应有较大的 θ 角;精珩时为了减小表面粗糙度值,v_c 应大些,因此应有较小的 θ 角。粗珩时 $2\theta=40°\sim60°$,精珩时 $2\theta=15°\sim45°$。

油石和孔壁之间的单位压力对珩磨的生产率和表面质量有很大影响。单位压力小,切削作用不明显,工件表面留下了前道工序的加工痕迹。提高单位压力,可以提高生产率,但油石消耗也增加。粗珩时为了去掉较多的加工余量,应采用较大的单位压力。精珩时为了获得较小的表面粗糙度值,则采用较小的单位压力。一般粗珩时单位压力为 0.4~0.5MPa,精珩时为 0.3~0.4MPa。

珩磨时,油石与工件的接触面积大,必须大量使用冷却润滑液。被加工表面质量的好坏,在很大程度上也取决于冷却润滑液的使用。珩磨铸铁和钢件时,多采用煤油作为冷却润滑液,因为煤油的黏度小,表面张力小,容易渗入工件和油石间的缝隙中,冲洗脱落的磨粒和切屑。精珩时,在煤油中加入 10%的全损耗系统用油,能延长冷却润滑液的使用期限,并减小表面粗糙度值。

发动机缸孔表面粗糙度是影响发动机燃油消耗和寿命的重要因素。一般而言,表面粗糙度值小,则燃油消耗低、寿命长。当缸孔表面粗糙度值太小时,加工不易获得,且增加加工费用。试验表明,只要在缸孔表面建立合适的加工痕迹及表面状况,则表面粗糙度值不用太小也能保证缸壁具有良好的使用性能。

平面珩磨就是达到上述要求的一种珩磨工艺。加工时,工件在一次安装中先后完成粗、精珩任务。粗珩时在工件表面加工出划痕较深的粗糙轮廓,再通过精珩把这些划痕的尖峰磨平而变成平顶。粗珩时用粗粒度的金刚石油石,精珩时用细粒度的碳化硅油石。粗、精珩油石装在同一个珩磨头上,当粗珩刀预定余量,油石还没有完全收缩回来之前,精珩油石即扩张出去,至精珩油石贴紧缸孔,粗珩油石才缩回。此过程可以通过珩磨头上的双液压缸来实现。

平顶珩磨的主要特点有：
(1) 加工痕迹的交叉角为 $2\theta = 30° \sim 60°$。
(2) 表面的微观轮廓曲线为宽度不等的平顶与浅沟,平顶表面支承载荷,浅沟则用来储存润滑油。实践证明,具有这样网纹的平顶表面,其支承能力比普通珩磨的表面要大,沟槽有储存足够润滑油的作用,可大大减小缸孔表面的磨损,减小燃油消耗和提高机器零件的使用寿命。
(3) 平顶珩磨表面粗糙度一般要求为 $Ra1.25 \sim 0.5 \mu m$。
(4) 平顶面积比率为 $50\% \sim 80\%$。

珩磨的工艺特点及使用特点如下：
(1) 珩磨能获得较高的尺寸精度和形状精度,加工精度为 IT6～IT7 级,孔的圆度和圆柱度误差可控制在 $3 \sim 5 \mu m$ 的范围；但珩磨不能提高被加工孔的位置精度。
(2) 珩磨能获得较高的表面质量,表面粗糙度为 $Ra0.2 \sim 0.025 \mu m$,表层金属变质缺陷层深度极微小。
(3) 与磨削速度相比,珩磨头的圆周速度虽然不高,但由于砂条与工件接触面积大,往复速度相对较高,所以珩磨仍有较高的生产率。

珩磨在大批大量生产中广泛用于发动机缸孔及各种液压装置的精密孔的加工,孔径范围一般为 $\phi 15 \sim 500mm$ 或更大,并可加工长径比大于 10 的深孔。但珩磨不适用于加工塑性较大的有色金属工件上的孔,也不能加工带键槽的孔、花键孔等断续表面。

4.3.3 超精加工

超精加工是用细粒度的磨条或砂带进行微量磨削的一种精整、光整加工方法。

外圆表面的超精加工如图 4-28 所示,工件以极低的速度(0.03～0.33m/s)旋转,磨具以 500～800 次/min 的频率左右摆动,摆动幅度为 2.5～4mm,磨粒在工件表面上的加工轨迹为正弦曲线。同时,磨具还以工件每转一转进给 0.1～0.15mm 的进给量作纵向进给运动。磨具对工件表面施加压力恒定,该压力是靠压缩磨具上面的弹簧实现的。在加工过程中,要大量使用具有一定黏度的切削液。

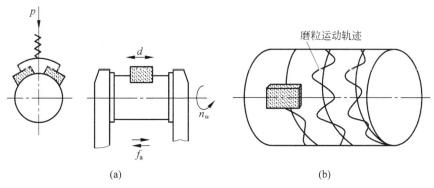

图 4-28 外圆的超精加工
(a) 超精加工示意图；(b) 超精加工磨粒运动轨迹

超精加工由于上述运动的综合结果,磨具上每个磨粒都在工件表面上刻划出极细微且不重复的复杂轨迹,这些轨迹相互交错,使工件表面的凸峰被切掉,留下不明显的凹痕,这就是超精加工能获得很小表面粗糙度值的主要原因。

超精加工是在加注大量冷却润滑液的条件下进行的。磨条与工件表面接触时,最初仅仅是碰到前道工序留下的凸峰,这时单位压力大,切削能力强,凸峰很快被磨掉。冷却润滑液的作用主要是冲洗切屑和脱落的磨粒,使切削能正常进行。当被加工表面逐渐呈光滑状态时,磨条与工件表面间的接触面不断增大,压强不断减小,切削作用减弱,最后,冷却润滑液在工件表面与磨条间形成连续的油膜,切削作用自动停止。

超精加工的主要作用是减小工件表面粗糙度值($Ra0.08\sim0.01\mu m$),工件所要求的精度应由前道工序保证。前道工序的表面粗糙度值越小,则超精加工后的表面粗糙度值也越小。

超精加工切削余量较小,并且切削速度和压力均不大,所以切削温度很低。在切除前道工序的表面变形层时,不再产生新的变形层。例如,磨削后由于塑性变形和磨削热的结果,表面变形层厚度为 $5\sim20\mu m$,而超精加工只有 $0.25\mu m$。

超精加工时磨具压力对表面粗糙度有很大影响,压力过大时,切去余量较多,超精加工后的表面粗糙;压力过小时,磨粒不能穿透油膜进行磨削,表面残余凸峰不能磨除。单位压力控制在 $0.1\sim0.4MPa$ 范围内较为合适。

超精加工后,零件表面粗糙度值减小,将增加零件配合表面间的实际接触面积。车削所得表面的实际接触面积约为 10%,磨削后为 20%,超精加工后实际接触面积可达 80%。

超精加工的工艺特点是设备简单,自动化程度高,操作简单,生产效率高。超精加工能减小工件的表面粗糙度,但不能提高零件的尺寸精度和形状位置精度,工件精度由前道工序保证。超精加工不仅能加工轴类零件,还能加工平面、锥面、孔和内、外球面。

超精加工在汽车制造业中被用来加工很多零件,如曲轴和凸轮轴的轴颈等。为加工特定零件,有专门设计的机床,如曲轴和凸轮轴超精加工机床等。

4.3.4 表面强化工艺

表面强化工艺是通过对工件表面进行冷挤压,使之发生冷态塑性变形,从而提高其表面硬度、强度,并形成表面残余压应力的加工工艺。在表面层被强化的同时,表面微观不平度的凸峰被压平,因此表面粗糙度得到减小。常用的表面强化工艺有喷丸强化和滚压强化。

1. 喷丸强化

喷丸强化是利用大量高速运动中珠丸冲击工件表面,使之产生冷硬层,形成表面残余压应力。珠丸可利用压缩空气或离心力进行喷射。珠丸大多采用钢丸,当工件为铝制品时采用铅丸或玻璃丸。喷射速度一般为 $30\sim50m/s$。喷丸强化适用于不规则表面和形状复杂的表面,如弹簧、连杆等。

2. 滚压强化

滚压强化是用可自由旋转的滚子,对工件表面均匀地施加压力,使表面产生塑性变形,表面微观不平度的凸峰被压平,使表面层得到强化,表面形成残余压应力,表面粗糙度也得到减小。

4.4 数控加工技术

4.4.1 数控技术与数控机床

1. 数控加工概念

用数字化信息对控制对象的过程进行控制的技术称为数字控制技术,简称数控技术。数控加工过程如图 4-29 所示。由图可以看出,拥有数控机床和编制零件的数控加工程序是实现数控加工的最基本条件。

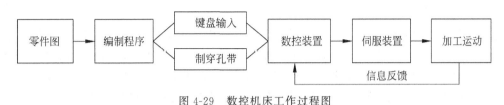

图 4-29 数控机床工作过程图

2. 数控机床的组成

数字控制机床是装备了数控系统,能利用数控技术进行加工的机床,简称数控机床。数控机床按用途分为普通机床和加工中心两大类。普通数控机床包括数控车床、数控铣床、数控磨床等。它们的工艺范围和普通机床相似,但更适合于加工形状复杂的工件。加工中心是带有刀库和换刀机械手,有些还配备托盘交换装置的数控机床。在数控机床上加工工件时,要把加工步骤、加工参数和加工尺寸等工艺信息和几何信息数字化,按规定的代码和格式编制出数控加工程序,输入计算机。计算机对输入程序进行处理与运算,发出各种指令进行控制,一般只需要更换新的加工程序即可。由于数控机床具有较大的灵活性,因此特别适用于生产对象经常改变的情况,并能方便地实现对复杂零件的高精度加工。

数控机床种类繁多,在结构和功能各有区别,但它们的基本组成部分是一致的。数控机床一般由以下几部分组成。

(1)主机:数控机床的主体,包括床身、立柱、主轴、进给机构的机械部分。

(2)计算机数控装置:数控机床的控制核心,主要由计算机系统、位置控制器、PLC 接口板、通信接口板、纸带阅读机、扩展功能模块以及相应的控制软件等模块组成。

(3)伺服单元和单元驱动装置:包括主轴伺服驱动装置和主轴电动机以及进给伺服驱动装置和进给电动机。

(4)数控机床的辅助装置:数控机床的一些必要的配套部件,用以保证数控机床的正常运行,包括液压和气动装置、排屑装置、冷却装置、交换工作台、数控转台和数控分度头,还包括刀具及监控检测装置。

(5) 编程机及其他一些附属设备：现代数控机床不仅可以利用 CNC 装置上的键盘输入零件的加工程序，还可以利用自动编程机进行加工程序编制，将程序记录在信息载体上，然后送入数控装置。

3. 数控机床的分类

根据零件加工内容要求不同，数控机床的品种很多，涉及的专业技术也很广，可以从以下几方面进行分类：

1) 按用途分类

(1) 金属切削类数控机床。这类机床主要有数控车床、数控铣床、数控钻床、数控镗床、数控磨床、加工中心等。

(2) 金属成型类数控机床。这类机床主要有数控折弯机、数控弯管机、数控压力机等。

(3) 数控特种加工机床。这类机床主要有数控线切割机、数控电火花加工机床、数控激光加工机床。

2) 按控制系统的特点分类

(1) 点位控制数控机床。这类机床只控制刀具相对于工件定位点的坐标位置，从某一工作位置移动到另一工作位置的过程不断加以控制（不加工与不要求轨迹），仅要求定位的准确性。点位控制数控机床主要有数控钻床、数控镗床、数控冲床和数控测量机等。

(2) 直线控制数控机床。这类机床除有定位要求外，还要求进给运动沿平行于坐标轴的方向直线移动进行切削加工，或者控制两个坐标轴以同样的速度同时运动，沿 45°斜线进行切削加工。

(3) 轮廓控制数控机床。这类机床能够同时控制两个以上的坐标轴联动，使刀具和工件按平面任意直线、曲线或空间曲面轮廓进行相对运动，加工出任何形状的复杂零件。

3) 按伺服控制方式分类

(1) 开环控制系统数控机床，即没有任何被控量实际值反馈的数控系统。这是一种比较原始的数控机床。因开环控制系统具有结构简单、运行平稳、成本低、使用维护方便等特点，所以被广泛用于经济型数控机床。

(2) 闭环控制系统和半闭环控制系统数控机床。这类机床具有位置和速度检测元件，数控装置将位移指令与位置检测元件检测到的实际位置进行实时比较，并用其差值进行控制，使移动部件按照实际需要的位移量运动，因此能达到很高的加工精度。闭环和半闭环控制系统的区别在于检测被控量实际值的方法不同。闭环控制系统采用直接测量移动部件输出的被控量作为反馈量；而半闭环控制系统则采用间接测量被控量作为反馈量。由此可知，半闭环控制系统比闭环控制系统的精度要低一些。

4.4.2 数控机床的加工原理

数控机床的加工过程如图 4-30 所示。首先在分析零件图样要求的基础上编制加工程序，把人的加工意图转变为数控机床所能接收的信息，然后用适当的方法将此加工程序输入数控机床的数控装置中。数控装置对输入的信息进行处理和运算后，向机床各坐标轴的伺服系统发出指令信息，驱动机床的执行机构按预定的速度和轨迹运动，并控制其他必要的操作(如快速移动、换刀、切削液开关等),从而自动地加工出符合图样要求的工件。在实际加工过程中,数控机床的加工程序形成闭环控制系统,通过反馈系统将机床的实际位置、速度等参数检测出来,并将这种信息反馈至数控装置。信息输入、数控装置、伺服系统及机床本体是数控机床的基本组成部分。

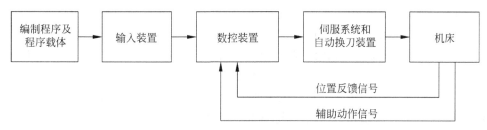

图 4-30 数控机床的加工过程

1. 信息输入

首先把加工过程中所需的几何信息和工艺信息用规定的代码和形式表示出来,编制成数控加工程序,再用适当的方式将此加工程序输入数控装置。简短的加工程序,可通过机床操作面板上的键盘直接输入数控装置。用计算机辅助编程系统或 CAD/CAM 系统编制加工程序时,可通过通信接口,将加工程序从编程系统直接传送到数控装置。

2. 数控装置

数控装置是数控机床的中枢,由它接收输入的加工信息,并对其进行变换和插补运算。在数控加工程序中,往往仅给出加工轨迹的起点和终点坐标。所谓插补,即根据程序信息计算出加工轨迹所需的各个中间点的坐标,这些中间点坐标以前点至后点的位移量的形式输出。控制机床执行机构按规定的速度和方向移动,以完成零件的加工。目前数控机床的数控装置普遍采用通用计算机,称为计算机数控。

3. 伺服系统

伺服系统是数控机床的执行部分,它的作用是将数控装置插补输出的位移信息转换成机床执行机构的运动,使刀架或工作台严格按照预期轨迹和速度运动,从而加工出符合图样要求的零件。

4. 机床本体

根据不同的加工方式,数控机床本体可以是车床、铣床、钻床、镗床、磨床及电加工机床等。数控机床本体的整体布局、传动系统、刀具系统及操作等方面应符合数控的要求。

4.4.3 加工中心

一般的数控机床,如数控车床、数控铣床、数控钻床、数控镗床、数控磨床等,只能完成零件的某一类工序的加工。然而,大多数零件必须经过多种程序(例如箱体类零件,要经过钻孔、铰孔、铣平面、镗孔等）。为了更好地发挥数控加工效果，出现了能把多种不同加工内容集中在一台机床上进行，具有刀库和机动换刀机械手，且配备各种类型的不同规格的刀具和检具的数控机床。这种机床通常称为加工中心。

目前应用最广泛的加工中心为车削加工中心和镗铣加工中心。车削加工中心与一般数控车床的主要区别在于车削加工中心上增设了多种有自己独立驱动装置的自驱动刀具，并对机床主轴的旋转也能进行伺服控制。车削中心不仅具有原来的车削功能，还能对车削后的工件进行铣平面、铣键槽、铣径向螺旋槽以及钻削径向和轴向孔等的加工，从而有效地提高了生产效率，进一步扩大了柔性生产自动化的范围。

通常所说的加工中心实际上是指镗铣加工中心。在工件的一次装夹中，它能自动连续地对工件多个表面完成钻孔、扩孔、铰孔、镗孔、攻螺纹、铣削等多工步的加工，适用于复杂的板类、盘类、箱体类等零件的多品种、中小批量加工。

由于加工中心能实现工序集中，因而减少了工件的装夹次数和由于多次装夹所引起的加工误差，同时减少了工件在不同工序间的周转。它在加工的柔性、自动化程度和加工效率方面，也远远超过了一般的数控机床。

我国设计制造的 JCS-018 型立式加工中心的外形及布局如图 4-31 所示。床身 1 上的滑座 2 可作横向进给运动，工作台 3 在滑座上作纵向进给运动；床身的后部装有固定立柱 4，主轴箱 8 可在立柱导轨上作垂直方向进给运动。立柱的左侧前部装有自动换刀装置（包括刀库 6 和换刀机械手 7），左侧后部为数控装置的数控柜 5，右侧是驱动电柜 10，内有电源、伺服驱动装置等，操作面板 9 悬伸在机床前方。

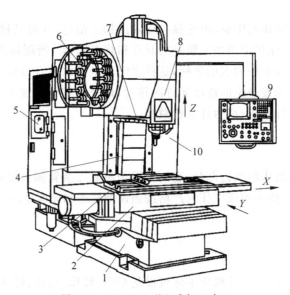

图 4-31　JCS-018 型立式加工中心
1—床身；2—滑座；3—工作台；4—立柱；5—数控柜；6—刀库；
7—换刀机械手；8—主轴箱；9—操作面板；10—驱动电柜

为改善加工中心的功能，在组合机床的基础上又发展了自动更换主轴箱的加工中心。自动更换主轴箱的加工中心一般有粗加工主轴箱和精加工主轴箱，以便提高加工精度和扩大加工范围。此类加工中心主要适用于中批生产中多品种箱体类零件。

4.4.4 数控加工的特性

数控机床与一般机床相比具有以下几个方面的特点：

(1) 工序自动化程度高。在数控机床上加工时，工件于刀具之间的快速移近和移开、进刀和退刀、切削、变换切削用量、换刀、切削液开与关、停车等动作全部自动进行，操作者的工作仅仅是装卸工件、对刀、按动开关及监督加工情况。

(2) 对加工对象的适应性强。数控机床加工一般不需要很复杂的工艺装备，当加工对象改变时，只需要重新编制零件加工程序，输入计算机就可以自动地加工出新的工件，一般不需要重新设计工艺装备。这说明数控机床在高度自动化水平的情况下，具有比较大的柔性，更方便地适应多品种零件的加工。

(3) 加工效率高。数控机床的加工效率高，一方面是由于数控机床具有高度的自动化程度；另一方面，数控机床在加工过程中，由于可以自动控制工件的加工尺寸和精度，只需作首件检验或关键工序尺寸的抽检，一般不需要在加工过程中停机检验，从而使工序时间大为缩短。工件越复杂，这方面的效果越突出。

(4) 加工质量高，加工质量稳定。由于数控机床本身的制造精度高，又是按照预定的加工程序自动加工，避免了人为操作误差的影响，使数控机床加工出的同一批次的零件具有较小的尺寸分散范围，加工质量稳定。对于复杂形状的零件，加工精度的提高更为显著。如数控凸轮轴磨床的使用，代替了传统的机械靠模式的凸轮轴磨床，不仅提高了凸轮轴的加工精度，并且产品更换时生产准备周期也大大缩短。

数控机床主要适用于加工表面精度要求较高、形状比较复杂或要求频繁改型的多品种、中小批量生产的零件。近年来，由于汽车产品更新速度的加快，为适应这种变化，在大批量生产中，也比较广泛地采用了数控机床，如数控转塔车床、数控曲轴铣床、数控曲轴车拉机床、数控凸轮轴磨床、数控齿轮机床。

4.4.5 数控程序的编制

数控机床的加工过程是按照数控加工程序的指令自动进行的。数控加工程序不仅规定了零件的工艺过程，而且规定了进给路线和工艺参数（如主轴转速、切削速度、进给量等）。因此，编程人员除了掌握一般机械加工的工艺原则外，对数控机床的性能、程序指令及代码、刀具系统、切削规范及工件的装夹方法等都要非常熟悉。

数控加工程序的编制可分为如下三个阶段：

(1) 零件数控加工的工艺分析与工艺设计。在确定零件数控加工工艺过程中，编程人员要根据零件图对工件的形状、尺寸、技术要求、毛坯等进行详细的工艺分析。其内容包括零件毛坯的装夹分析、刀具运动的可行性分析、加工余量状况分析、零件图样尺寸标注对数控加工的适应性分析、零件轮廓几何条件的充分性分析、零件加工要求分析等。

在工艺分析的基础上进行工艺设计，即制定数控加工工艺过程。其内容包括确定加工方案、划分数控加工工序及确定所需工步、选择定位基准及所需夹具、确定进给路线和工件坐标系、选择刀具及确定合理的切削用量。

(2) 确定轨迹计算。在完成了工艺分析及工艺设计工作之后,下一阶段需要根据零件的几何形状、尺寸、进给路线及设定的工件坐标系,计算出零件加工各运动轨迹关键点的坐标值,以获得加工时刀具位置数据。对于轮廓比较简单的零件(例如由直线和圆弧组成),仅需计算出轮廓上各几何元素的起点、终点、圆弧的圆心、两几何元素交点或切点的坐标值;对于轮廓比较复杂的零件,需要用直线或者圆弧段逼近,此时还应根据容差计算曲线或曲面上各插补点的坐标值。此阶段还需要确定机床的切削用量变化、换刀、切削液开停、加工暂停等必要的控制功能。

(3) 编写零件加工程序代码及程序检验。根据已确定的进给路线、刀具参数、切削用量、控制功能等工艺信息及刀具位置数据,按照机床数控系统规定的指令代码及程序段格式,逐段编写加工程序。还应附上必要的加工示意图、刀具布置图及有关的工艺文件,如工序卡、机床调整卡、数控刀具卡、夹具卡等。

程序编写完成后,可通过数控机床的输入装置将其输入至数控系统。程序必须经过检验才能正式使用,可通过动态仿真、模拟加工、试切等方法进行。

数控加工程序的编制方法有手工编程和自动编程两种。数控加工程序编制各个阶段的工作均由人工来完成的为手工编程。对于几何形状较为简单的零件,计算工作量少,程序较短,用手工编程比较经济及时。对于较复杂的零件,手工编程效率低,通常采用自动编程,即利用计算机完成编程的大部分或全部工作。

目前广泛应用的自动编程系统是图形式自动编程系统。图形式编程系统可以在计算机上建立被加工零件的几何图形信息(二维或三维实体模型),然后在图形上指定加工部位,并根据工艺分析输入相应的工艺、刀具参数和进给方式,计算机便能自动编制出数控加工程序,并在计算机屏幕上显示出刀具加工轨迹,以及加工过程动态模拟等。一些大型的商业化CAD/CAM软件包(如UG、CATIA、Pro/E、Mastercam等)具有这种功能。

4.5 齿面加工

4.5.1 齿面加工方法分类

1. 按工作原理分

(1) 成型法:刀具轮或投影与所切齿轮齿槽截形相同。采用的刀具是盘状模数铣刀($m \leqslant 10 \sim 16$)和指状模数铣刀($m > 20$)。在铣床上利用分度头进行加工。此种方法生产率低,加工精度低,适合单件小批量生产。大批大量生产时可研制齿轮拉刀、插齿刀盘等,以提高生产率和加工精度,但刀具复杂,成本高。

(2) 展成法:齿轮的渐开线齿形通过刀具与工件的啮合(展成)运动形成,即工件的齿形是由刀具齿形运动轨迹包络而成。此种方法有较高的生产率和加工精度。大多数齿轮由展成法加工。

2. 按被加工齿轮分

（1）圆柱齿轮：半精加工有插齿、滚齿，精加工有剃齿、珩齿、磨齿。
（2）花键及其他非渐开线齿轮：半精加工有滚齿。
（3）锥齿轮：加工直齿锥齿轮有刨齿、铣齿、拉齿，加工曲线锥齿轮有成组铣齿。
（4）蜗轮：半径加工有滚齿，精加工有剃齿、珩齿。

4.5.2 插齿原理及运动分析

插齿机床用来加工内外啮合的圆柱齿轮，尤其适合加工内齿轮和多联齿轮。

插齿原理：一对平行轴圆柱齿轮的啮合，其中一个是工件，另一个是齿轮形刀具（即插齿刀），它的模数和压力角与被加工齿轮相同，它是按照展成法加工圆柱齿轮的。

从插齿原理上分析，插齿过程有如下几个切削运动，如图 4-32 所示。

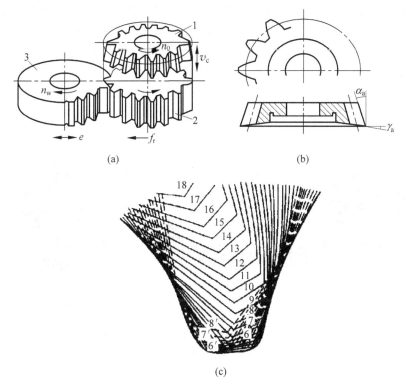

图 4-32 插齿原理和轮廓的形成
(a) 插齿工作原理；(b) 插齿刀；(c) 插齿时轮廓的形成
1—插齿刀；2—假想圆柱齿轮；3—被切削齿轮

（1）主运动：插齿刀的上下往复运动。
（2）分齿展成运动：插齿刀与工件间的相对转动应保证正确的啮合关系形成展成运动。
（3）圆周进给运动：插齿刀每往复一次，工件相对刀具在分度圆上转过的弧长为加工时的圆周进给量。

(4) 径向进给运动：插齿时，为逐步切至全齿深，插齿刀应有径向进给运动。

(5) 让刀运动：插齿刀作上下往复运动时，向下是工作行程，向上是空行程。为了避免刀具擦伤已加工的齿面并减少刀齿的磨损，在插齿刀向上运动时，工作台带动工件退出切削区一段距离，当插齿刀处于工作行程时，工件恢复原位。

4.5.3 滚齿加工原理及运动分析

滚齿是应用一对交错轴斜齿圆柱齿轮副啮合原理，使用齿轮滚刀进行切齿的一种加工方法。齿轮滚刀是按展成法加工齿轮的刀具，在齿轮制造中应用很广泛，可以用来加工外啮合的直齿轮、斜齿轮、标准齿轮和变位齿轮。

滚齿原理：相当于一对螺旋齿轮啮合滚动的过程。将其中的一个齿数减少到一个或几个，轮齿的螺旋角很大，开槽并铲背后，就成为齿轮滚刀。当机床使滚刀和工件严格地按一对螺旋齿轮的传动关系作相对旋转运动时，就可在工件上连续不断地切出齿形来。

齿轮滚刀加工齿轮的情况如图 4-33 所示。滚刀轴线与工件端面倾斜一个角度，以使滚刀刀齿方向与被切齿轮的齿槽方向一致。滚刀的旋转运动为主运动。加工直齿齿轮时，滚刀每转一转，工件转过一个齿（滚刀基本螺杆为单杆时）或数个齿（滚刀基本螺杆为多杆时），以形成展成运动（即圆周运动）。为了在齿轮的全齿宽上切出齿，滚齿还需要有沿齿轮轴线方向的进给运动。切斜齿轮时，除上述运动外，还需工件一个附加的转动。

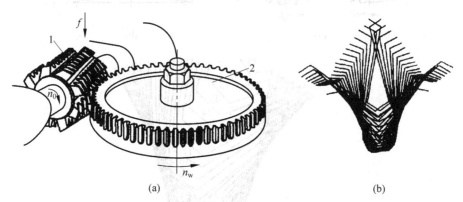

图 4-33 滚齿时的主要运动和齿廓的形成
(a) 滚齿时的主运动；(b) 齿廓的形成
1—滚刀；2—被切削齿轮

目前在汽车圆柱齿轮轮齿加工中，已开始使用数字控制滚齿机来完成上述运动，机床调整更加简便，齿轮精度较高，产品变换时柔性强。

4.5.4 蜗轮滚刀的工作原理

蜗轮滚刀是加工蜗轮最常用的刀具，蜗轮滚刀加工蜗轮的过程是模拟蜗杆与蜗轮的啮合过程，如图 4-34 所示。

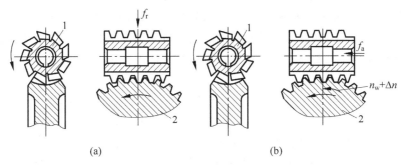

图 4-34　蜗轮滚刀滚切蜗轮
(a) 径向进给切齿；(b) 切向进给切齿
1—蜗轮滚刀；2—被切削齿轮

蜗轮滚刀相当于原工作蜗杆，在原工作蜗杆的螺旋面上加工出切削刃即形成蜗轮滚刀。因此，蜗轮滚刀的基本参数，如模数、齿形角、螺旋升角、螺旋方向、螺纹头数、齿距、分度圆直径等都与原工作蜗杆相同。蜗轮滚刀的外形与齿轮滚刀相似，但它们的设计原理不同，不能混用。齿轮滚刀的基本蜗杆相当于螺旋齿轮副中的一个齿轮，其分度圆直径和螺旋角没有一定限制，同时齿轮滚刀能加工齿数不同、螺旋角不同的齿轮。蜗轮滚刀的基本蜗杆的类型与基本参数都必须与原工件相同，加工每一规格的蜗轮需用专用的蜗轮滚刀。

4.5.5　剃齿

剃齿是未淬火齿轮和蜗轮的精加工方法。剃齿刀是精度很高的斜齿轮（蜗杆），加工齿轮时成交错轴空间螺旋齿轮啮合。剃齿时剃齿刀带动被加工齿轮（蜗轮）正反旋转，每个瞬时接触点（啮合点）形成的啮合线在工作台带动齿轮往复移动的过程中使啮合线扩大到整个齿面。剃齿刀作径向进给切除加工余量。

剃齿的工作原理如图 4-35 所示，剃齿时剃齿刀作高速回转并带动工件一起回转。在啮合点 P，剃齿刀圆周速度为 v_c，工件的圆周速度为 v_w，两者均可以分解为垂直螺旋线齿面的方向分量和螺旋面的切向分量。因为啮合点处的分量必须相等，而两个切向分量却不相等，因而产生相对滑动。由于剃齿刀齿面开有小槽，就产生了切削作用，相对滑动速度就是切削速度。

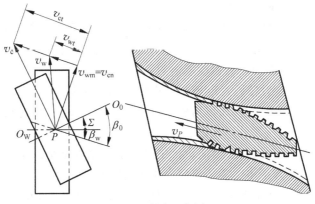

图 4-35　剃齿工作原理

剃齿时剃齿刀和齿轮是无侧隙双面啮合,剃齿刀刀齿的两侧面都能进行切削。当工件旋向不同或剃齿刀正反转时,刀齿两侧切削刃的切削速度是不同的。为了使齿轮的两侧都能获得较好的剃削质量,剃齿刀在剃齿过程中应交替地进行正反转动。

在剃齿工艺中应注意以下几个问题:

(1) 剃齿前齿轮的材料。剃齿前齿轮硬度在 22～32HRC 范围时,剃齿刀校正误差能力最好,如果齿轮材质不均匀,含杂质过多或韧性过大会引起剃齿刀滑刀或啃刀,最终影响剃齿的齿形及表面粗糙度,所以剃齿是未淬火齿轮的精加工方法。

(2) 剃齿前齿轮的精度。剃齿是齿形的精加工方法,因此剃齿前的齿轮应有较高的精度,通常剃齿后的精度只能比剃齿前提高一级。

(3) 剃齿余量。剃齿余量的大小,对剃齿质量和生产率均有较大影响。余量不足时,剃前误差及表面缺陷不能全面除去;余量过大时,则剃齿效率低,刀具磨损快,剃齿质量反而下降。

(4) 剃齿前齿形加工。剃齿时,为了减轻剃齿刀齿顶负荷,避免刀尖折断,剃前在齿轮的齿根处挖掉一块。同时,齿轮齿顶处希望能有一修缘,这不仅对工作平稳性有利,而且可以使剃齿后的工件沿外圆不产生毛刺。剃前滚刀和剃前插齿刀可满足这些要求。

4.5.6 珩齿

珩齿是齿轮热处理后的一种光整加工方法。珩齿的运动关系和所用机床与剃齿相似,珩轮与工件是一对螺旋齿轮副无侧隙的自由紧密啮合,所不同的是珩齿所用刀具是含有磨料、环氧树脂等原料混合后在铁芯上浇铸而成的塑料齿轮。切削是在珩轮与被加工齿轮的"自由啮合"过程,依靠齿间压力和相对滑动来进行的。

珩齿的运动与剃齿基本相同,即珩轮带动齿轮高速正反转;齿轮沿轴向往复运动及沿径向进给运动,所不同的是其径向进给是在开车后一次进给到预定位置,因此,珩齿开始时齿面压力较大,随后逐渐减小,直至压力消失时珩齿便结束。

珩齿具有如下特点:

(1) 珩齿后表面质量较好。珩齿速度一般是 1～3m/s,比普通磨削速度低,磨粒粒度又小,结合剂弹性较大,珩齿过程实际上是低速磨削、研磨和抛光的综合过程,齿面不会产生烧伤和裂纹,所以珩齿后齿的表面质量较好。

(2) 珩齿后的表面粗糙度值减小。珩轮齿面上均匀密布着磨粒,珩齿后齿面切削痕迹很细,磨粒不仅在齿面产生滑动并切削,而且沿渐开线切线方向亦具有切削作用,从而在齿面上产生交叉网纹,使齿面的表面粗糙度值明显减小。

(3) 珩齿修正误差能力较低。珩齿与剃齿的运动关系基本相同,由于珩轮本身有一定的弹性,不会全部复映到齿轮上,所以珩轮本身精度一般都不高,但对珩前齿轮的精度要求较高。

因为珩齿的误差修正能力差,因而珩齿主要用于去除热处理后齿面上的氧化皮及毛刺,可以使表面粗糙度值下降很多。为了保证齿轮的精度要求,必须提高珩前的加工精度,减少热处理变形。因此,珩前加工多采用剃齿。如果磨齿后需要进一步降低表面粗糙度值,也可以采用珩齿使齿面的表面粗糙度值达到 $0.1\mu m$。

由于珩齿具有齿面的表面粗糙度值小、效率高、成本低、设备简单、操作方便等优点,故是一种很好的齿轮光整加工方法,一般可取 IT6~IT8。

4.5.7 磨齿

磨齿是齿形加工中加工精度最高的一种方法。对于淬硬的齿面,要纠正热处理变形,获得高精度齿廓,磨齿是目前最常用的加工方法。

磨齿是用强制性的传动链,因此它的加工精度不直接取决于毛坯精度。磨齿可使齿轮的精度最高达到 IT3 级,表面粗糙度 Ra 可以达到 $0.8 \sim 0.2 \mu m$,但加工成本高,生产率低。

磨齿方法很多,根据磨齿原理的不同可以分成型法和展成法两类。成型法是一种用成型砂轮磨齿的方法,目前生产中应用较少,但它已经成为磨削内齿轮和特殊齿轮时必须采用的方法。展成法主要是利用齿轮与齿条啮合原理进行加工,这种方法是将砂轮的工作面构成假想齿条的单侧或双侧齿面,在砂轮与工件的啮合运动中,砂轮的磨削平面包络出渐开线齿面。

4.6 电火花加工

线切割是通过金属丝和工件之间的放电产生热能,以实现切割过程。由于直径较小,当金属丝从放线盘向收线盘运动时,可以直接穿过零件产生复杂的二维形状,如图 4-36(a)所示。工件不断慢慢地进给,以创建所需的形状。介质流体用来冲刷被移除的颗粒、调节放电、保持工具和工件的冷却。金属丝的直径一般在 0.025~0.3mm 范围内。这种金属丝价格低廉,通常不会重复使用。可以从启动孔制造镜像轮廓工作和内部轮廓。工件可堆叠切割,且成品不含毛刺。

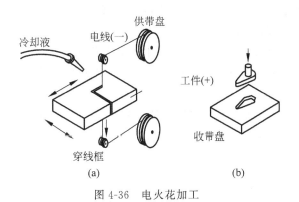

图 4-36 电火花加工

电火花型腔加工是一种通过成型导电工具去除导电材料的热质量还原过程,如图 4-36(b)所示。这是由每秒成千上万的特定的、重复的火花放电过程完成的,放电间隙约 0.025mm。这些放电使工件汽化并慢慢形成所需的形状,由此获得无毛刺零件。加工中,会产生约 0.25mm 厚的热影响区。对钢铁材料而言,这个区域会产生薄的碳化物层,降低疲劳强度并产生微裂纹。工件的表面粗糙度受间隙电压、放电电流和电源频率的影响,材料去除率低。

电火花加工的要点如下:

(1) 必须使工具电极和工件被加工表面之间经常保持一定的放电间隙,这一间隙随加工条件而定。如果间隙过大,极间电压不能击穿极间介质,因而不会产生火花放电;如果间隙过小,很容易形成短路接触,同样也不会产生火花放电。一般放电间隙应控制在 1～100μm 范围内,这与放电电流的脉冲大小有关。

(2) 必须采用脉冲电源。脉冲电源能使放电所产生的热量来不及传导扩散到其余部分,把每一次的放电点分别局限在很小的范围内,否则会像持续电弧放电那样,使表面烧伤而无法用作模具电极加工。

(3) 火花放电必须在绝缘的液体介质中进行。液体介质必须具有较高的绝缘强度,这样有利于产生脉冲性的火花放电。同时,液体介质还能把电火花加工过程中产生的金属屑、炭黑等电蚀产物从放电间隙中悬浮排除出去,并且对电极和工件表面有较好的冷却作用。通常采用煤油作为放电介质。

(4) 放电点的功率密度足够高。唯有这样,放电时所产生的热量才足以使工件电极表面的金属瞬时熔化或汽化。

电火花加工的特性如下:

(1) 灵活性:电火花加工中的工装是专用的,准备时间很短,因此,该工艺是高度灵活的。

(2) 工作周期:电火花加工的周期一般较长。材料去除率取决于包括熔点和潜热在内的工件的各种性能。

(3) 操作成本:所使用的机器的组合和获得操作条件所需的设置使电火花加工成本高昂。

(4) 尺寸精度:表面纹理质量与材料去除率成反比。工件的表面粗糙度在 1.3～3.8mm 范围内。在材料去除率非常低的情况下,公差在 4～13mm 范围内。

(5) 形状和产品:该工艺通常用于制造挤压成型、粉末冶金和注射成型模具。通常,冲头和模具是用电火花线切割加工而成的。

(6) 材料:所有金属和导电非金属均适用于电火花加工。

(7) 优点:适用于待加工材料硬度高于一般刀具材料的情况。该工艺具有很高的重复性。

(8) 缺点:因为金属表面有热影响区,对可热处理的金属而言,这层非常坚硬。对这类金属,必须多加注意。如果电流强度过高,工件会产生细小的裂纹,这可能会导致过早疲劳失效。

习 题

一、解释下列名词术语

车削、钻削、铣削、拉削、镗削、磨削、精整及光整加工、研磨、珩磨、超精加工、数控加工、加工中心、滚齿、插齿、剃齿、珩齿、磨齿、电火花加工

二、分析题

1. 车削外表面时存在哪几个切削运动？
2. 切削三要素分别是什么？
3. 按加工精度和表面粗糙度，车削可以分为哪几种？各有哪些特点？
4. 硬质合金刀具材料有哪几类？各有哪些特点？
5. 简述车拉削加工曲轴轴颈。它有哪些主要特点？
6. 简述麻花钻头的组成和主、副切削刃的作用。
7. 与钻孔相比，扩孔有哪些主要特点？
8. 简述铰孔的工艺特点。
9. 按用途，铣刀可以分为哪几种？
10. 简述拉刀的工艺特点。
11. 简述拉刀的种类及其用途。
12. 简述镗孔的工艺特点。
13. 简述磨削的工艺特点。
14. 磨削加工的分类方法有哪些？
15. 简述无心磨削的工艺特征和应用范围。
16. 高速及超高速磨削的特点是什么？
17. 在汽车制造业中，快速点磨工艺的主要运用有哪些？
18. 砂轮的主要特性指标有哪些？
19. 有哪些精整及光整加工方法？简述其工艺特点和应用范围。
20. 简述超精加工的工艺特点。
21. 数控机床有哪些基本组成部分？数控加工有哪些主要特点？
22. 与一般数控机床相比，加工中心的优点有哪些？
23. 简述数控程序的编制过程。
24. 简述齿面加工的分类方法。
25. 简述插齿和滚齿的加工原理。
26. 简述插齿和滚齿加工时需要哪些运动。
27. 简述涡轮滚刀的工作原理。
28. 简述剃齿的主要特点和应用场合。
29. 简述珩齿的工艺特点。
30. 简述电火花加工的工艺特点。

第 5 章

汽车零件的机械加工质量

每一种机械产品,例如汽车,都是由许多相互关联的零件装配而成的。影响汽车产品质量的因素包括零件的材料、零件的制造、产品的装配和调试等,其中,汽车零件的制造质量影响产品的性能、寿命、可靠性等质量指标,是保证汽车整车质量的基础。机械加工是目前汽车零件制造的主要手段,因此汽车零件的机械加工质量是本课程研究的主要问题之一。

保证零件加工质量,提高生产效率,降低生产成本,是研究机械制造工艺的目的。汽车零件的质量直接影响着汽车的性能和使用寿命。随着人们对整车性能要求的不断提高,保证汽车零部件具有更高的加工质量也就显得更为重要。

5.1 机械加工质量的基本概念

质量、生产率和经济性是制造工程中的基本问题。这三者之间是互有联系的,但是,其中的质量问题始终是最根本的问题。对于机械产品来说,要求有极高的技术性能和可靠性,所以更应该重视质量。因此,在机械工业部门需要重视现代科学技术成果的应用,以不断提高产品的质量。零件的制造质量可用下列参数表示。

几何参数:尺寸、形状、位置关系和粗糙度等;
物理参数:导热、导电和导磁性等;
化学参数:耐蚀性等;
机械参数:强度、硬度和冲击韧性等。

这些参数的数值或指标可根据产品的工作要求加以规定。制造后所获得零件的实际参数和设计规定的参数相符合的程度,就表示零件的制造质量。

经过机械加工的汽车零件质量包括两大指标:一是机械加工精度;二是机械加工表面质量。

5.1.1 机械加工精度

1. 机械加工精度的概念

机械加工精度是指零件加工后的实际几何参数(尺寸、形状和位置)与理想几何参数相符合的程度。符合程度越高,加工精度越高;反之,加工精度越低。所谓理想的几何参数,对尺寸而言是指零件尺寸的公差带中心;对形状尺寸而言是指绝对的平面、圆、圆柱面、圆锥面和螺旋面等;对表面相互位置而言是指绝对的平行、垂直、同轴和成一定的角度等。因此,零件的加工精度包含三个方面内容:尺寸精度、形状精度和位置精度。尺寸精度即零件经过机械加工后其长度、宽度、直径等尺寸实际值与理想值的接近程度;形状精度即零件经过机械加工后其表面的实际形状与理想形状的接近程度,如直线度、圆柱度、锥度等;位置精度即零件经过加工后其几何形状的实际位置与理想位置的接近程度,如平行度、同轴度等。

同时,尺寸精度、形状精度和位置精度之间是有联系的。通常零件的形状公差应限制在位置公差之内,而位置公差又应限制在尺寸公差之内。当零件的尺寸精度要求较高时,相应的位置精度、形状精度要求也高。但零件的形状精度要求高时,其位置精度和尺寸精度不一定要求高,这要根据零件具体的功能要求来确定。

生产实践表明,由于各种原因,任何一种加工方法都不可能把零件加工得绝对准确,零件加工的实际几何参数与理想几何参数总会存在一定的偏差,这个偏差就是加工误差。生产中零件加工精度的高低是用加工误差的大小来衡量的。一个零件的加工误差越小,其加工精度就越高。从机器要求的工作性能来看,没有必要把零件的几何参数加工得绝对准确,只要不影响机器的工作性能,是允许这些几何参数在一定范围内变动的,实际上就是允许零件存在一定的加工误差。

按照国家标准规定,零件加工表面误差检测的具体内容有:

(1) 尺寸误差。零件的直径、长度和距离等尺寸的实际值对理想值的变动量称为尺寸误差。

(2) 形状误差。零件的表面或线的实际形状与理想形状的变动量称为形状误差。国家标准中规定用直线度、平面度、圆度、圆柱度、线轮廓度和面轮廓度作为检测形状误差的项目。

(3) 位置误差。零件表面或线的实际位置和方向对理想位置和方向的变动量称为位置误差。国家标准中规定用平行度、垂直度、倾斜度、同轴度、对称度、位置度、圆跳动和全跳动等作为检测位置误差的项目。

零件尺寸精度的获得与加工过程中的调整、测量有关,也与刀具的制造和磨损等因素有关。零件的形状主要依靠刀具和工件作相对成型运动来获得,所以形状精度取决于机床成型运动的精度,有时也取决于切削刃的形状精度(用成型刀具加工时)。零件的位置精度则受机床精度以及工件装夹方法等因素的影响。通常,加工中的形状误差应小于位置误差,位置误差应小于尺寸误差。

2. 获得机械加工精度的方法

1) 获得尺寸精度的方法

(1) 试切法。通过试切→测量→调整→再试切,反复进行直到零件尺寸达到要求为止,这种加工方法称为试切法。这种方法的特点是生产率低,但它不需要复杂的装置,达到的精度与操作工人技术水平、量具精度、机床调整精度等有关。试切法适用于单件小批生产,特别是新产品试制。

(2) 定尺寸刀具法。用刀具的相应尺寸(如钻头、铰刀、丝锥、圆孔拉刀等)来保证工件已加工表面尺寸的方法称为定尺寸刀具法。影响尺寸精度的主要因素有刀具的尺寸精度、刀具与工件的位置精度等。这种方法的生产率较高,在刀具磨损尚未造成已加工表面误差前,能有效地保证孔的尺寸精度,可用于各种生产类型,在生产中应用较广。

(3) 调整法。预先调整好刀具和工件在机床上的相对位置,并在一批零件的加工过程中保持这个位置不变,以保证工件被加工尺寸的方法称为调整法。调整法比试切法的加工精度稳定性好,并有较高的生产率。零件的加工精度主要取决于调整精度,如调整装置的精度、测量精度和机床精度等。调整法广泛应用于成批及大量生产中。

(4) 自动控制法。用测量装置、进给装置和控制系统等组成自动控制加工系统,使加工过程中的尺寸测量、刀具的补偿调整和切削加工等一系列工作自动完成,从而自动获得所要求的尺寸精度,这种加工方法称为自动控制法。例如,在内圆磨床上磨削内孔,可以通过主动测量装置在磨削过程中测量工件实际尺寸,在与期望尺寸进行比较后,发出信号,控制进给机构进行微量的补偿进给或使机床停止磨削工作。自动控制法加工质量稳定,生产率高,加工柔性好,能适应多种生产,是目前机械制造的发展方向。

2) 获得位置精度的方法

(1) 一次装夹法。一次装夹法是指对有相互位置精度要求的零件各表面在同一次安装中加工出来。位置精度的高低取决于机床的运动精度。例如,车削端面与轴线的垂直度和机床中滑板运动精度有关。

(2) 多次装夹法。多次装夹法是指零件在加工时,虽经多次安装,但其表面的位置精度是由加工表面与定位基准面之间的位置精度决定的。由于工件的安装方式可分为直接找正安装、划线找正安装和夹具安装等,因此所获得的位置精度与机床精度、工件找正精度、夹具的制造和安装精度,以及量具的精度有关。

3) 获得形状精度的方法

(1) 轨迹法。也称刀尖轨迹法,依靠刀尖的运动轨迹获得形状精度的方法称为轨迹法。即让刀具相对于工件作有规律的运动,以其刀尖轨迹获得所要求的表面几何形状。刀尖的运动轨迹取决于刀具和工件的相对成型运动,因而所获得的形状精度取决于成型运动的精度。数控车床、数控铣床,进行普通车削、铣削、刨削和磨削等均使用了轨迹法。

(2) 成型法。利用成型刀具对工件进行加工的方法称为成型法。即用成型刀具取代普通刀具,成型刀具的切削刃就是工件外形,成型刀具替代一个成型运动。成型法可以简化机床或切削运动,提高生产效率。成型法所获得的形状精度取决于成型刀具的形状精度和其他成型运动的精度。

(3) 仿形法。刀具按照仿形装置进给对工件进行加工的方法称为仿形法。仿形法所得到的形状精度取决于仿形装置的精度和其他成型运动的精度。仿形车、仿形铣等均属仿形法加工。

(4) 展成法(范成法)。利用工件和刀具作展成切削运动进行加工的方法称为展成法。展成法所得被加工表面是切削刃和工件作展成运动过程中所形成的包络面,切削刃形状必须是被加工面的共轭曲线。它所获得的精度取决于切削刃的形状和展成运动的精度等。这种方法用于各种齿轮齿廓、花键键齿、蜗轮轮齿等表面的加工,其特点是刀刃的形状与所需表面几何形状不同。例如齿轮加工,刀刃为直线(滚刀、齿条刀),而加工表面为渐开线。展成法形成的渐开线是滚刀与工件按严格速比转动时,刀刃的一系列切削位置的包络线。

5.1.2 机械加工表面质量

机械产品的加工质量,除加工精度外,表面质量是另一个重要指标。经过机械加工后被加工面的微观不平度,称为加工表面质量。由于科学技术的发展,要求零件能在高速、高温及大负载的困难条件下工作,产品的性能,尤其是它的可靠性和寿命在很大程度上取决于加工后的表面质量。

近年来,在某些机械工业部门,特别是航空和航天工业部门,广泛采用高强度钢、耐热钢、高温合金和钛合金等新材料,这些材料的加工性差,难于加工。因此,除了研究这些难加工材料的加工方法外,还必须重视表面质量的研究。

零件的表面质量对产品的工作性能有很大的影响,其主要原因是:

(1) 表面上有很多缺陷能引起应力集中,如裂纹和加工痕迹等,在交变应力的作用下可引起应力集中而导致破坏;

(2) 表面层是金属的边界,由于晶粒完整性受到破坏,降低了表面层的力学性能,而表面层是受应力最大的地方;

(3) 表面经过机械加工后,其表面层的物理、力学和化学性能都和基体金属不同,这些变化对于可靠性和寿命有重大影响;

(4) 零件的结合,是以表面接触的,表面层的特性对接触刚度和磨损都有决定性的影响。

1. 机械加工表面质量的主要内容

任何机械加工所得到的零件表面,都不可能是完全光滑的理想表面,总存在一定的微观几何形状偏差,同时,表层材料的物理、力学性能也会发生变化。因此,机械加工表面质量的主要内容有:表面的几何形状特征(包括表面粗糙度和表面波纹度);表面层物理、力学性能(包括表面层加工硬化、表面层金相组织变化和表面层残余应力等)。

1) 表面粗糙度和表面波纹度

加工表面微观几何形状误差按相邻两波峰或两波谷之间距离(即波距)的大小,区分为表面粗糙度和表面波纹度。

(1) 表面粗糙度是指已加工表面波距在 1mm 以下的微观几何形状误差,如图 5-1 所示,H_1 表示表面粗糙度的高度。

表面粗糙度是由于加工过程中的残留面积、塑性变形、积屑瘤、刺以及工艺系统的低频振动等原因造成的。刺是在已加工表面产生的鳞片状毛刺。

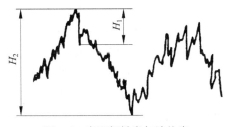

图 5-1 表面粗糙度与波纹度

(2) 表面波纹度是指已加工表面波距在 1~10mm 内的几何形状误差,是介于宏观几何形状误差(简称形状误差)与微观几何形状误差(即表面粗糙度)之间的周期性几何形状误差。对于波纹度,我国目前没有统一的标准,只是在某些行业有规定,如轴承行业。波纹度主要是由于加工过程中工艺系统的低频振动造成的。

2) 表面层的物理、力学性能

加工过程中,在切削力和切削热的作用下,已加工表面的表层会产生较大的塑性变形,表面层的物理、力学、化学性能与内部组织相比较,发生了下述几方面的变化:

(1) 提高了表面层的硬度,产生了加工硬化(冷作硬化);
(2) 在表面层和深层之间有残余压应力或拉应力;
(3) 表面层的金相组织也发生了变化。

2. 表面加工质量对材料性能的影响

1) 表面质量对耐磨性的影响

零件的耐磨性主要与摩擦副的材料、热处理状态、表面质量和使用条件有关。在其他条件相同的情况下,零件的表面质量对零件的耐磨性有重要影响。

(1) 表面粗糙度对耐磨性的影响

当摩擦副的两个接触表面存在表面粗糙度时,只是在两个接触表面的凸峰处接触,实际接触面积远小于理论接触面积,相互接触的凸峰受到非常大的单位应力,使实际接触处产生弹性变形和凸峰之间的剪切破坏,使零件表面在使用初期产生严重磨损。

表面粗糙度对零件表面初期磨损的影响很大。一般情况下,表面粗糙度值越小,其耐性就越好。但如果表面粗糙度值过小,润滑油不易储存,接触面之间容易发生分子黏结,磨损反而会增加。因此,接触面的粗糙度有一个最佳值,其值与零件的工作条件有关。工作载荷增大时,初期磨损量增大,表面粗糙度最佳值也随之增大。图 5-2 所示为初期磨损量与表面粗糙度之间的关系。

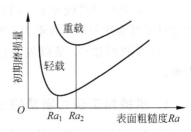

图 5-2 初期磨损量与表面粗糙度之间的关系

(2) 表面层加工硬化对耐磨性的影响

表面层的加工硬化使零件表面层金属的显微硬度提高,故一般可使耐磨性提高。但也不是加工硬化程度越高,耐磨性就越高。过度的加工硬化会导致表面层金属性增大、组织疏松,甚至出现裂纹和表层金属的剥落,从而使耐磨性下降。

(3) 刀路纹理方向对零件耐磨性的影响

表面粗糙度的轮廓形状和表面加工纹理对零件的耐磨性有一定的影响,因为表面轮廓形状及表面加工纹理影响零件的实际接触面积与润滑情况。

(4) 残余应力对零件耐磨性的影响

零件表面的残余应力为压应力时,耐磨性较高。

2) 表面质量对疲劳强度的影响

金属受交变载荷作用后的疲劳破坏,往往发生在金属表面上(或硬化表面层下),因此工件的表面质量对疲劳强度有很大影响。

(1) 粗糙度的影响

在周期性的交变载荷下,加工痕迹的谷底的应力,一般要比作用于表面层的平均应力大 50%～150%,它是应力集中的发源地,也给产生裂纹创造了条件。减小表面粗糙度 Ra 值,将能提高疲劳强度。

实验证明,耐热钢 4Cr14Ni14W2Mo 的试件,其 Ra 值由 $0.2\mu m$ 减小到 $0.025\mu m$ 时,疲

劳强度提高了25%。粗糙度的加工纹理方向对疲劳强度也有影响。加工纹理垂直于受力方向时的疲劳强度,为平行于受力方向的2/3。

(2) 冷作硬化的影响

表面层冷作硬化对疲劳强度的影响,一般来说在低温工作时起提高的作用,因为强化过的表面层会阻止已有的裂纹扩大和新裂纹的产生。同时,硬化会减小外部缺陷和粗糙度的有害影响,对残余拉伸应力的有害影响也会有所减弱。

对于铝镁合金和其他低强度的金属而言,硬化对提高疲劳强度起主要作用。

对于某些材料(如钛合金TC9),表面硬化只是在一定的硬化程度和深度的情况下,才对提高疲劳强度有利。TC9合金的试件,造成19%~24%硬化程度和50~180μm的硬化深度,在450℃时,疲劳强度将会降低。这是因为在循环加载和高温作用下,表面塑性变形层会加速扩散过程,进而使金属表面层软化并丧失承载能力。

(3) 残余应力的影响

金属的疲劳破坏,都是承受交变载荷的过程中由于疲劳微细裂纹的形成和扩展而造成的。当表面层具有残余压缩应力时,将阻止裂纹的扩展,从而使零件的疲劳强度显著提高。表面层中的拉伸应力将使疲劳强度下降。

在高温条件下工作的零件,残余应力对疲劳强度的影响较小。

由于零件表面的冷作硬化和残余压应力,在一般情况下对疲劳强度起有利的影响,可延长使用寿命,所以,喷丸、滚压和挤压等强化工艺,经常用来提高零件的疲劳强度。

3) 表面质量对耐蚀性的影响

表面质量对零件的耐蚀性能有很大的影响。

零件的耐蚀性在很大程度上取决于表面粗糙度。一般说,表面粗糙度Ra越小,耐蚀性就越强。因为表面越粗糙,大气中的气体、水汽及杂质等越易于在凹谷聚集,从而产生电化学反应,形成电化学腐蚀,逐步在谷底形成裂纹,且在拉应力作用下逐步扩展。

当两种不同金属材料的零件接触时,在水分存在的条件下,在表面粗糙度的顶峰间产生电化学作用,从而形成电化学腐蚀。

有残余拉应力和冷作硬化的零件表面,都会使零件的抗蚀性下降。应力腐蚀是航空、航天器零件常见的一种破坏形式,特别是在受燃气侵蚀的条件下工作的零件。

金相组织的改变,特别是高强度钢的表面层,如40CrNiMoA的表面层,若产生有如回火马氏体等组织时,则会降低耐蚀性。所以,在加工时,一般均采用锐利的刀具进行切削,以避免产生相变。

另外,由于钛合金、高温合金在进行电化学加工时,往往要产生晶界腐蚀的现象,所以在这些工序后应再进行其他的强化工序。

4) 表面质量对配合质量的影响

表面粗糙度值的大小会影响配合表面的配合质量。粗糙度值大的表面由于其初期耐磨性差,初期磨损量较大。对于间隙配合,会使间隙增大,破坏要求的配合性质。对于互相配合的零件,无论是动配合还是静配合,如果表面加工比较粗糙,Ra的数值必然会很大,从而影响实际配合的性质。

对于动配合的零件,如果配合表面很粗糙,则机器在工作时会迅速磨损,使其间隙加大,从而影响配合精度,改变了应用的配合性质,很快降低使用质量。

对于过盈配合,装配过程中一部分表面凸峰被挤平,实际过盈量减小,减小了配合件间的连接强度,会导致配合的可靠性降低。表面粗糙度 Ra 值过大,会影响连接强度。由于表面不平,实际过盈量并不等于轴和孔的直径之差。

一般实际过盈当量

$$e \approx (D_1 - D_2) - 1.2(R_{Y1} + R_{Y2}) \tag{5-1}$$

式中：e——过盈当量；

D_1——轴的直径；

D_2——孔的直径；

R_{Y1}——轴的轮廓最大高度；

R_{Y2}——孔的轮廓最大高度。

因此,粗糙度会降低过盈配合的连接强度。

对于过渡配合,则兼有上述两种配合的问题。

5) 表面质量对其他性能的影响

除了上述几种情况以外,表面质量对零件的接触刚度、接合面的导热性、导电性、导磁性、密封性、光的反射与吸收、气体和液体的流动阻力等均有一定程度的影响。由以上分析可以看出,表面质量对零件的使用性能有重大影响。提高表面质量对保证零件的使用性能、提高零件使用寿命是很重要的。

5.2　影响机械加工精度的主要因素

零件的尺寸、几何形状和表面间位置关系的形成,主要取决于工件和切削工具在切削过程中的相互位置和一定的相对运动。在加工过程中,机床、夹具、工件和切削工具组成了一个完整的系统,称为工艺系统。这个系统各个环节的误差都和加工误差有紧密的关系。

工艺系统的误差,一方面是系统各环节本身及其相互间的几何关系、运动关系与调整测量等因素的误差;另一方面是加工过程中因负载(如受力变形、受热变形等)使系统偏离其理论状态。

在机械加工过程中,机床、夹具、刀具、工件之间相互位置相对于理想状态产生的偏移,即工艺系统的误差,称为原始误差。这些原始误差是影响加工精度的主要因素。在工艺系统的诸多原始误差中,一部分与工艺系统的初始状态有关;另一部分与工艺过程有关。按照这些原始误差性质进行归类如图 5-3 所示。

5.2.1　工艺系统初始状态产生的误差

零件的机械加工过程是在由机床、夹具、刀具和工件组成的工艺系统中完成的。工艺系统中能够引起加工误差的因素称为原始误差,如安装误差、夹具误差等。原始误差的存在,会使工艺系统各元素间的相对位置偏离理想状态,引起加工误差。若原始误差是在加工前已经存在,称为工艺系统静误差。若在加工过程中产生的称为工艺系统动误差,如刀具受损、工艺系统受热变形。

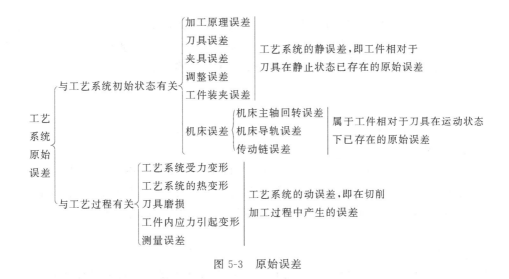

图 5-3 原始误差

1. 加工原理误差

在满足使用要求的前提下,为了简化机床及刀具的设计与制造,提高生产效率,在加工过程中往往采用近似的加工方法、加工刀具,完成零件的加工过程。由于在加工中采用了近似的加工运动、近似的刀具轮廓和近似的加工方法而产生的原始误差即为加工原理误差。

在某些比较复杂的型面加工时,为了简化机床设备或切削工具的结构,常采用近似的加工方法。如车削模数蜗杆时,工件节距为 πz,而 π 为无理数,那么只能通过配换齿轮去近似无理数。又如滚刀滚切齿轮的范成运动,当滚刀齿数无穷多才能范成出光滑齿廓形状。但实际上,滚刀的齿数不可能无穷多。因此,齿面形状就存在原理误差。存在着原理误差的加工是有条件的,也是有优势的。当齿轮精度要求不高,加工量很小,其加工成本低廉,不需要昂贵的齿轮加工专用机床,只需普通铣床就可以完成加工的优势尤为凸显。

在用离散点定义的曲面加工时,常采用回转面族的包络面去逼近原曲面,这也要产生理论误差。另外,在数控机床上,常用直线或圆弧插补来加工轮廓曲线或曲面,也有理论误差存在。又如图 5-4 所示,为某型涡轮叶片叶型(叶盆)的加工,由于叶盆是斜锥面,加工比较困难,若用正圆锥面来代替,则加工就十分方便,因此,每个截面上的理论曲线(圆弧)都由椭圆来代替而产生了加工原理误差。

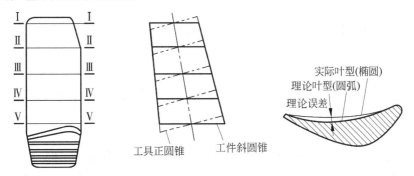

图 5-4 叶片叶盆加工的理论误差

综上所述，一般在型面加工时采用近似加工法。由于近似加工法比较简单，只要加工原理误差不大，采用近似加工法就可大大提高生产率和经济性。加工原理误差的大小，一般应该控制在公差值的 10%～20%，其数值可用分析计算法或作图法来确定。

2. 刀具误差

刀具误差包括制造和磨损两方面的误差。

1) 刀具制造误差

刀具制造误差对加工精度的影响主要与刀具的种类有关。一般刀具如外圆车刀、面铣刀等的制造误差对加工精度的影响很小，但定尺寸刀具如钻头、圆孔拉刀、三面刃铣刀等的制造误差对加工精度的影响极大，这是因为用定尺寸刀具加工时，刀具的尺寸直接决定工件的加工尺寸。

2) 刀具磨损误差

在精加工过程中，刀具的磨损所引起的加工误差不可忽视。刀具的磨损通常分为三个阶段：初期磨损阶段、正常磨损阶段以及剧烈磨损阶段。在初期磨损阶段，刀具磨损较剧烈，该阶段的磨损量称为初期磨损量；在正常磨损阶段，刀具磨损量与切削路程成正比，绝大部分的刀具磨损发生在该阶段；在剧烈磨损阶段，刀具磨损量迅速增加，当超出范围后，应及时停止使用。

刀具的径向磨损量(也称为尺寸磨损)不仅影响工件的尺寸精度，还影响工件的形状精度，例如在车床上车削长轴或者镗削深孔时，随着刀具的逐渐磨损，就可能在工件上出现锥度；用成型刀具加工时，刀具各切削刃不一致的径向磨损会使工件的轮廓发生变化。正确地选用刀具材料和选用新型耐磨的刀具材料、合理地选用刀具几何参数和切削用量、正确地刃磨刀具、正确地采用切削液等，均可有效地减少刀具的尺寸磨损。必要时还可采用补偿装置对刀具尺寸磨损进行自动补偿。

3. 夹具误差

夹具误差主要包括：定位元件、刀具导向件、分度机构、夹具体等的制造误差；夹具装配后，以上各种元件工作面之间的相对位置误差；夹具使用过程中工作表面的磨损。夹具误差将直接影响工件加工表面的位置精度或尺寸精度。

4. 调整误差

在机械加工的各个工序中，需要对机床、夹具及刀具进行调整。调整误差的来源，视不同加工方法而异。

1) 试切法

采用试切法加工，引起调整误差的因素有测量误差、机床进给机构的位移误差及试切时与正式切削时切削层厚度不同的影响。

2) 调整法

采用调整法对工艺系统进行调整时，也要以试切为依据。因此，上述影响试切法调整精度的因素，同样对调整法也有影响。此外，影响调整精度的因素还有：用定程机构调整时，调整精度取决于行程挡块、靠模及凸轮等机构的制造精度和刚度以及与其配合使用的离合器、控制阀等的灵敏度；用样件或样板调整时，调整精度取决于样件或样板的制造、安装和对刀精度。

5．机床误差

加工中，刀具相对于工件的成型运动一般都是通过机床完成的。因此，工件的加工精度在很大程度上取决于机床的精度。机床制造误差对工件加工精度影响较大的有主轴回转误差、导轨误差和传动链误差。机床的磨损将使机床工作精度下降。

1）主轴回转误差

在理想状态下，机床主轴回转时，回转轴线的空间位置保持不变。但在实际加工时，工艺系统中存在着各种影响因素，影响机床主轴线的位置，使其发生变化。主轴回转误差是指主轴的实际回转轴线相对其平均回转轴线在规定的测量平面内的变动量。变动量越小，主轴的回转精度越高；反之，回转精度越低。

(1) 主轴回转误差的表现形式

主轴回转误差可以分解为三种基本形式：

① 端面圆跳动（轴向窜动）。瞬时回转轴线沿平行回转轴线方向的轴线运动，如图5-5所示。它主要影响端面形状和轴向尺寸精度。

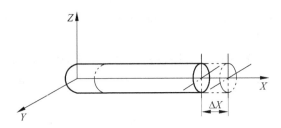

图 5-5　轴向窜动

② 径向圆跳动。瞬时回转轴线沿垂直于平均回转轴线方向的径向运动，如图5-6所示。它主要影响圆柱面的精度。

③ 角度摆动。瞬时回转轴线与平均回转轴线成一倾斜角度，但其交点位置固定不变的运动，如图5-7所示。在不同横截面内，轴心运动轨迹相似，它主要影响圆柱面和端面的加工精度。

图 5-6　径向圆跳动　　　　　　　　图 5-7　角度摆动

实际加工中的主轴回转误差是上述三种基本形式的合成。

(2) 影响主轴回转误差的因素

造成主轴回转误差的主要因素是主轴轴颈的圆度误差、同轴度误差，轴承本身的各种误差,与轴承配合零件的误差以及主轴系统的径向不等刚度和热变形等。不同类型的机床,其影响因素也各不相同。

① 轴承的影响。对于工件回转类机床,如车床、外圆磨床等,因切削力的方向不变,主轴回转时作用在轴承上的作用力方向也不变。此时主轴的轴承轴径的圆度误差影响较大,而轴承孔的圆度误差影响较小,如图 5-8(a)所示。对于刀具回转类机床,如钻床、镗床、铣床等,因切削力的方向随主轴旋转而改变,此时,主轴轴承轴径的圆度误差影响较小,而轴承孔的圆度误差影响较大,如图 5-8(b)所示。

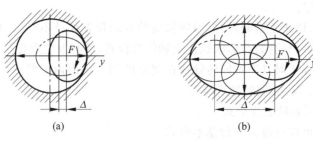

图 5-8　两类主轴回转误差的影响

车床主轴的止推轴承滚道端面的平面度误差,以及其与回转轴线的垂直度误差,会直接引起主轴的轴线窜动,从而影响被加工件端面的平面度及其与圆柱面的垂直度精度。而车削螺纹时,会产生螺距误差。

② 轴承间隙的影响。轴承间隙对回转精度也有影响,轴承间隙过大,会使主轴工作时油膜厚度增大,油膜承载能力降低;当工作条件如载荷、转速等变化时,油膜厚度变化较大,主轴轴线漂移量较大。

③ 与轴承配合的零件误差的影响。由于轴承内、外圈或轴瓦很薄,受力后容易变形,因此与之相配合的轴径或箱体支承孔的圆度误差,会使轴承圈或轴瓦发生变形而产生圆度误差。与轴承圈端面配合的零件如轴肩、过渡套、轴承端盖、螺母等的有关端面,如果有平面度误差或与主轴回转轴线不垂直,会使轴承圈滚道倾斜,造成主轴回转轴线的径向、轴向漂移。箱体前后支承孔、主轴前后支承轴颈的同轴度会使轴承内外圈滚道相对倾斜,同样也会引起主轴回转轴线的漂移。

(3) 提高主轴回转精度的措施

① 提高主轴支承零部件的精度。获得高精度的主轴部件的关键是提高轴承精度。主轴轴承,特别是前轴承,根据主轴回转精度和工作载荷要求选择适合的轴承精度和支承刚度,对滚动轴承进行预紧。当采用滑动轴承时,则采用静压滑动轴承,以提高主轴刚度,减少径向圆跳动。

② 提高主轴零件以及主轴箱零件的加工精度。在主轴、主轴箱零件的加工工艺过程中,提高和严格控制主轴箱箱体支承孔、主轴零件的轴颈和与轴承相配合有关表面的加工精度,包括轴颈外圆表面、轴肩端面的几何形状精度(如圆度、圆柱度、平面度)、相互位置精度(径向跳动、端面跳动、同轴度等)。

③ 提高主轴部件的制造精度。在主轴部件装配时,应当采取进一步提高主轴回转精度的装配工艺措施:先测出滚动轴承及主轴锥孔的径向圆跳动,然后调节径向圆跳动的方位,使误差相互补偿或抵消,以减少轴承误差对主轴回转精度的影响。

④ 对滚动轴承进行预紧,消除间隙。对滚动轴承适当预紧以消除间隙,甚至产生微量过盈。由于轴承内外圈和滚动体变形的相互制约,既增加了轴承刚度,又对轴承内外圈滚道和滚动体的误差起均化作用,因而可提高主轴的回转精度。

⑤ 避开主轴回转误差对工件加工精度的影响。直接保证工件在加工过程中的回转精度而不依赖于主轴,是保证工件形状精度的最简单而有效的方法。如采用两固定顶尖支承磨削外圆柱面,主轴仅仅提供旋转运动和转矩,而与主轴的回转精度无关。

2) 机床导轨误差

机床导轨副是实现直线运动的主要部件,其制造和装配精度直接影响机床移动部件的直线运动精度,造成加工表面的形状误差。导轨副运动件实际运动方向与给定(理论)运动方向的符合程度称为导向精度。在机床的精度标准中,直线导轨的精度一般包括:导轨在水平面内的直线度误差;导轨在垂直面内的直线度误差;前后导轨的平行度误差(扭曲);导轨与主轴回转轴线的平行度误差。

导轨的导向误差对不同的加工方法和加工对象将会产生不同的影响,分析导轨的导向误差对加工精度的影响时,主要考虑导轨误差引起刀具与工件在误差敏感方向上的相对位移。机床导轨在水平面内存在直线度误差 ΔY,该误差会使刀具的运动轨迹产生误差 ΔR。如果沿轴线存在不同的 ΔY,还将造成零件的圆柱度误差。因此,在加工过程中需要对直线度误差加以控制。机床导轨在垂直面内存在直线度误差 ΔZ,该误差对加工精度的影响较小,一般可忽略不计。机床前后导轨存在平行度误差,刀具和工件之间的相对位置发生变化,会引起加工过程中工件的形状误差。

3) 机床传动链误差

加工过程中,机床输入端回转运动速度与输出端直线速度间的恒定关系的维持依赖于机床的传动系统。传动链误差是指内联系的传动链中首末两端传动元件之间相对运动的误差。它在螺纹加工或用展成法加工齿轮、蜗轮等工件时,是影响加工精度的主要因素。

当传动链中的各传动元件,如齿轮、蜗轮、蜗杆等,因有制造误差、装配误差(主要是装配偏心)和磨损时,就会破坏正确运动关系,使工件产生误差。各元件在传动链中的位置不同,其转角误差对加工精度的影响程度也不一样。如传动链为升速运动,则传动元件的转角误差将被放大,反之缩小。在一般传动链中,应尽量减少传动元件,缩短传动路线;末端元件对传动链误差影响最大,故末端元件的制造和装配精度尤为重要。

6. 工件装夹误差

工件的装夹误差是指定位误差和夹紧误差,将直接影响工件加工表面的位置精度和尺寸精度。定位误差在3.5节已作介绍,此处不再赘述。夹紧误差主要与夹紧力及夹紧机构的选择有关。夹紧力的大小、方向和作用点的选择,对夹紧误差有很大的影响。在选择夹紧机构时,应使工件能均匀稳定地夹紧,在保证可靠性的同时,使夹紧变形减小。

5.2.2 工艺过程产生的误差

1. 工艺系统受力变形

在机械加工过程中,由机床—夹具—刀具工件组成的工艺系统,在切削力、夹紧力、重力和惯性力等的作用下会产生变形，从而改变了已经调整好的切削工具和工件的相对位置，因而导致加工误差的产生并破坏了切削过程的稳定性。

工艺系统是由很多零件和部件按一定的连接方式组合起来的总体，在受力后的变形是比较复杂的。

在加工过程中，工艺系统各元素间存在切削力、夹紧力、传动力等作用，在外力的作用下工艺系统会发生一定的弹性变形。工艺系统的受力变形是影响加工精度的重要因素。而系统在受力后的变形，取决于系统的刚度。刚度，是指材料或结构在受力时抵抗弹性变形的能力，在数值上是指加到系统上的作用力与由它所引起的在作用力方向上的位移之间的比值。

在机械加工中，工艺系统的刚度是：加工表面法向所受的外力与该方向上位移的比值，即

$$K = \frac{P_Y}{y} \quad (\text{N/mm}) \tag{5-2}$$

式中：K——工艺系统的刚度；

P_Y——垂直于被加工表面的切削分力(N)；

y——切削分力 P_Y 方向上的位移(mm)。

必须指出，式中 y 是由系统所受的全部作用力综合引起的变形，位移不只是由 P_Y 所引起的变形位移。

工艺系统的刚度，是以系统中各个环节的刚度来进行计算的。

设 $y_1, y_2, y_3, \cdots$ 为系统中各个环节在所取点上在 P_Y 方向上的位移，则整个系统的位移为

$$y = y_1 + y_2 + y_3 + \cdots$$

即

$$\frac{P_Y}{K} = \frac{P_Y}{K_1} + \frac{P_Y}{K_2} + \frac{P_Y}{K_3} + \cdots \tag{5-3}$$

式中：K_1, K_2, K_3——系统中各个环节的刚度。

或

$$\omega = \omega_1 + \omega_2 + \omega_3 + \cdots \tag{5-4}$$

式中：ω——工艺系统的柔度；

$\omega_1, \omega_2, \omega_3$——工艺系统中各环节的柔度。

所谓柔度，也就是在单位外力作用下，系统所产生的变形值，即刚度的倒数。

由以上分析说明，工艺系统刚度的倒数等于各组成环节刚度倒数之和，即工艺系统的柔度等于各组成环节柔度之和。因此，在分析、研究和计算各组成环节的刚度后，即可知系统的刚度及其特性。

1) 工艺系统中部件的变形

单个零件的刚度，一般尚可用构造力学模型作近似计算，但由若干零件、组件组成的部件，刚度的计算就十分复杂和困难。在实践中一般采用实验的方法来测定。图 5-9 为某车床刀架部件的刚度曲线。

图 5-9 所示为三次加载和卸载的曲线，由图可知：

力和变形的关系是非线性的，曲线各区间的斜率是该区间的刚度，这说明系统的刚度是

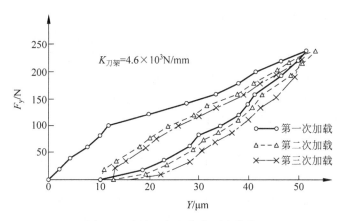

图 5-9　车床刀架部位的刚度曲线

随着载荷的大小而改变的;加载和卸载曲线不重合,这说明在这一过程中有能量损失,此能量用以克服零件间的摩擦力所做的功,以及接触面之间的变形所做的功;卸载后变形曲线回复不到原有位置,说明有残留塑性变形。反复加、卸载后,塑性变形逐渐减小。

由刀架刚度曲线知,刀架的平均刚度为

$$K_{刀架} = 240/0.052 = 4.6 \times 10^3 \quad (N/mm)$$

这个刚度比较小,只相当于一个 30mm×30mm×30mm 的铸铁杆悬臂梁的刚度。一般其他部件的变形情况与此类似。

有以下几个主要因素影响部件的刚度:

(1) 连接表面间的接触变形

两个表面相接触时,当在法向作用载荷后,两个表面就要趋近,其位移量是表面压强的递增函数,如图 5-10(a)所示。

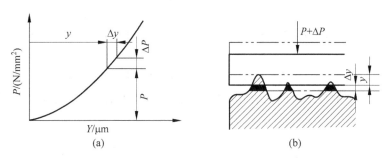

图 5-10　表面接触变形

压强增量 ΔP 和位移增量 Δy 之比,称为接触刚度,即

$$K_c = \Delta P/\Delta y \quad (N/mm^2 \cdot \mu m) \tag{5-5}$$

在机械加工后零件表面上,都有宏观的几何形状误差和微观的粗糙度,所以零件间的接触只是表面粗糙度个别凸峰的接触,表面的接触变形主要是这些凸峰的变形,如图 5-10(b)所示。

随着法向载荷增加,表面微观凸峰的接触数目逐渐增多,接触的弹性变形也不断增大,当接触应力超过弹性变形的极限时,部分凸峰就产生塑性变形,导致位移量加大。

影响表面接触刚度的主要因素有下述两方面：

① 表面的形状误差和粗糙度。表面的形状误差和粗糙度数值对凸峰接触数起决定性的影响。表面越粗糙，接触刚度 K_c 越小。表面形状误差越小，则实际接触面积越大。如对机床的导轨及某些工件的平面进行铲刮加工，增多接触点数，可以提高接触刚度 K_c 的数值。

② 材料硬度。材料硬度对接触变形也有较大的影响，材料硬度越高，接触变形则越小。这是因为较硬材料的屈服极限较高，塑性变形小。

（2）低刚度零件本身的变形

机床的刚度取决于其组成零件的刚度。在部件中，往往有个别零件的刚度较低，容易变形，引起机床刚度的变化。如刀架和溜板部件中常用的楔铁，由于结构细长，刚性差，另外在制造时不易做得平直准确，因而在工作时接触不良，在外力作用下，楔铁容易产生变形，使刀架系统的刚度大大下降。又如某些轴承套是薄壁件，由于几何形状不准确而接触不良，从而使整个系统的刚度大为降低。

（3）连接件的刚度

机床零件间常用螺栓连接，如果外力小于螺栓压紧力产生的摩擦力时，结构相当于一个整体，刚度很高。当外力超过螺栓压紧力产生的摩擦力后，被连接零件间将会发生错动而使刚度明显降低。

（4）间隙的影响

若对某部件从正反两个方向加载和卸载时，则其刚度曲线如图 5-11 所示。

在实际加工中，若只是单向受力，在第一次加载后就能消除间隙。若在加工过程中要改变受力的方向时，间隙的位移就会影响加工精度。

2）工艺系统刚度对加工精度的影响

在机械加工过程中，整个工艺系统处于受力状态，加工后工件的尺寸误差和形状误差将随系统受力状态和刚度的变化而变化，对加工精度的影响一般有下列几种主要的形式。

（1）切削力大小的改变

由于加工余量和材料硬度的不均匀，会引起切削力和工艺系统受力状态的变化，从而影响工件的加工精度。

图 5-12 所示为加工一个偏心的毛坯，在工件每一转中，切削力将从最小变到最大，再返回到最小，工艺系统的变形也随之有相应的变化，所以加工后的工件表面仍是有偏心的，这种现象称为误差复映。

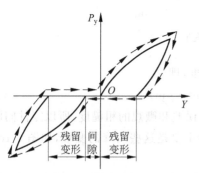

图 5-11　间隙对刚度曲线的影响

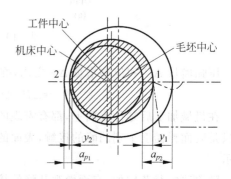

图 5-12　余量不均的毛坯形状误差复映

设最大余量为 a_{p1}，最小余量为 a_{p2}，则毛坯的最大余量差 Δa_p 为

$$\Delta a_p = a_{p1} - a_{p2}$$

由于工艺系统在加工"1"点和"2"点处的刚度可近似地看作相等（K），则在点"1"、"2"处的变形为

$$Y_1 = P_{Y1}/K$$
$$Y_2 = P_{Y2}/K$$

因此，工件的形状误差 Δ 为

$$\Delta = Y_1 - Y_2 = (P_{Y1} - P_{Y2})/K \tag{5-6}$$

由切削原理知，切削分力 P_Y 和切削深度 a_p 成正比，即

$$P_Y = c a_p \tag{5-7}$$

式（5-7）中 c 是一个常数，所以有

$$\Delta = \frac{1}{K}(P_{Y1} - P_{Y2})$$
$$= \frac{c}{k}(a_{p1} - a_{p2}) = \frac{c}{K}\Delta a_p$$

即

$$\frac{\Delta}{\Delta a_p} = \frac{c}{K} = \xi \tag{5-8}$$

由于 c 是一个常数，所以当工艺系统的刚度 K 一定时，ξ 即为一个常数，这个常数称为误差复映系数，Δ 则称为复映误差。

误差复映系数是一个小于 1 的正数。当一次走刀后若仍超过公差，则可再走刀一次，即将第一次的复映误差作为毛坯误差，经过加工后的第二次复映误差就进一步减小。所以，毛坯误差的复映程度随着走刀次数的增加而越来越小。因此，在零件加工过程中，若精度要求较高，则需多次走刀。工艺过程中加工表面需要进行粗加工、半精加工、精加工也是基于误差复映规律进行多次加工以提高工件加工精度。

（2）切削力作用点的位置的改变

工艺系统的刚度是随受力点的位置改变而变化的。所以，当切削力作用点改变时，则使工件在加工后的尺寸不一而产生形状误差。

图 5-13 所示为在车床上两个顶尖加工轴的情况。

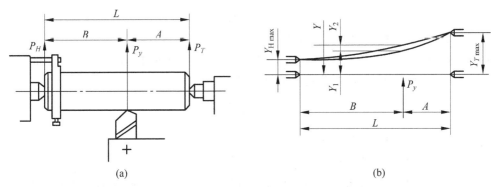

图 5-13 顶尖加工轴的情况

设 P_Y 不变,且工件及刀具的刚度极大,其变形可忽略不计。在切削力作用下,刀架以及前、后顶尖要产生位移,因此刀架的变形量在工件全长上是一个常数,所以它只影响工件直径的尺寸精度,而不会影响工件纵向的几何形状,前、后顶尖的变形则与切削力的作用点位置有关。

设工件全长为 L,刀具位于距前顶尖 B 处时,前顶尖处所受的分力 P_H 为

$$P_H = P_Y \cdot \frac{L-B}{L} = P_Y \cdot \frac{A}{L} \tag{5-9}$$

式中,$A+B=L$。

后顶尖处所受的分力 P_T 为

$$P_T = P_Y \cdot \frac{B}{L}$$

设前、后顶尖处的刚度分别为 K_H 和 K_T,则前、后顶尖处的位移分别为

$$Y_H = \frac{P_H}{K_H} = \frac{A}{L} \cdot \frac{P_Y}{K_H}$$

$$Y_T = \frac{P_T}{K_T} = \frac{B}{L} \cdot \frac{P_Y}{K_T}$$

此时,前、后顶尖的连线就是工件的轴线,在距前顶尖 B 处轴心线的位移量为

$$\begin{aligned} Y_1 &= Y_H + (Y_T - Y_H) \cdot \frac{B}{L} \\ &= Y_H \cdot \left(1 - \frac{B}{L}\right) + Y_T \cdot \frac{B}{L} \\ &= \frac{P_Y}{K_H} \cdot \left(\frac{L-B}{L}\right)^2 + \frac{P_Y}{K_T} \cdot \left(\frac{B}{L}\right)^2 \\ &= \frac{P_Y}{K_H} \cdot \left(\frac{A}{L}\right)^2 + \frac{P_Y}{K_T} \cdot \left(\frac{B}{L}\right)^2 \end{aligned} \tag{5-10}$$

当 $B=0$ 时,前顶尖的变形达最大值;
$B=L$ 时,后顶尖的变形达最大值。即

$$Y_{H\max} = \frac{P_Y}{K_H}$$

$$Y_{T\max} = \frac{P_Y}{K_T}$$

由于加工时工件不可能是绝对刚体,一定也有变形,而且有时会有很大的变形,现设前、后顶尖的刚度极大,其变形量可忽略不计,在切削力 P_Y 的作用下,工件要产生弯曲变形,在工件轴向的不同位置上,工件弯曲变形的位移量为

$$Y_2 = \frac{P_Y}{3EJ} \cdot \frac{A^2 \cdot B^2}{L} \tag{5-11}$$

式中:E——工件材料的弹性模数;
J——工件截面的惯性矩。

由于工件在加工时,机床和工件都有变形,因此,影响工件纵向几何形状的变形位移量(图 5-13(b))为

$$Y = Y_1 + Y_2$$
$$= \frac{P_Y}{K_H} \cdot \left(\frac{A}{L}\right)^2 + \frac{P_Y}{K_T} \cdot \left(\frac{B}{L}\right)^2 + \frac{P_Y}{3EJ} \cdot \frac{A^2 \cdot B^2}{L} \tag{5-12}$$

(3) 其他作用力的影响

在加工过程中,除了切削力之外,还有很多作用力使工艺系统的某些环节产生变形,从而造成加工误差。

① 夹紧力引起的变形。图 5-14(a)为一薄壁套筒,加工时在三爪卡盘夹紧力的作用下产生了夹紧变形(图 5-14(b)),然后,对内孔进行加工,使之成为比较准确的图形(图 5-14(c)),当工件在卡盘上卸下后,由于工件的弹性恢复,孔将出现三角棱圆的形状(图 5-14(d)),因而造成误差。

所以,对于低刚度的工件,必须注意夹紧变形的影响。如在加工时,在工件外圆上加上一个开口衬套(图 5-14(e))或使用软三爪卡盘(图 5-14(f)),就可以减小夹紧变形。在生产量较大时,可采用弹簧夹筒或液性塑料夹具,使夹紧力均匀,以减小夹紧变形。

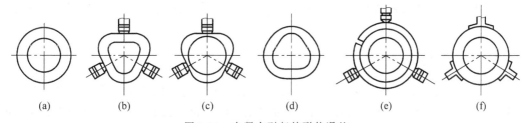

图 5-14 夹紧力引起的形状误差

② 惯性力引起的变形。在高速加工中,如果工艺系统中有不平衡的高速旋转的构件存在,就会产生不平衡的离心力,从而造成工件的形状误差。在这种情况下,一般是采取平衡块的方法使离心力互相抵消。若难于采用这种方法时,则只能适当地降低转速以减小离心力对加工精度的影响。

③ 工件重力引起的变形。在加工大型工件及组合件时,工件本身的重量较大,由自重引起变形而产生的形状误差,往往是这类加工中产生误差的重要原因,所以在实际生产中,经常采用布置辅助支承来减小其影响。

3) 减小工艺系统受力变形的途径

为减小工艺系统的受力变形,在生产中常用的方法:提高工艺系统的刚度;减小载荷及其变化。

(1) 提高系统刚度,常用的措施有:

① 在结构设计方面,要使系统各环节的零部件的惯性矩大;

② 提高配合面的质量,以提高接触刚度;

③ 对系统进行合理的调整,以保持适当的预载和合理的间隙;

④ 减小系统中支点间的跨度和悬臂的长度,合理地设置辅助支承等。

(2) 减小切削力和其他作用力及其在加工过程中的变化,对减小受力变形也有很大影响,在生产中常用的工艺措施有:

① 合理地选择切削工具的材料及有关几何参数,以减小切削力;

② 合理安排热处理,以改善材料的加工性能;
③ 选择合理的加工用量;
④ 保持均匀的余量,以减小切削力的变化;
⑤ 控制夹紧力的大小及其分布,以及减小离心力等。

(3) 提高工件安装时的刚度,可以采用增加辅助支承的方法,这样既不会造成过定位又能保证加工精度。例如,对薄壁套类零件可采用另加刚性开口夹环或改用端面轴向夹紧措施等。

(4) 提高加工时刀具的刚度。在加工时刀具的悬伸长度尽量短,刀杆应尽量粗些,以提高自身刚度。为了提高刀具刚度,还可通过采用附加支承和具有对称刃口的刀具。

(5) 提高接触刚度。零件的表面质量对接触刚度具有较大影响,因此要注意接触表面的粗糙度、形状精度等。为了提高工艺系统的刚度,应尽量减少系统组成件数,提高接触表面的质量,减少接触变形,提高接触刚度。

(6) 加预紧力。对于相互配合的接触面,加预紧力使工件产生预变形,减小间隙,增大实际接触面积,提高接触刚度。但此方法往往受到预紧力不能进一步增加的限制,故其适用性有一定的限制。

2. 工艺系统的热变形

机械加工过程中会产生各种热量,致使工艺系统温度升高而产生热变形。热变形对精加工影响比较大。例如,在精密加工中,通常热变形所引起的加工误差会达到加工总误差的40%~70%。工艺系统的热变形不仅严重影响加工精度,而且影响生产率的提高。

1) 工艺系统的热源

(1) 切削热。切削热是被加工材料塑性变形以及刀具前、后面摩擦功转化的热量,它主要对工件和刀具有较大的影响,切屑堆积在机床内,也会引起机床的热变形。

(2) 摩擦热和传动热。摩擦热和传动热是机床零件的摩擦(齿轮、轴承、导轨等)转变的热量,以及液压传动(液压泵、液压缸等)和电动机的温升等产生的热量。这类热源对机床的影响较大。

(3) 派生热源。部分切削热由切屑、切削液带走,将热量传递到机床,形成派生热源。同时,由于润滑油的作用,摩擦热被循环散布到机床各处,也是一个重要的派生热源。

(4) 周围环境的外界热源,如阳光等。

2) 工艺系统热变形对加工精度的影响

在各种精密加工中,热变形的影响特别突出,因为在这种场合下,切削力一般都比较小,工艺系统刚度不足所引起的加工误差也比较小,而热变形引起的误差就相对较大了。

(1) 机床热变形对加工精度的影响

金属切削机床因受热产生热变形,不仅会破坏机床的几何精度,还会影响机床各成型运动的位置关系,从而降低加工精度,其影响效果视机床机构而异。

① 车床类机床。车床类如车床、铣床、钻床、镗床等机床工作时,热源主要由主轴箱中的轴承和齿轮在运转中的摩擦所引起。由于主轴箱受热变形,主轴位置升高并倾斜,在水平方向也产生位移,其中影响加工精度较大的是水平方向上的位移。

② 磨床类机床。磨床类机床工作时,由于液压系统和电动机等布局不够合理,在传动

中产生的热量使机床各个部分受热不均匀。

在机床运转一段时间后,当传入各部件的热量与由各部件散失的热量相近或相等时,部件的温度便不再继续上升而达到平衡状态。此时,机床的热变形便不再继续而达到平衡状态。因此,精密加工一般都在达到热平衡之后进行。在研究机床热变形对加工精度的影响时,主要考虑主轴位置的变化及导轨的变形。

(2) 工件热变形对加工精度的影响

工件热变形的热源主要是切削热。加工时,来自切削区域的热源使工件温度升高,从而产生热变形,影响加工精度。对于精密零件或薄壁零件,加工环境的温度和辐射热也不容忽视,精密加工时必须控制车间温度。工件热变形对加工精度的影响表现为两个方面:一方面,若工件受热膨胀均匀,热变形只改变工件的尺寸,不改变工件的形状;另一方面,若工件受热膨胀不均匀,将会改变工件的形状,引起工件的加工误差。

(3) 刀具热变形对加工精度的影响

刀具的热变形主要是由切削热引起的,传给刀具的热量虽不多,但由于刀具体积小、热容量小且热量又集中在切削部位,因此切削部位仍会产生很高的温升。例如,高速钢刀具车削时刃部的温度可高达 700~800℃,刀具的热伸长量可达 0.03~0.05mm。由于切削热引起的刀具热伸长一般发生在被加工工件的误差敏感方向,因此其热变形对加工精度的影响是不可忽视的。例如,在车床上加工长轴,刀具连续工作时间长,随着切削时间的增加,刀具受热伸长,使工件产生圆柱度误差;又如在立式车床上加工大端面,由于加工过程中刀具受热伸长,使工件产生平面度误差。

3) 减小工艺系统热变形的措施

为了减小热变形对加工精度的影响,首先应从工艺装备的结构方面采取措施。例如,注意机床结构的热对称性,合理安排支承的位置,将热变形控制在不降低精度的方向上,外移热源和隔热等。下面介绍从工艺方面减少热变形的途径。

(1) 加快热平衡。当工艺系统在单位时间内吸收的热量与其散发出的热量相等时,工艺系统达到热平衡,此时工艺系统的热变形趋于稳定。所以加速达到热平衡状态,有利于控制工艺系统热变形。一般有两种方法:一种方法是在加工之前,使机床高速空运转一段时间,进行预热;另一种方法是在机床的适当部位人为地设置"控制热源"。

(2) 加强冷却。切削加工时,在切削区施加充分的切削液,可减少传入工件和刀具的热量,从而减小工件和刀具的热变形。对机床发热部位采取强制冷却,控制机床的温升和热变形。例如,加工中心内部有较大热源,可采用冷冻机冷却润滑液或采用循环冷却水环绕主轴部件的内腔,以控制发热和变形。

(3) 控制环境温度,精密加工安排在恒温车间内进行。对于精密加工、精密计量和精密装配来说,恒温条件是必不可少的。恒温的精度应严格控制在一定范围内,一般为 1℃,精密级为 ±0.5℃,超精密级为 ±0.01℃。实验研究表明,生产环境的温度波动是影响精密加工和精密机器装配精度的因素之一。

(4) 合理安排工艺过程。在加工过程中,应将粗、精加工分开进行,并尽量延长粗、精加工间的转换时间,保证工件具有足够的冷却时间,防止粗加工时工件的热变形对精加工的精度产生影响。这样既保证了加工精度,亦保证了切削效率。

(5) 减少热源。为了减小机床的热变形,把能够从机床结构中分离的热源,如电机、变速箱等,尽可能放置在机床外部。同时,对于轴承、丝杠等接触副,可以从润滑、结构等方面考虑,减少摩擦热。

(6) 采用热补偿方法。当热变形无法避免时,可以采用热补偿法使机床的温度场趋于一致,产生较为均匀的变形,消除其加工精度的影响。利用该方法时,必须事先掌握机床热变形的规律。例如,利用平面磨床加工零件时,磨削热会使磨床床身的温度升高,使磨床床身上热下冷而使床身中凸。此时,若将液压系统的油池放置在床身底部,使床身底部温度上升而产生中凹变形,恰好补偿由于磨削热产生的导轨中凸变形。

(7) 改进机床结构。在设计机床时,应使机床结构利于热量的传导。如在设计主轴箱时,将传动元件如轴承、传动齿轮等尽量放置在对称位置,均衡箱壁的温升来减小其变形。同时,在结构设计时,还可以通过改进机床结构,使关键部件的热变形发生在不影响工件加工精度的方向上,这也是从结构上解决热变形对加工精度影响的一个措施。

3. 刀具磨损

在精加工过程中,刀具的磨损所引起的加工误差不可忽视。刀具的径向磨损量(也称为尺寸磨损)不仅影响工件的尺寸精度,还影响工件的形状精度。例如,在车床上车削长轴或镗削深孔时,随着刀具的逐渐磨损,就可能在工件上出现锥度;用成型刀具加工时,刀具的各切削刃不一致的径向磨损会使工件的轮廓发生变化。

4. 工件内应力引起变形

工件内应力(或残余内应力)是指在外部载荷去除以后仍然存在于工件内部的应力。具有内应力的零件及其内部组织的应力状态极不稳定,强烈地倾向于恢复到没有应力的稳定状态,即使在常温下,零件也会慢慢地进行这种变化,直到内应力全部消失为止。在内应力消失过程中,零件将产生变形,原有的精度降低,这一过程称为时效。若把存在内应力的零件装到机器中去,零件在使用过程中产生变形,就有可能破坏整台机器的质量,造成不良后果。

工件产生内应力的原因主要有:
(1) 零件不均匀的加热和冷却;
(2) 零件材料金相组织的变化;
(3) 强化时塑性变形的结果;
(4) 切(磨)削加工过程中切削热和切削力的影响。

在存在内应力的情况下对铸件进行机械加工,由于切去一层金属,内应力将重新分布而使工件形状改变。因此,加工某些复杂铸件的重要表面(如发动机缸体的缸孔)时,在粗加工后,要经过很多其他工序才安排精加工,其目的就是让内应力有时间重新分布,待工件变形稳定后,再进行精加工。

为了减小复杂铸件的内应力,除了在结构上尽量做到壁厚均匀外,还可采用自然时效和人工时效的方法。自然时效就是将铸件、焊件的毛坯或经粗加工的工件在室内或室外放置较长时间,使其在自然变化的气温下,内应力逐渐重新分布,工件充分变形,然后再进行后续的机械加工。自然时效的时间通常根据零件和尺寸确定,如卧式车床的床身要经过5~10天,有的机件要经过数月甚至数年。

为了缩短时效处理时间,对于一些中、小零件可采用人工时效。常用人工时效方法就是将零件在炉内预热后低温保温几小时。人工时效还可采用机械敲击的方法,即将小零件放在滚筒内,使它们和一些小铁块或其他零件一起滚动,相互撞击。对于尺寸较大的零件,将其放在专用振动装置上使其承受一段时间的振动,或者挂起来用锤子敲击零件上厚薄过渡的地方。

在机械加工过程中,减小和消除内应力影响的措施有:

(1) 改进零件结构。在进行工件结构的设计时,应尽量简化工件结构,使工件的壁厚均匀,结构对称,降低毛坯在制造过程中的内应力。

(2) 合理安排工艺过程。在加工过程中,如有内应力产生,必然会引起一定的变形。因此,应尽量使工件的变形在机械加工之前或粗加工阶段完成,降低变形对精加工的影响。粗、精加工分阶段进行,在粗加工后预留足够的时间使应力重新分布,变形完全后再进行精加工。同时,可以通过精加工对加工误差进行一定的纠正,提升加工精度。

(3) 添加消除内应力的工艺过程。消除内应力的主要工艺方法有热处理及时效处理。在加工铸件、锻件、焊接件时,需要先对工件进行退火或回火等热处理工序。对精度要求较高的工件,如箱体、床身等,在粗加工后需要及时进行一定的时效处理。

5. 测量误差

测量误差是指工件实际尺寸与量具表示出的尺寸之间的差值。加工一般精度的零件时,测量误差可占工件公差的 $1/10 \sim 1/5$;加工精密零件时,测量误差可占工件公差的 $1/3$ 左右。

测量误差通常由下述原因产生:

(1) 计量器具本身精度的影响。计量器具的精度取决于其结构、制造和磨损情况。所用的计量器具不同,测量误差的变动范围也很大。例如,用光学比较仪测量轴类零件时,误差不超过 $1\mu m$;用千分尺时,测量误差可达 $5 \sim 10 \mu m$;而用游标卡尺时则达 $150 \mu m$。因此,必须根据零件被测尺寸的精度选择适当的计量器具。

(2) 温度的影响。例如,直径为 100mm 的钢轴在加工完毕后,温度从常温 20℃ 升高 60℃,如果立即测量,由于材料热膨胀的原因,直径增大 0.048mm。即使在常温条件下,车间内的温度也不是固定的,其变动范围可达 $3 \sim 4$℃,在此温度变动范围内也将产生测量误差,对钢件来说,在 100mm 长度上可达 $0.003 \sim 0.004$mm。因此,精密测量要在恒温室内进行,以消除温度变化引起的误差。在精密测量时,还要十分注意辐射热(如太阳、灯光等)的影响,有时不允许用手直接接触量具,防止热传导而产生测量误差。

(3) 人的主观原因产生的测量误差,包括测量时读数的误差、测量过程中因用力不当而引起量具、量仪的变形等。

5.3 影响机械加工表面质量的主要因素

加工表面质量主要受表面粗糙度的大小、加工硬化程度、残余应力以及金相组织变化的影响。因而分析影响加工表面质量的因素,就需要分析加工过程中的诸因素对表面粗糙度、加工硬化程度、残余内应力状态和金相组织造成的变化。

5.3.1 切削加工中影响表面粗糙度的因素

影响表面粗糙度的因素主要有几何因素和物理因素。

1. 几何因素

$$R_{max} = H = \frac{f}{\cot\kappa_r + \cot\kappa_r'} \tag{5-13}$$

式中：f——进给量；
κ_r——主偏角；
κ_r'——副偏角。

考虑刀间弧角，有

$$R_{max} = H = \frac{f^2}{8r_\varepsilon} \tag{5-14}$$

式中：f——进给量；
r_ε——刀尖圆弧半径。

如图 5-15、图 5-16 所示，用刀尖圆弧半径 $r_\varepsilon=0$ 的车刀纵车外圆时，每完成一单位进给量 f 后，留在已加工表面上的残留面积的高度 R_{max} 即为理论表面粗糙度的轮廓的最大高度 R_z。

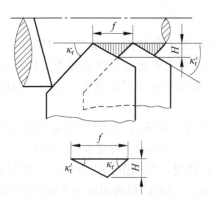
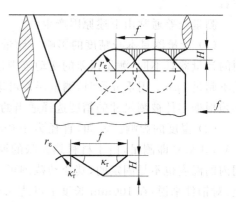

图 5-15 影响表面粗糙度的几何因素（一）　　图 5-16 影响表面粗糙度的几何因素（二）

切削加工后的表面粗糙度的实际轮廓形状，一般都与纯几何因素所形成的理论轮廓有较大的差别，如图 5-17 所示。这是由于切削加工中有塑性变形。

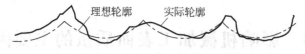

图 5-17 加工后表面实际轮廓与理论轮廓

生产中，若使用的机床精度高和材料的切削加工性好，选用合理的刀具几何形状、切削用量和在刀具刃磨质量高、工艺系统刚性足够的情况下，加工后表面实际粗糙度接近理论粗糙度，这种情况下减小表面粗糙度数值、提高加工表面质量的措施，主要是减小残留面积的高度 R_z。

2. 物理因素

多数情况下是在已加工表面的残留面积上叠加着一些不规则的金属生成物、黏附物或刻痕。形成它们的原因有积屑瘤、刺、振动、摩擦、切削刃不平整、切屑划伤等。

1) 积屑瘤的影响

当金属切削刀具以一定速度切削塑性材料而形成带状切屑时，在前刀面上容易形成硬度很高的积屑瘤。它可以代替前刀面和切削刃进行切削，使刀具的几何角度、背吃刀量发生变化。随着积屑瘤由小变大，会在加工表面上切出沟槽。当切屑与积屑瘤之间的摩擦力大于积屑瘤与前刀面的冷焊强度，或受到冲击、振动时，积屑瘤就会脱落，以后又逐渐会生成新的积屑瘤。因此，这种积屑瘤的生成、长大和脱落将严重影响工件表面粗糙度。

同时，由于部分积屑瘤碎屑嵌在工件表面上，在工件表面上形成硬质点，如图 5-18 所示。

2) 刺的影响

在切削过程中，切屑与前刀面产生严重摩擦而出现了黏结现象，工件在堆积的黏结层挤压下，表面层金属塑性变形加剧，致使切削刃前方的加工表面上产生导裂，当切削力超过黏结力时，切屑流出并被切离，而导裂层残留在已加工表面上形成鳞片状毛刺，也称鳞刺。刺的出现，使已加工表面更为粗糙不平。

在较低的切削速度下，用高速钢、硬质合金或陶瓷刀具切削一些常用的塑性材料，如低碳钢、中碳钢、不锈钢、铝合金、纯铜等，在车、刨、插、钻、拉、滚齿、螺纹车削、板牙套螺纹等工序中，都有可能出现刺。

刺的形成分为四阶段：

(1) 抹拭阶段

前一鳞刺已经形成，新鳞刺还未出现，切屑沿着前刀面流出。切屑以刚切离的新鲜表面抹拭刀-屑摩擦面，将摩擦面上有润滑作用的吸附膜逐渐拭净，以致摩擦系数逐渐增大，并使刀具和切削实际接触面积增大，为这两相摩擦材料的冷焊创造条件，如图 5-19(a) 所示。

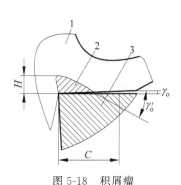

图 5-18 积屑瘤
1—工件；2—积屑瘤；3—刀具；
H—积屑瘤高度

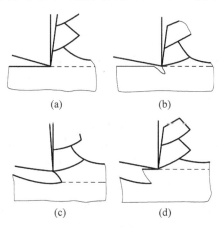

图 5-19 鳞刺的形成
(a) 抹拭阶段；(b) 导裂阶段；(c) 层积阶段；
(d) 刮成阶段

(2) 导裂阶段

由于在第一阶段里,切屑将前刀面上的摩擦面已抹拭干净,而前刀面与切屑之间又有巨大的压力作用着,于是切屑与刀具就发生冷焊现象,切屑便停留在前刀面上,不再沿前刀面流出。这时切屑代替前刀面进行挤压,刀具只起支承切削的作用。其特点是在切削刃前下方,切屑与加工表面之间出现一裂口,如图5-19(b)所示。

(3) 层积阶段

由于切削运动的连续性,切屑一旦停留在前刀面上,便代替刀具继续挤压切削层,使切削层中受到挤压的金属转变为切屑。而这部分新成为切屑的金属,只好逐层地积聚在起挤压作用的那部分切屑的下方。这些金属一旦积聚并转化为切屑,便立即参与挤压切削层的工作;同时,随着层积过程的发展,切削厚度将逐渐增大,切削力也随之增大,如图5-19(c)所示。

(4) 刮成阶段

由于切削厚度逐渐增大,切削抗力也随之增大,推动切屑沿前刀面流出的分力 F 也增大。当层积金属达到一定厚度后,F 便也随之增大到能够推动切屑重新流出的程度,于是切屑又重新开始沿前刀面流出,同时切削刃便刮出鳞刺的顶部,如图5-19(d)所示。至此,一个鳞刺的形成过程结束。紧接着,又开始另一个新鳞刺的形成过程。如此周而复始,在工件加工表面上便不断地生成一系列鳞刺。在导裂与层积阶段,切屑是停留在刀具前刀面上的,在抹拭与刮成阶段,切屑是沿着前刀面流出的。切屑流出和停留交替进行,而且交替的频率很高。

3) 振动的影响

在切削过程中,零件和刀具之间可能发生振动,使刀具和零件间发生周期性的位移,这是一种破坏加工精度的有害现象。当振动发生时,零件表面质量恶化,表面粗糙度增大,产生明显的振痕。因此,在加工过程中应尽量避免振动的发生。根据振动产生的原因,切削过程中的振动可以分为强迫振动和自激振动两种类型。

(1) 强迫振动的影响

强迫振动是指由一定频率的外界周期性干扰力所引起的工艺系统的振动。其特征是干扰力的频率和机床振动的频率一致,不会自行消失。只有当干扰力停止时,振动才会停止。当干扰力频率与工艺系统的固有频率相等时,发生共振,振动幅度最大,对切削过程的危害极大。在切削过程产生振动的原因主要有零件旋转不平衡、传动机构的缺陷、断续切削所引起的切削力的周期性变化、工艺系统外部的周期性干扰等。

在切削过程中,通常通过以下途径来减少工艺系统的强迫振动:找出外界干扰源并去除、对旋转零件进行动平衡以提升机床稳定性、改变电机转速使机床固有频率远离干扰力频率范围、提高工艺系统组成元件的刚度。

(2) 自激振动的影响

在没有外界干扰力的条件下所产生的振动为自激振动。自激振动由工艺系统自身产生并维持。因此,当切削过程结束时,自激振动也随之停止。自激振动亦会引起刀具和零件间相对位置的改变,并在零件表面留下明显的振痕,影响加工的精度。

在切削过程中,通常通过以下途径来减少工艺系统的自激振动:选择合适的切削用量、选择合适的刀具几何参数、提高工艺系统组成元件的刚度以提高工艺系统刚度、采用减振装置(阻尼器和吸振器)。通常,阻尼器通过阻尼作用,将振动能量转换为热量散失,达到减振的目的。吸振器则通过产生一定的运动来吸收机床振动能量,降低机床振动对加工过程的影响。

3. 降低表面粗糙度的措施

从物理因素看,要降低表面粗糙度值主要应采取措施减少加工时的塑性变形,避免产生积屑瘤和鳞刺。对此起主要作用的影响因素有切削速度、被加工材料的性质及刀具的几何形状、材料和刃磨质量。

1) 切削速度的影响

图 5-20 描述了切削速度对表面粗糙度的影响。由实验得知,切削速度越高,则切削过程中被加工表面的塑性变形程度就越小,因而有较好的表面粗糙度。刀瘤和鳞刺一般都在较低的切削速度时产生。产生刀瘤和鳞刺的切削速度范围,是随不同的工件材料、刀具材料、刀具前角等因素变化的。

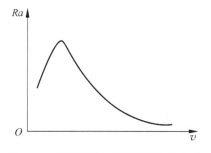

图 5-20 切削速度对表面粗糙度的影响

切削速度 v 处于 20~50m/min 时,表面粗糙度值最大,因为此时常容易出现积屑瘤与鳞刺,且塑性变形较大,使加工表面质量严重恶化;当切削速度 v 超过 100m/min 时,表面粗糙度值下降并趋于稳定。对于脆性材料,加工表面粗糙度主要是由于脆性挤裂、碎裂而成,与切削速度关系较小。切削脆性材料比切削塑性材料容易达到表面粗糙度的要求。

在实际切削时,选择低速宽刀精切和高速精切,往往可以得到较小的表面粗糙度值。

2) 工件材料性质的影响

一般韧性较大的塑性材料,加工后表面粗糙度值较大,而脆性材料加工后易得到较小的表面粗糙度值;对于同样材料,其晶粒组织越粗大,加工表面粗糙度值越大。因此,为了减小加工表面粗糙度值,常在切削加工前对材料进行调质或正火处理,以获得均匀细密的晶粒组织和较高的硬度。

3) 刀具几何形状、材料和刃磨质量的影响

适当增大前角,刀具易于切入工件,塑性变形小,有利于减小表面粗糙度值。前角太大,切削刃有切入工件的倾向,表面粗糙度值将会增加。当为负前角时,表面粗糙度值也会增加。

当前角一定时,后角越大,切削刃钝圆半径越小,切削刃越锋利;同时,增大后角还能减小后刀面与已加工表面间的摩擦和挤压。这样都有利于减小加工表面粗糙度值。但后角太大时,积屑瘤易于流到后刀面;同时,后角大容易产生切削振动,因而使加工表面粗糙度值增加。

从几何因素来看,增加刀尖圆弧半径 r_ε 会减小加工表面粗糙度值。但同时 r_ε 的增加会增加切削过程中的挤压,工件塑性变形增大,因而使加工表面粗糙度值增加。总的来说,在一定范围内随着 r_ε 的增加,加工表面粗糙度值有变小的趋势。对粗加工,$r_\varepsilon=12\sim20\mu m$;而精密加工 $r_\varepsilon=6\sim8\mu m$。

减小主偏角 κ_r 和副偏角 κ_r',也可减小加工表面粗糙度值。

刀具材料中热硬性高的材料耐磨性好,易于保持刃口的锋利。摩擦系数小的材料有利于排屑。与被加工材料亲和力小的材料不易产生积屑瘤和鳞刺。因此,硬质合金刀具优于

高速钢刀具,高速钢刀具优于碳素工具钢刀具,而金刚石刀具、立方氮化硼刀具又优于硬质合金刀具。

刀具的刃磨质量对工件的表面粗糙度影响较大。刀具的前、后刀面本身的表面粗糙度值越小,则被加工表面的表面粗糙度值也越小。刀具刃口越锋利、刃口平刃性越好,则加工出的工件表面粗糙度值也就越小。例如,金刚石刀具质地细密,平刃性极高,切削刃钝圆半径 r_e 可达 $0.01\mu m$(用离子束加工),故可进行精密切削及超精密切削。硬质合金刀具的刃磨质量不如高速钢刀具,故精加工时常用高速钢刀具。

图 5-21 精镗后表面的横向轮廓

在实际生产中,这些因素是同时作用而且互有影响,应按具体条件进行分析。如用锋利的尖刀进行精车、精镗时,如图 5-21 所示,则说明表面粗糙度主要是由刀具相对于工件运动的几何轨迹所形成的,几何因素是主要的,塑性变形的影响则很小。

4) 冷却润滑的影响

切削液的冷却和润滑作用能减小切削过程中的界面摩擦,降低切削区温度,使切削区金属表面的塑性变形程度下降,抑制鳞刺和积屑瘤的产生,因此可大大减小加工表面粗糙度值。

5) 刀具的切削角度

刀具的前角对切削过程的塑性变形有很大的影响,刀具的前角大,刀具就锋利,切削过程中的塑性变形程度就相应减小,从而获得较好的表面粗糙度。刀具的后角大,可使刀具的后面和已加工表面的摩擦减小,有利于改善表面粗糙度。刃倾角 λ 的大小,将影响刀具的实际前角,因此对表面粗糙度也有影响。

5.3.2 磨削加工中影响表面粗糙度的因素

磨削加工与切削加工不同,从几何因素看,由于砂轮上的磨削刃形状很不规则,分布又不均匀,而且随着砂轮的修整及砂粒的不断磨耗而改变,所以想计算其残留面积是很困难的。磨削时的加工表面,是由砂轮上大量的磨粒刻划出无数极细的沟槽(刻痕)形成的。单位面积上的刻痕越多,即通过单位面积的砂粒数越多,并且刻痕的等高性越好,则加工后的表面粗糙度也越好。在磨削过程中,由于很多磨粒具有较大的负前角,所以其塑性变形要比切削加工时大得多。磨粒在磨削时,金属沿着磨粒的侧面流动,形成沟槽两旁的隆起,如图 5-22 所示,因而使表面粗糙度 Ra 值增大。

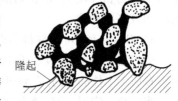

图 5-22 磨削时产生的隆起现象

磨削温度较高,使金属表面软化,易发生塑性变形,也进一步增大了 Ra 值。

加工中影响表面粗糙度的主要因素有:

1. 磨削用量

1) 砂轮速度 v_s

提高 v_s 可以增加在工件单位面积上的刻痕,使工件表面塑性变形和沟槽两侧塑性隆起残留量小,磨削表面粗糙度值可以显著减小。

2）工件速度 v_w

在其他条件不变的情况下，v_w 提高，磨粒单位时间内在工件表面上的刻痕数减小，因而将增大磨削表面粗糙度值。

3）磨削深度 a_p

a_p 增加，磨削过程中磨削力及磨削温度都增加，磨削表面塑性变形程度增大，从而增大表面粗糙度。为提高磨削效率，一般开始采用较大的磨削深度，后期采用较小的磨削深度或进行无进给磨削（光磨），以使磨削表面粗糙度值减小。

2. 砂轮特性

1）砂轮的粒度

砂轮粒度越细，则砂轮单位面积上磨粒数越多，工件表面上刻痕密而细，则表面粗糙度值越小。粒度过细时，砂轮易堵塞，切削性能下降，表面粗糙度值反而会增大，同时还会引起磨削烧伤。经过精细修整的粗砂轮，在磨粒上可获得较多的微刃（图5-23），并且具有较好的等高性，故能获得较好的表面粗糙度。

2）砂轮的硬度

砂轮的硬度是指磨粒受磨削力后从砂轮上脱落的难易程度。硬度应大小合适，砂轮太硬，磨粒钝化后仍不易

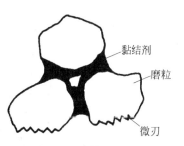

图5-23 磨粒上的微刃

脱落，使工件表面受到强烈摩擦和挤压作用，塑性变形程度增加，表面粗糙度值增大或使磨削表面产生烧伤；砂轮太软，磨粒易脱落，常会产生磨损不均匀现象，从而使磨削表面粗糙度值增大。

3）砂轮的修整

修整砂轮是改善磨削表面粗糙度的重要因素。修整砂轮，是使砂轮具有一定的几何形状、使砂轮回复磨削性能并获得切削刃的等高性。砂轮的修整质量与所用修整工具、修整砂轮的纵向进给量等有密切关系。砂轮的修整是用金刚石除去砂轮外层已钝化的磨粒，使磨粒切削刃锋利，降低磨削表面的表面粗糙度值。修整砂轮时的小导程由机床的进给系统来实现。由于液压系统在低速下易产生"爬行"，因此，高精度磨床常采用静压导轨，以实现低进给修整。另外，修整砂轮的纵向进给量越小，修出的砂轮上的切削微刃越多，等高性越好，从而能获得较小的表面粗糙度值。砂轮修整得越好，磨出工件的表面粗糙度值越小。

3. 冷却

采用切削液带走磨削区热量可以避免烧伤。然而，目前通用的冷却方法效果极差，由于高速旋转的砂轮表面上产生强大气流层，实际上没有多少切削液能进入磨削区。如图5-24（一般冷却方法）所示。

切削液不易进入磨削区 AB，且大量倾注在已经离开磨削区的加工面上，这时烧伤早已发生。因此，采取有效的冷却方法有其重要意义。

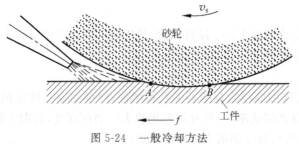

图 5-24　一般冷却方法

常见的冷却方法有：

1) 在砂轮上安装带有空气挡板的切削液喷嘴

如图 5-25 所示。减轻高速旋转砂轮表面的高压附着气流作用，使切削液能顺利地喷注到磨削区，这对于高速磨削更为必要。

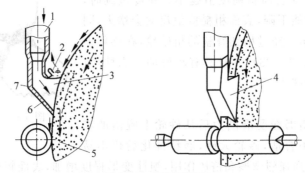

图 5-25　切削液喷嘴

1—液流导轨；2—可调气流挡板；3—空腔区；4—喷嘴罩；5—磨削区；6—排液区；7—喷嘴

2) 采用内冷却砂轮

如图 5-26 所示，将切削液引入砂轮的中心腔内。由于离心力的作用，切削液经过砂轮内部带孔的薄壁套 4 的孔隙从砂轮四周边缘甩出，因此，切削液可直接进入磨削区，发挥有效的冷却作用。

3) 采用高压大流量切削液

采用高压大流量切削液，不仅增强了冷却效果，又有利于冲掉砂轮表面上的磨屑，防止砂轮堵塞。

4) 采用浸油砂轮

把砂轮放在硬脂酸溶液中浸透，取出冷却后即成为含油砂轮。磨削时，磨削区的热源使砂轮边缘部分硬脂酸熔化而流入磨削区起冷却润滑作用。

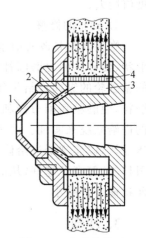

图 5-26　内冷却装置

1—端盖；2—通道；3—砂轮中心腔；4—带孔的薄壁套

5.3.3　影响表面层物理、力学性能变化的因素

在切削加工过程中，工件受切削力和切削热的作用，其表面层的物理机械性能有较大的变化。

表面层和基体材料的主要不同是：
(1) 表面层显微硬度的变化；
(2) 材料金相组织的变化；
(3) 表面层中残余应力的产生。

不同的工件材料，在不同的条件下进行加工，会产生各种不同的表面层特性。

已加工表面的显微硬度，是加工时塑性变形引起的冷作硬化和切削热产生的金相组织变化所引起的硬度变化的综合效果。表面层的残余应力，也是由塑性变形所引起的残余应力和切削热产生的金相组织变化所引起的残余应力的综合。在磨削加工时，会产生更多的塑性变形和磨削热，而且大部分磨削热进入工件，所以磨削区的瞬时温度可达 800～1200℃。因此磨削后表面的金相组织和显微硬度会有很大变化，产生的残余应力也较大。

1. 表面层的加工硬化

机械加工中，工件表面层金属受切削力的作用，产生塑性变形，使晶格扭曲，晶粒间产生滑移剪切，晶粒被拉长、纤维化甚至碎化，引起表面层的强度和硬度增加，塑性降低，物理性能（如密度、导电性、导热性等）也有所变化，这种现象称为加工硬化，又称冷作硬化或强化。

另外，机械加工时产生的切削热提高了工件表层金属的温度，当温度高到一定程度时，已强化的金属会产生回复现象，使金属失去加工硬化中所得到的物理力学性能，这种现象称为软化。回复作用的速度大小取决于温度的高低、温度持续的时间及硬化程度的大小。机械加工时表面层金属最后的加工硬化，实际上是硬化作用与软化作用综合造成的。

加工硬化的评定指标有：
(1) 表面层的显微硬度 HV；
(2) 硬化层深度 h；
(3) 硬化程度 N。

$$N = \frac{\mathrm{HV} - \mathrm{HV}_0}{\mathrm{HV}_0} \times 100\% \tag{5-15}$$

式中：HV_0——工件原表层的显微硬度。

切削力越大，塑性变形越大，硬化程度越大，硬化层深度也越大。

影响加工硬化的因素如下：

1) 刀具

刀具的刃口圆角和后刀面的磨损量越大，冷作硬化程度也越大。

2) 切削用量

当进给量 f、背吃刀量 a_p 增加时，都会起增大切削力的作用，使加工硬化严重。当变形速度很快（即切削速度很高）时，塑性变形可能跟不上，这样塑性变形将不充分，因此硬化层深度和硬化程度都减小。

3) 工件材料

工件材料的硬度越低，塑性越大时，冷作硬化程度也越大。表 5-1 给出了各种机械加工方法加工钢件时表面加工硬化的情况。

表 5-1　各种机械加工方法加工钢件时表面加工硬化的情况

加工方法	硬化层深度 $h/\mu m$		硬化程度 $N/\%$	
	平均值	最大值	平均值	最大值
车削	30～50	200	20～50	100
精细车削	20～60	—	40～80	120
端铣	40～100	200	40～60	100
圆周铣	40～80	110	20～40	80
钻孔、扩孔	180～200	250	60～70	—
拉孔	20～75	—	50～100	—
滚齿、插齿	120～150		60～100	
外圆磨低碳钢	30～60		60～100	150
外圆磨未淬硬中碳钢	30～60		40～60	100
外圆磨淬火钢	20～40		25～30	—
平面磨	16～25		50	
研磨	3～7		12～17	

2. 表面层的金相变化与磨削烧伤

在切削加工过程中，加工表面层出现温度升高。当温度升高超过金相组织变化的临界点时，就会产生金相组织变化。对一般的切削加工来说，温度升高不多，不一定能达到相变温度，但在磨削加工时，由于磨削力较大，磨削速度也特别高，所以磨削时的温度较高。再加上大部分磨削热(70%左右)将传给工件，所以磨削时容易发生表面金相组织的变化。

磨削实验证明，在轻磨削条件下磨出的表面层金相组织没有什么变化。中等磨削条件下磨出的表面层金相组织与基体组织显然不同，但变化层的深度只有几微米，较容易在后续工序中去除。而在重磨削条件下，磨出的表面层金相组织变化层其深度显著加大，如果后续工序的加工余量较小，将不能全部去除变化层，对使用性能就会有影响。

机械加工中，由于切削热的作用，在工件的加工区及其邻近区域产生了一定的温升。当温度超过金相组织变化的临界点时，金相组织就会发生变化。对于一般的切削加工来说，温度一般不会上升到如此高的程度。但在磨削加工时，磨粒的切削、刻划和滑擦作用，以及大多数磨粒的负前角切削和很高的磨削速度，会使得加工表面层有很高的温度，当温度达到相变临界点时，表层金属就会发生金相组织变化，从而使表面层强度和硬度降低，产生残余应力，甚至出现微观裂纹。这种现象称为磨削烧伤。

烧伤的形式有如下几种：

(1) 退火烧伤。磨削时，如果工件表面层温度超过相变临界温度 A_{c3}，则马氏体转变为奥氏体。如果此时无切削液，表层金属空冷冷却比较缓慢而形成退火组织，硬度和强度均大幅下降。这种现象称为退火烧伤。工件干磨时易发生这种烧伤。

(2) 回火烧伤。指当磨削区温度显著地超过钢的回火温度但仍低于相变温度时，工件表层出现回火屈氏体或回火索氏体软化组织的情况。

(3) 淬火烧伤。当磨削区温度超过相变温度 A_{c1} 时,工件表层局部区域就会变成奥氏体,随后受到冷却液及工件自身导热的急速冷却作用而在表面极薄层内出现二次淬火马氏体,次表层为硬度大大降低的回火索氏体,这就是二次淬火烧伤。

3. 加工表面层的残余应力

机械加工中工件表面层组织发生变化时,在表面层及其与基体材料的交界处就会产生互相平衡的弹性应力,这种应力即为表面层的残余应力。表面残余应力的产生,有以下三种原因:

1) 冷态塑性变形

在切削力的作用下,已加工表面受到强烈的塑性变形,表面层金属体积发生变化,此时里层金属受到切削力的影响,处于弹性变形的状态。切削力去除后里层金属趋向复原,但受到已产生塑性变形的表面层的限制,回复不到原状,因而在表面层产生残余应力。一般来说,表面层在切削时受刀具后刀面的挤压和摩擦影响较大,其作用使表面层产生伸长塑性变形,表面积趋向增大,但受到里层的限制,产生了残余压应力,里层则产生残余拉应力与其相平衡。

另外,在冷塑性变形时,同时使金属的晶格被扭曲,晶粒受到破坏,导致金属的密度下降,比容积增大。因此,在表面层要产生残余压缩应力。比容积增大和冷态塑性变形所产生的残余应力,若其压或拉的性质相反,则可互相抵消其部分影响。

2) 热态塑性变形

在机械加工时,表面层受切削热的影响而产生热膨胀,由于基体的温度较低,因而表面层的热膨胀受到基体金属的限制,而在表面层产生压缩应力。该应力没有超过材料的屈服极限时,不会产生塑性变形,当温度下降时,压缩应力逐渐消失,冷却到原有的室温时,恢复到加工前的状态。若表面层在加工时温度很高,产生的压缩应力超过材料的屈服极限时,就会产生热塑性变形,变形的应力如图 5-27 所示。

当切削区温度升高时,表面层受热膨胀而产生压缩应力,该应力随温度增加而线性地加大,当未达到 A 点时就开始冷却,因未产生热塑性变形而仍回至 O 点,表面层不产生残余应力。

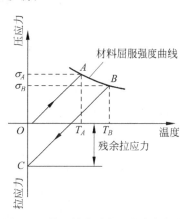

图 5-27 热塑性变形产生的残余应力

当切削区温度升高到达 A 点时,热应力达到材料的屈服强度值,若在 A 点处温度再升高至 T_B 表面层产生热塑性变形,热应力值将停留在材料在不同温度时的屈服强度值(σ_B 为材料在温度 T_B 时的屈服强度),当磨削完毕温度下降时,热应力按原斜率下降(沿 BC 线),直到与基体温度一致时即到达 C 点。加工后表面层将有残余拉应力。

温度越高,越容易产生热塑性变形,产生的残余应力也越大。残余应力的大小,除与温度有关外,也与材料的特性有关,即与屈服极限的曲线及温度升降的斜率有关。

3) 局部金相组织变化

切削加工时,尤其是磨削加工时的高温,会引起表面层金相组织的相变。由于不同的金相组织有不同的比重,因此,不同的组织的体积也不相同。表面层的体积增加时,由于受基体的影响,表面产生压应力;反之,表面层体积缩小时,则产生拉应力。

各种组织中,马氏体比重最小,奥氏体比重最大。各种组织的比重值如下所列:

马氏体:$\gamma_M = 7.65$;
奥氏体:$\gamma_A = 7.96$;
屈氏体:$\gamma_T = 7.78$;
索氏体:$\gamma_S = 7.78$。

磨淬火钢时,若表面层产生回火现象,马氏体转化成屈氏体或索氏体,因体积缩小,表面层产生残余拉应力,里层产生残余压应力。表面层产生二次淬火时,由于二次淬火马氏体的体积比里层回火组织的体积大,因而表面层产生压应力。

在实际生产中,机械加工后表面层残余应力是由上述三方面因素综合作用的结果。例如,在切削加工中如果切削热的影响不大,表面层中没有产生热塑性变形,而是以冷塑性变形为主,此时,表面层中将产生残余压应力。磨削加工,一般因磨削温度较高,常以相变和热塑性变形产生的拉应力为主,所以表面层常带有残余拉应力。

5.4 提高机械加工质量的工艺途径

在机械加工过程中,影响加工质量的因素很多,而且也十分复杂。为提高加工质量,必须进行综合分析。

合理地设计工艺过程,是保证和提高产品加工质量的必要条件。在设计工艺过程时所涉及的几个基本问题是:

(1) 合理地选择加工方法、加工设备和工艺装备;
(2) 合理地安排加工阶段和组织工序的内容与数目;
(3) 合理选择工艺基准和确定各工序的加工顺序;
(4) 合理地确定热处理工序的内容和安排其位置;
(5) 合理地确定加工尺寸、偏差、余量和切削用量等。

上述这些问题,都对加工质量有很大的影响,因此,在工艺过程设计时需充分注意。

5.4.1 改善设计工艺性

1. 设计工艺性

产品的设计工艺性,是指产品的设计是否能够或便于制造,以及是否能高效而又经济地生产,因此,设计工艺性对质量、生产率和经济性都有很大的影响。

2. 改善设计工艺性的基本方向

改善设计工艺性,主要从以下几方面着手:

1) 选择合理的构造方案

机器的构造方案应使零件数目少，重量轻，性能安全可靠，并尽可能采用先进的结构，如钣金结构和轻合金结构等。

零件数目少，对生产准备、加工和装配等均有好处。重量轻，可以大大提高机器的性能。同时，重量轻不但可减少制造劳动量，而且可降低材料费用。

2) 标准化和统一化

在机械设计中，大量采用标准化与统一化的零件和组合件，将使制造周期大大缩短并使成本降低。此外，对使用与维修也带来很多好处。

在设计工艺性方面，标准化与统一化主要指的是：

(1) 材料及其品种和规格的标准化及统一化；

(2) 标准零件和部件的选用；

(3) 零件构型和结构要素的标准化与统一化；

(4) 精度、粗糙度和技术要求的标准化与统一化，等等。

对零件材料的标准化和统一化，不但可便于更好地掌握材料的冷、热加工性能，从而可更好地保证质量，而且大大有利于生产组织与管理。

对某些零件，如螺栓、螺钉、螺母、垫圈与销子等，若采用标准件，可大大缩短制造周期并降低成本。

对于非标准的零、组件，可使其各组成部分标准化、统一化。如轴径和孔径的配合、圆角半径、斜棱、沟槽、键与花键、螺纹、齿轮的模数以及叶片榫头的型面及尺寸等，标准化与统一化后，不但可减少有关的专用切削工具，而且对加工也会带来很多方便，可使生产中的各项指标有所改善和提高。

标准化与统一化在数量上的评定，一般可采用

$$K_S = P_S / P_T \tag{5-16}$$

式中：K_S——标准化系数；

　　　P_S——标准化零件数；

　　　P_T——零件总数。

3) 材料、毛坯和热处理

某些机械产品，特别是航空、航天器中采用的特殊材料很多，如钛合金、耐热钢和耐热合金等。这些材料的价格昂贵，而且加工性很差。如某些耐热合金的切削速度限制在 6～20mm/min 左右，某些铸造耐热合金甚至无法用金属刀具进行切削加工。所以，减少使用贵重而加工性差的材料，是提高设计工艺性和降低成本的途径之一。

毛坯制造与材料的性质和构型有关。随着机械制造工艺的发展，毛坯的精度不断提高，而使机械加工量逐渐减少。构型设计应符合现代毛坯制造方法的要求。某些零件由于构型复杂，锻件余量过大，例如发动机的涡轮盘其金属利用率只有 5%～10%。图 5-28 所示为压气机盘，其中图(a)、(b)、(c)的材料利用率只有 10%，如果改成图(d)的形式，材料利用率可达 40%～50%。

另外，零件的构型，应适应热处理的要求。形状不同，热处理后的变形也不同。要求构型能保证变形小，不易产生裂纹，某些剖面不宜过大，使加热时间不致过长。

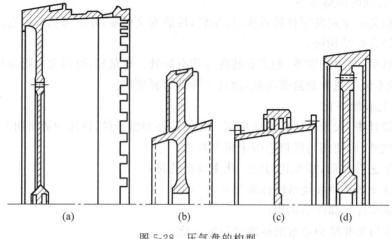

图 5-28 压气盘的构型

4) 机械加工工艺

机械加工在机械制造中占有重要的地位,一般占总劳动量的 50% 左右。提高机械加工工艺性有很大的技术经济意义。

提高机械加工工艺性的方向如下所述:

(1) 提高零件几何形状方面的工艺性。

① 零件形状及各部分的统一化和标准化;

② 简化零件的外形及加工表面;

③ 机械加工量要小;

④ 形状应适应采用高生产率加工方法的要求。

(2) 提高零件的尺寸及精度方面的工艺性。

① 合理地选择主设计基准;

② 合理地标注设计尺寸系统;

③ 规定合适的精度及粗糙度等。

5) 装配工艺

装配工艺性必须从组件、部件及整机来分析,提高这方面的工艺性可以从以下几个方面来考虑:

(1) 构造能分解成独立的装配单位并有适当的装配基准,便于组织平行装配,缩短装配周期;

(2) 符合高生产率的要求,使操作方便,在大批、大量生产中,有可能实现机械化、自动化装配;

(3) 尽量减少装配时的机械加工和钳工修配的劳动量,即能保证互换性;当不能采用完全互换性的装配时,可采用补偿件的办法来改善装配工艺性;

(4) 便于装配后的分解与调整,并易于进行检验;

(5) 使装配时使用的设备及特种夹具种类尽量少。

6) 适应先进的工艺方法

设计的结构,应适应先进工艺的要求。如近年来,大型环形件已经采用弯曲、焊接及扩径旋压等工艺。所以在设计时,一般不带很大的法兰边。涡轮轴等采用空心锻造,压气机叶片采用叶型无余量挤压或精压等。因此,在设计时,应考虑该工艺的特点及其要求等问题。

5.4.2 提高机械加工精度的工艺途径

1. 直接减少误差法

直接减少误差法是生产中应用较广的提高加工精度的一种基本方法,它是在查明产生加工误差的主要因素之后,设法对其直接消除或减弱。要想减小加工误差,首先应该提高机床、夹具、刀具和量具等的制造精度,控制工艺系统的受力、受热变形;其次还应对加工过程中的各种原始误差进行分析,有针对性地采取措施,加以解决。

例如,在车床上车细长轴时,工件刚性很差,为了增加工件的刚度,常采用跟刀架,但有时还是很难车出高精度的细长轴。其原因在于:采用跟刀架虽可减少背向力将工件"顶弯"的问题,但没有解决工件在进给力 F_f 作用下产生的"压弯"问题,如图 5-29(a)所示。并且车削时工件在弯曲后高速回转,由于离心力的作用,其变形还会加剧并引起振动。此外,在切削热的作用下,轴产生热伸长,而装夹工件的自定心卡盘和尾座顶尖间的距离是固定的,工件在轴向没有伸缩的余地,因而又增加了工件的弯曲,因此工件的加工精度受到严重影响。对此可以采取以下工艺措施来解决:

(1) 采用反向进给的切削方式,如图 5-29(b)所示。这时进给力 F_f 对工件是拉伸作用而不是压缩。

(2) 尾座顶尖采用具有伸缩性的弹簧顶尖,这样既可避免工件从切削点到尾座顶尖一段由于受压而产生的弯曲变形,又可使工件的热伸长有伸缩的余地。

(3) 反向进给切削时采用大进给量和大主偏角,以增大进给力 F_f,从而使工件受强力拉伸作用,以消除振动,并使切削过程平稳。

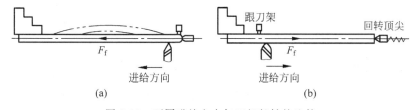

图 5-29 不同进给方向加工细长轴的比较

2. 误差补偿法

误差补偿法又称误差抵消法,是人为地造出一种新的原始误差,使之与系统原有的原始误差大小相等、方向相反,从而将其抵消,以达到减少加工误差的目的。如图 5-30 所示,在试制龙门铣床时,横梁在两个立铣头自重的影响下产生的变形大大超过检验标准。采用误差补偿的方法,在刮研横梁导轨时,故意使导轨产生"向上凸"的几何形状误差,以抵消横梁因立铣头重量而产生"向下垂"的受力变形,从而达到检验标准的要求。

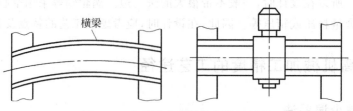

图 5-30 龙门铣床横梁的变形与刮研

3. 采用校正装置

例如，用校正机构提高丝杠车床的传动链精度。在精度螺纹加工中，机床传动链误差直接反映到加工工件的螺距上，使精密丝杠的加工精度受到一定的限制。在实际生产中为了满足加工精度的要求，不能采取一味提高传动链中各传动精度的方法，而是应用误差补偿原理。例如，采用图 5-31 所示的螺纹加工校正装置来消除传动链误差，提高螺纹螺距的加工精度。

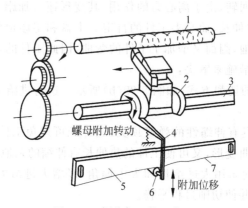

图 5-31 螺纹加工校正装置
1—工件；2—螺母；3—丝杠螺母；4—杠杆；5—校正尺；6—触头；7—校正曲线

4. 误差分组法

在生产中会遇到这种情况：本工序的加工精度是稳定的，工序能力也足够，但毛坯或上一道工序加工的半成品精度太低，引起的定位误差或复映误差太大，因而不能保证加工精度。如要提高毛坯精度或上一道工序的加工精度，又不经济。这时可采用误差分组法，即把毛坯（或上一道工序工件）尺寸按误差大小分为 n 组，每组毛坯或工件的误差范围就缩小为原来的 $1/n$，然后再按各组的平均尺寸分别调整刀具与工件的相对位置或调整定位元件，这样就大大地减小了整批工件的尺寸分散范围。例如，用无心外圆磨床通磨一批小轴的外圆，磨削前可对小轴毛坯尺寸进行测量并均分为 4 组，则每组毛坯的尺寸误差缩小至 $\Delta_{坯}/4$，然后按每组毛坯的实际加工余量及工艺系统刚度调整无心外圆磨床，即可缩小这批小轴加工后的尺寸误差。

为了提高配合件的配合精度，机器装配时常常采用分组装配法，这种装配方法实际上就是应用了误差分组法的原理。

5. 误差转移法

误差转移法实质上是将工艺系统的几何误差、受力变形和热变形等转移到不影响加工精度的方向。例如，对具有分度、转位的多工位加工工序或转位刀架的加工工序，其分度、转位误差直接影响有关表面的加工精度。用镗模加工箱体零件上的同轴孔系，主轴与镗刀杆采用浮动卡头连接，可将主轴回转运动误差、导轨误差转移到浮动连接的部件上，使镗孔孔径不受机床误差影响，镗孔的精度由镗模和镗刀杆的精度来保证。

零件的加工表面质量取决于最终加工工序的加工方法。因此，要控制加工表面质量，零件主要工作表面最终工序加工方法的选择是至关重要的。由于表面粗糙度、表面残余应力状况将直接影响零件的配合质量和使用性能，选择零件主要工作表面的最终工序加工方法时，须考虑该零件主要工作表面的具体工作条件和可能的破坏形式。

在交变载荷作用下，机器零件表面上的局部微观裂纹，会因拉应力的作用使原生裂纹扩大，最后导致零件断裂。从提高零件抵抗疲劳破坏的角度考虑，该表面最终工序应选择能在该表面消除残余压应力的加工方法。

1) 控制磨削参数

由于磨削加工可获得良好的表面粗糙度，是常用的一种提高表面质量的加工方法。但磨削既能细化工件表面粗糙度，又能引起表面烧伤。而磨削表面的粗糙度大小和是否产生磨削烧伤主要受磨削参数的影响，要获得高的表面质量，必须合理控制磨削参数。

砂轮的粒度对表面粗糙度有较大影响。要获得较细的表面粗糙度，应选择磨粒号较大的砂轮。但随磨粒号的增大，产生磨削烧伤的可能性也会增大。为防止工件烧伤，只能采用很小的磨削深度，且需要时间很长的空走刀，使磨削效率下降。为此，砂轮磨粒号常选用46~60号，一般不超过80号。磨削过程中的砂轮速度、工件速度及工件的轴向进给量均对表面粗糙度有较大影响，在磨削过程中应根据表面粗糙度要求合理选择。磨削深度对表面粗糙度也有较大影响。因此常用无进给磨削完成精磨加工的最后几次走刀，以提高工件表面质量。

2) 采用超精加工、珩磨等光整加工方法作为最终加工工序

超精加工、珩磨等都是利用磨条以一定的压力压在工件的被加工表面上，并作相对运动以提高工件精度、降低表面粗糙度的一种工艺方法。由于切削速度低、磨削压强小，所以加工时产生很少的热量，不会产生烧伤，并可使表面具有残余压应力。

3) 采用喷丸、滚压、激光冲击等强化工艺

对于承受高应力、交变载荷的零件，可采用喷丸、滚压、激光冲击等强化工艺，使表面层产生残余压应力和加工硬化且能降低表面粗糙度，同时可消除磨削等工序的残余拉应力，因此可以大大提高疲劳强度及抗应力腐蚀的性能。图 5-32 所示是滚压加工示意图。但是采用强化工艺时不能造成过度硬化，过度硬化会引起显微裂纹和材料剥落，带来不良后果。因此，采用强化工艺时应合理选择和控制工艺参数以获得所需要的强化表面。

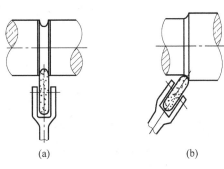

图 5-32 典型滚压加工示意图
(a) 滚压环槽；(b) 滚压轴肩

习 题

一、解释下列名词术语

机械加工精度、位置误差、表面粗糙度、表面波纹度、加工原理误差、主轴回转误差、柔度、工件内应力、砂轮的硬度、磨削烧伤

二、简答题

1. 表示零件制造质量的参数有哪些?
2. 获得尺寸精度的方法有哪些?
3. 简述表面粗糙度对耐磨性的影响。
4. 简述刀具误差。
5. 影响表面接触刚度的主要因素有哪些?
6. 如何减小工艺系统热变形?
7. 工件产生内应力的原因主要有哪些?
8. 提高机械加工精度的工艺途径有哪些?

三、分析题

1. 试分别说明下列加工条件对加工精度的影响有何不同:
(1) 刀具的连续切削与断续切削;
(2) 加工时工件均匀受热与不均匀受热;
(3) 机床热平衡前与热平衡后。

2. 试分析在车床上用两顶尖车削细长光轴时,出现习题图 5-1 所示三种误差的主要原因,指出可分别采用什么方法来减小或消除。

3. 如习题图 5-2 所示,在卧式铣床上铣削键槽,加工后经测量发现各处深度尺寸都比预先调整的小,并且靠近工件两端处深度尺寸大于中间,试说明产生这一现象的原因。

4. 如习题图 5-3 所示,工件钻孔时,若因钻孔部位壁薄,可能会产生怎样的加工误差?为什么?

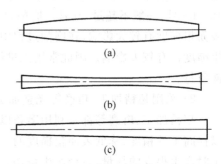

习题图 5-1 车削时产生的三种误差

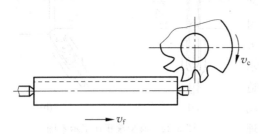

习题图 5-2 铣键槽时产生的尺寸误差

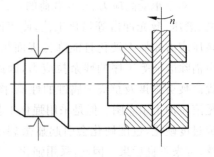

习题图 5-3 工件钻孔示意图

第 6 章

机械加工工艺规程制定

6.1 机械加工工艺规程概述

机械加工工艺规程(简称工艺规程)是规定产品或零部件机械加工工艺过程和操作方法等的工艺文件,是一切有关生产人员都应严格执行、认真贯彻的具有约束力的文件。

合理、科学的工艺规程是在实践经验的基础上,依据科学的理论和必要的工艺实验,结合具体生产条件制定出来的,体现了加工中的客观规律。经过审批而确定下来的机械加工工艺规程不得随意变更,若要修改与补充,则必须经过审查和审批程序。

1. 机械加工工艺规程在生产中的作用

机械加工工艺规程在规范生产上发挥重要作用,主要体现在如下几个方面:

(1) 工艺规程是规范生产活动的主要技术文件。机械加工工艺规程是指导现场生产的依据,所有从事机械零件生产的人员都要严格、认真地贯彻执行,用它规范生产过程可以实现优质、高产和低成本。

(2) 工艺规程是生产组织和管理工作的基本依据。在生产管理中,产品投产前原材料及毛坯的供应、通用工艺装备的准备、机床负荷调整、专用工艺装备设计制造、作业计划编排、劳动力的组织及生产成本核算等都要以工艺规程作为基本依据。

(3) 工艺规程是新建或扩建工厂(车间)的依据。可以准确地确定所需机床种类和数量,工厂或车间的面积,机床的平面布置,生产工人的工种、等级、数量,以及各辅助部门的安排。它是机械加工车间设计的基础,对合理地达到生产能力,保证产品质量,保证工厂(车间)投资效果,以及对今后的生产和发展有着很大的影响。

2. 制定机械加工工艺规程的基本要求

加工质量、生产效率、经济性和环保性是制定机械加工工艺规程研究的主要问题,保证加工质量、高效的生产率和低的成本消耗永远是对机械加工工艺规程的基本要求,也是永恒的任务。加工质量、生产效率和经济性是相互矛盾的,在一定条件下又可统一。如何处理好三者关系,使之成为一个统一体是机械加工工艺规程要研究的纲领性问题。

保证加工质量就是保证所加工的产品满足产品各项性能指标要求,因此质量是首要的、第一性的。特别是市场竞争日益激烈的今天,产品质量就是企业的生命线、生存线。

在保证产品质量的前提下,应该不断地最大限度地提高生产率,以满足市场对产品时间和数量上的要求。对一个企业来说,生产率是硬指标,如果企业不能按合同规定交付,不但经济上受到损失,而且信誉上受到影响,更重要的是失去市场,长此以往就会失去生存环境。在制定机械加工工艺规程时,生产率要满足产量的要求,并在保证产品质量的前提下,尽量提高生产率。

经济性就是在产品制造过程中,尽可能地节约耗费,减少投资,降低制造成本。显然,在保证产品质量的前提下,提高经济性能为企业带来更多利润。但一味追求经济性会导致新技术装备投资受阻,从而与生产率提高产生矛盾。企业只有在满足市场需求的前提下,尽可能地降低成本,才能占领市场,获得良好的经济效益。

环保性是要注意节省能源,有效利用资源,保护环境。环保性是对机械制造提出的新要求,随着人类资源的开发、生活水平的提高,合理地利用资源、保护生存空间是机械制造面临的重要课题。

3. 制定机械加工工艺规程的原始资料

制定机械加工工艺规程时需要依据必要的原始资料,主要包括以下几个方面:
(1) 零件的设计图样和产品的装配图。
(2) 零件的生产纲领和生产类型。
(3) 零件的验收质量标准。
(4) 毛坯情况。如毛坯的品种和规格、毛坯的制造方法和工艺要求,必要时应和有关人员共同确定毛坯图。
(5) 工厂的生产条件。如现有设备的规格、性能和精度,现有的刀具、夹具、量具、辅具的规格和使用情况,工人的技术水平,后方车间的生产能力等情况。
(6) 国内外生产技术的发展情况。应了解国内外相关厂家的生产技术情况,结合本厂的具体情况,以使所制定的工艺规程具有较好的先进性。

4. 制定机械加工工艺规程的步骤

机械加工工艺规程的制定须按照一定的程序步骤,并包含特定的内容。工艺规程制定过程与步骤大致如下:
(1) 分析研究产品的装配图和零件图。
① 熟悉产品的性能、用途、工作条件,明确各零件的装配位置及其作用。
② 对装配图和零件图进行工艺性审查。
(2) 毛坯的选择。毛坯质量高,则切削加工量小,可提高材料利用率,降低机械加工成本。

机械产品的开发设计人员,根据机械产品的工作要求及零件在产品中的作用,设计了零件图,并提出了零件的材料、热处理及其他技术要求。工艺设计人员根据零件图的要求,在合理制定零件的机械加工工艺后,才能最终确定毛坯的种类和制造方法。所以,毛坯与其零件的加工工艺过程是密不可分的。

毛坯种类和制造方法的选择是否合理,对于保证零件的机械加工质量和经济性影响极大。零件在加工过程中材料的消耗、工序的数量多少、加工时间等都在很大程度上取决于所选毛坯。因此,应尽可能采用新技术、新工艺、新材料,如精密铸造、精锻、粉末冶金、冷轧、冷挤压等先进工艺,以及异型钢材、工程塑料等新材料来生产制造高精度毛坯。这样不但可以节约原材料,还可以减少劳动量,降低能源消耗,改善经济性。当然,在具体选择毛坯时,要遵从产品的生产纲领,特别是企业本身所具有的毛坯生产条件。在汽车零件生产社会化、专业化的今天,也常常通过厂际协作,委托专业化的毛坯制造厂提供毛坯,这样才能达到保证毛坯质量、降低成本的目的。

(3) 拟定工艺路线。工艺路线是零件在生产过程中由毛坯到成品所经过工序的先后顺序。拟定工艺路线,其主要内容包括选择定位基准、定位夹紧方案、各表面的加工方法及其过程,安排零件加工各工序的顺序等。拟定工艺路线是制定工艺规程最关键的一步,一般需要提出几个方案,进行分析比较,从中选择一个最佳方案。

(4) 确定各工序所采用的设备及工艺装备。

(5) 确定各工序的加工余量,计算工序尺寸及其公差。

(6) 确定各工序的切削用量和时间定额。

(7) 确定各主要工序的技术检验要求及检验方法。

(8) 编制工艺文件。

5. 机械加工工艺规程文件

汽车生产中,由于生产类型不同,工艺文件的形式灵活多样,工艺规程的内容也不尽相同。总结起来,主要有以下几种工艺文件。

(1) 机械加工工艺过程卡片,简称工艺过程卡片,也称工艺路线卡。它是以工序为单位说明一个零件全部加工过程的工艺卡片。卡片包括零件各个工序的名称、工序内容,经过的车间、工段,所用的机床、刀具、夹具、量具及工时定额等。主要用于单件小批生产以及生产管理中。一般机械加工工艺过程卡有多种样式,典型工艺过程卡见表6-1。

表6-1 机械加工工艺过程卡片

(厂名全称)	机械加工工艺过程卡片	产品型号		零(部)件图号		共 页
		产品名称		零(部)件名称		第 页
材料牌号		毛坯种类	毛坯外形尺寸	每批件数	每台件数	备注
工序号	工序名称	工序内容	车间	工段	设备	工艺装备	工序时间	
							准终	单件
					编制(日期)	审核(日期)	会签(日期)	※	※
a	①							
标记	处数	更改文件号	签字	日期	标记	处数	更改文件号	签字	日期

(2) 机械加工工序卡片,简称工序卡。它是根据工艺卡片的每一道工序制定的,主要用来具体指导操作工人进行生产的一种工艺文件。工序卡多用于大批大量生产或成批生产中比较重要的零件。该卡片中附有工序简图,并详细记载了该工序加工所需的资料,如定位基

准选择、工序尺寸及公差以及机床、刀具、夹具、量具、切削用量和工时定额等。机械加工工序卡片也有多种样式,典型工序卡见表 6-2。

表 6-2 机械加工工序卡

(厂名全称)		机械加工工序卡片		产品型号		零(部)件图号			共 页	
				产品名称		零(部)件名称			第 页	
				车间	工序号		工序名称		材料牌号	
				毛坯种类	毛坯外形		每批件数		每台件数	
				设备名称	设备型号		设备编号		同时加工工件数	
				夹具编号		夹具名称			冷却液	
									工序时间	
									准终	单件
工步号	工步内容	工艺装备	主轴转速(r/min)	切削速度(m/min)	进给量(mm/r)		背吃刀量(mm)	走刀次数	工时定额	
									基本	辅助
							编制(日期)	审核(日期)	会签(日期)	*	*
a	①									
标记	处数	更改文件号	签字	日期	标记	处数	更改文件号	签字	日期	

(3) 调整卡。调整卡是对自动机床、半自动机床或齿轮加工机床等进行调整时使用的工艺文件,以保证机床、机床夹具和工件间的相互位置关系。它是在机床调整复杂和零件机械加工工艺较复杂(如多刀、多工位加工)的情况下,帮助和指导设备操作工人或专门的设备维护人员进行工作的工艺文件。调整卡的格式因不同的机床而有不同的形式。

(4) 检验工序卡,简称检验卡。零件在生产加工过程中,可能因为某些影响因素造成零件的某一尺寸或某几个尺寸未达到设计图样要求。为了保证所生产零件是合格产品,及时发现生产过程中工序的加工是否正常,为产品质量检验人员制定了专门用于零件质量检验的卡片。在生产制造一个零件的工艺文件里至少有一份检验卡,复杂和精度要求高的零件有时按生产阶段或加工工序的要求有若干份检验卡;针对特殊工序还有专用的检验卡。检验工序卡内容包括:检验内容;检验所用夹具、量检具;每一批次零件抽检零件数等,见表 6-3。

表 6-3 检验工序卡

检验工序卡		产品型号		零(部)件图号		共 页
		产品名称		零(部)件名称		第 页
工序号	检验内容	百分比	加工序号	设备及检具	量具及标准号	量具名称
					编制(日期)	审核(日期)	会签(日期)
标记	处数	更改文件号	签字	日期		

6.2 工艺路线的制定

工艺路线的制定是工艺规程制定中的关键步骤,包括如何选择加工定位基准,采用何种加工方法来保证各表面的技术要求,确定零件的加工顺序,详细拟订工序的具体内容等。工艺路线合理与否不但影响到工件的加工质量、生产效率和经济性,而且也影响到工人的劳动强度、设备投资、车间面积、生产成本等问题。因此,制定工艺路线时,必须全面考虑,在充分调查研究的基础上,制定工艺路线。制定工艺路线时,主要进行以下几方面的工作。

6.2.1 定位基准的选择

选择工件的定位基准,是制定工艺规程的一个十分重要的问题。定位基准选择得是否合理,将直接影响零件加工质量和专用机床夹具结构的复杂程度。定位基准分为粗基准和精基准。由于粗基准和精基准的作用不同,两者的选择原则也不相同。在选择定位基准时应首先考虑下列因素:

(1) 用哪一个(或一组)表面作为加工时的精基准,才有利于经济、合理地达到零件的加工要求?

汽车零件大多为大批大量的生产方式,如汽车箱体类零件(如变速器壳体、气缸体、离合器壳体等)的整个机械加工工艺过程中,常以"一面双孔"定位完成大部分工艺过程的加工,既可经济地达到其加工精度,又可大大简化夹具的设计,缩短生产和安装调试周期。

(2) 为加工出该精基准,应采用哪一个(或一组)表面作为粗基准?

如汽车箱体类零件在进入机加工时,由于是毛坯状态,所以以哪个表面为粗基准来加工前述的"一面两孔"就显得十分重要。

(3) 是否有个别工序为了特殊的加工要求,需要采用第二个(或组)精基准?

由于对精基准与粗基准的加工要求和用途不同,因此选择时考虑问题的侧重点也不同。

1. 粗基准的选择原则

粗基准的选择有两个出发点:一是保证各加工表面有足够且均匀的加工余量;二是保

证不加工表面与加工表面间的相对尺寸和位置符合设计要求。粗基准的选择可按照如下原则进行:

(1) 余量均匀分配原则。尽可能选用精度要求高的主要表面作粗基准,这样选择粗基准可保证以后加工主要表面时有足够且较均匀的加工余量。如图 6-1(a) 所示,变速器壳体采用轴承座孔作为粗基准,在专用机床夹具上用两个同轴线的圆锥销插入工件两端的轴承座孔内,一活动的菱形圆锥销插入另一轴承座孔内作为粗基准进行定位,加工与上盖接合的平面;然后再用该平面和两端轴承座孔定位(图 6-1(b)),加工出接合面上的两个工艺孔。在后续镗削轴承座孔时,以加工过的接合面和设在该面上的两个工艺孔定位,就可以保证轴承座孔具有足够且较均匀的余量。因此,在镗轴承座孔时,切削力和工艺系统受力变形的变化较小,有利于提高轴承座孔的加工精度及避免产生切削振动。

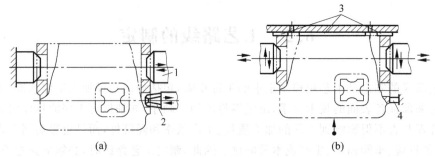

图 6-1 变速器壳体的轴承座孔作为粗基准
(a) 铣削接合面时的定位;(b) 钻铰接合面上两定位销孔时的定位
1—圆锥销;2—菱形圆锥销;3—支承板;4—支承钉

(2) 相互位置原则。选择零件上不加工表面为粗基准,可以保证加工面与不加工面之间有较正确的相互位置精度。例如图 6-2 所示的毛坯,铸造时孔 B 和外圆 A 有偏心,若采用不加工表面 A 为粗基准加工孔 B,加工后内外同轴度精度较高,即壁厚均匀,而孔 B 的加工余量不均匀。当 A、C 表面均为不加工表面时,如果 C 面对内孔同轴度要求高,应选 C 面为粗基准。

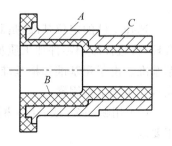

图 6-2 套的粗基准选择

(3) 便于工件装夹原则。要求选用的粗基准面尽可能平整、光洁,且有足够大的尺寸,不允许有锻造飞边、铸造浇、冒口或其他缺陷,也不宜选用铸造分型面作粗基准。

(4) 不重复使用原则。粗基准的定位精度低,在同一尺寸方向上一般只允许使用一次,否则定位误差太大。但如果毛坯是精制毛坯,且相应的加工要求又不高,由重复装夹所产生的加工误差在允许的范围之内,则粗基准允许重复使用。

2. 精基准的选择原则

选择精基准时,主要考虑保证加工精度以及装夹方便、准确,因此,精基准的选择可按照如下原则进行:

(1) 基准重合原则。尽量选择工序基准(或设计基准)为定位基准,这样选择可避免因基准不重合而产生的基准不重合误差。在获得零件表面间最终尺寸的工序中，特别是当尺寸或位置公差较小时，一般不应违反这一原则，否则会因基准不重合误差的存在，增大加工难度，甚至无法保证加工表面之间的尺寸、位置精度要求。

图6-3所示为粗镗活塞销孔示意图。为了保证销孔轴线与顶面间的尺寸及公差(56mm±0.08mm)，应选择裙部外圆和顶面作为最后加工销孔的定位基准(图6-3(a))，这样就能直接保证销孔轴线与顶面间的尺寸要求，没有因基准不重合而引起的尺寸误差。有时为了避免工艺过程中定位基准的变换和简化专用机床夹具种类，仍用止口和底面来定位(图6-3(b))，这样就产生了定位基准与设计基准不重合。为了保证56mm±0.08mm的要求，就要对有关的工序尺寸进行尺寸换算，以便间接保证，这样就提高了有关工序的加工精度要求，增加了加工成本。

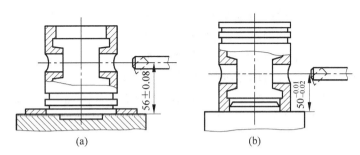

图6-3 基准重合原则的应用

(2) 基准统一原则。在零件加工的整个工艺过程或有关的某几道工序中尽可能采用同一个(或同一组)定位基准来定位，称为基准统一原则，亦称基准不变原则。

例如，轴类零件的表面常常是回转表面，常用中心孔作为统一基准加工各个外圆表面，采用统一基准加工有助于保证各表面之间的同轴度。箱体零件常用一平面和两个距离较远的孔作为精基准，加工该箱体上大多数表面。盘类零件常用一端面和一端孔为精基准完成各工序的加工。采用基准统一原则可避免基准变换产生的误差，提高工件加工精度，并简化夹具设计和制造。

采用基准统一原则的优点可以归纳为：

① 可以保证所加工的各个表面之间具有正确的相对位置关系；

② 简化了工艺过程，使各工序所用夹具比较统一，从而减少了夹具种类与设计和制造夹具的时间和费用；

③ 可减少基准转换带来的误差，有利于保证加工精度；

④ 可在一次装夹中加工出较多的表面，提高了生产率。

(3) 互为基准、反复加工原则。当工件上两个加工表面之间的位置精度要求比较高时，可以采用两个加工表面互为基准的方法进行加工。这样不仅符合基准重合原则，也在互为基准反复加工过程中，使精基准本身的加工误差越来越小，最后能可靠地保证位置公差要求。例如，加工图6-4所示的精密齿轮，齿面高频淬火后必须进行磨齿，为消除淬火后的变形，内孔和齿面都需要磨削。磨削时先以齿廓表面为定位基准磨削内孔，再以内孔为定位基准磨削齿面。这样，既能保证齿面对内孔的位置精度，又能使轮齿齿面的磨削余量均匀。

(4) 自为基准原则。有些精加工工序要求加工余量小而均匀，以保证加工质量和提高生产率，这时就以加工面本身作为精基准，称为自为基准。如精铰孔时，铰刀与主轴采用浮动连接，加工时是以孔本身为定位基准。又如磨削床身导轨面时，常在磨头上装百分表以导轨面本身为基准来找正工件，或者用观察火花的方法来找正工件。应用这种精基准加工工件，只能提高加工表面的尺寸精度，不能提高表面间的相互位置精度，后者应由先行工序保证。

（5）所选用的定位基准应能保证工件的装夹稳定可靠、夹具结构简单、操作方便，精基准应选择尺寸与形状公差较小、表面粗糙度值较小的表面，以保证定位准确。精基准还应具有较大的面积并尽量靠近加工表面，以保证在夹紧力、切削力和工件本身重力的作用下不会引起工件位置的偏移或产生过大的变形。

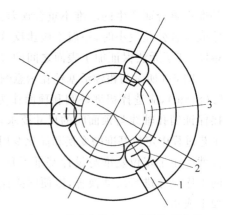

图 6-4　精密齿轮加工时以齿廓定位
1—卡盘；2—滚柱；3—齿轮

总之，定位基准的选择是一个复杂的问题，既要考虑零件的加工精度，又要使工件装夹方便可靠，夹具结构简单。上述原则，有时不可能同时满足，应根据实际情况，灵活运用这些原则。

6.2.2　加工方法的选择

零件表面的加工分为若干工序，每一工序用什么方法加工，应根据加工表面的结构特点及技术要求、生产类型等条件决定。一个表面达到同样加工质量要求的加工过程及最终加工方法可以有多种方案，究竟选用哪一种方案，要综合考虑各方面的因素。

（1）根据加工表面的加工精度和表面粗糙度要求确定最终加工方法。选择表面加工方法时，应根据每个加工表面的技术要求，先选择最终加工方法。所选择的最终加工方法的经济精度和表面粗糙度必须能可靠地保证加工要求。一般情况下，最终加工方法对加工前表面的尺寸精度和表面粗糙度有一定的要求，因此，大多数表面在终加工之前需要进行必要的预加工。例如，精铰前需要粗铰，而粗铰前一般需要钻、扩。根据有关资料或生产经验，对表面的终加工和预加工可提出几个方案进行分析比较，选择一个合理方案。

例如，加工一直径为 $\phi 35H7$、表面粗糙度 Ra 为 $1.6\mu m$ 的孔，可有三种加工方案：

① 钻孔—扩孔—粗铰—精铰。该方案适用于加工直径较小（<60mm）的孔，因孔径太大，扩孔钻和铰刀不便于制造和使用。对于小直径的孔，有时只需要铰一次便可达到技术要求。铰刀为定尺寸刀具，容易保证精度，故广泛用来加工未淬硬钢或铸铁，但对有色金属铰出的孔表面粗糙度值较大，常用精细镗孔的方案来代替。

② 钻孔—拉孔。该方案适用于成批和大量生产时加工中小型零件，生产率高，但拉刀制造复杂、成本较高。工件材料可为未淬硬钢、铸铁和有色金属，被拉的孔不宜太大太长，一般孔长不超过孔径的 3~4 倍。

③ 粗镗—半精镗—精镗。该方案适用于加工毛坯上已铸出或锻出的孔，孔径不宜太小，否则因镗杆太细而影响加工质量。箱体零件的孔系加工通常采用这种方案。

首先选择最终工序（精铰、拉孔或精镗），然后确定前面工序的加工方法，即可确定以上三种方案，究竟选哪种，要根据具体条件决定。

表6-4～表6-6分别介绍了外圆、内孔和平面常用的加工方案。

表6-4 外圆表面加工方案的经济精度和表面粗糙度

序号	加 工 方 法	经济精度 （公差等级表示）	经济粗糙度 $Ra/\mu m$	适 用 范 围
1	粗车	IT11～IT13	50～12.5	适用于淬火钢以外的各种金属
2	粗车→半精车	IT8～IT10	6.3～3.2	
3	粗车→半精车→精车	IT7～IT8	1.6～0.8	
4	粗车→半精车→精车→滚压（或抛光）	IT7～IT8	0.2～0.025	
5	粗车→半精车→磨削	IT7～IT8	0.8～0.4	主要用于淬火钢，也可用于未淬火钢，但不宜加工有色金属
6	粗车→半精车→粗磨→精磨	IT6～IT7	0.4～0.1	
7	粗车→半精车→粗磨→精磨→超精加工（或轮式超精磨）	IT5	0.1～0.012（或$Rz0.1$）	
8	粗车→半精车→精车→精细车（金刚车）	IT6～IT7	0.4～0.025（或$Rz0.1$）	主要用于要求较高的有色金属加工
9	粗车→半精车→粗磨→精磨→超精磨（或镜面磨）	IT5以上	0.025～0.006（或$Rz0.05$）	主要用于极高精度的外圆面加工
10	粗车→半精车→粗磨→精磨→研磨	IT5以上	0.1～0.006（或$Rz0.05$）	

表6-5 孔加工方案的经济精度和表面粗糙度

序号	加 工 方 法	经济精度 （公差等级表示）	经济粗糙度 $Ra/\mu m$	适 用 范 围
1	钻	IT11～IT13	12.5	加工未淬火钢及铸铁的实心毛坯，也可用于加工有色金属，孔径小于15～20mm
2	钻→铰	IT8～IT10	6.3～1.6	
3	钻→粗铰→精铰	IT7～IT8	1.6～0.8	
4	钻→扩	IT10～IT11	12.5～6.3	加工未淬火钢及铸铁的实心毛坯，也可用于加工有色金属，孔径小于15～20mm
5	钻→扩→铰	IT8～IT9	3.2～1.6	
6	钻→扩→粗铰→精铰	IT7	1.6～0.8	
7	钻→扩→机铰→手铰	IT6～IT7	0.4～0.2	
8	钻→扩→拉	IT7～IT9	1.6～0.1	大批量生产（精度视拉刀的精度而定）
9	粗镗（或扩孔）	IT11～IT13	12.5～6.3	除淬火钢外的各种材料，毛坯有铸出孔或锻出孔
10	粗镗（粗扩）→半精镗（精扩）	IT9～IT10	3.2～1.6	
11	粗镗（粗扩）→半精镗（精扩）→精镗（铰）	IT7～IT8	1.6～0.8	
12	粗镗（粗扩）→半精镗（精扩）→精镗→浮动镗刀精镗	IT6～IT7	0.8～0.4	

续表

序号	加工方法	经济精度（公差等级表示）	经济粗糙度 $Ra/\mu m$	适用范围
13	粗镗（扩）→半精镗→磨孔	IT7～IT8	0.8～0.2	主要用于淬火钢,也可用于未淬火钢,但不宜用于有色金属加工
14	粗镗（扩）→半精镗→粗镗→精磨	IT6～IT7	0.2～0.1	
15	粗镗（扩）→半精镗→精镗→精细镗（金刚镗）	IT6～IT7	0.4～0.05	主要用于精度要求较高的有色金属加工
16	钻→(扩)→粗铰→精铰→珩磨；钻→(扩)→拉→珩磨；粗镗→半精镗→精镗→珩磨	IT6～IT7	0.2～0.025	主要用于精度要求很高的孔加工
17	以研磨代替16中的珩磨	IT5～IT6	0.1～0.006	

表 6-6 平面加工方案的经济精度和表面粗糙度

序号	加工方法	经济精度（公差等级表示）	经济粗糙度 $Ra/\mu m$	适用范围
1	粗车	IT11～IT13	50～12.5	端面
2	粗车→半精车	IT8～IT10	6.3～3.2	
3	粗车→半精车→精车	IT7～IT8	1.6～0.8	
4	粗车→半精车→磨削	IT6～IT8	0.8～0.2	
5	粗刨（或粗铣）	IT11～IT13	25～6.3	一般不淬硬平面（端铣表面粗糙度 Ra 值较小）
6	粗刨（或粗铣）→精刨（或精铣）	IT8～IT10	6.3～1.6	
7	粗刨（或粗铣）→精刨（或精铣）→刮研	IT6～IT7	0.8～0.1	精度要求较高的不淬硬平面,批量较大时宜采用宽刃精刨方案
8	以宽刃精刨代替7中的刮研	IT7	0.8～0.2	
9	粗刨（或粗铣）→精刨（或精铣）→磨削	IT7	0.8～0.2	精度要求高的淬硬平面或不淬硬平面
10	粗刨（或粗铣）→精刨（或精铣）→粗磨→精磨	IT6～IT7	0.4～0.025	
11	粗铣→拉	IT7～IT9	0.8～0.2	大量生产,较小的平面（精度视拉削精度而定）
12	粗铣→精铣→磨削→研磨	IT5 以上	0.1～0.006（或 $Rz0.05$）	高精度平面

（2）考虑零件材料及其物理力学性质。例如,对淬火钢应采用磨削加工,但对有色金属采用磨削加工就会发生困难,一般采用金刚镗削或高速精细车削加工。

（3）考虑零件的结构、加工表面的特点和材料等因素。例如,回转工件可以用车削或磨削等方法加工孔,而箱体上IT7级公差的孔,一般就不宜采用车削或磨削,而通常采用镗削或铰削加工。孔径小的宜用铰孔,孔径大或长度较短的孔则宜用镗孔。

（4）考虑生产率和经济性要求。大批大量生产时,应采用高效率的先进工艺,如平面和孔的加工采用拉削代替普通的铣、刨和镗孔等加工方法。甚至可以从根本上改变毛坯的制造方法,如用粉末冶金来制造油泵齿轮,用熔模铸造柴油机上的小零件等,均可大大减少机械加工的劳动量。

(5) 考虑企业现有设备情况和技术的发展。选择加工方法时应充分利用现有设备。但也应考虑不断改进现有的加工方法和设备，采用新技术和提高工艺水平，此外还应考虑设备负荷的平衡。

6.2.3 加工阶段的划分

工艺路线按工序内容不同，一般可分为粗加工、半精加工和精加工三个阶段，如零件的精度及粗糙度要求特别高，还要包括光整加工阶段。

(1) 粗加工阶段：主要任务是高效地去除各表面的大部分余量。在此阶段中，切削力、切削用量、切削功率都较大，故切削热及内应力问题突出。

(2) 半精加工阶段：主要任务是使次要表面达到图纸要求，使各主要表面消除粗加工时留下的误差，达到一定的精确度，为精加工做准备。

(3) 精加工阶段：任务是使主要表面达到图纸要求。

(4) 光整加工阶段：任务是保证获得几个重要表面的低粗糙度或同时进一步提高尺寸精度。

加工阶段的划分有以下几个优点：

(1) 有利于保证加工质量。粗加工时，由于切去的加工余量大，则所需的夹紧力和切削力也要很大，因此工艺系统的受力变形相应地增大，当工件刚性较差时更为严重。同时粗加工时切削温度高，工艺系统的热变形较大。另外，毛坯存在着内应力，粗加工时工件表面被切去较大一层金属，内应力重新分布而使工件产生变形，因此不可能达到小的尺寸公差等级和表面粗糙度值。工件需要先完成各表面的粗加工，再通过半精加工和精加工逐步减小切削用量、切削力和切削热，逐步修正工件的变形，减小尺寸公差等级和表面粗糙度值，最终达到零件图样的要求。各加工阶段之间的时间间隔相当于自然时效处理，有利于消除工件的内应力，使工件有变形的时间，以便在后一道工序中加以修正。

(2) 有利于合理地使用机床设备。粗加工可用刚度大、功率大、精度低的机床；精加工时使用精密机床，由于此时切削力小，有利于长时间地保持机床的精度。

(3) 粗加工安排在前，可及早发现毛坯的缺陷（如铸件的气孔、砂眼等），以免继续加工造成工时的浪费。

(4) 为了在机械加工工序中插入必要的热处理工序，同时使热处理发挥充分的效果，就自然地要求把机械加工工艺过程划分为几个阶段，而每个阶段各有其特点及应达到的目的。

(5) 精加工工序安排在最后，可有效地使精加工后的表面不受或少受损伤。

采用粗精分开的原则可以合理使用机床，保证产品质量。此原则既适用于某一表面的加工，也适用于整个零件的工艺过程。当然，实际生产中，不一定要求严格划分加工阶段，要由具体情况分析确定，因为严格划分阶段不可避免地要增加工序的数目，使成本提高。

6.2.4 加工工序的划分

确定了表面的加工方法和划分阶段之后，还要解决一个工序完成多少加工内容的问题，也就是要进一步考虑这些加工内容是分散在几个工序内、在不同机床上完成，还是将这些内容集中在一个工序内、在一台设备上完成。依据零件的生产类型和加工设备情况,选定其中一种机械加工工艺过程设计原则,按照原则划分零件的机械加工工艺过程,安排加工顺序。

机械加工工艺过程设计有两个原则,即工序集中与工序分散。工序集中就是通过设计零件的机械加工工艺过程,使零件加工集中在较少的工序内完成,这样每道工序的加工内容多。工序分散即通过设计零件的机械加工工艺过程,使零件加工分散在较多的工序内进行,这样每道工序的加工内容少。

采用工序集中原则设计零件的机械加工工艺过程时,机械制造过程的特点如下:

(1) 采用柔性或多功能机械加工设备及工艺装备,生产率高。
(2) 工件装夹次数少,易于保证加工表面间位置精度,减少工序间运输量,缩短生产周期。
(3) 机床数量、操作工人数量和生产面积可以较少,从而简化生产组织和计划工作。
(4) 因采用柔性或多功能设备及工艺装备,所以投资大,设备调整复杂,生产准备工作量大,转换产品费时。

若是机械制造过程具有如下特点,往往采用工序分散原则设计零件的机械加工工艺过程:

(1) 机械加工设备和工艺装备功能单一,调整维修方便,生产准备工作量小。
(2) 由于工序内容简单,可采用较合理的切削用量。
(3) 设备数量多,操作工人多,生产面积大。
(4) 对操作者技能要求低。

工序集中与工序分散各有利弊,应根据生产类型、现有制造生产条件(机械加工设备类型、设备数量及分布)、工件结构特点和技术要求等进行综合分析后选用。即使采用通用机床和工艺装备,单件生产也往往采用工序集中的原则;在具有加工中心等先进设备条件下,小批量生产可采用工序集中原则安排零件加工,以便简化生产组织工作。大批大量生产广泛采用专用机床时,采用工序分散的原则安排零件加工;当生产线中有加工中心、数控设备等先进工艺装备时,可部分采用工序集中原则安排零件加工。对于重型零件,工序应适当集中;对于刚性差、精度要求高的零件应适当分散其加工工序。

6.2.5 加工顺序的安排

机械加工工艺路线不仅要经过机械加工工序,对于复杂零件还要经过热处理和检验、去毛刺、清洗、平衡、称重、磁力探伤等辅助工序。因此,在拟定工艺路线时,要根据加工阶段的划分、定位基准的选择、加工表面的特点及主次,把机械加工、热处理和辅助工序综合到一起全面考虑进行安排。

1. 机械加工工序的安排原则

在安排加工工序时,一般应遵循以下原则:

(1) 基准先行。零件加工顺序安排应尽早加工用作精基准的表面,以便为后续加工提供可靠的高质量的定位基准。在重要表面加工前,对精基准应进行一次修正,以利于主要表面加工精度的提高。

基准与加工次序安排有密切关系。基准选定也就初步确定了加工工序次序。

（2）先粗后精。零件加工顺序安排应先进行粗加工工序，后进行精加工工序。机械加工精度要求较高零件的主要表面应按照粗加工→半精加工→精加工→超精密或光整加工的顺序安排，使零件加工质量逐步提高。

（3）先主后次。零件的主要表面是加工精度和表面质量要求较高的面，其加工过程往往较为复杂，工序数目多，且零件主要表面的加工质量对零件质量影响较大，因此安排加工顺序时应优先考虑零件主要表面加工；零件一些次要表面（如紧固用的光孔、键槽和螺纹孔等），可穿插在零件主要表面加工中间或其后进行。当次要表面与主要表面之间有较高的位置精度要求时，须将其安排在主要表面加工之后。

（4）先面后孔。对于平面和内孔均需要加工时，一般先加工平面后加工孔。如箱体类、支架类和连杆类等零件的加工，应先加工平面后加工孔，因为平面一般面积较大，装夹稳定可靠，先加工出平面作为基准后可方便地加工孔，这样可以保证平面与孔之间的位置精度，也使加工孔时刀具的起始加工条件较好。此外，在毛坯表面上钻孔、扩孔或镗孔时刀具不易定心，刀具易磨损、打刀，若先加工平面再加工孔，即可避免上述情况的发生。

此外，由于某些总成的结构特点，这些工件的最后精加工须安排在总成（合件和组件）装配之后进行。例如，发动机连杆总成要在连杆体与连杆盖装配后精磨两端面，细镗和珩磨大小头孔等。

2. 热处理工序的安排

热处理主要用来改善材料的性能和消除内应力。一般热处理工序在工艺过程中的安排如下：

（1）为改善金属的组织和加工性能而进行的预备热处理，如退火、正火等，一般安排在机械加工之前。

（2）为消除内应力而进行的时效处理工序，常安排在粗加工之后、精加工之前，或在各加工阶段之间安排几次，应根据零件的加工要求和刚性而定。

（3）为提高零件的力学性能而进行的最终热处理，如淬火、渗氮等，一般应安排在工艺过程的后期，但在该表面的最终加工之前。

（4）装饰性热处理如发蓝等，一般安排在工艺过程的最后进行。

3. 辅助工序的安排

检验工序是主要的辅助工序，它是监控产品质量的主要措施。在每道工序中，操作者必须进行自检，同时在下列情况下必须安排单独的检验工序：

（1）粗加工阶段结束之后。
（2）重要工序之后。
（3）零件从一个车间转到另一个车间时。
（4）特种性能（如磁力探伤、密封性试验等）检验之前。
（5）零件全部加工结束之后。

此外，还要考虑安排去毛刺、倒棱角、去磁、清洗、涂防锈油等辅助工序，这些工序也非常重要，必须引起足够的重视。

6.3 工序设计

工艺路线确定之后,还要进一步安排各工序的具体内容,包括加工余量及工序尺寸、设备与工艺装备、切削用量与时间定额等。

6.3.1 加工余量的概念

为保证工件加工质量,需要从加工表面上切除一层金属,这层金属的厚度称为加工余量。在工件由毛坯加工成成品的过程中,在某加工表面上切除的金属层的总厚度,即某一表面的毛坯尺寸与零件设计尺寸之差,称为该表面的总加工余量,用 Z_0 表示。每道工序切除的金属层厚度,即相邻工序的工序尺寸之差,称为该表面的工序加工余量,用 Z_i 表示。显然,总加工余量为同一表面各工序加工余量的总和,即

$$Z_0 = Z_1 + Z_2 + \cdots + Z_n = \sum_{i=1}^{n} Z_i \tag{6-1}$$

加工余量还有单面和双面之分。对于外圆和内孔,加工余量是在直径方向上对称分布的,图 6-5(a)、(b)所示称为双面余量;对于平面加工,如图 6-5(c)所示,称为单面余量。

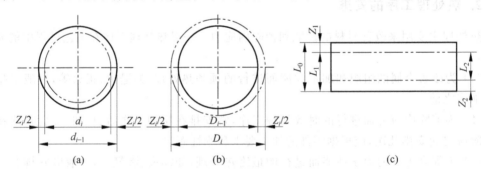

图 6-5 双面和单面余量

(a)、(b) 加工外圆、内孔时的双面余量;(c) 加工平面时的单面余量

图 6-6(a)、(b)分别表示加工外表面尺寸、内表面尺寸时的工序尺寸与工序基本余量(工序余量的基本尺寸,简称工序余量)间的关系。若 A_i 表示本工序的工序尺寸,A_{i-1} 为上工序的工序尺寸,则加工余量为

$$Z_i = \begin{cases} A_{i-1} - A_i & （外表面） \\ A_i - A_{i-1} & （内表面） \end{cases} \tag{6-2}$$

由于毛坯尺寸、零件尺寸和各道工序的工序尺寸都存在误差,就使得实际的加工余量在一定的范围内是变动的,出现了最大加工余量(用 $Z_{\max}$ 表示)和最小加工余量(用 $Z_{\min}$ 表示)。其与工序尺寸及其公差的关系如图 6-6 所示,由此可见,有

$$Z_{\max} = \begin{cases} A_{i-1\max} - A_{i\min} & （外表面） \\ A_{i\max} - A_{i-1\min} & （内表面） \end{cases} = Z_i + T_{Ai} \tag{6-3}$$

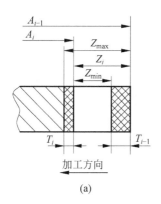 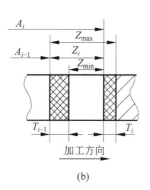

图 6-6 工序尺寸与工序余量间的关系
(a) 外表面尺寸；(b) 内表面尺寸

$$Z_{\min} = \begin{cases} A_{i-1\min} - A_{i\max} & （外表面） \\ A_{i\min} - A_{i-1\max} & （内表面） \end{cases} = Z_i - T_{Ai-1} \quad (6\text{-}4)$$

工序余量公差可用 T_{Zi} 表示，计算公式为

$$T_{Zi} = Z_{i\max} - Z_{i\min} = T_{Ai} + T_{Ai-1} \quad (6\text{-}5)$$

工序尺寸的公差一般按"入体"原则标注。即对于轴类等外表面尺寸，工序尺寸极限偏差取单向负偏差（按 h 标注），工序尺寸的基本尺寸等于最大极限尺寸；对于孔类等内表面尺寸，工序尺寸极限偏差取单向正偏差（按 H 标注），工序尺寸的基本尺寸等于最小极限尺寸；但毛坯的制造偏差为双向标注。

6.3.2 影响加工余量的因素

合理确定加工余量对工件的加工质量、生产率以及生产成本均有较大影响。加工余量不够，将不足以切除零件上有误差和缺陷的表面，从而达不到加工要求，增加了废品率。加工余量过大，不但增加了机械加工工作量，也增加了材料、工具和电力的消耗，从而增加了成本。此外，加工余量不均匀，还会产生误差复映，影响加工质量。影响加工余量大小的因素如下：

1. 上道工序的尺寸公差 T_{i-1}

如图 6-7 所示，上道工序加工后的表面，存在着尺寸公差范围内的形状误差（如平面度、圆度、圆柱度等）和位置误差（如平行度等），为了保证本道工序被加工表面不残留上道工序的这些误差，必须切除上道工序遗留的尺寸公差，则本道工序的加工余量应大于上道工序尺寸公差 T_{i-1}。

2. 上道工序遗留表面粗糙度 R_{i-1} 及表面缺陷层深度 H_{i-1}

如图 6-8 所示，本道工序必须将上道工序加工后遗留的表面粗糙度和表面缺陷层（如冷硬、脱碳等）全部切除，则本道工序的加工余量应包括上道工序的表面粗糙度 R_{i-1} 和表面缺陷层深度 H_{i-1}。

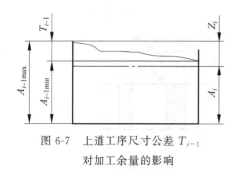

图 6-7 上道工序尺寸公差 T_{i-1} 对加工余量的影响

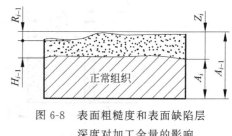

图 6-8 表面粗糙度和表面缺陷层深度对加工余量的影响

3. 工件各表面相互位置的空间偏差 ρ_{i-1}

因为加工后存在不包括在尺寸公差范围内的形状误差和位置误差（如轴线的直线度、位置度及垂直度等），为了切除上述误差，必须加大加工余量。如图 6-9 所示的轴，由于存在直线度误差 0.025mm，必须增加加工余量至 0.05mm 以上。

4. 本道工序加工时的装夹误差 ε_i

当工件在夹具上安装时，由于存在装夹误差，工件的工序基准的位置将发生变化，应加大本道工序的加工余量。如图 6-10 所示，当用自定心卡盘装夹工件磨削孔时，由于自定心卡盘定心不准，使工件轴线与机床主轴轴线存在偏心 e，使孔的磨削余量不均匀，为了将这个装夹误差切除，孔的加工余量应增大 $2e$。

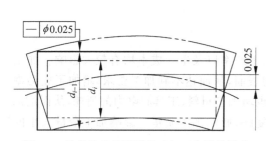

图 6-9 轴线的直线度误差对加工余量的影响

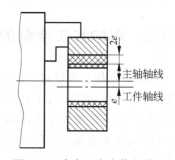

图 6-10 自定心卡盘装夹误差对加工余量的影响

综上所述，加工余量应由以上四项组成，计算公式为：
对于平面加工的单边余量

$$Z_i \geqslant T_{i-1} + R_{i-1} + H_{i-1} + |\rho_{i-1} + \varepsilon_i| \tag{6-6}$$

对于外圆和内孔的双边余量

$$Z_i \geqslant T_{i-1} + 2 \times (R_{i-1} + H_{i-1}) + 2 \times |\rho_{i-1} + \varepsilon_i| \tag{6-7}$$

(1) ρ_{i-1} 和 ε_i 都是有一定方向的，因此，它们的合成应为向量和。

(2) T_{i-1}，H_{i-1} 和 R_{i-1} 的数值可由有关资料查得，其他数值要结合实际情况用试验统计得到或分析计算得到。

(3) 以上四项影响加工余量的因素在具体的加工条件下不一定全部存在，如用浮动镗

刀块镗孔、用拉刀拉孔时,都是以孔本身导向,不能修正孔轴线的偏斜,无空间误差和安装误差,计算加工余量的公式应为

$$Z_i \geqslant T_{i-1} + 2 \times (R_{i-1} + H_{i-1})$$

又如抛光及超精研磨时,仅为降低表面粗糙度,加工余量仅由表面微观粗糙度决定,即

$$Z_i \geqslant 2R_{i-1} \quad （双边）$$
$$Z_i \geqslant R_{i-1} \quad （单边）$$

(4) 公式中未考虑热处理的影响,一般热处理后会造成形状误差和尺寸误差,在进行精密计算或计算最小加工余量时应予以考虑。

6.3.3 加工余量的确定方法

确定加工余量的原则是在确保加工质量的前提下加工余量尽量选取小值。生产上确定加工余量常用以下三种方法:

(1) 查表修正法(查表法)。根据生产实践和试验研究,已将毛坯余量和各种工序的工序余量数据汇编成手册。在确定加工余量时,可从手册中查得所需数据,然后结合本厂的实际情况进行适当修正。该方法目前应用最为广泛。

(2) 经验估计法(经验法)。该方法是根据实践经验来确定加工余量的。一般而言,为防止加工余量不足而产生废品,往往估计的余量都偏大,所以该方法只适用于单件、小批量生产。

(3) 分析计算法(计算法)。该方法是根据加工余量计算公式和一定的试验资料,通过计算确定加工余量的一种方法。采用这种方法确定的加工余量比较合理,但必须有比较全面、可靠的试验资料及先进的计算手段。该方法在生产中应用很少。

在生产中,广泛采用查表法确定工序尺寸和公差。当某一表面的加工工艺过程确定后,先画出它的加工余量和工序尺寸分布图,然后查表确定各工序的加工余量和公差数值,最终工序的尺寸和公差应当等于图样规定的尺寸和公差,按顺序地向前推算得到各工序的尺寸和公差。

在查表时应当注意表中数据是公称值,对称表面的余量是双边的,非对称表面的余量是单边的。中间工序的尺寸公差可以查各种加工方法的经济加工精度。

6.3.4 机床设备及工艺装备的选择

机床设备和工艺装备的选择是工艺规程制定中的重要环节之一。机床设备和工艺装备是保证工件加工质量和达到一定生产率的基础条件。同时,机床设备和工艺装备的选择,对零件加工的经济性也有重要影响。为了合理地选择机床设备和工艺装备,必须对各种机床设备的规格、性能和工艺装备(尤其是刀具、量具和检具)的种类、规格等有较详细的了解,并准备好必要的技术资料。

1. 机床设备的选择

选择机床设备时,要综合考虑下列因素:

(1) 机床设备的加工范围应与零件的外廓尺寸相适应。

(2) 机床设备的加工精度、功率、刚度及切削用量范围应该与工件的加工性质相适应。一般粗加工工序选择刚度大、有一定功率储备的普通精度的机床设备;精加工工序选择主轴转速较高的高精度或精密机床设备。

(3) 机床设备的生产率要与零件的生产类型相适应。单件小批量生产时选择通用机床设备,大批大量生产时选择高生产率的专用机床设备。

(4) 机床设备的选择应充分考虑工厂、车间现有条件,尽量采用现有设备或对现有设备进行技术改造升级,避免盲目采购而造成浪费。应认真分析零件的加工要求,抓住对零件质量有重大影响的关键工序及其技术要求,以保证加工质量。

(5) 合理地选用数控机床及加工中心等先进制造设备。

机床设备确定后,常常需要根据其负荷率对工艺路线进行修改,对工序内容进行相应的调整,使各道工序的节拍均衡。

2. 工艺装备的选择

工艺装备是指零件加工时所用的刀具、夹具、量具、辅具等各种工具的总称。在合理选择工艺装备时主要考虑以下几个方面:

(1) 刀具的选择主要取决于表面的加工方法、加工表面的尺寸、工件的材料、切削用量及工序的加工要求、生产率等因素。在选择时首先尽量选用标准刀具以降低生产成本。在工序集中时,常常采用复合刀具和专用刀具,以提高生产效率。

(2) 应充分考虑工件的生产类型。单件、小批量生产时,应尽量选用通用夹具。在大批大量生产时,大多数情况下按工序加工内容要求设计、制造专用夹具。

(3) 量具、检具的选择主要根据工件的生产类型和加工要求。在单件、小批量生产时,常常选用通用量具,如游标卡尺、百分表、千分尺等。在大批大量生产时,多选用极限量规以及高生产率的主动检测仪和专用检具等。

6.3.5 切削用量的确定

在保证工件加工质量的前提下,获得高的生产率和降低生产成本是确定切削用量的原则。根据切削用量对刀具寿命的影响程度,依次选择背吃刀量 a_p、进给量 f 和切削速度 v_c。

(1) 背吃刀量 a_p 的选择。选择背吃刀量主要考虑工件的加工余量和工艺系统刚度的大小。在粗加工工序时,背吃刀量应尽量将粗加工余量一次切除,但当加工余量较大时,也可以分几次进给,此时也应尽量减少工作行程次数,并按前多后少的原则进行。而在半精加工和精加工时,背吃刀量由相应的加工方法所需的加工余量确定。

(2) 进给量 f 的选择。在粗加工时,进给量的选择主要考虑工艺系统的刚度,在工艺系统刚度允许的情况下应尽量选择较大的进给量以提高生产率,而精加工时进给量的选择主要考虑工件的加工精度和表面粗糙度的要求。

(3) 切削速度 v_c 的选择。背吃刀量和进给量确定后,在保证合理刀具寿命的前提下,确定切削速度。在选择切削速度时可以根据切削原理的公式进行计算,也可以在有关标准或手册中选取。

6.3.6 时间定额的确定

时间定额是在一定的生产条件下,规定完成一道工序所需的时间消耗量。时间定额是衡量工艺过程的劳动生产率的主要指标,是安排生产计划、核算成本的重要依据,也是设计或扩建工厂(或车间)时计算设备和人员数量的主要资料。

完成一个零件的一道工序时间定额称为单件时间定额(t_p),它由以下几部分组成:

(1) 基本时间(t_m)。直接改变生产对象的尺寸、形状、相对位置、表面状态或材料性质等工艺过程所消耗的时间。

(2) 辅助时间(t_a)。它是实现工艺过程所必须进行的各种辅助动作所消耗的时间,包括装卸工件、开停机床、改变切削用量、测量工件、手动进刀和退刀等有关动作消耗的时间。基本时间加辅助时间称为作业时间,用 t_0 表示。

(3) 布置工作地时间(t_s)。它是为使加工正常进行所消耗的时间。如操作者在工作地换刀、润滑机床、清理切屑、修正砂轮等工作消耗的时间,一般常按作业时间的百分比($\alpha = 2\% \sim 7\%$)进行计算。

(4) 休息和生理需要时间(t_r)。它是操作者在工作时间内为恢复体力和满足生理需要所消耗的时间,一般可按作业时间的百分比($\beta=2\%$)进行计算。

因此,单件时间定额为

$$t_p = t_m + t_a + t_s + t_r = (t_m + t_a)\left(1 + \frac{\alpha + \beta}{100}\right) \tag{6-8}$$

(5) 准备与终结时间(T_{su})。在成批生产中,还必须考虑准备与终结时间(T_{su})。它是成批生产中操作者为了生产一批零件而进行准备和结束工作所消耗的时间。

因为在一批零件开始生产前,需要熟悉有关的工艺文件,领取毛坯,安装及调试机床、刀具、夹具等。该批零件加工完后,也需要拆下和归还工艺装备、发送成品等工作。准备与终结时间对一批工件只需一次,工件批量 n 越大,分摊到每个工件上的准备与终结时间 $t_{su} = T_{su}/n$ 就越少,所以成批生产的单件计算定额 t_c 为

$$t_c = t_p + \frac{T_{su}}{n_r} = (t_m + t_a)\left(1 + \frac{\alpha + \beta}{100}\right) + t_{su} \tag{6-9}$$

6.4 工艺方案的技术经济分析

1. 技术经济分析的评价参数

常用的技术经济分析评价参数有工艺成本、工艺过程劳动量、工艺过程生产率、基本时

间系数、材料利用系数等。

1）工艺成本

制造一个零件或一件产品所需的一切费用的总和称为生产成本。工艺成本是生产成本中与机械加工工艺过程直接相关的一部分费用。

去除工艺成本后剩余的生产成本与工艺过程没有直接关系，这部分费用包括行政人员工资、厂房折旧费等，它们基本不随工艺方案的变化而改变。进行工艺方案的技术经济分析时，不必分析生产成本，只需要考虑工艺成本即可。

工艺成本还可以细分为可变费用和不变费用两部分。

（1）可变费用。可变费用是与年产量直接有关的费用，用 V 表示，包括材料费、机床电费、机床工人的工资、普通机床的折旧费和维修费、普通刀具费用和万能夹具费用等。

（2）不变费用。不变费用是与年产量无直接关系的费用，用符号 C 表示，包括专用机床折旧费和维修费、专用工艺装备的费用等。专用机床及工艺准备是专为某些零件的某些特定加工工序设计制造和采购的，它不能用于其他零件及工序的加工，当产量不足、机床负荷不满时就只能闲置不用。由于设备折旧年限（或年折旧费用）是确定的，因此专用机床和专用装备的费用不随年产量的变化而变化。

若用 S 表示单件工艺成本，用 S_a 表示年工艺成本，用 N 表示该产品的年产量，则

$$S_a = C + VN \tag{6-10}$$

$$S = V + \frac{C}{N} \tag{6-11}$$

如果某种工艺方案的不变费用 C 较其他方案的不变费用大，且其可变费用 V 亦较其他工艺方案的可变费用大，显然该种工艺方案的经济性不好。

在进行经济性分析时，对生产规模较大的主要零件的工艺方案选择，应该用工艺成本来评定其经济性。在特别复杂的情况下，工艺方案的经济性需要进一步采用一些其他方法和手段进行深入分析。

2）工艺过程劳动量

工艺过程劳动量可以用工艺过程的单件时间定额表征，它是评定工艺过程的重要经济指标之一。使用工艺过程劳动量作为评价指标可以进行单个工序方案比较，也可以进行整个工艺过程方案比较。

全工艺过程的劳动量是工艺过程的全部工序劳动量之和。

需要指出，采用工艺过程劳动量指标评价工艺过程方案时，被比较工艺过程方案的生产条件必须相似，生产成本必须相近，否则没有可比性。

3）工艺过程生产率

工艺过程生产率可以用工艺过程劳动量的倒数表征。它可以用来比较单个工序的经济性，也可以用来比较整个工艺过程方案的经济性。

工序的生产率可以用工序的工艺过程劳动量的倒数表征，即工序时间定额的倒数。

全工艺过程的生产率可以用全工艺过程的劳动率的倒数表征。

同样需要指出，采用工艺过程生产率指标评价工艺过程方案时，被比较工艺过程方案的生产条件必须相似，生产成本必须相近，否则没有可比性。

4）基本时间系数

基本时间系数，也称机动时间系数，是工艺过程的基本时间与时间定额的比值。它可以在实际工艺过程中用于表示机械加工的时间占总工作时间的比例。

通常，基本时间系数较高表明生产管理与生产组织比较合理，表明生产辅助时间、单件布置工作地时间或单件准备与总结时间等缩短。

5）材料利用系数

材料利用系数是成品工件质量与毛坯质量的比值。它可以表征在工艺过程中是否有效地利用了原材料。

如果材料利用系数比较大，那么表明工艺过程中机械加工工作量较小，也表明基本时间较小，减少动力及切削刀具损耗。

2. 工艺方案的技术经济分析方法

通常工艺方案的经济性分析主要采用两种方法：一种是比较各个工艺方案的工艺成本；另一种是通过计算工艺方案的技术经济指标进行评判。

（1）若各工艺方案的基本投资相近，或采用现有设备，不需要增加基本投资的情况下，可以采用工艺成本作为评价各工艺方案经济性的依据。

假设有两种工艺方案，全年工艺成本分别为 $S_{a1}=C_1+V_1N$，$S_{a2}=C_2+V_2N$，且有 $C_1>C_2$，$V_1<V_2$。

当产量 N 为一变量时，分别绘制两种方案的全年工艺成本曲线图，如图 6-11 所示。比较工艺成本曲线，选工艺成本小的方案。当计划产量 $N<N_k$ 时，选择方案 Ⅱ；当 $N>N_k$ 时，则选方案 Ⅰ。N_k 为临界产量，其数值可由下式计算：

$$N_k = \frac{C_2 - C_1}{V_1 - V_2} \tag{6-12}$$

采用单件工艺成本也可以绘制单件工艺成本曲线图，见图 6-12。同样可以进行工艺方案经济性分析，并得到相同的结论。

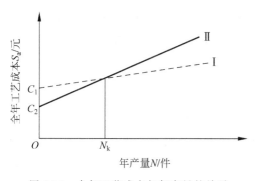

图 6-11 全年工艺成本与年产量的关系

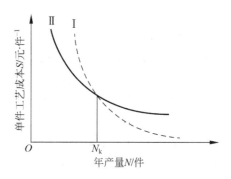

图 6-12 两种工艺方案的经济评比

（2）若各工艺方案的基本投资差额较大，仅用工艺成本评价工艺方案的经济性是不全面的，需要补充考察工艺方案的基本投资的回收期。基本投资用 K 表示，主要包括机床设备和工艺装备等方面的资金投入。

最简单的情况是当某种工艺方案的工艺成本 S 和基本投资 K 都较其他工艺方案的大，

显然该种工艺方案的经济性不好；反之，则经济性好。

除了上述简单情况外，评价工艺方案的经济性往往需要进一步判断工艺成本低是否由于增加投资而得到的，需要考虑基本投资的经济效益，即考虑不同方案的基本投资回收期。假设方案Ⅰ基本投资 K_1 大，但工艺成本 S_1 小；方案Ⅱ基本投资 K_2 小，但工艺成本 S_2 较大。回收期是指方案Ⅱ比方案Ⅰ多花费的投资由工艺成本的降低而收回所需的时间，用 τ 表示，则

$$\tau = \frac{K_2 - K_1}{S_1 - S_2} \tag{6-13}$$

显然，回收期越短，则工艺方案的经济效益越好。

一般工艺方案的回收期应小于所用设备的使用年限，也应小于市场对该产品的需求年限。国家规定夹具的回收期为2~3年，机床的回收期为4~6年。

如果按工艺成本和基本投资回收期比较，工艺方案的结果差别不明显，则可以从工艺方案的劳动量、生产率、基本时间系数、材料利用率等评价参数中适当选取一些作为指标，进一步评价。也可以考虑补充其他相对性指标，参与工艺方案的评价。例如，每一工人的年产量、每台设备的年产量、每平方米生产面积的年产量、设备负荷率、工艺装备系数、设备构成比（专用设备与通用设备之比）、钳工修配劳动量与机床加工工时之比、单件产品的原材料消耗与电力消耗等。

此外，工艺方案的选取还可以考虑改善劳动条件、促进生产技术发展等问题。

3. 控制工艺成本的途径

工艺成本的控制在资源配置上就是产量、设备、工装使用等之间的协调与合理化分配的问题，也就是工艺方案的设计问题。制定合理工艺加工方法，可以在保证产品质量的同时，达到降低产品工艺成本的目的。可以从以下几个方面考虑：

1) 合理选择设计结构，明确工艺过程的基本要求。

新产品的设计应与工艺设计相结合，为了合理、经济地进行生产，设计必须考虑到制造工艺的要求，在满足使用要求前提下尽可能结构简单，制造方便。同时多采用借用件、厂标件、外购件和标准件，从而降低零件的制造成本。在产品设计阶段就考虑工艺设计问题，对控制工艺成本有立竿见影的效果。

2) 正确选择毛坯，控制加工余量。

零件毛坯的选择直接影响产品的加工方式，与工艺成本密不可分。加工余量应保证切去工件的各种缺陷和误差，从而达到一定的表面精度和表面质量。

根据生产批量正确选择毛坯类型，不仅影响着毛坯本身的制造工艺质量，而且对零件机械加工的工序数目、设备、工具消耗、物流、能耗、工时定额以及生产效率都有很大的影响。科学地选择和改进毛坯技术状态、提高毛坯工艺质量后，往往可以大大地节省机加工工作量，甚至不需要加工就可以直接装配使用，比采用某些高生产率的机械加工工艺更有效。尽管此时毛坯制造费用可能偏高，但可以从材料消耗的减少和机加工费用的降低来补偿，最终可达到提高毛坯质量并降低制件的工艺成本的目的。

3) 合理选用机械设备和工艺装备

综合考虑企业设备的总体利用率和被加工零件的要求，合理选用加工设备，要减少对重

要、瓶颈设备的依赖及不必要的占用,做到物尽其用,资源优化。对于普通零部件和结构简单、普通设备能满足精度要求的零件,应选择普通精度、经济型设备,以控制制造成本。控制工装成本,在研制阶段应推广组合夹具的应用,采用通用工装、借用工装或柔性化工装的方案,减少专用工装投入。在批量生产阶段,应推广专用工装,提高工装系数。要根据生产批量,合理确定工装系数,以提高生产效率,降低制造成本。减少刀具品种,通过工艺参数优化等手段降低刀具磨损和报废,针对加工对象、技术要求和使用设备条件合理选择合适刀具。

4) 注意采用新工艺、新技术

要优化工艺成本,就必须注意老产品工艺的不断更新改进。随着社会的进步和工艺技术的变革,许多新设备、新工艺、新技术层出不穷,许多企业也添置了不少新的加工设备和检测设备,但许多老产品的工艺加工方法和手段却几十年来一成不变,虽然保证了质量的稳定,但成本的消耗却在所难免。因此,必须与时俱进,结合企业自身现有装备情况及生产条件等因素不断优化传统加工工艺。

5) 加强工艺管理,贯彻工艺纪律

工艺管理是工艺装备与工艺技术间无形的潜在资源,要降低工艺成本,必须加强工艺管理,尽可能地在现有装备条件下科学地进行革新、改造,用最小的投入去完成产品的生产。

为了保证工艺工作的效果,必须严肃执行工艺纪律,保证工艺工作顺利地进行。对于新产品的生产,应不断总结工艺试验,进行工艺论证,找出合理的加工工艺,有效地降低工艺成本。

6.5 提高机械加工生产率的工艺途径

生产率是指一名工人或一台机床(设备)在单位时间内生产出合格产品的数量,它是衡量生产效率的一个综合性技术经济指标,它与产品设计、生产组织、生产管理和工艺设计都有密切关系。本节仅讨论提高机械加工生产率的问题,寻求提高生产率的工艺途径。

6.5.1 缩短单件时间定额的工艺措施

机械加工的生产率与时间定额互为倒数,因此,缩短单件计算定额中的每一组成部分,对提高生产率都是有效的。一般可从以下几方面考虑。

1. 缩短基本时间

对于批量生产加工的产品来说,基本时间就已经消耗了大量的单位时间。因此,通过减少基本时间,可以有效提高产品加工对时间的利用率。常常可依靠以下几种手段来实现:

(1) 提高切削用量,加快切削速度。通过这些方式,都可以有效缩短基本时间,这也是当前在进行机械加工制造过程中,普遍采用的提升机械加工制造效率的方式。然而,这种措施却受限于机械加工制造设备的切削能力,单纯提高切削速度与切削量有可能会对设备造成严重损害,尤其是对加工设备所需刀具来说,快速大量切割对刀具有着较高的要求。随着新型刀具设备的出现解决了这一难题,切削效率得到了大幅的提升。根据目前普遍使用的聚晶人造金刚石和聚晶立方氮化硼刀具的切削能力来看,普通钢材对它来说已经不是问题。对于机械加工制造过程中的磨削工艺来说,为缩短加工时间而普遍采用高速磨削和强力磨削两种手段。

(2) 同一时间内进行多刀切削。采取多刀同时加工一个或多个被加工表面,可以缩短刀具的工作行程长度,进而缩短基本时间。图 6-13 所示为多刀同时车削轴类零件的外圆表面、倒角及退刀槽,采用不同的刀具加工相应的表面。又如,图 6-14 所示为多个砂轮同时对曲轴进行磨削加工。

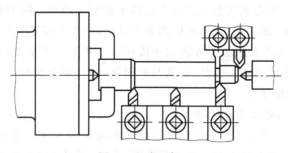

图 6-13　多刀加工

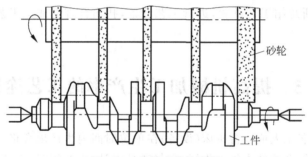

图 6-14　曲轴多砂轮磨削

(3) 同一时间内对多个产品进行切削加工,这种加工手段主要针对大批量生产的情况。减少刀具在加工过程中的切入、切出时间,将一个产品的加工基本时间平均到多个产品中去,从而实现机械加工生产效率的明显提升。图 6-15 所示为多个齿轮串联加工。

(4) 降低加工余量。通过使用多种先进的毛坯制作技术,提高毛坯精度,减少因毛坯精度较差而浪费的基本时间,争取做到无须加工就已经达到相关指标要求,这将使机械加工制造效率得到较大程度的提高。

2. 缩短辅助时间

辅助时间在机械加工制造中占据的比例相对偏高,特别是大幅提升切削用量以后,基本时间逐渐降低,辅助时间占据的比例升高。在这种情况下,通过适当缩减辅助时间的方式,可以实现机械加工制造效率的提升。通常情况下,缩减辅助时间的方式主要有两种:

(1) 提高辅助动作的机械化程度与自动化程度,直接缩短辅助时间。生产过程中可以使用特制工装装夹工件。特制的工装能够很好地配合工件加工,并且减少安装工件所需时间。在进行批量生产的过程中,这种特制工装的优势则更加明显。对于单件小批量生产来

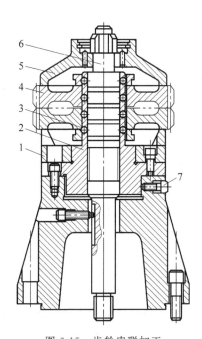

图 6-15 齿轮串联加工

1—定位支座；2—心轴；3—滚珠；4—工件；5—压板；6—拉杆；7—调节螺钉

说，可以使用多种现有工装配合加工的手段，以避免为小批量设计、制作工装的时间。不仅如此，在加工过程中，要尽量避免停车测量，可以采用动态测量手段进行工件的实时测量，从而减少因停车测量所浪费的时间。

（2）将辅助时间与基本时间相重合，间接缩短辅助时间。可以通过多工件、多工装共同加工实现，在减少辅助时间方面效果显著。如图 6-16 所示的转位加工，采用多位夹具或多位工作台，使工件装卸时间与加工时间重叠。

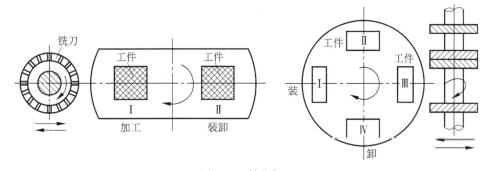

图 6-16 转位加工

3. 缩短布置工作的时间

（1）减少换刀时间和调刀时间。
（2）采用自动换刀装置或快速换刀装置。
（3）使用不重磨刀具。

(4) 采用样板或对刀块对刀,或自动对刀。
(5) 采用新型刀具材料以提高刀具寿命。

4. 缩短准备终结时间

(1) 在中小批量生产中采用成组工艺和成组夹具。
(2) 在数控加工中采用离线编程及加工过程仿真技术。

6.5.2 采用自动化技术

将自动化技术应用其中,可提高产品的生产质量以及生产效率。同时可以灵活控制生产过程,提高企业的经济效益。

1. 数控技术

数控技术与传统机械加工技术相比,其在应用环节的优势显著:①数控机床具有精准的操控能力,可以用于加工型面复杂的机械零部件;②提高机械加工制造的精度,整个加工制造过程无须人工参与,可以有效降低人为操控带来的操作误差,而且数控加工的零件一致性强,可提高生产质量;③数控机床具有自动进给、换刀功能,大大节约了机械加工的时间,提升了机械加工效率;④操作人员只要进行程序编写和输入、准备刀具、监视数控设备运行状态以及检验机械零件质量等操作,工作强度大大下降;⑤有利于企业实现机械制造生产管理自动化。因此,数控技术的应用有力推动了机械加工自动化技术的发展,为机械制造行业生产水平的提升奠定了良好的基础。

2. 柔性化技术

柔性化技术,是一种依托于数控技术的自动化机械制造生产技术,它可以使企业完成多品种、多批量机械产品的加工、制造、装配、检测等操作。该技术可以提升机械制造企业的应变能力,使企业能够根据市场和客户的需求快速完成机械产品的设计和制造,从而提升企业的市场竞争力,促进企业的快速发展。柔性化技术可以通过自动化信息管理系统以及人机操作界面的调节控制功能,对机械制造产品的某些生产环节进行调控干预,从而实现机械产品自动化生产线的可调整性,有利于企业在单一生产线上实现加工制造存在局部不同的类似产品,因此更受市场欢迎。

3. 集成化技术

随着计算机技术、信息通信技术等技术的快速发展,集成化技术的应用也成为当前机械设计制造行业的一大趋势。集成化技术的应用促使机械制造水平不断提高,对生产过程各项生产要素和各项生产活动的管理高度集成,满足了各种不同类型的机械制造要求,而且有利于实现机械生产的自动化管理。集成化技术通过对各种自动化技术的综合利用,结合机械制造企业的具体情况设计而成,不仅优化了机械产品制造的整个流程,还能以此为基础对企业相关的组织结构进行优化设置,不仅可以有效提升机械制造产品的生产效率,还能优化企业的生产管理系统,有利于企业水平的整体提升,从而为企业的长期稳定发展奠定基础。

4. 虚拟技术

虚拟技术有着较强的综合性,涉及内容较为丰富,如计算机图形学、人工智能等。当机械加工制造行业运用虚拟技术时,企业机械制造效率与质量会出现质的飞跃。将虚拟技术合理地应用于机械设计制造中,不仅可以提高生产效率,还能够从根本上对机械设计制造的质量进行提高。依靠虚拟技术对加工、装配过程进行模拟,能够及时发现设计方案中存在的不足和问题。在虚拟环境中梳理整个制造流程,可以让制造过程更加有序高效,节约生产成本。虚拟技术也可针对机械加工制造期间出现的各种问题与故障进行科学记录,防止相同问题二次出现,为企业实现稳定发展与强化核心竞争力提供数据支撑。

5. 智能化应用

机械自动化技术与智能技术的有机整合,逐渐成为机械制造业快速发展的主要动力。智能技术的应用,使得生产组织管理便捷高效,实现生产任务的动态调整,摆脱对高水平生产管理人员的依赖;应用于产品工艺设计和加工控制,能够在保证产品质量的前提下通过缩短加工时间和成本,提升产品竞争力。通过在线采集设备运转信息,智能化系统可以给出设备维修保养建议或故障诊断定位,为检修工作的快速实施提供有力支持,降低设备故障对生产进度的影响。

6. 物联网技术

在自动化技术不断发展的背景下,物联网技术取得重大发展,此技术的应用可实现机械生产环节的无人化操作,将会广泛使用。物联网技术整合自动化、网络、传感器等技术,减少机械制造过程人力资源消耗,提升生产组织效率。在机械制造各个环节中,使用传感器对生产过程的数据信息进行采集和控制,实现对加工制造活动的数字化,经系统分析和处理之后,通过网络传输设备发送控制指令,终端执行设备或装置将命令执行,从而实现无须人员干预接触的自动化生产。

在机械生产领域,合理应用不同的自动化技术可以提高生产效率,降低生产成本,灵活控制生产流程等。机械行业从业者应加强对各类自动化技术的学习和应用,促进行业技术发展。

习　题

一、解释下列名词术语

机械加工工艺规程、工艺路线、基准重合原则、基准统一(不变)原则、工序集中、工序分散、加工余量、工序余量、时间定额、基本时间、辅助时间、生产成本、生产率

二、分析题

1. 简述制定机械加工工艺规程的步骤和内容。
2. 分别叙述粗基准和精基准的选择原则,并举例说明。
3. 对于一些要求较高的主要表面的加工通常分哪些加工阶段?为什么要划分加工阶段?
4. 选择零件表面加工方法时要考虑哪些因素?

5. 零件加工时，为什么在一般情况下要划分加工阶段？各加工阶段的主要任务是什么？

6. 工序集中和工序分散各有什么工艺特点？发展趋势是哪一种？

7. 简述加工余量的计算方法及确定加工余量的方法。

8. 某小轴上有一外圆，直径为 $\phi 28h6$，表面粗糙度为 $0.8\mu m$，其加工方案为粗车-精车-淬火-磨削。生产类型为成批生产，毛坯为普通的热轧圆钢，已知各工序的加工余量和工序尺寸公差，试确定各工序尺寸及其偏差，并填入下表。

工序名称	工序余量	工序尺寸公差	工序尺寸及偏差标注
磨削	0.3	0.013, h6	
精车	0.9	0.084, h10	
粗车	2.8	0.28, h12	
毛坯	4（总余量）	+0.40 −0.75	

9. 试分析零件在机械加工工艺过程中，安排热处理工序的目的、常用的热处理方法及其在工艺过程中安排的位置。

10. 为什么要确定零件加工的时间定额？时间定额分别由哪些时间构成？

11. 如何对零件的工艺方案进行经济性评价？

12. 试编制习题图 6-1 所示拨叉零件的机械加工工艺规程。毛坯为精铸件，生产批量为 30 件。

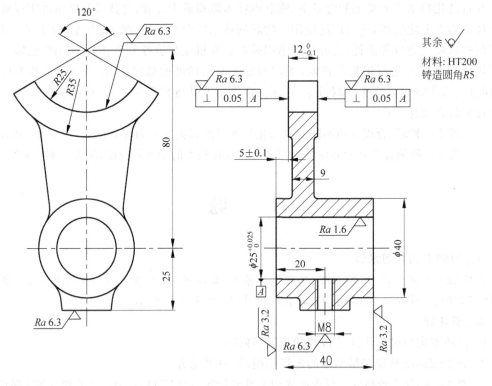

习题图 6-1

第 7 章

尺寸链原理与应用

在汽车等机械产品设计、制造过程中,普遍存在着尺寸链问题,它最初是由机器装配过程发展而形成的。零件组装成机器的过程中,也就将零件上有关的尺寸进行了组合和累积。由于零件尺寸不可能制造得绝对准确,或多或少总会有误差产生,因此,在装配的同时也就会有误差的综合和累积,累积后形成的总误差将会影响机器的工作性能和质量。这样就形成了零件的尺寸误差和综合误差之间的相互影响关系,由这种相互影响关系逐渐发展形成了尺寸链的基本原理。

随着尺寸链原理逐渐发展,在产品设计、制造、装配调整以及试验和检验等各个生产阶段中,每个阶段都可应用这一原理对产品质量进行分析。因此,明确尺寸链原理并熟悉掌握尺寸链的分析和计算方法,可以把机器的设计、制造、工艺装备的检查和调整,以及装配试验等各个环节相互联系在一起,采用综合控制误差的措施,有效地达到机械产品的性能指标和精度标准,保证产品质量。

7.1 尺寸链的基本概念

7.1.1 尺寸链和尺寸链图

在汽车等机械装配或零件加工过程中,由相互连接的尺寸形成封闭的尺寸组,称为尺寸链。图 7-1 所示为发动机曲轴第一主轴颈与轴承装配结构图,发动机曲轴第一主轴颈与轴承装配在一起,轴向间隙 C_0 是设计时确定的装配精度,它取决于主轴颈长度 C_1,锁止垫片宽度 C_3、C_4 以及轴瓦宽度 C_2。尺寸 C_0、C_1、C_2、C_3、C_4 按一定尺寸顺序形成了一个封闭尺寸组,即为尺寸链。

图 7-2(a)所示为内燃机活塞图,尺寸 A_1 和 A_2 为活塞轴向设计尺寸,与未标注的尺寸 A_0 构成了封闭尺寸组,而尺寸 A_0 的值由尺寸 A_1 和 A_2 决定。这个由零件相关尺寸构成的封闭尺寸组,称为尺寸链。尺寸 A_1' 和 A_3' 是零件制造中的工序尺寸,A_0' 是由 A_1'、A_3' 直接保证后而间接获得的尺寸,A_1'、A_3' 和 A_0' 组成一尺寸链。

由上述可知,尺寸链具有以下主要特征:

(1) 封闭性,即相互关联的尺寸必须按一定顺序排列成封闭的形式。

(2) 关联性,指某个尺寸及精度的变化必将影响其他尺寸和精度的变化,即它们的尺寸和精度互相联系,互相影响。

(3) 尺寸链至少由三个尺寸或位置公差构成。

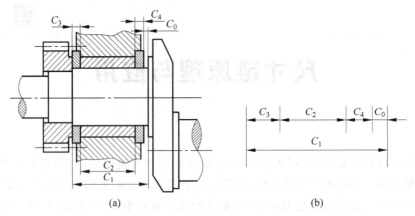

图 7-1　发动机曲轴第一主轴颈与轴承装配结构尺寸链图

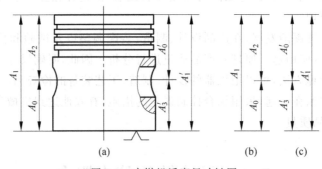

图 7-2　内燃机活塞尺寸链图

把若干零件的尺寸或一个零件上的若干尺寸按一定次序排列而形成的封闭图称为尺寸链图,如图 7-1(b)、图 7-2(b)、(c)所示。画尺寸链图时,各个尺寸不必严格按比例画出,但应保持各个尺寸原有的连接关系。

7.1.2　尺寸链的组成

1. 环

尺寸链中的每一个尺寸或位置公差,简称为环,如 C_1、C_2、C_3、C_4、C_0 等。在组成一组尺寸链的所有环中,有两类不同性质的环,一类是独立存在的,如图 7-1 中的 C_1、C_2、C_3、C_4,图 7-2 中的 A_1、A_2,另一类是受其他环影响而间接形成的,如图 7-1、图 7-2 中的 C_0、A_0,因此,尺寸链由组成环和封闭环组成。

2. 封闭环

封闭环是尺寸链中在装配过程或加工过程间接得到(或最后形成)的一环。封闭环常以下标"0"表示,如图 7-1 和图 7-2 中的 C_0 和 A_0。在一个尺寸链中,封闭环既不可多,又不可缺,只能有一个。

3. 组成环

尺寸链中除封闭环以外的所有环,称为组成环,或者说,对封闭环发生直接影响的那些尺寸和位置关系称为组成环,它是由加工时直接得到的,是由其本身的制造条件独立产生而存在的,不受其他环的影响。因此,组成环是由该加工设备和加工方法而确定的,如图 7-1 中的 C_1、C_2、C_3、C_4,图 7-2 中的 A_1、A_2。

根据组成环对封闭环影响性质的不同,组成环又可分为增环和减环。

4. 增环

增环是尺寸链中的组成环,由于该环的变动引起封闭环同向变动。即在其他组成环不变的条件下,此环增大时,封闭环随之增大,反之亦然。例如,在图 7-1 中尺寸 C_1 和图 7-2 中尺寸 A_1 均为增环。

5. 减环

减环是尺寸链中的组成环,由于该环的变动引起封闭环反向变动。即在其他组成环不变的条件下,此环增大(或减小)时,封闭环随之减小(或增大)。例如,在图 7-1 中尺寸 C_2、C_3、C_4 和图 7-2 中尺寸 A_2 为减环。

7.1.3 增减环的判别方法

在进行尺寸链计算时,必须先确定封闭环和组成环中的增、减环。判别增、减环可以按增、减环的定义找,但当环数较多、尺寸链复杂时不易判别。另一种常用的方法为回路法,即按尺寸链图中尺寸的连接顺序进行判别,在尺寸链图上,首先给封闭环任意确定一个方向,然后沿该方向环绕尺寸链一周,在此过程中,遇到一个环,就沿环绕方向给该环定方向,若其方向与封闭环的方向相反,该环为增环,反之为减环。在图 7-3 所示的尺寸链图中,以任意环为起点绕尺寸链回路连接顺序画出单向箭头(图中虚线所示),凡是与封闭环箭头方向相反的环均为增环,与封闭环箭头方向同向的环均为减环。在图 7-3 中,A_0 为封闭环,A_2、A_4 和 A_5 与 A_0 方向相反为增环,A_1、A_3 与 A_0 方向相同为减环。

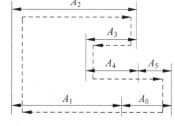

图 7-3 增、减环的回路判别法

7.1.4 尺寸链的类型

尺寸链有多种不同的分类方法。由于尺寸链的构成随各种机械结构的形式有所差异,并且由于生产条件的不同,人们应用尺寸链来解决问题的目的也就不完全一样。

1. 根据尺寸链各环的几何特征和所处空间位置的不同分类

(1) 直线尺寸链:全部组成环平行于封闭环的尺寸链。它是尺寸链中最基本的、最常见的一种尺寸链。因为它的几何量是线性尺寸,故亦称为线性尺寸链。图 7-1、图 7-2 所示尺寸链均为直线尺寸链。

(2) 角度尺寸链:全部环的几何量均为角度尺寸的尺寸链。图 7-4 所示尺寸链为具有公共角顶的由纯角度几何量形成的角度尺寸链。

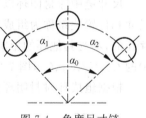

图 7-4 角度尺寸链

又如,图 7-5 所示尺寸链是由位置公差所形成的角度尺寸链,平行度可视为 0°或 180°角,垂直度视为 90°角。端面 A 对轴心的垂直度误差在直径 240mm 处不大于 0.05mm,端面 B 对轴线的垂直度误差在直径 120mm 处不大于 0.05mm。在加工过程中,直接保证 B 面对 A 面平行度 α_1 和端面 A 对基准 C 的垂直度 α_2 的要求,端面 B 对基准 C 的垂直度要求 α_0 是在加工过程中间接保证的,它取决于 α_1 和 α_2 的大小,因此,α_1、α_2 和 α_0 组成了位置公差尺寸链。

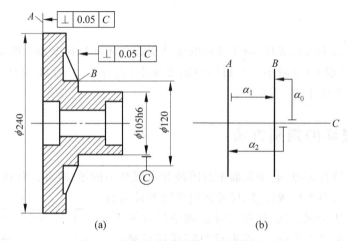

图 7-5 拖拉机制动器轴承套结构简图

(3) 平面尺寸链:平面尺寸链是指全部组成环位于一个或几个平行平面内,但某些组成环不平行于封闭环的尺寸链。如图 7-6 所示由上、下两箱体组成的组件图,B 和 C 代表相啮合齿轮的两个轴承座孔中心,B 与 C 间的中心距为 A_0,B 孔与 C 孔中心坐标尺寸分别为 A_1、A_2 与 A_3、A_4,它们与 A_0 构成平面尺寸链(图 7-6(b))。平面尺寸链可用投影的方法将各组成环向封闭环所在方向投影,转换成直线尺寸链,即由 A_1'、A_2'、A_3'、A_4' 及 A_0 构成的直线尺寸链。在汽车箱体类零件中经常遇到平面尺寸链。

(4) 空间尺寸链:各组成环和封闭环处在不平行的几个平面内的尺寸链。这种尺寸链多应用在空间机构运动计算中,如机器人的设计和制造中所用的尺寸链。可通过投影的方法,先将空间尺寸链转换成平面尺寸链,然后再转换成直线尺寸链求解。

2. 根据尺寸链相互关系分类

(1) 独立尺寸链:是指所有组成环和封闭环只属于该尺寸链,不参与其他尺寸链组成的尺寸链。

(2) 并联尺寸链:是指由若干个尺寸链连接在一起,尺寸链间互相有影响的尺寸链。

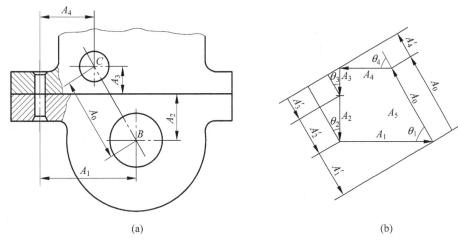

图 7-6 平面尺寸链

若干尺寸链构成并联尺寸链时,其中一个或几个环共属于两个或两个以上的尺寸链,这些环称为公共环。公共环可为一尺寸链的组成环,也可为一尺寸链的封闭环作为另一尺寸链的组成环。

如图 7-7 所示,由三个尺寸链并联,A 尺寸链中的组成环 A_4 又是 B 尺寸链的组成环 B_1,即通过公共环 $A_4=B_1$,将两个尺寸链并联;B 尺寸链中的封闭环 B_0 又是 C 尺寸链的组成环 C_2,即这两个尺寸链通过公共环 $B_0=C_2$ 相联系。在研究并联尺寸链时,可将一个较复杂的尺寸链转换成两个或数个较简单的尺寸链,也可以将几个简单

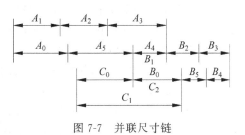

图 7-7 并联尺寸链

的尺寸链转换成一个较复杂的尺寸链。同时,B、C 尺寸链转换成一个较复杂尺寸链时,尺寸链变为 B_1、B_2、B_3、B_4、B_5、C_1、C_0。

3. 根据尺寸链的应用范围分类

(1) 装配尺寸链:全部组成环为不同零件设计尺寸所形成的尺寸链。在机器的装配过程中,结合各种不同的装配方法,应用该尺寸链来分析机器的装配精度并采取有效措施,使机器能经济合理地达到质量要求。如图 7-1 所示为装配尺寸链,封闭环 A_0 为轴向间隙,是装配后间接(或自然)形成的尺寸,亦称为装配精度要求;组成环 C_1、C_2、C_3、C_4 分别为不同零件的设计尺寸。装配尺寸链的特点为:封闭环是不同零件表面间的尺寸,该尺寸在装配后间接(或自然)得到。

(2) 零件设计尺寸链:全部组成环为同一零件设计尺寸所形成的尺寸链,简称为零件尺寸链。例如,图 7-2(b)所示内燃机活塞左侧所画出的尺寸链,零件图样上标注的设计尺寸 A_1、A_2 为尺寸链组成环,未标注的尺寸 A_0 为封闭环。

(3) 工艺尺寸链:全部组成环为同一零件工艺尺寸所形成的尺寸链。由于每道工序的加工都有工序误差存在,这些工序加工误差的累积将会影响零件原设计尺寸公差的保证,因此要应用工艺尺寸链来进行分析,以合理确定工序尺寸的公差和余量。如图 7-2(c)所示内

燃机活塞右侧所画的尺寸链和图 7-5(b)所示拖拉机制动器轴承套加工时所形成的角度尺寸链,都是工艺尺寸链。工艺尺寸链的特点是:封闭环是在零件加工后间接(或自然)得到的,制造中直接获得的工序尺寸是组成环。

7.1.5 机械制造中应用尺寸链的意义

(1) 在设计过程中,对机械结构进行分析,根据产品的质量指标合理确定部件和零件加工的公差及技术要求。

(2) 应用尺寸链分析,对机械结构提供改进方案,从结构上设置必要的补偿调整环,达到既能使零件的制造容易,又能提高机械的性能和质量的目的。

(3) 对机械设计图纸进行分析,解决零件尺寸不合理标注问题,防止由图纸引起混乱与浪费,有利于组织生产。

(4) 应用尺寸链分析加工过程中工序误差的累积关系,合理确定工序尺寸公差,合理安排工艺过程,使零件加工制造既保证质量又能经济合理。

(5) 在机械装配过程中,应用尺寸链分析,合理选用装配方法,达到在保证装配质量前提下,提高装配效率,减少装配废品和返修品,由此实现降低制造成本,提高经济效益。

(6) 利用装配时的补偿、调整和修配,实现放大零件制造公差提高装配效率,并且还可为精密机械制造提供有利的条件,甚至还可实现低精度零件经装配从而获得高精度的机械,这样对继续提高产品质量提供了可能性。

(7) 通过尺寸链分析,使机械设计、制造与装配有机地联系在一起,解决相互之间的矛盾。从保证质量的观点出发,统一认识,互相制约,确定保证质量的有效措施。

(8) 应用尺寸链的函数互换性原理,对电气元件、液压元件、产品的物理力学性能等参数进行分析,把物理性能参数和机械结构的几何尺寸误差联系在一起,确定合理的制造要求,从而达到有效保证物理机械性能的目的。

7.2 尺寸链的基本计算公式

汽车等机械产品的零件尺寸,一般采用基本尺寸及其上、下偏差来表达。在尺寸链计算中,封闭环与组成环之间的基本尺寸、公差和极限偏差的关系,必须按照不同的公式进行计算。本节将介绍在不同生产条件下所采用的尺寸链计算公式。

7.2.1 尺寸链问题类型

用尺寸链原理解决生产实际问题,可分为三种情况。

1. 正计算(校核计算)

已知所有组成环的公称尺寸及上、下极限偏差,求封闭环的公称尺寸及上、下极限偏差。这种情况下,可直接利用尺寸链基本计算公式,一个方程一个未知数,即可求出封闭环的公称尺寸、上极限尺寸或上极限偏差、下极限尺寸或下极限偏差以及公差。正计算用于校核图样上的尺寸标注或检验中间计算、反计算所得结果的正确性。

2. 中间计算

已知封闭环和绝大部分组成环的公称尺寸及上、下极限偏差，求未知组成环的公称尺寸及上、下极限偏差。同样在建立尺寸链后，利用尺寸链基本计算公式是不难求解的。中间计算在工艺设计上应用较多，如基准的换算、工序尺寸的确定等。

3. 反计算（设计计算）

已知封闭环的公称尺寸及上、下极限偏差，求各组成环的公称尺寸及上、下极限偏差，反计算一般用于汽车或机械产品设计或工艺设计。反计算时，未知数的数目可能多于方程的个数，存在无数组解，此时，需要人为设定一些限定条件，才能确定各组成环的公差和偏差。

7.2.2 直线尺寸链的计算

直线尺寸链是最基本的、最常见的尺寸链，下面将以直线尺寸链计算为例，重点介绍直线尺寸链的计算方法和计算公式。角度尺寸链的计算方法和计算公式与直线尺寸链的计算相同。平面尺寸链可以利用投影的方法转换成直线尺寸链，然后再利用直线尺寸链的计算方法和计算公式进行计算。

尺寸链公差和极限偏差计算有两种方法：极值法和统计法（亦称概率法）。计算封闭环与组成环基本尺寸之间关系的公式，称为尺寸链方程式。

1. 极值法

极值法计算尺寸链是直线尺寸链最基本的计算方法。这种方法是考虑各组成环都产生最大极限尺寸和最小极限尺寸的情况下，都能保证装配技术要求，或者都能满足封闭环公差的允许数值。下面以此为前提来建立计算公式。

1）封闭环的基本尺寸（公称尺寸）

封闭环与组成环基本尺寸之间的关系，可以用尺寸链方程式进行计算。图 7-8 所示为一典型的含有 $n-1$ 个组成环的直线尺寸链，封闭环基本尺寸 A_0 可按下式计算：

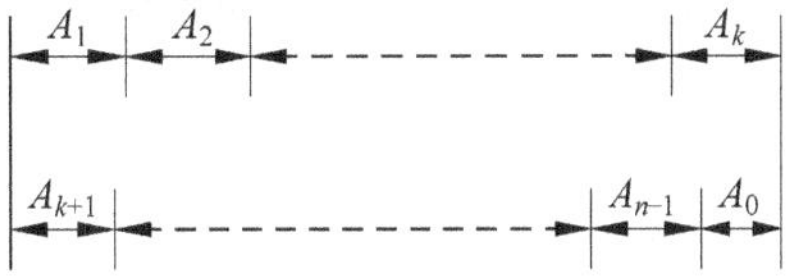

图 7-8 典型尺寸链图

$$A_0 = \sum_{z=1}^{k} A_z - \sum_{j=k+1}^{n-1} A_j \tag{7-1}$$

式中：A_0——封闭环的基本尺寸；
A_z——增环的基本尺寸；
A_j——减环的基本尺寸；
k——增环环数；
n——包括封闭环在内的总环数。

2) 封闭环的极限尺寸

封闭环最大极限尺寸 $A_{0\max}$ 和最小极限尺寸 $A_{0\min}$ 按以下两个公式进行计算：

$$A_{0\max} = \sum_{z=1}^{k} A_{z\max} - \sum_{j=k+1}^{n-1} A_{j\min} \tag{7-2}$$

$$A_{0\min} = \sum_{z=1}^{k} A_{z\min} - \sum_{j=k+1}^{n-1} A_{j\max} \tag{7-3}$$

式中：$A_{z\max}$、$A_{z\min}$——增环的最大和最小极限尺寸；

$A_{j\max}$、$A_{j\min}$——减环的最大和最小极限尺寸；

$A_{0\max}$、$A_{0\min}$——封闭环的最大和最小极限尺寸。

3) 封闭环的极限偏差

封闭环上、下偏差 ES_{A0} 和 EI_{A0} 可由式(7-2)、式(7-3)分别减去式(7-1)得到：

$$ES_{A0} = \sum_{z=1}^{k} ES_{Az} - \sum_{j=k+1}^{n-1} EI_{Aj} \tag{7-4}$$

$$EI_{A0} = \sum_{z=1}^{k} EI_{Az} - \sum_{j=k+1}^{n-1} ES_{Aj} \tag{7-5}$$

式中：ES_{Az}、EI_{Az}——增环的上下偏差；

ES_{Aj}、EI_{Aj}——减环的上下偏差。

4) 封闭环的公差和误差

封闭环的公差 T_{A0} 可由式(7-2)减去式(7-3)或式(7-4)减去式(7-5)得到：

$$\begin{cases} T_{A0} = A_{0\max} - A_{0\min} = \sum_{z=1}^{k} T_{Az} + \sum_{j=k+1}^{n-1} T_{Aj} = \sum_{i=1}^{n-1} T_{Ai} \\ T_{A0} = ES_{A0} - EI_{A0} = \sum_{z=1}^{k} T_{Az} + \sum_{j=k+1}^{n-1} T_{Aj} = \sum_{i=1}^{n-1} T_{Ai} \end{cases} \tag{7-6}$$

式中：T_{Az}——增环的公差；

T_{Aj}——减环的公差；

T_{Ai}——组成环的公差。

上述计算表明，封闭环的公差等于各组成环公差之和。同理，封闭环的误差 Δ_{A0} 等于各组成环误差之和，亦称为各组成环误差的累计，即

$$\Delta_{A0} = \sum_{i=1}^{n-1} \Delta_{Ai} \tag{7-7}$$

式中：Δ_{Ai}——组成环的误差。

5) 平均公差

即各组成环的平均公差等于封闭环的公差除以总环数(封闭环除外)，用 T_{Am} 表示，按下式计算：

$$T_{Am} = \frac{T_{A0}}{n-1} \tag{7-8}$$

如果已知封闭环的公差，但并不知道各组成环的公差，此时可按平均公差进行分配(初分配)。

6）中间尺寸

即最大极限尺寸与最小极限尺寸的平均值,可按下式计算:

$$A_{0m} = \frac{A_{0\max} + A_{0\min}}{2} = \sum_{z=1}^{k} A_{zm} - \sum_{j=k+1}^{n-1} A_{jm} \quad (7-9)$$

$$A_{im} = \frac{A_{i\max} + A_{i\min}}{2} \quad (7-10)$$

式中:A_{im}——组成环的中间尺寸;

A_{zm}、A_{jm}——增环和减环的中间尺寸。

7）中间偏差

即上、下偏差的平均值称为中间偏差,并称为公差带中心坐标。某组成环的中间偏差为 Δ_i,则

$$\Delta_i = \frac{\text{ES}_{Ai} + \text{EI}_{Ai}}{2} \quad (7-11)$$

式(7-9)减去式(7-1)可得封闭环的中间偏差:

$$\Delta_0 = \sum_{z=1}^{k} \Delta_z - \sum_{j=k+1}^{n-1} \Delta_j \quad (7-12)$$

式中:Δ_z、Δ_j——增环和减环的中间偏差。

图 7-9 表示出了公称尺寸、中间偏差等之间的关系,可得出以下各式:

$$\text{ES}_{Ai} = \Delta_i + \frac{T_{Ai}}{2} \quad (7-13)$$

$$\text{EI}_{Ai} = \Delta_i - \frac{T_{Ai}}{2} \quad (7-14)$$

$$\text{ES}_{A0} = \Delta_0 + \frac{T_{A0}}{2} \quad (7-15)$$

$$\text{EI}_{A0} = \Delta_0 - \frac{T_{A0}}{2} \quad (7-16)$$

由以上四式可以看出,组成环和封闭环的上下偏差,也可以通过中间偏差和公差求得。

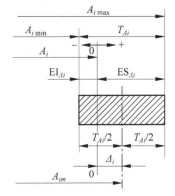

图 7-9 尺寸与极限偏差关系图

2. 概率法(统计法)

用极值法计算尺寸链是比较方便的。但是,当组成环环数较多时,应用这种方法显然是不合理的,因为在正常的生产条件下,每一组成环获得极限尺寸的可能性是极小的,而所有组成环同时获得极限尺寸的可能性更小,即"小概率事件"。根据概率乘法定理,组成环极限尺寸重合的概率等于各组成环出现极限尺寸概率的乘积,所以,在这种情况下,应该用概率法进行计算,而不应该用极值法。

在概率论中已学过各种分布,如正态分布、非正态分布、平顶分布等,表 7-1 列出了几种常见的尺寸分布曲线。在不同的生产条件下,各个尺寸的分布规律差异很大,各个尺寸综合后差异也就更大了,分布规律不同,所应用的计算公式就不同。那么,在不同的生产条件下,究竟各个尺寸的分布规律如何,综合之后,封闭环又按什么规律分布呢?通过生产实践归纳

出以下几点:

(1) 大批大量生产时,各组成环的尺寸分布和误差分布都是正态分布,由概率论可知,封闭环的尺寸分布和误差分布也是正态分布。

(2) 单件小批生产或加工方法不正规,工具、夹具、设备有磨损以及机器调整不良时,各组成环的尺寸分布及误差分布均为非正态分布。

(3) 组成环较多时,不论组成环按什么分布,封闭环总是接近于正态分布。

(4) 正态分布时,认为各组成环的尺寸分布中心与公差带分布中心重合。

(5) 在没有具体生产条件和不确定年产量的情况下初步分析尺寸链时,各组成环可按正态分布对待。

表 7-1 不同分布曲线的相对分布系数 k_i 和相对不对称系数 e_i

分布特征	正态分布	三角分布	均匀分布	平顶分布	瑞利分布	偏态分布	
						内尺寸	外尺寸
分布曲线							
k_i	1	1.22	1.73	1.1~1.5	1.14	1.17	1.17
e_i	0	0	0	0	−0.28	0.26	−0.26

1) 正态分布时(图 7-10)

(1) 封闭环的基本尺寸(公称尺寸)仍用式(7-1)计算。

(2) 封闭环的公差 T_{A0}:

$$T_{A0} = \sqrt{\sum_{i=1}^{n-1}(T_{Ai})^2} \tag{7-17}$$

(3) 封闭环的上下偏差、中间偏差仍用式(7-12)、式(7-15)和式(7-16)计算。

应该指出,各环的中间尺寸和平均尺寸的意义和计算方法都是不相同的,中间尺寸是公差带中心位置处的尺寸,而平均尺寸是尺寸分布中心位置处的尺寸。当分布曲线对称分布且各环的尺寸分布中心与公差带中心重合时,各环中间尺寸和平均尺寸才相同。

2) 非正态分布时(图 7-11)

此时,平均尺寸相对于中间尺寸就产生偏移,其值为 $e_i \cdot \dfrac{T_{Ai}}{2}$。封闭环计算公式为:

(1) 封闭环的基本尺寸(公称尺寸)仍用式(7-1)计算。

(2) 封闭环的公差:

$$T_{A0} = \sqrt{\sum_{i=1}^{n-1}(k_i \cdot T_{Ai})^2} \tag{7-18}$$

式中:k_i——相对分布(差异)系数,用来说明各种分布曲线相对于正态分布曲线的差异程度,其值参见表 7-1。

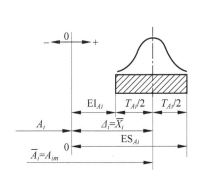
图 7-10 组成环为正态分布时的公差带

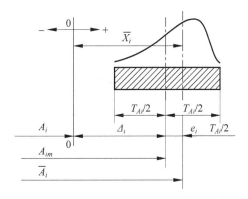
图 7-11 组成环为非对称分布时的公差带

(3) 封闭环的中间偏差

$$\Delta_0 = \sum_{z=1}^{k}\left(\Delta_z + e_z \cdot \frac{T_{Az}}{2}\right) - \sum_{j=k+1}^{n-1}\left(\Delta_j + e_j \cdot \frac{T_{Aj}}{2}\right) \tag{7-19}$$

式中：e_z、e_j——增、减环的相对不对称系数，表示分布的不对称程度，见表 7-1。

此时，封闭环的上下偏差按式(7-15)、式(7-16)计算。

3) 概率法的近似估算

用概率法计算尺寸链，需要确定组成环相对分布(差异)系数 k_i 和相对不对称系数 e_i。决定 k_i 和 e_i 值常用实验法，如组成环为零件加工尺寸，则按确定的工艺过程对所加工的一批零件进行测量，然后将测量结果进行统计处理，可求得 k_i 和 e_i 值，这就是现场的统计资料。当缺乏现场统计资料或预先不能确定零件的加工条件时，只能选定 k_i 和 e_i 值作近似计算，即简化的概率法计算。

取 $e_i = 0$，$\Delta_{Ai} = T_{Ai}$，$k_i = 1.2 \sim 1.7$，通常取 $k_i = k_m = 1.5$，则式(7-18)变为

$$T_{A0} = k_m \cdot \sqrt{\sum_{i=1}^{n-1}(T_{Ai})^2} \tag{7-20}$$

中间偏差、公称尺寸仍可用式(7-12)和式(7-1)计算。

这种估算法的应用条件是组成环的数目不能太少，环数越多，估算的实用性越高。

7.2.3 平面和空间尺寸链的计算

平面和空间尺寸链，可用投影的方法转化为直线尺寸链来进行计算。例如，图 7-6 所示实例，可用投影的方法将平面尺寸链转换为直线尺寸链 A_1'、A_2'、A_3'、A_4' 和 A_0，其中 $A_1' = A_1 \cdot \cos\theta_1$、$A_2' = A_2 \cdot \cos\theta_2$、$A_3' = A_3 \cdot \cos\theta_3$、$A_4' = A_4 \cdot \cos\theta_4$，由此可见，将平面尺寸链转化成直线尺寸链时，是以 $\cos\theta_1$、$\cos\theta_2$、$\cos\theta_3$、$\cos\theta_4$ 为传递关系。把 $\cos\theta_i$ 称为传递系数(或传递比)。传递系数是表示转换后的组成环对封闭环影响的程度和方向。它具有正、负号，增环为正号，减环为负号，并用 ξ 表示。对于直线尺寸链，增环 $\xi = +1$，减环 $\xi = -1$。

1. 封闭环公称尺寸的计算

封闭环公称尺寸可按下式计算：

$$A_0 = \sum_{z=1}^{k} \xi_z A_z + \sum_{j=k+1}^{n-1} \xi_j A_j = \sum_{i=1}^{n-1} \xi_i A_i \qquad (7\text{-}21)$$

式中：ξ_z、ξ_j——增、减环传递系数。

2. 封闭环公差的计算

封闭环公差，可用多元函数的全微分法求解。

1）极值法

$$T_{A0} = \sum_{i=1}^{n-1} \left| \frac{\partial A_0}{\partial A_i} \right| T_{Ai} = \sum_{i=1}^{n-1} | \xi_i | T_{Ai} \qquad (7\text{-}22)$$

式中：$\left| \dfrac{\partial A_0}{\partial A_i} \right|$——封闭环对组成环 A_i 的偏导数，也即 ξ_i。

2）概率法

当各组成环为正态分布时，则

$$T_{A0} = \sqrt{\sum_{i=1}^{n-1} \left| \frac{\partial A_0}{\partial A_i} \right|^2 T_{Ai}^2} = \sqrt{\sum_{i=1}^{n-1} \xi_i^2 T_{Ai}^2} \qquad (7\text{-}23)$$

当各组成环均为非正态分布时，则

$$T_{A0} = \sqrt{\sum_{i=1}^{n-1} \xi_i^2 k_i^2 T_{Ai}^2} \qquad (7\text{-}24)$$

$$\Delta_0 = \sum_{z=1}^{k} \xi_z \left(\Delta_z + e_z \frac{T_{Az}}{2} \right) + \sum_{j=k+1}^{n-1} \xi_j \left(\Delta_j + e_j \frac{T_{Aj}}{2} \right) \qquad (7\text{-}25)$$

7.3 装配尺寸链的建立

任何机械产品都是由许多零件和部件组成的，并按照规定的技术要求，将若干个零件装配成组件；然后由若干个组件和零件装配成部件；最后由所有的零件和部件装配成最终产品，该过程分别称为组装、部装和总装，统称为装配。

汽车的装配是整个汽车制造过程的最后阶段。汽车整车的质量最终是由总装配来保证的。虽然零件的加工精度是保证装配精度的基础，但是装配精度还与装配工艺和技术相关。例如，轴和滑动轴承分别都达到了很高的加工精度，但是如果装配间隙调整不当，则轴的回转精度就不能达到质量要求。有时为了降低制造成本，而适当降低零件的加工精度，以减少加工费用，然后通过合理的装配工艺来保证产品的精度要求。因此，汽车的装配是汽车制造过程中影响产品成本、质量、生产率和生产周期的重要环节。

7.3.1 装配精度

1. 装配精度的含义

装配精度是指零件经装配后在尺寸、相对位置及运动等方面所获得的精度，是为满足机械产品(或汽车产品)及部件的使用性能,在设计过程中规定的技术要求。装配精度既是规定装配工艺规程的主要依据,也是确定零件加工精度的依据。

在机械产品(或汽车产品)中,常规定的装配精度形式有:轴和孔的配合间隙和过盈量、部件或总成之间的位置公差、齿轮的啮合间隙、轴承端面与轴承盖间的轴向间隙或过盈量、产品设计时规定的某些性能参数(如发动机的压缩比)等。具体内容包括相互尺寸精度、相互位置精度、相对运动精度、相互配合精度等。

相互尺寸精度是指机器中相关零部件间的相互尺寸关系的精度。例如,机床主轴锥孔中心距床身导轨的距离、尾架顶尖套中心距导轨的距离、主轴锥孔中心距尾架顶尖套中心以及距导轨的距离等。

相互位置精度是指机器中相关零部件间的相互位置关系的精度。如机床主轴箱中相关轴间中心距尺寸精度和同轴度、平行度、垂直度等。

相对运动精度是指机器中做相对运动的零部件之间在运动方向和相对运动速度上的精度。如运动方向与基准间的平行度和垂直度、相对运动部件间的传动精度等。

相互配合精度包括配合表面间的配合质量和接触质量。配合质量是指机器中零件配合表面之间到达规定的配合间隙或过盈的程度,接触质量是指机器中两配合或连接表面间达到规定的接触面积的大小和接触点分布的情况。

装配精度一般是根据产品性能,参照国家标准或部颁标准以及有关手册确定。有的采用类比法并结合生产经验确定,还有的则要通过试验和分析计算才能确定。

2. 装配精度和零件精度的关系

汽车或机械产品由零件组成,所以汽车或机械产品的装配精度与相关零部件的加工精度直接相关。零件的加工精度是保证装配精度的基础,在一般情况下,零件的精度越高,装配精度也越高。

但是,零件的加工精度受工艺条件、经济性的限制,特别是当装配精度要求较高时,不能简单按装配精度要求来加工。在适当控制零件加工精度的前提下,常常通过装配过程中的选配、调整或修配等手段,来达到较高的装配精度要求。

3. 研究装配尺寸链的目的

(1) 计算能否保证装配精度。已知装配要求,可以通过装配尺寸链计算设计分配各组成环的偏差保证装配精度,或在各组成环按经济精度加工的前提下,采取相应措施保证装配精度。

(2) 适当放大零件的制造公差。当组成装配尺寸链的环数较多,或者是装配技术要求较高而制造要求过于严格时,希望放大零件的制造公差,但零件制造公差放大多少,一般情况下是根据零件加工的经济精度和加工的可能性来确定。

(3) 采用有效的达到装配质量要求的方法。因为当零件制造公差放大后,在装配时有关尺寸误差的累积必然有所扩大,按原来的装配要求来衡量就会出现超差。这时,为了使装配容易且生产效率高,可以采用不同的达到装配精度的方法。

7.3.2 查找装配尺寸链的方法

为了保证装配精度,从工艺的角度来讲,应从零件的加工精度和对其进行正确的装配两个方面来考虑,而这些零件之间的尺寸联系是通过装配尺寸链来表示的。所以,为了保证机器的装配精度,应对装配尺寸链进行分析和计算。

1. 装配尺寸链的建立

装配尺寸链的建立无论在产品设计阶段,还是在制造阶段,都非常重要。首先,在产品设计阶段,根据装配精度,建立装配尺寸链及解算尺寸链,由此,合理地确定各零件的公差;其次,在产品设计阶段,当各零件公差确定以后,校核是否满足装配精度;最后,在产品制造阶段,根据零件加工精度及装配方法,验算产品是否达到设计要求。无论是进行何种计算,首先必须建立装配尺寸链,而装配精度是它的依据。

1) 装配尺寸链的封闭环和组成环

装配尺寸链是机械产品(汽车)的装配过程中,由相关零件的有关尺寸(表面或轴线间的距离)或相互位置关系(平行度、垂直度或同轴度等)以及形状要求所组成的尺寸链。装配过程中最后形成的一环,就是装配尺寸链中的封闭环,它也是相关零件的尺寸或相互位置误差积累的一环,此环作为装配精度要求。

其他影响装配精度的那些零件的尺寸、形状和位置公差,是组成环。

2) 建立装配尺寸链的方法、步骤及注意的问题

正确建立装配尺寸链是保证装配精度及装配尺寸链计算的基础。对于产品或部件,必须根据其性能要求,正确与完全地建立装配尺寸链,才能使产品达到性能要求,装配尺寸链的建立归纳起来有以下几个步骤及注意问题:

(1) 装配尺寸链要在装配图上查找。

(2) 产品的装配精度要求就是装配尺寸链的封闭环,封闭环是分析装配尺寸链的出发点,它是装配后自然形成的。

(3) 根据封闭环查找各组成环。在装配图上由封闭环的任意一边出发沿装配精度要求的方向找各组成环,一直找到装配基准件的基准面,再由封闭环的另一边出发沿装配精度的方向找出其他组成环,直到又找到了同一装配基准件的另一基准面,再用此基准件上的一个尺寸连接所有组成环,这样就形成了封闭的图形,即装配尺寸链。或由封闭环的一边出发,沿装配精度方向依次找出各组成环,一直找到封闭环的另一边。当封闭环要求较高时,组成环中要包括形位公差的环,这种环的公称尺寸等于零。

(4) 画出尺寸链图,按一定顺序依次绘出各个组成环,应该注意尺寸链中的尺寸线是有方向性的,和封闭环尺寸线同向的组成环是减环,反向的组成环是增环。

(5) 要满足"尺寸链最短"原则。为了满足这一原则,尺寸链应该包括有关零件的一个尺寸。

所谓"尺寸链最短"原则包括以下两层意思:

① 结构设计时,在满足工作性能的前提下,应尽可能使影响封闭环精度的有关零件的数目为最小,只有这样才能加大组成零件的制造公差,使加工方便、经济(这是设计人员应注意的问题)。

② 在结构既定的情况下,应使每一个有关的零件仅以一个组成环来参加装配尺寸链(这是工艺人员应注意的问题)。

(6) 列出尺寸链方程式。

(7) 找出所有装配尺寸链及它们之间的联系形式。

在一个装配图上可能不止一个装配精度,即不止一个装配尺寸链,应一一找出,有时它们之间是有联系的。

2. 装配尺寸链建立实例

下面以汽车总成实例说明装配尺寸链建立的规律及过程。

例1 图 7-12(a)所示为汽车主减速器主动锥齿轮轴承座总成装配图。主动锥齿轮 2 装在前、后圆锥滚子轴承 3 和 5 上。产品设计要求:利用紧固螺母 9,推动突缘 8 和垫片 7,使圆锥滚子轴承内圈 6 向右移动,使圆锥滚子轴承 3 和 6 产生预紧位移量。左、右两个圆锥滚子轴承的预紧位移量以左端轴承的内、外圈 5 与 6 右端面间的尺寸 A_0 表示。

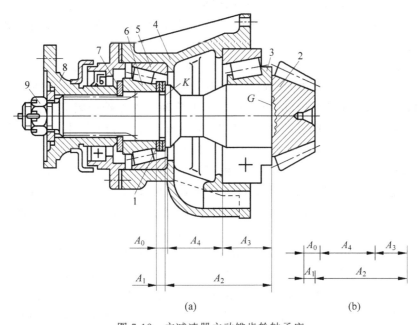

图 7-12 主减速器主动锥齿轮轴承座
1—调整垫片;2—主动锥齿轮;3—圆锥滚子轴承;4—轴承座;5—圆锥滚子轴承外圈;
6—圆锥滚子轴承内圈;7—垫片;8—突缘;9—紧固螺母

建立以 A_0 为封闭环的装配尺寸链时,应从封闭环两端的零件为起点,沿封闭环尺寸方向,分别依次向两个方向查找相邻零件的装配基准。如果先从封闭环左端开始查找,则查找的第一个零件是调整垫片 1(多个薄垫片当作一个零件),它的装配基准为其与主动锥齿轮 2 的轴肩端面 K 接触的平面,垫片的厚度尺寸 A_1,是直接影响装配精度的组成环。依次查找的第二个零件是主动锥齿轮 2,它的轴向装配基准为与圆锥滚子轴承 3 内圈接触的轴肩面 G,主动锥齿轮 2 的尺寸 A_2,是直接影响装配精度的组成环。再依次查找到圆锥滚子轴承 3。圆锥滚子轴承虽然由外圈、滚子和内圈组成,但它是由轴承制造企业以一套组件供应给汽车制造企业的,可以把轴承组件作为一个零件看待,查找它的装配基准。圆锥滚子轴承3的轴向装配基准为外圈左端面,轴承全宽度尺寸 A_3 是直接影响装配精度的组成环。下一零件是轴承座4。轴承座4是基础件,从封闭环左端开始的查找暂告一段落。然后再从封闭环右端开始查找。封闭环右端为圆锥滚子轴承外圈5的右端面,这个端面的右侧零件也是基础件——轴承座4的表面。至此,从封闭环两端为起点的查找,都查找到同一个基础件的两个表面,最后用一个尺寸 A_4 将基础件两端表面联系起来。这个封闭的尺寸图形就是以 A_0 为封闭环的装配尺寸链,其尺寸链图如图7-12(b)所示。经上述查找所建立的装配尺寸链遵循了"尺寸链最短"原则,影响装配精度的零件,只有一个尺寸参加装配尺寸链。判别出增减环,列出尺寸链方程式为

$$A_0 = A_1 + A_2 - (A_3 + A_4)$$

例2 图7-13(a)所示为汽车变速器第一轴及第二轴的组件装配图,图中有多个装配精度要求:(1)第一轴4的右端面和第二轴上四、五速固定齿座5的左端面间有一定的间隙 A_0;(2)第二轴8上的三速齿轮14要能在轴上自由转动,其端面间隙为 B_0;(3)第二轴8上的五速齿轮15要能在轴上自由转动,其端面间隙为 C_0。

A_0、B_0、C_0 都是在装配后自然形成的,它们都是封闭环。首先以 A_0 这个精度要求为封闭环查找装配尺寸链:

装配精度 A_0 是为保证第一轴4连接齿右端面与固定齿座5左端面不产生碰撞而规定的。当第一轴和第二轴受到传动的轴向力作用而使前、后轴承外圈端面分别紧靠在前、后盖(2、10)止口平面 G 上(图7-13(b)所示只显示出前轴承外圈端面紧靠在前盖止口平面 G 上)。从装配精度 A_0 为封闭环的两端为起点,沿封闭环尺寸方向分别向两个不同方向依次由近及远查找相关零件的装配基准,联系两零件装配基准间的零件尺寸——组成环。首先从封闭环左端零件——第一轴开始查找,第一轴轴向装配基准是与前轴承3内圈接触的轴肩端面,第一轴连接齿右端面至装配基准轴肩端面间尺寸 A_4 为组成环。依次查找下一零件——前轴承3的装配基准是其外圈左端面(与前盖止口平面 G 接触),前轴承宽度尺寸 A_3 为组成环。依次查找下一零件——前盖2的装配基准为与前纸垫1接触的端面,前盖2上尺寸 A_2 为组成环(由于与前盖装配基准接触的纸垫在前盖的右侧,所以应该调头向右查找)。再下一零件是前纸垫1,它的装配基准为其右侧(与变速器壳体前端面接触),纸垫厚度尺寸 A_1 为组成环。这样依次由近及远地查找出组成环 A_4、A_3、A_2、A_1,查找到基础件——变速器壳体12的前(左)端面,至此从封闭环左端开始的查找暂告一段落。然后,再从封闭环右端四、五速固定齿座5开始查找。四、五速固定齿座的装配基准为与衬套6接触的固定齿座右端面,A_5 为组成环。以下依照查找装配尺寸链的方法和规律,依次查找相关零件的装配基准,查找出五速齿轮止推环7的宽度尺寸 A_7、第二轴8两台阶轴间长度尺寸 A_8、后轴承9的宽度尺寸 A_9、后盖10上的尺寸 A_{10} 和后纸垫11厚度尺寸 A_{11} 都是直接影响装配精度 A_0 的组成环。这样查找也查找到同一基础件——变速器壳体12的后(右)端面。最后用变速器壳体前、后(左、右)端面间的尺寸 A_{12} 将上述建立的各组成环连接起来,形成封闭尺寸图形,这就是以装配精度 A_0 为封闭环建立的装配尺寸链,其中 A_1、A_2、A_{10}、A_{11} 和 A_{12} 为增环;A_3、A_4、A_5、A_6、A_7、A_8 和 A_9 为减环。装配尺寸链的方程式为

$$A_0 = A_1 + A_2 + A_{10} + A_{11} + A_{12} - (A_3 + A_4 + A_5 + A_6 + A_7 + A_8 + A_9)$$

应用上述建立装配尺寸链的方法和规律,还可以分别建立以装配精度 B_0 和 C_0 为封闭

环的装配尺寸链。见图7-13(c)中的图(2)及图(3)。

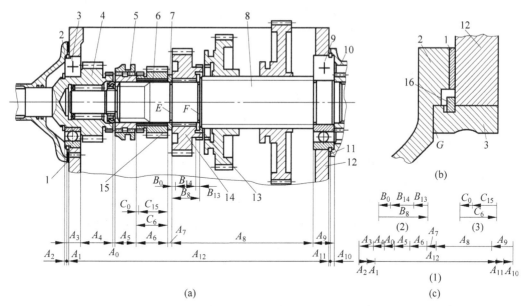

图7-13 变速器第一轴及第二轴的组件装配图及装配尺寸链
1—前纸垫；2—前盖；3—前轴承；4—第一轴；5—四、五速固定齿座；6—衬套；7—五速齿轮止推环；
8—第二轴；9—后轴承；10—后盖；11—后纸垫；12—变速器壳体；
13—三速齿轮止推环；14—三速齿轮；15—五速齿轮；16—锁环

上例中分别找出了以 A_0、B_0、C_0 为封闭环的装配尺寸链，也列出了尺寸链方程式。但是，在分析尺寸链时，均未考虑形位公差对间隙 A_0、B_0、C_0 的影响。实际上，当采用独立原则时，形位公差也是有影响的，它也是组成环，比如零件端面之间的平行度就会影响间隙的大小，在精度要求不高的尺寸链中，这些组成环可忽略不计，但在精度要求高的尺寸链中就不能忽视了。如果采用包容原则，则形位公差控制在尺寸公差范围内，此时，它们不作为尺寸链的组成环，即不参加尺寸链。

7.3.3 保证装配精度的方法

为了减少装配劳动量、降低零件加工精度，并获得或保持较高的装配精度，需要根据产品的性能要求、结构特点、生产纲领、生产技术条件等诸因素选择合适的装配方法，并正确地确定相关零件的尺寸公差和极限偏差，以达到最佳的技术经济效果。在汽车制造中，常用的保证装配精度的方法有完全互换装配法、不完全互换装配法、选择装配法、调整装配法和修配装配法等多种方法。

1. 完全互换装配法

汽车总成或部件中相关零件的尺寸均按零件图样规定的公差及极限偏差进行加工。装配时相关零件不需挑选、调整和修配，就能达到规定的装配精度要求，称为完全互换（装配）法。该方法常采用极值法解算装配尺寸链。

在产品设计时,若采用完全互换装配法,解尺寸链应满足两个条件:
(1) 装配尺寸链各组成环的公差之和不得大于封闭环规定的公差,即

$$\sum_{i=1}^{n-1} T_{Ai} \leqslant T_{A0}$$

(2) 封闭环的极限偏差在允许的极限偏差范围内,即

$$ES'_{A0} \leqslant ES_{A0}$$
$$EI'_{A0} \geqslant EI_{A0}$$

1) 公差的设计计算

在公差的设计计算时,根据给定的封闭环公差和极限偏差,确定组成环的公差和极限偏差。

(1) 组成环公差的确定

在生产中,确定组成环公差有多种方法,常采用相等公差修正法。相等公差修正法是按封闭环设计要求的公差求出组成环的极值平均公差,然后根据各组成环的加工难易程度进行适当修正。组成环的极值平均公差为 T_{Ai},按等公差分配,即应用式(7-8)

$$T_{Ai} = T_{Am} = \frac{T_{A0}}{n-1}$$

对各组成环公差修正时,应考虑组成环尺寸的大小和加工的难易程度等因素。公差修正时应考虑:

① 标准件的尺寸公差应按标准规定。

② 组成环尺寸大的,加工难度大的,取较大的公差,反之取较小的公差,并应取标准公差值。为保证经济加工,一般零件尺寸公差取 IT9 或低于 IT9 级。

③ 在组成环中选择一个协调环。协调环是其他组成环公差按上述方法确定后,最后确定公差的组成环。协调环公差 T_{Ax} 为

$$T_{Ax} = T_{A0} - \sum_{i=1}^{n-2} T_{Ai} \tag{7-26}$$

协调环选择原则:不使用定尺寸刀具获得的尺寸;易于使用通用量具测量的尺寸;不是诸多尺寸链的公共环。

(2) 组成环公差大小及公差带位置的最终确定原则

在用等公差法初步确定了各组成环的公差之后,如何最终确定公差的大小及公差带的分布位置,才能和封闭环(装配精度)相适应,其原则是:

① 当组成环是标准件时,公差的大小及分布位置按国标规定。

② 当组成环是公共环时,公差的大小及分布位置应根据对之有较严格公差要求的装配尺寸链确定。

③ 对于相当于轴的被包容面和相当于孔的包容面按"入体"原则标注公差,即被包容面标成单向负偏差,包容面标成单向正偏差,对于孔中心距,其偏差标成对称偏差。

④ 尽可能使组成环尺寸的公差大小及分布位置符合公差与配合国家标准,尽量少用特殊分布的公差数值。因为这样可给生产组织工作带来一定的好处,比如可以利用标准极限量规,如卡规、塞规等测量尺寸,减少专用量具的设计。且对公差较大,可用粗加工完成的尺寸,一般在小数点后面只取两位,对于要求精加工的尺寸可取小数点后三位数值。

协调环的极限偏差按式(7-4)、式(7-5)或式(7-13)、式(7-14)计算确定。

例3 如图7-14所示为双联转子泵的轴向装配关系图。其技术要求规定装配间隙为(冷态下)0.05~0.15mm,已知 $A_1=41$mm,$A_3=A_4=17$mm,$A_2=7$mm。试用极值法确定各组成环的公差和上下偏差。

解:按式(7-8)设 $T_{A1}=T_{A2}=T_{A3}=T_{A4}=T_{Am}$,则 $T_{A0}=\sum_{i=1}^{4}T_{Ai}=4T_{Am}$,由此可得,$T_{Am}=\dfrac{T_{A0}}{4}=\dfrac{0.15-0.05}{4}=0.025$(mm)

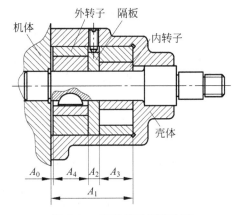

图7-14 双联转子泵结构图

如果选用0.025mm作为各组成环的公差是不合理的,因为 A_2、A_3、A_4 都可以选用平面磨床加工,精度容易保证;A_1 则多选在镗床上加工,相比之下难以获得精度。故考虑到加工的难易程度,可以缩小 A_2、A_3、A_4 的公差,此处进行适当修正,取

$$T_{A3}=T_{A4}=0.018\text{mm},\quad T_{A2}=0.015\text{mm}$$

故,$T_{A1}=T_{A0}-(T_{A4}+T_{A3}+T_{A2})=0.10-(0.018+0.018+0.015)=0.049$(mm)

取 A_1 为协调环,则 A_2、A_3、A_4 三个组成环的偏差可以按"入体原则"规定为

$$A_3=A_4=17_{-0.018}^{0},\quad A_2=7_{-0.015}^{0}$$

确定协调环的上下偏差,由式(7-4)、式(7-5)得

$$\text{ES}_{A0}=\sum_{z=1}^{k}\text{ES}_{Az}-\sum_{j=k+1}^{n-1}\text{EI}_{Aj}=\text{ES}_{A1}-(\text{EI}_{A2}+\text{EI}_{A3}+\text{EI}_{A4})$$

$$\text{EI}_{A0}=\sum_{z=1}^{k}\text{EI}_{Az}-\sum_{j=k+1}^{n-1}\text{ES}_{Aj}=\text{EI}_{A1}-(\text{ES}_{A2}+\text{ES}_{A3}+\text{ES}_{A4})$$

$$\text{ES}_{A1}=\text{ES}_{A0}+(\text{EI}_{A4}+\text{EI}_{A3}+\text{EI}_{A2})=0.15+(-0.018-0.018-0.015)=0.099\text{(mm)}$$

$$\text{EI}_{A1}=\text{EI}_{A0}+(\text{ES}_{A4}+\text{ES}_{A3}+\text{ES}_{A2})=0.05+(0+0+0)=0.05\text{(mm)}$$

因此,$A_1=41_{+0.050}^{+0.099}$mm。

2) 完全互换装配法的特点及应用

通过上述分析和计算可知,完全互换(装配)法的特点是:装配精度由零件精度保证,只要组成环尺寸按零件图样的规定制造,就可保证装配精度要求,且零件具有互换性,便于组织零部件专业化生产,便于组织流水装配,也有利于维修,是较为先进的装配方法。但当装配精度要求较高,尺寸链环数较多时,对零件的制造公差要求较严,使制造成本增加或难以用常规方法加工。因此,该装配方法主要用于组成环环数较少或虽然组成环环数较多,但装配精度要求较低的场合。

2. 不完全互换装配法

在大批量生产或机械加工工艺系统的工况很稳定的情况下,零件加工尺寸是极限尺寸的概率很小,并且所有组成环尺寸均处于极限尺寸进行组合装配的概率更小。所以,采用完全互换法装配是不合理的。这时,可以采用不完全互换装配法保证装配精度。这种方法保证装配精度是以一定的合格率(亦称置信水平)为依据的。

不完全互换装配法是让零件尺寸公差都放大到经济公差大小,装配时零件不需挑选或改变其位置等,就能使绝大多数装配产品达到装配精度要求。不完全互换装配法解算装配尺寸链的方法,又称为统计互换法或大数互换法。

和完全互换法相比,不完全互换法的零件制造公差可以适当放大,这样就会产生组成环各个零件有关尺寸公差的综合后大于封闭环装配技术要求。但是,产生超差的几率很小,而对零件的制造却十分有利,即不完全互换法的基本特征。

不完全互换法所要解决的主要问题是零件制造公差比完全互换时放大多少才算合适。当然,公差放大越多,对制造越有利,但这样会使装配超差率有所扩大,对装配反而不利。因此,应当使装配超差率只占很小的百分比,依此来适当放大组成零件的制造公差,即以控制装配超差率为原则,来确定制造公差放大的程度,这是不完全互换法的另一特征。

根据计算及解决问题的方法不同,不完全互换法可分为三种:

(1) 只有偶然超差的不完全互换法。这种方法是用前面所说的概率法计算各组成零件的制造公差,取误差的均方根偏差进行折合计算,所计算的结果比完全互换法有所放大。从误差分布的特征分析,可能有偶然的极大或极小偏差的综合结果出现,这时会有极少量的超差,但是几率很小。从理论上分析,当以 $T_i = 6\sigma_i$ 为计算尺度,可能有的超差率只有 0.27%,如果考虑到实际生产中其他偶然因素的影响,可能产生的超差率大约接近 1%。所以,把它叫做"用概率法计算的完全互换法",因为产生的实际超差的可能性很小,所以忽略不计。

(2) 控制一定超差率的不完全互换法。这种方法体现不完全互换法的真正实质,按规定超差率计算各组成零件的制造公差,既能放大制造公差使零件的制造容易又使制造经济,并且装配超差率又不致太大。

但是,由于必须具体确定各组成零件的误差分布规律,计算复杂而且很难精确,实际应用有困难。特别是对新产品设计时,要经过一定时期的工艺验证才能真正应用。

(3) 个别零件不完全互换法。这种方法是装配精度允许有一定的超差率,依此来适当放大制造公差。但并不是所有各组成零件都平均放大公差,只是对少数制造困难的零件进行放大,改进难加工零件的制造,这样就形成在一套结构中,大部分零件可实现完全互换装配,只是少数零件要实行选配或补充加工,也就是少数几个零件不完全互换装配。这种方法既能简化计算,又能使零件制造容易,生产中应用较为容易。但这种方法尚有待于进一步从理论上研究,总结出完整的分析计算方法。

1) 公差的设计计算

公差设计计算时,装配精度已给定,且已知组成环尺寸分布规律。装配精度的合格率 P 一般取为 99.73%。采用不同的合格率,相对分布系数 k 值不同,如表 7-2 所示。

表 7-2 置信水平 P 与相对分布系数 k

P	99.73%	99.5%	99%	98%	95%	90%
k	1	1.06	1.16	1.29	1.52	1.82

(1) 确定组成环公差 在稳定的工艺系统条件下,组成环尺寸的分布为正态分布,封闭环的尺寸分布也为正态分布。封闭环公差与组成环公差之间的关系为

$$(k_0 T_{A0})^2 = \sum_{i=1}^{n-1} (k_i T_{Ai})^2 \qquad (7\text{-}27)$$

式中，$k_i=1$，k_0 值取决于装配精度的合格率。当 $P=99.73\%$ 时，$k_0=1$；$P=95.44\%$ 时，$k_0=1.5$；一般取 $P=99.73\%$。

组成环公差一般按相等公差修正法确定。首先求出平均统计公差 $T_{av,s}$。当 $k_0=1$，$k_i=1$ 时，平均统计公差亦称为平均平方公差 $T_{av,Q}$。平均平方公差 $T_{av,Q}$ 为

$$T_{av,Q}=\frac{k_0 T_{A0}}{\sqrt{\sum_{i=1}^{n-1}k_i^2}}=\frac{T_{A0}}{\sqrt{n-1}} \tag{7-28}$$

然后以求得的 $T_{av,Q}$ 作为修正公差的参考，根据组成环尺寸的加工难易程度等进行适当修正，修正时考虑：

① 标准件的尺寸公差按标准确定。

② 在组成环中选择一环为协调环。除标准件和协调环外其他组成环公差适当放大，一般放大到 IT10 或 IT11 级标准公差。

③ 协调环公差 T_{Ax} 可通过式(7-27)进行计算，这样计算的目的是可充分利用设计给定的封闭环公差。

$$T_{Ax}=\sqrt{\left(\frac{k_0 T_{A0}}{k_i}\right)^2-\sum_{i=1}^{n-2}T_{Ai}^2} \tag{7-29}$$

(2) 确定组成环的极限偏差。组成环极限偏差可按如下原则确定：

① 标准件的极限偏差按标准规定。

② 除标准件和协调环外其他组成环的极限偏差按偏差注向体内原则确定，即外尺寸（被包容尺寸）按 h、内尺寸（包容尺寸）按 H、孔中心距按对称偏差确定。

③ 确定协调环的极限偏差时，利用式(7-12)和式(7-13)、式(7-14)计算确定。首先求出协调环的中间偏差 Δ_x，然后计算出

$$ES_{Ax}=\Delta_x+\frac{T_{Ax}}{2}$$

$$EI_{Ax}=\Delta_x-\frac{T_{Ax}}{2}$$

2) 不完全互换装配法的特点及应用

不完全互换装配法的优点是可以放大零件的制造公差，降低零件制造成本。零件制造公差放大值与装配精度合格率有关，合格率越低，零件制造公差放大值越大。零件制造公差放大值与组成环的尺寸分布特征有关。可以证明，组成环尺寸为正态分布时零件制造公差放大值最大。另一优点是装配工作简单，生产效率高。这种装配方法的缺点是装配后有极少数产品装配精度不合格，但不合格产品可通过装配后的试验、检测剔除，或采取更换零件等方法进行修复。不完全互换装配法适用于大批大量生产中装配精度要求较高、组成环数又多的场合，如机床和仪器仪表等产品中封闭环要求较宽、尺寸链环数较多的情况下显得更加优越。

3. 选择装配法

在大批大量生产中，会遇到一些汽车总成，虽然装配尺寸链的环数很少，但装配精度要求却很高。在这种情况下，零件的制造公差非常小，用常规加工方法难以保证零件精度要求

或加工成本很高,甚至在现时生产条件下无加工方法可保证。在这种情况下,可以采用选择装配法保证装配精度。

选择装配法是将尺寸链中组成环(零件)的公差放大到经济可行的程度,然后从中选择合适的零件进行装配,以达到规定的装配技术要求。用此方法装配时,可在不增加零件机械加工的难度和费用的情况下,使装配精度提高。选择装配法有直接选择装配法、分组选择装配法和复合选择装配法三种。

(1) 直接选择装配法：工人从许多待装配的零件中凭自己的经验挑选合适的零件装配在一起。显然,此法生产率低,选择时间长,和工人的生产经验、技术水平关系很大。因此,生产上应用较少。

(2) 分组选择装配法：将零件按完全互换法所要求的公差放大 k 倍(一般为 2～4 倍)加工,然后将零件度量和分组,再按对应组分别进行装配。在同一组内,可以实现完全互换装配,只要是同一组号的零件,任意两件配合,任意换置都能达到原装配精度要求,因此也可以说是分组完全互换法。

(3) 复合选择装配法：将以上两种方法综合起来,即先把零件度量分组,装配时再在对应组中直接选择装配,少数装配精度采用复合装配法,如发动机活塞裙部与气缸孔的配合等。在汽车制造中采用较多的是分组选择装配法。下面重点介绍分组选择装配法。

1) 分组选择装配法的分析与计算

分组选择法是大量生产中常用的一种方法。它对于解决装配精度要求很高,而组成环环数少的装配尺寸链是比较有效的。一般情况下,制造公差放大几倍,则装配时也要分几个组互换配合,因此,制造公差的增大和装配分组是对应的。

(1) 确定组成环分组公差。分组选择装配法应用尺寸链分析计算,原则上是用分组完全互换法来分析问题的,也就是从同一个对应组来看,组成环制造公差的累积应当等于装配精度要求。因此,装配精度一经设计者确定,则组成环的平均公差应为

$$T_{Am} = \frac{T_{A0}}{n-1}$$

(2) 确定组成环制造公差及尺寸分组数 k。由于是分组选配,实际的制造公差要根据分组的多少而有所放大,设分组数为 k,则

$$T_{Am'} = kT_{Am} = \frac{kT_{A0}}{n-1} \tag{7-30}$$

即分组公差为平均公差的 k 倍(k 为分组数),分组数为放大后的公差与放大前的公差之商。

(3) 确定组成环的极限偏差。在分组公差和分组数确定之后,还需确定相配零件的极限偏差。先确定基准件,根据基准件选某一基准制——基轴制或基孔制,这样就确定了基准件的公差带位置。如孔与轴配合,如果选孔为基准件,则按基孔制确定孔公差带位置;同理,如选轴为基准件,则按基轴制确定轴公差带位置,如图 7-15 所示。

然后确定与基准件相配零件的极限偏差。如图 7-15(a)所示,对于基轴制的间隙配合,可利用公式

$$ES_X = ES_{D1} - EI_{d1}$$

求出孔的上偏差 $ES_{D1} = ES'_D$。已知孔的制造公差 T'_D 和 ES'_D,求出孔的下偏差 EI'_D：

$$EI'_D = ES'_D - T'_D$$

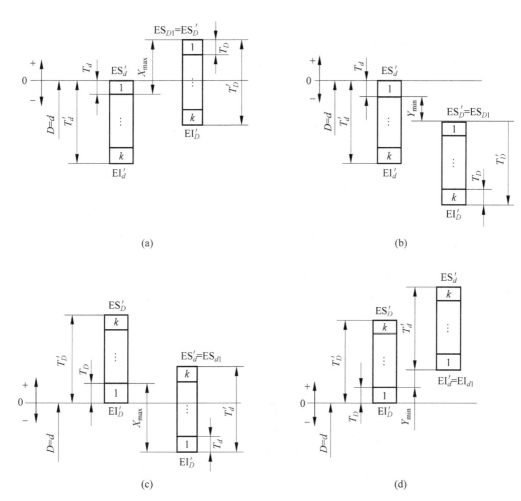

图 7-15 不同基准制配合的公差带图

对于基轴制的过盈配合,如图 7-15(b)所示,利用公式
$$EI_Y = EI_{d1} - ES_{D1}$$
求出孔的上偏差 $ES_{D1} = ES'_D$。已知孔制造公差 T'_D 和 ES'_D,求出孔的下偏差 EI'_D:
$$EI'_D = ES'_D - T'_D$$

对于基孔制的不同配合,根据上述基轴制不同配合的计算方法和过程,也可以将两个相配合零件的极限偏差确定下来,参见图 7-15(c)、(d)。

2) 分组选择装配法的注意问题

(1) 配合件的公差相等,公差增大方向相同,增大倍数等于分组数。

(2) 配合件的形状精度和相互位置精度及表面粗糙度不能随尺寸公差放大而放大,应与分组公差相适应。

(3) 分组数不宜过多,否则就会因零件测量、分类、保管工作量的增加造成生产组织工作复杂化。

(4) 制造零件时,应尽可能使各对应组零件的数量相等,满足配套要求,否则会造成某些尺寸零件的积压浪费现象。

3) 分组选择装配法的特点及应用

分组选择装配法的优点：零件制造精度不高，但却可获得高精度的装配精度。在分组互换装配中装配精度是由零件的制造精度和装配方法共同保证的。值得注意的是，零件尺寸制造公差可以放大，但是零件配合表面的形状公差和表面粗糙度不能放大，仍需按分组公差确定。为了保证各组别零件装配时具有相同的配合性质，如三环的尺寸链，同组别零件的分组公差应该相等，否则不同组别零件装配时将改变配合性质。采用分组选择装配法装配时，要求各组别相装配的零件数量相等，否则将导致不能完全配套而造成浪费。有的企业采用看板生产方式进行配套生产。这种装配方法的缺点：零件加工完成后需要使用精密量仪进行测量分组，并分组存储，增加部分制造成本。

分组选择装配法适用于大批大量生产中，装配组成环环数少而装配精度要求很高的少环机器结构。应用最广泛的是轴（或销）-孔-间隙（或过盈）配合的三环装配尺寸链。

例 4 某活塞销孔与活塞销采用分组选择装配法进行装配（图 7-16），要求活塞销孔直径 D 和活塞销直径 d 配合后有一定的过盈量，过盈量为 0.0025～0.0075mm，活塞销和活塞销孔的基本尺寸为 $\phi28$mm，若装配时分为 4 组，试确定各项尺寸。（选择活塞销作基准件。）

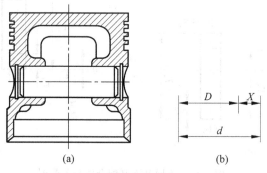

图 7-16 发动机活塞销与活塞销孔的配合

解：活塞销与销孔的配合是一个三环装配尺寸链（图 7-16(b)）。装配精度要求即保证过盈量 $X = 0.0025 \sim 0.0075$mm，即

$$X_{max} = d_{max} - D_{min} = 0.0075\text{mm}$$
$$X_{min} = d_{min} - D_{max} = 0.0025\text{mm}$$
$$T_{A0} = T_d + T_D = 0.005\text{mm}$$

（1）由装配精度计算组成环平均公差

$$T_{Am} = T_{A0}/(n-1) = 0.005/2 = 0.0025(\text{mm})$$

对于 $d = D = \phi28$ 的直径尺寸，这样小的制造公差相当于 IT2 级标准公差，加工难以保证，制造成本很高且不经济，故本题目采用分组选择装配法进行装配。

（2）根据装配精度确定组成零件的制造公差。

由于装配要求应有一定的过盈量，而且要保证最小过盈为 0.0025mm，最大过盈量为 0.0075mm。为了使分组装配精度和配合性质不变，采用等公差分配，先确定活塞销的制造公差为

$$d = \phi 28_{-0.0025}^{0} \text{mm}$$

活塞销确定后,可按要求计算销孔 D 的制造公差。为了保证最大及最小过盈量,则

$$ES_{A0} = ES_d - EI_D = 0.0075 \text{mm}$$

又由于 $ES_d = 0$,则

$$EI_D = -0.0075 \text{mm}$$

同理,$EI_{A0} = EI_d - ES_D = 0.0025 \text{mm}$。

由于 $EI_d = -0.0025$,则

$$ES_D = -0.0050 \text{mm}$$

因此,$D = \phi 28_{-0.0075}^{-0.0050} \text{mm}$。

(3) 放大制造公差。

考虑装配时分为 4 组,因此制造公差应当放大 4 倍,即活塞销的制造公差修改为

$$d = \phi 28_{-0.0100}^{0} \text{mm}$$

活塞销孔的制造公差修改为

$$D = \phi 28_{-0.0150}^{-0.0050} \text{mm}$$

销孔和销的公差均向同方向增大,其分组公差带图如图 7-17 所示。

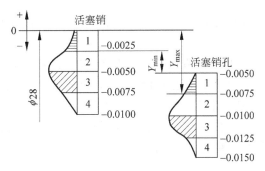

图 7-17 活塞销与活塞销孔分组公差带图

(4) 确定分组的界限尺寸。

在实际生产中,将活塞销和活塞孔直径尺寸制造公差放大 4 倍。两零件按上述尺寸制造公差加工后,使用精密量仪对实际尺寸进行测量和分组,按尺寸大小分成 4 组,并在零件适当位置处涂以不同颜色以示区别。装配时同组别(同颜色)零件配对装配以保证装配精度,各组的界限偏差如表 7-3 所示。

表 7-3 活塞销与活塞销孔的分组尺寸

组别	活塞销直径 $d=28$	活塞销孔直径 $D=28$	过盈量最小~最大	配合公差 T_{A0}	颜色
I	28.0000-27.9975	27.9950-27.9925	0.0025~0.0075	0.005	浅蓝
II	27.9975-27.9950	27.9925-27.9900	0.0025~0.0075	0.005	红
III	27.9950-27.9925	27.9900-27.9875	0.0025~0.0075	0.005	白
IV	27.9925-27.9900	27.9875-27.9850	0.0025~0.0075	0.005	黑

4. 修配装配法

在汽车制造中，对装配精度要求较高时，可采用修配装配法装配。例如，柴油机高压油泵喷油器针阀体与针阀的密封锥面的密封和针阀体与针阀的配合间隙，是在装配时进行互研中得到保证的，而针阀升程是在装配后在磨床上修磨针阀轴肩面得到保证的。再如，气缸体离合器壳体总成，设计要求离合器壳体后端面与气缸体曲轴轴承座孔间需保证一定的垂直度。相关零件分别加工完成后，将气缸体和离合器壳体连接成总成，再以气缸体曲轴轴承座孔作为定位基准，铣削离合器壳体后端面，直接保证上述垂直度要求。上述几例都是采用修配装配法保证装配精度的实例。

修配装配法是将装配尺寸链的组成环公差放大到经济公差，装配时封闭环所累积的误差，通过对尺寸链中某一指定组成环表面切掉一层金属的办法，来保证装配精度的方法。被切掉一层金属的零件称为修配件，其所构成的组成环称为补偿环，亦称为修配环。其实质是装配时去除补偿环的部分材料以改变其实际尺寸，使封闭环达到其公差与极限偏差要求的装配方法（不增加额外的环节）。修配装配法的装配尺寸链的解算，称为修配法解算。修配法解算尺寸链用极值法。

1) 修配环的选择

选择原则与前面讲过的协调环的选择原则相同，但除了协调环的三个选择原则之外，还应满足以下三个条件：

(1) 应选易于加工修配且拆装方便的零件为修配环，如轴与孔配合时选轴为修配环。

(2) 修配环不应是要求进行表面处理的零件，以免破坏表面处理层。

(3) 应按使用中的磨损规律选择修配环。当部件在使用过程中由于零件的磨损使封闭环尺寸变大时，应选择增环为修配环。这是因为增环被补充加工以后，会使封闭环尺寸变小，而恢复封闭环原有的装配精度，反之亦然。

2) 修配形式

应用修配装配法进行装配时，常采用以下几种修配形式：

(1) 独立零件修配法。根据装配时实际组成零件的情况，选择一个专门的修配件，在装配时先试装，并测量实际形成装配精度超差量的多少，根据需要对指定的修配件进行补充加工，以此保证所要求的装配精度。

(2) 合套加工修配法。在装配的组成零件中，根据具体情况先把几个有关零件合套在一起，作为一组独立的组合件或部件，在总装时以修配这个组合件的方式来保证装配精度的要求。

这种方式是把这些组合件看成一个整体，在这个组合件内部的零件、误差互相积累补偿，不做严格的要求，只要求总体的误差总和经过修配而达到一定的要求。修配加工也可能是总体集中组合在一起进行加工，也可能是修配其中某一基础件，但修配的标准是以总体误差来衡量，其中对组合零件相互之间的误差不加任何考虑。这样的修配法实际是将整体组合件当作一个尺寸链的组成环，这样就减少了组成环数，简化了尺寸链的分析和计算。

这种方法在机床制造中应用极其广泛，很多总装技术要求的保证都应用这种方法，特别是平行度、同轴度等形位公差。但是，合套件中的组成零件是不能互换的，在任何情况下都不得与其他合套件混淆，也不得进行修配加工，这对机床的维修会造成不便。

(3) 偶件加工修配法。如柴油机中精密偶件,柱塞与套筒、针阀与阀体的互研。

(4) 自加工修配法。此法主要应用在机床制造上。因为切削机床本身可以进行切削加工,能保证较高的位置精度,如牛头刨床、平面磨床等机床的工作台,是在总装后分别自行刨削或磨削加工来保证平行度的。

3) 修配装配法的特点及应用

修配装配法的优点是能够获得很高的装配精度,而零件的制造精度则可放宽;缺点是装配时需要修配,增加了修配成本,生产效率低,且修配时间也难以确定,不易保证装配流水线生产的要求。所以,修配装配法主要用于单件、中小批生产中,大批大量生产的汽车制造中也有应用,适用于装配精度较高,而用其他装配方法不易保证装配精度的场合。

5. 调整装配法

在汽车生产中,常有环数很多且封闭环的精度要求较高的装配尺寸链,此时,若用完全互换法解此装配尺寸链,则组成环的公差太小而无法加工或加工困难,经济性差;如用修配法装配,则装配时要进行修配加工,增加了装配工作量。在此情况下,经常采用调整装配法保证装配精度。

调整装配法是在装置(或总成)中设置一调整件,装配时用改变调整件的位置或选用一合适尺寸的调整件来达到装配精度的方法。调整装配法与修配装配法的基本原理类似,都是应用补偿件的方法,但具体方法不同。调整装配法的实质:装配时不是切除多余金属,而是改变补偿件的位置或更换补偿件来改变补偿环的尺寸,以达到封闭环的精度要求。装配时进行更换或调整的组成环零件叫调整件,该组成环称为调整环。用调整装配法装配时,常用的补偿件有螺钉、垫片、套筒、楔块以及弹簧等。调整装配法有两类:可动调整装配法和固定调整装配法。

1) 可动调整装配法

在装配时,通过调整、改变调整件的位置来保证装配精度的方法称为可动调整装配法。可动调整装配法不仅能获得较理想的装配精度,而且在产品使用中,由于零件磨损使装配精度下降时,可重新调整使产品恢复原有精度,所以该方法在实际生产中应用较广。在调整过程中,不需拆卸零件,应用方便,能获得较高的装配精度。图 7-18 所示为可动调整装配法应用实例,图 7-18(a)可通过调整套筒的轴向位置来保证齿轮的轴向间隙;图 7-18(b)是车床中滑板丝杠调整结构,通过调整螺钉使楔块上下移动来调整螺母与丝杠的轴向间隙;图 7-18(c)是用螺栓调整压盖的位置,实现轴承间隙的调整;图 7-18(d)是车床小刀架溜板用调整螺钉来调节镶条位置,以达到导轨副的配合间隙要求。

2) 固定调整装配法

在装配时,通过更换尺寸链中某一预先选定的组成环零件来保证装配精度的方法称为固定调整装配法。预先选定的组成环零件即调整件,需要按一定尺寸间隔制成一组专用零件,以备装配时根据各组成环所形成累积误差的大小进行选择,故选定的调整件应形状简单、制造容易、便于装拆,常用的调整件有垫片、套筒等。

采用调整装配法时装配尺寸链的计算,主要是固定调整法的计算。固定调整装配法的公差设计计算可按下述步骤进行。

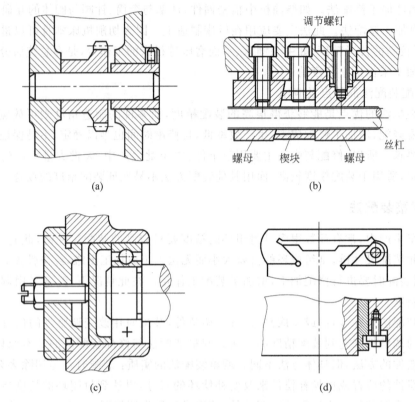

图 7-18 可动调整装配法应用实例

(1) 计算空隙(空位)尺寸 X

应用调整装配法,绝大多数情况是为了补偿已形成的间隙。在未放入调整件之前,由其他零件已形成了一定的间隙,此间隙称为空隙尺寸(也称空位尺寸)。设有一尺寸链如图 7-19(a)所示。

在未放入补偿环 A_F 之前,空隙尺寸为 X,可先测定该尺寸,然后根据此尺寸的大小,选一合适尺寸的补偿件装入,以保证 A_0 的要求。

此时,空隙尺寸为

$$X = A_F + A_0 = \sum_{z=1}^{k} A_z - \sum_{j=k+1}^{n-2} A_j$$

X 的大小受组成环尺寸的影响,最大和最小空隙尺寸 $X_{\max}$ 和 $X_{\min}$ 分别为

$$X_{\max} = \sum_{z=1}^{k} A_{z\max} - \sum_{j=k+1}^{n-2} A_{j\min}$$

$$X_{\min} = \sum_{z=1}^{k} A_{z\min} - \sum_{j=k+1}^{n-2} A_{j\max}$$

空隙尺寸的变化范围($X_{\min} \sim X_{\max}$)就是补偿环总的补偿范围,即

$$X_{\max} - X_{\min} = \sum_{i=1}^{n-2} T_{Ai}$$

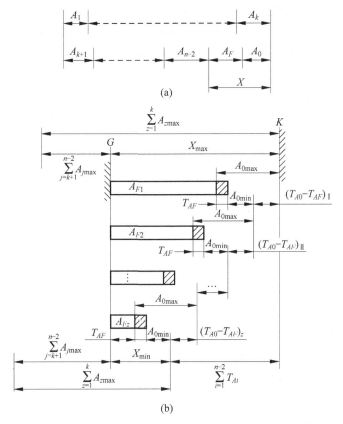

图 7-19 补偿环为减环时补偿原理及调整件分组尺寸的计算图解

(2) 补偿原理

装配时,当出现 $\sum_{z=1}^{k}A_{Z\max}$ 和 $\sum_{j=k+1}^{n-2}A_{j\min}$ 情况时,空隙尺寸达到 $X_{\max}$,为了保证封闭环 $A_{0\min}\sim A_{0\max}$ 的要求,设补偿环的制造公差为 T_{AF},此时应放入最大尺寸的补偿环 A_{F1},即选择最厚尺寸的调整垫片。当 $\sum_{z=1}^{k}A_{z}$ 和 $\sum_{j=k+1}^{n-2}A_{j}$ 尺寸变化时,只要空隙尺寸右界限 K 不超出 $(T_{A0}-T_{AF})_{\mathrm{I}}$ 的范围,在空隙尺寸中选用的补偿环尺寸 A_{F1} 均可满足封闭环的要求。

当增环尺寸 $\sum_{z=1}^{k}A_{z\max}$ 减小,减环尺寸 $\sum_{j=k+1}^{n-2}A_{j\min}$ 增大,使空隙尺寸右界超出 $(T_{A0}-T_{AF})_{\mathrm{I}}$ 范围而落入 $(T_{A0}-T_{AF})_{\mathrm{II}}$ 范围时,可以放入第二组的补偿尺寸 A_{F2} 来满足封闭环要求,依此类推。当 $\sum_{z=1}^{k}A_{z}$ 和 $\sum_{j=k+1}^{n-2}A_{j}$ 变化,使空隙尺寸右界限接近或等于最小空隙尺寸 $X_{\min}$,可以加入最小的补偿环尺寸 A_{Fz},即最薄的调整垫片,来满足封闭环要求。

从上述分析知,各组成环制造公差被放大后,再将不同尺寸组成环进行装配,都可以选用一个相应厚度的调整垫片来满足装配精度要求。这说明了可以用低精度的零件尺寸,用选择合适尺寸的调整件的方法来满足较高的装配精度要求,这就是固定调整法的补偿原理。

(3) 补偿件的补偿能力 S

每级补偿件所能补偿的空隙尺寸的变动范围称为补偿能力 S。如果补偿件能够做得绝对准确,即 $T_{A0}=0$,则其补偿能力显然就是封闭环所允许的变动范围,即 $T_{A0}=A_{0max}-A_{0min}$。实际上补偿件有制造误差,它会降低补偿效率,故此补偿件的实际补偿能力下降为 $T_{A0}-T_{AF}$,即每一补偿环的补偿能力。

$$S = T_{A0} - T_{AF} \tag{7-31}$$

(4) 补偿件的分级间隔

第一级 X_1 的变动量为 T_{x1},A_0 的公差为 T_{A0},则以 A_0 为封闭环求解尺寸链得

$$T_{A0} = T_{x1} + T_{AF}$$
$$T_{x1} = T_{A0} - T_{AF}$$

同理,第二级 X_2 变动量为 T_{x2},A_0 的公差为 T_{A0},则

$$T_{A0} = T_{x2} + T_{AF}$$
$$T_{x2} = T_{A0} - T_{AF}$$

故 $T_{x1}=T_{x2}$。

依此类推,有 $T_{x1}=T_{x2}=\cdots=T_{xz}$。

T_{x1}、T_{x2}、$\cdots$ 为分级间隔,即相邻级别调整件公称尺寸之差。分级间隔就是补偿件的补偿能力。

(5) 分级级数

补偿范围被补偿间隔除所得商为分级级数,即分组数,计算公式为

$$Z \geqslant \frac{\sum_{i=1}^{n-2} T_{Ai}}{T_{A0}-T_{AF}} = \frac{\sum_{i=1}^{n-1} T_{Ai} - T_{AF}}{T_{A0}-T_{AF}} = \frac{\sum_{i=1}^{n-1} T_{Ai} - T_{A0}}{T_{A0}-T_{AF}} + 1 \tag{7-32}$$

式中,$\sum_{i=1}^{n-1} T_{Ai} - T_{A0}$ 称为补偿环的补偿量 F,则

$$F = \sum_{i=1}^{n-1} T_{Ai} - T_{A0} \tag{7-33}$$

故

$$Z \geqslant \frac{F}{S} + 1 \tag{7-34}$$

当 Z 不是整数时,应将有关组成环和补偿环的有关公差进行适当的调整,使 Z 为整数。为了不使分组数过多而给生产管理工作带来困难,一般分组数 Z 取 3~5 为宜。

(6) 补偿件分组尺寸的确定

由补偿原理图可有下式:

$$A_{0max} = \sum_{z=1}^{k} A_{zmax} - \left(\sum_{J=k+1}^{n-2} A_{jmin} + A_{F1} - T_{AF} \right)$$

则

$$A_{F1} = \sum_{z=1}^{k} A_{zmax} - \sum_{J=k+1}^{n-2} A_{jmin} + T_{AF} - A_{0max} \tag{7-35}$$

$$A_{F2} = A_{F1} - (T_{A0} - T_{AF})$$
$$A_{F3} = A_{F2} - (T_{A0} - T_{AF}) = A_{F1} - 2(T_{A0} - T_{AF})$$
$$\vdots$$

$$A_{FZ} = A_{F1} - (Z-1)(T_{A0} - T_{AF}) \tag{7-36}$$

在生产实际中,固定调整法的调整件由各种不同厚度的冷轧钢片组成,如 0.05mm、0.06mm、0.08mm、0.1mm、0.2mm、0.3mm、0.4mm 等厚度。加之具有一定厚度的套筒,二者组合以后,就可组成各种不同的尺寸,满足较高调整精度的要求。使用组合垫片的优点是垫片制造简单;汽车使用维修时易更换和易重新组合调整。

例 5 如图 7-20 所示转向节叉架上耳下平面与调整垫片间的间隙要求为 0.05～0.25mm。转向节叉架上耳下平面与下耳轴承窝端面间尺寸 $A_1 = 112$mm;止推轴承高度 $A_2 = 18$mm;前轴拳部高度 $A_3 = 92$mm;调整垫片初定 $A_F = 2$mm;制造公差 $T_{AF} = 0.025$mm(IT9 级)。

(1) 确定组成环公差及其偏差;
(2) 计算调整垫片分组数及尺寸。

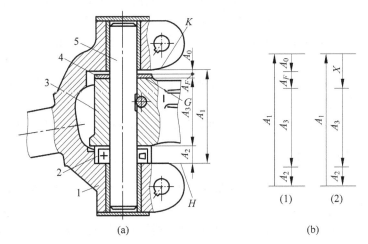

图 7-20 转向节叉架与前轴拳部装配图及装配尺寸链
1—转向节;2—止推轴承;3—前轴;4—调整垫片;5—主销

解:(1) 确定组成环公差及极限偏差。

该例中,止推轴承为标准件,其尺寸公差及极限偏差采用标准规定值,$A_2 = 18_{-0.20}^{0}$mm;组成环 A_1 及 A_3 的制造公差均放大到经济公差大小;对于固定调整法,一般将制造公差放大为 IT11 或低于 IT11 级。考虑到 A_1 及 A_3 加工的难易程度,取 $T_{A1} = 0.35$mm(IT12 级),$T_{A3} = 0.22$mm(IT11 级)。按偏差入体原则,确定 $A_1 = 112_{0}^{+0.35}$mm(H12),$A_3 = 92_{-0.22}^{0}$mm(h11)。

(2) 计算调整垫片分组数 Z。由式(7-32)得

$$Z \geqslant \frac{\sum_{i=1}^{n-2} T_{Ai}}{T_{A0} - T_{AF}} = \frac{0.35 + 0.20 + 0.22}{0.2 - 0.025} = 4.4 \text{ 组}$$

取 $Z = 5$ 组。

然后,计算调整垫片分组尺寸 A_{FZ}。按式(7-35)、式(7-36)计算,调整垫片分组基本尺寸及极限偏差为

$$A_{F1} = A_{1\max} - (A_{2\min} + A_{3\min}) + T_{AF} - A_{0\max}$$

$$= 112.35 - (17.8 + 91.78) + 0.025 - 0.25 = 2.545_{-0.025}^{0}$$

$$A_{F2} = A_{F1} - (T_{A0} - T_{AF}) = 2.545 - 0.175 = 2.37_{-0.025}^{0}$$

$$A_{F3} = A_{F2} - (T_{A0} - T_{AF}) = 2.37 - 0.175 = 2.195_{-0.025}^{0}$$

$$A_{F4} = A_{F3} - (T_{A0} - T_{AF}) = 2.195 - 0.175 = 2.02_{-0.025}^{0}$$

$$A_{F5} = A_{F4} - (T_{A0} - T_{AF}) = 2.02 - 0.175 = 1.845_{-0.025}^{0}$$

上述介绍的计算是以补偿环为减环时的情况。在汽车主减速器和转向器中,常遇到补偿环为增环的情况,此时可类比求解。

3) 调整装配法的特点及应用

应用调整装配法时,零件尺寸制造公差可放大到经济公差大小,零件制造成本低。用低精度的零件,通过对调整件的调整,可以获得较高的装配精度。对于使用中易磨损而丧失装配精度的装配尺寸链,通过对调整件的重新调节或更换,使其重新恢复装配精度。其不足之处是在结构中需增加调整件或调节机构,特别是可动调整装配法。

固定调整装配法主要用于成批大量生产中装配那些装配精度要求较高、组成环环数又多的机械结构中。

可动调整装配法在汽车制造中可用于各种生产类型中,装配那些装配精度要求较高、组成环环数又多的机械结构中。

调整装配法尤其适合于因磨损等原因容易丧失装配精度的传动机构中应用。

6. 装配方法的应用

上述几种保证装配精度的方法,都是在加工与装配的矛盾中产生的,在不同的条件下采用不同的方法来解决不同矛盾。有些方法对零件的加工精度要求较严,加工较难,但装配工作较简单;而另一些方法是零件的加工精度要求适当放宽,但使装配工作复杂化。在产品结构设计时,选用何种装配方法应当根据总成或部件的结构、装配精度要求、尺寸链的环数、生产批量及设备条件等综合考虑。

五种装配尺寸链的解算方法可分为互换法和补偿法两大类,如图 7-21 所示。

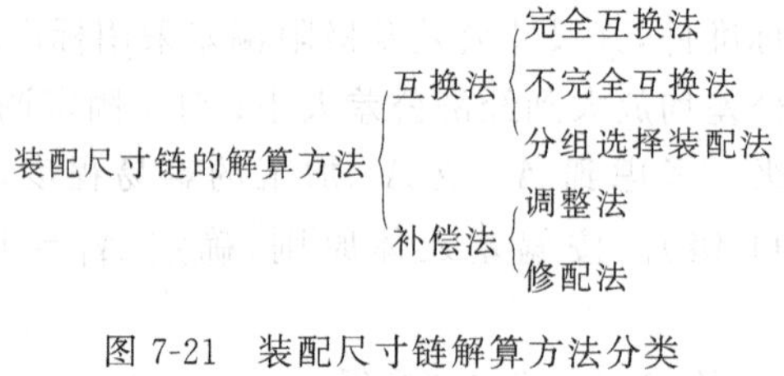

$$\text{装配尺寸链的解算方法} \begin{cases} \text{互换法} \begin{cases} \text{完全互换法} \\ \text{不完全互换法} \end{cases} \\ \text{补偿法} \begin{cases} \text{分组选择装配法} \\ \text{调整法} \\ \text{修配法} \end{cases} \end{cases}$$

图 7-21 装配尺寸链解算方法分类

1) 各种装配方法之间的区别和联系

以上讨论了完全互换法、不完全互换法、选择法、修配法、调整法五种达到装配精度的方法。这五种方法的出现,是由于在不同的生产条件下达到封闭环精度的问题上采取的具体方法不同,如完全互换法中有协调环,修配法中有修配环,固定调整法中有固定调整环等。这些方法的最终目的都是补偿或协调封闭环的误差值及误差分布位置,使之达到装配的技术要求,并使零件的制造经济可行。

所以,尽管达到装配精度的各种方法在具体的计算形式上不同,但这些不同的公式都是根据尺寸链的基本计算公式推演出来的,其原理是一致的。

2) 装配方法的选择

以上五种解算装配尺寸链的方法,对应着五种装配方法,这些方法各有优缺点。有些方法对零件的加工精度要求不高,但对装配工作有严格的要求;有些方法对零件的加工精度要求严格,但对装配工作要求较低。在不同的生产条件下,如何选择装配方法可参考如下:

(1) 当 A_0 要求不高或 A_0 要求比较低且环数较少时,尽量用完全互换法。因为这种方法装配工作简单、经济、可靠,满足大批量生产的特点。所以,这种方法在汽车大批量生产中用得最多。

(2) 当 A_0 要求很高或者 A_0 要求较高且环数很少时,如为成批大量生产,则用选择法(环数少)或调整法(环数较多时)。

(3) 单件小批量生产多用修配法。

(4) 汽车大批量生产时,完全互换法、调整法及分组选择法用得最多。

常用装配方法及其适用范围见表 7-4。

表 7-4 常用装配方法及其适用范围

装配方法		工艺特点	尺寸链计算方法	组成环制造公差	适用范围
互换法	完全互换法	1. 配合件公差之和小于或等于规定装配公差; 2. 装配操作简单,便于组织流水作业和维修工作	极值法	IT9 级或低于 IT9 级	大批量生产中零件数较少、零件可用加工经济精度制造者,或零件数较多但装配精度要求不高者
	不完全互换法	1. 配合件公差二次方和的二次方根小于或等于规定的装配公差; 2. 装配操作简单,便于流水作业; 3. 会出现极少数超差件	统计法	IT10 级或低于 IT10 级	大批量生产中零件数略多、装配精度有一定要求,零件加工公差较完全互换法可适当放宽
	分组选择法	1. 零件按尺寸分组,将对应尺寸组零件装配在一起; 2. 零件误差比完全互换法可以大数倍	极值法	经济公差、形位公差和 Ra 不能放大	适用于大批量生产中零件数少、装配精度要求较高又不便采用其他调整装置的场合
补偿法	修配法	预留修配量的零件,在装配过程中通过手工修配或机械加工,达到装配精度	极值法	IT11 级左右	用于单件、小批量生产中装配精度要求高的场合
	调整法 固定调整法	装配过程中用尺寸分级的调整件,以保证装配精度	极值法	IT11 级或低于 IT11 级	多用于大批量生产中零件数较多且装配精度要求较高的场合
	调整法 可动调整法	装配过程中调整零件之间的相互位置,以保证装配精度	不计算	IT14 级左右	可动调整装配法多用于装配间隙要求较高并可以设置调整机构的场合

3) 影响装配精度的其他因素

除去组成环的尺寸精度外,组成环的位置精度,以及装配时的受力变形、热变形等都影响装配精度,所以,在实际生产中要综合考虑。

7.4 工艺尺寸链的应用

7.4.1 工艺尺寸链的基本概念

在汽车零件从毛坯到成品的整个工艺过程中,其形状和尺寸是不断变化的,工序尺寸只有在工件表面的最终加工工序,且按设计尺寸直接加工的情况下,才与设计尺寸一致。在其他情况下,为了间接保证设计尺寸,或者为了给后续工序留有加工余量,工序尺寸就不同于设计尺寸。确定工序尺寸及公差,需要应用尺寸链原理进行尺寸换算,即需解算工艺尺寸链。

工艺尺寸链是指全部组成环为同一零件工艺尺寸所形成的尺寸链。不同于装配尺寸链,工艺尺寸链是解决机械加工工艺问题的一种重要手段,其特点是:封闭环是在零件加工后间接(或自然)得到的,制造中直接获得的工序尺寸是组成环,而工艺尺寸链计算问题的关键是正确确定尺寸链的封闭环。

工艺尺寸链的封闭环有两种基本形式:一是以工序尺寸为组成环,间接保证零件某一设计尺寸,此时封闭环就是要间接保证的设计尺寸;二是以工序尺寸为组成环,分析确定加工余量,此时加工余量为封闭环。在任何一个零件的加工过程中,都会同时存在这两种类型的工艺尺寸链,并且往往会形成由某些工序尺寸或加工余量作为公共环的并联尺寸链。

7.4.2 工艺尺寸链的分析与计算

求解工艺尺寸链与求解装配尺寸链的方法和步骤基本相同,首先正确地画出尺寸链图;按照加工顺序确定封闭环、增环和减环;再进行尺寸链的计算;最后可以按封闭环公差等于各组成环公差之和的关系进行校核。

应用尺寸链确定工序尺寸和公差是工艺尺寸链应解决的主要问题。下面通过例子说明工艺尺寸链的应用。

1. 工序尺寸及其公差的确定

1) 工艺基准与设计基准不重合时

在零件的实际生产加工中,为了便于工件的定位或测量,有时难以采用零件的设计基准作为定位基准或测量基准,这时就需要应用工艺尺寸链进行工序尺寸及公差的分析与计算。

(1) 定位基准与设计基准不重合

采用调整法加工零件时,若所选的定位基准与设计基准不重合,那么该加工表面的设计尺寸就不能直接得到,这时就需要进行工艺尺寸的换算,重新标注有关工序尺寸(即中间工序尺寸)及公差,并按换算后的工序尺寸及公差加工,以保证零件的原设计要求。

例6 如图7-22所示,零件的A、B、C面均已加工完毕,现以调整法加工D面,并选端面A为定位基准,且按工序尺寸L_3对刀进行加工,为保证车削完D面后间接获得设计尺寸$20_{-0.26}^{0}$能符合图样规定的要求,必须将L_3的加工误差控制在一定范围内,试求工序尺寸L_3及其极限偏差。

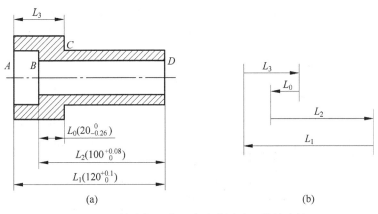

图7-22 轴套加工的工序尺寸图及工艺尺寸链

解:① 画尺寸链图并判断封闭环。根据加工情况判断设计尺寸$20_{-0.26}^{0}$为封闭环(L_0),并画出尺寸链图,如图7-22(b)所示。

② 判别增、减环。如图7-22(b)所示,根据回路法判别增减环,确定L_2和L_3为增环,L_1为减环,其中L_3为待求量。各环的基本尺寸及极限偏差如表7-5所示。

表7-5 尺寸链表(例6)

尺寸标记	基本尺寸	上偏差 ES	下偏差 EI
L_0	20	0	-0.26
L_2(增环)	100	$+0.08$	0
L_3(增环)	L_3	ES_3	EI_3
L_1(减环)	120	$+0.1$	0

③ 计算工序尺寸的公称尺寸。由式(7-1),有

$$L_0 = L_2 + L_3 - L_1$$

故$L_3 = 20 + 120 - 100 = 40 \text{mm}$。

④ 计算工序尺寸的极限偏差。

由式(7-4),有

$$0 = (0.08 + ES_3) - 0$$

得L_3的上极限偏差$ES_3 = -0.08 \text{mm}$。

由式(7-5),有

$$-0.26 = (0 + EI_3) - 0.1$$

得L_3的下极限偏差$EI_3 = -0.16 \text{mm}$。

因此L_3工序尺寸及上、下极限偏差为$40_{-0.16}^{-0.08} \text{mm}$。

(2) 测量基准与设计基准不重合

在零件加工时会遇到一些表面加工后设计尺寸不便于直接测量的情况,因此需要在零件上选一个易于测量的表面作为测量基准进行测量,以间接检验设计尺寸。

例7 如图 7-23 所示加工一工件,①加工 K 面后,钻 $\phi20\mathrm{mm}$ 孔,测量尺寸 $125\pm0.1\mathrm{mm}$;②加工 M 面,测量尺寸 $165\pm0.4\mathrm{mm}$;③钻、扩、铰 $\phi16\mathrm{mm}$,但用于测量 M 面与此中心距离比较困难,改为测量 K 面与此中心距 A,A 为何值时才能保证尺寸 $200\pm0.9\mathrm{mm}$?

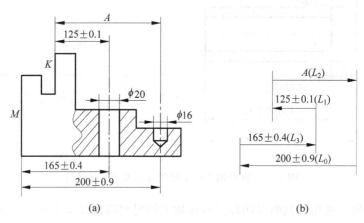

图 7-23 测量基准与设计基准不重合时的尺寸换算

解: ① 画尺寸链图并判断封闭环。根据加工情况判断设计尺寸 $200\pm0.9\mathrm{mm}$ 为封闭环(L_0),并画出尺寸链图,如图 7-23(b) 所示。

② 判别增、减环。如图 7-23(b) 所示,根据回路法判别增减环,确定 L_2 和 L_3 为增环,L_1 为减环,其中 L_2 为待求量。列尺寸链表如表 7-6 所示。

表 7-6 尺寸链表(例 7)

尺寸标记	基本尺寸	上偏差 ES	下偏差 EI
L_0	200	+0.9	−0.9
L_2(增环)	$L_2(A)$	ES_2	EI_2
L_3(增环)	165	+0.4	−0.4
L_1(减环)	125	+0.1	−0.1

③ 计算测量尺寸的基本尺寸。由式(7-1),有
$$L_0 = L_2 + L_3 - L_1$$
故 $L_2 = 200 + 125 - 165 = 160\mathrm{mm}$。

最后,计算测量尺寸的极限偏差。

由式(7-4),有
$$0.9 = (\mathrm{ES}_2 + 0.4) - (-0.1)$$
得 L_2 的上极限偏差 $\mathrm{ES}_2 = 0.4\mathrm{mm}$。

由式(7-5),有
$$-0.9 = (\mathrm{EI}_2 - 0.4) - 0.1$$
得 L_2 的下极限偏差 $\mathrm{EI}_3 = -0.4\mathrm{mm}$。

因此测量尺寸 $A(L_2)$ 为 160 ± 0.4mm。

即为了保证设计尺寸 200 ± 0.9mm 的要求,测量尺寸 A 必须满足 160 ± 0.4mm 的要求,即

$$A_{\max}=160.4\text{mm},\quad A_{\min}=159.6\text{mm}$$

(3) 一次加工后同时保证多个设计尺寸时工序尺寸的确定

对于零件的主要设计基准(即装配基准),往往有多个设计尺寸是以它为基准标注的。由于该基准表面的加工精度要求较高,表面粗糙度较小,所以常安排在最后工序进行终加工。在主要设计基准最终加工时,只能直接保证其中一个设计尺寸,其余的设计尺寸都是间接保证的。所以,当终加工主要设计基准需同时保证多个设计尺寸时,其实质也属于与设计基准不重合,也要进行工艺尺寸的换算。

例 8 如图 7-24 所示阶梯轴,A 面是主要设计基准,A 面的磨削放在最后一个工序。磨削时要同时保证设计尺寸 $A_1=35\pm0.17$mm,$A_2=20\pm0.07$mm。那么,(1)应选择哪个设计尺寸为工序尺寸?(2)求工序尺寸 A_3 的公称尺寸和偏差。

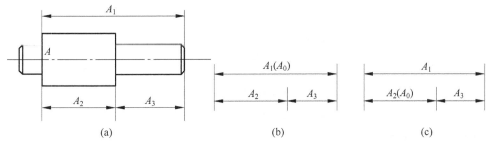

图 7-24 阶梯轴加工的工序尺寸图及工艺尺寸链

解:① 分别以两个设计尺寸 A_1、A_2 为封闭环,画出图 7-24(b)、(c)所示的工艺尺寸链。由图 7-24(b)可得 $T_{A0(A1)}=T_{A2}+T_{A3}$,由图 7-24(c)可得 $T_{A0(A2)}=T_{A1}+T_{A3}$。

由已知,$T_{A1}=0.34>T_{A2}$,显然如果直接保证 A_1,则间接保证 A_2,尺寸 A_2 不能保证,零件为废品,即图 7-24(c)所示工艺尺寸链不合理。故应直接保证 A_2,即以 A_2 为工序尺寸,以 $A_1=35\pm0.17$mm 为间接保证的设计尺寸,为封闭环。

② 由图 7-24(b)可知,$A_3=A_0-A_2=A_1-A_2=35-20=15$(mm)。

由式(7-4)、式(7-5)可得

$$\begin{cases}\text{ES}_{A1}=\text{ES}_{A2}+\text{ES}_{A3}\\ \text{EI}_{A1}=\text{EI}_{A2}+\text{EI}_{A3}\end{cases}$$

即

$$\begin{cases}0.17=0.07+\text{ES}_{A3}\\ -0.17=-0.07+\text{EI}_{A3}\end{cases}$$

进而得

$$\begin{cases}\text{ES}_{A3}=0.1\text{mm}\\ \text{EI}_{A3}=-0.1\text{mm}\end{cases}$$

因此,$A_3=15\pm0.1$mm。

(4) 孔系坐标尺寸链的计算

箱体零件上的轴承座孔,各孔间的尺寸公差较小。根据传动精度要求,在零件图上直接标注孔间距尺寸和上下偏差。而制造时,往往用坐标尺寸确定孔的位置,间接保证孔间距尺寸和公差,故也要用工艺尺寸链进行换算。

例 9 如图 7-25 所示为某汽车发动机缸体孔系坐标尺寸链,该尺寸链为构成直角三角形的平面尺寸链。A_x 和 A_y 两坐标尺寸间的夹角 $90°$ 是定值,在制定工艺规程时,应计算 A_x 与 A_y 的基本尺寸和上下偏差,并标注在工序图上。

设两孔间中心距尺寸 $A_0 = 38 \pm 0.05$ mm,$\alpha = 7°15'$,求 A_x、A_y 的基本尺寸及偏差。

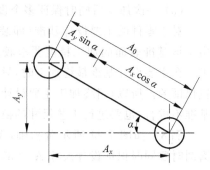

图 7-25 孔系坐标的工艺尺寸换算

解:首先,将平面尺寸链转换为直线尺寸链,将坐标尺寸 A_x、A_y 向 A_0 方向投影,如图 7-25 所示。由式(7-21)可知

$$A_0 = \sum_{z=1}^{k} \xi_z A_z + \sum_{j=k+1}^{n-1} \xi_j A_j = A_x \cos\alpha + A_y \sin\alpha$$

组成环基本尺寸为

$$A_x = A_0 \cos\alpha = 37.6962 \text{mm}$$
$$A_y = A_0 \sin\alpha = 4.7956 \text{mm}$$

再由式(7-22)得

$$T_{A0} = \sum_{i=1}^{n-1} |\xi_i| T_{Ai} = \left|\frac{\partial A_0}{\partial A_x}\right| \cdot T_{Ax} + \left|\frac{\partial A_0}{\partial A_y}\right| \cdot T_{Ay} = T_{Ax} \cos\alpha + T_{Ay} \sin\alpha$$

采用等公差法确定坐标尺寸的公差大小,由式(7-8)得

$$T_{Ax} = T_{Ay} = T_{Am}$$

$$T_{Am} = \frac{T_{A0}}{\cos 7°15' + \sin 7°15'} = \frac{0.1}{1.11819} = 0.0894 \text{mm}$$

取对称偏差标注,则 $A_x = 37.6962 \pm 0.0447$ mm,$A_y = 4.7956 \pm 0.0447$ mm。

验算封闭环极限尺寸 $A_{0\max}$ 和 $A_{0\min}$。

$$A_{0\max} = \sqrt{A_{x\max}^2 + A_{y\max}^2} = \sqrt{\left(A_x + \frac{T_{Ax}}{2}\right)^2 + \left(A_y + \frac{T_{Ay}}{2}\right)^2} = 38.05 \text{mm}$$

$$A_{0\min} = \sqrt{A_{x\min}^2 + A_{y\min}^2} = \sqrt{\left(A_x - \frac{T_{Ax}}{2}\right)^2 + \left(A_y - \frac{T_{Ay}}{2}\right)^2} = 37.95 \text{mm}$$

符合封闭环 $A_0 = 38 \pm 0.05$ mm 的要求。

以上为角度 α 无公差要求时的计算公式。如果当角度量 α 有公差要求时,则角度变化影响孔间距 A_0、A_x、A_y 的尺寸和偏差,此时,不仅要满足直线尺寸 A_0,也要满足角度量 α,即 A_0 和 α 为封闭环。

如图 7-25 所示尺寸链,已知 $A_0 \pm \frac{T_{A0}}{2}$,$\alpha \pm \frac{T_\alpha}{2}$,求 A_x 和 A_y。

在直角三角形中，$A_0 = (A_x^2 + A_y^2)^{\frac{1}{2}}$，$\alpha = \arctan \dfrac{A_y}{A_x}$，由式(7-22)得

$$T_{A0} = \left|\frac{\partial A_0}{\partial A_x}\right| T_{Ax} + \left|\frac{\partial A_0}{\partial A_y}\right| T_{Ay} = \frac{A_x}{\sqrt{A_x^2 + A_y^2}} T_{Ax} + \frac{A_y}{\sqrt{A_x^2 + A_y^2}} T_{Ay} = \frac{A_x}{A_0} T_{Ax} + \frac{A_y}{A_0} T_{Ay}$$

$$T_\alpha = \left|\frac{\partial \alpha}{\partial A_x}\right| T_{Ax} + \left|\frac{\partial \alpha}{\partial A_y}\right| T_{Ay} = \frac{A_y}{A_x^2 + A_y^2} T_{Ax} + \frac{A_x}{A_x^2 + A_y^2} T_{Ay} = \frac{A_Y}{A_0^2} T_{Ax} + \frac{A_x}{A_0^2} T_{Ay}$$

计算整理后得

$$T_{Ax} = \frac{A_0 T_{A0} - A_y T_{Ay}}{A_x}$$

$$T_{Ay} = \frac{A_x A_0^2 T_\alpha - A_y A_0 T_{A0}}{A_x^2 - A_y^2}$$

式中：T_α——角度公差(rad)。

例如，若图 7-25 所示尺寸链中，已知 $A_0 = 38 \pm 0.05$ mm，$\alpha = 7°15' \pm 10'$，求 A_x、A_y 的基本尺寸和偏差。

解：$A_x = A_0 \cos\alpha = 37.6962$ mm，$A_y = A_0 \sin\alpha = 4.7956$ mm

$$T_\alpha = \left(\frac{20}{60} \cdot \frac{\pi}{180}\right) \text{rad} = 0.005\ 818 \text{rad}$$

$$T_{Ay} = \frac{37.6962 \times (38)^2 \times 0.005\ 818 - 4.4956 \times 38 \times 0.1}{(37.6962)^2 - (4.7956)^2} = 0.2135 \text{mm}$$

$$T_{Ax} = \frac{38 \times 0.1 - 4.7956 \times 0.2135}{37.6962} = 0.0736 \text{mm}$$

因此，$A_x = 37.6962 \pm 0.037$ mm，$A_y = 4.7956 \pm 0.107$ mm。

验算封闭环 A_0 和 α 极限尺寸为

$$A_{0\max} = \sqrt{A_{x\max}^2 + A_{y\max}^2} = 38.05 \text{mm}$$

$$A_{0\min} = \sqrt{A_{x\min}^2 + A_{y\min}^2} = 32.95 \text{mm}$$

$$\alpha_{\max} = \arctan \frac{A_{y\max}}{A_{x\min}} = 7°25'$$

$$\alpha_{\min} = \arctan \frac{A_{y\min}}{A_{x\max}} = 7°5'$$

由此可见，符合 $A_0 = 38 \pm 0.05$ mm，$\alpha = 7°15' \pm 10'$ 的要求。

(5) 保证应有渗碳或渗氮深度时工艺尺寸及其公差的计算

零件渗碳或渗氮后，表面一般要经磨削以保证尺寸精度，同时要求磨后保留有规定的渗层深度，这就要求进行渗碳或渗氮热处理时按一定渗层深度及公差进行，并对这一合理渗层深度及公差进行计算。

例 10 如图 7-26 所示，38CrMoAlA 衬套内孔要求渗氮，其加工工艺过程：先磨内孔至 $\phi 144.76^{+0.04}_{0}$ mm；渗氮处理深度为 L_1；再终磨内孔至 $\phi 145^{+0.04}_{0}$ mm，并保证保留有渗层深度 0.4 ± 0.1 mm，求渗氮处理深度 L_1 及其公差。

解：① 由题意可知，磨后保留的渗层深度 0.4 ± 0.1 mm 是间接获得的尺寸，为封闭环 L_0，由此可画出尺寸链图，如图 7-26(c)所示。

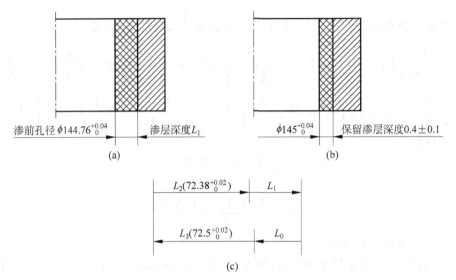

图 7-26 工件表面渗氮尺寸链图

② 根据回路法判别增减环(其中 L_2、L_3 为半径尺寸),确定 L_1 和 L_2 为增环,L_3 为减环,其中 L_1 为待求量。列尺寸链表如表 7-7 所示。

表 7-7 尺寸链表(例 10)

尺寸标记	基本尺寸	上偏差 ES	下偏差 EI
L_0	0.4	+0.1	−0.1
L_1(增环)	L_1	ES_1	EI_1
L_2(增环)	72.38	+0.02	0
L_3(减环)	72.5	+0.02	0

③ 计算渗氮处理深度 L_1 的基本尺寸。

由式(7-1),有 $L_0 = L_1 + L_2 - L_3$。

故 $L_1 = 72.5 + 0.4 - 72.38 = 0.52$ mm。

④ 计算渗氮处理深度 L_1 的极限偏差。

由式(7-4),有 $0.1 = (ES_1 + 0.02) - 0$。

得 L_1 的上偏差 $ES_1 = 0.08$ mm。

由式(7-5),有 $-0.1 = (EI_1 + 0) - 0.02$。

得 L_1 的下偏差 $EI_3 = -0.08$ mm。

因此,$L_1 = 0.52 \pm 0.08$ mm,即渗氮处理深度为 0.44~0.60 mm。

(6) 零件电镀时工序尺寸的计算

有些零件的表面需要电镀,电镀后有两种情况:一种是为了美观和防锈,对电镀表面无精度要求;另一种对电镀表面有精度要求,既要保证图纸上的设计尺寸,又要保证一定的镀层厚度,这就需要用工艺尺寸链进行换算。

例 11 如图 7-27 所示,某些车用零件要求防腐处理,需对其表面进行镀铬,通常电镀时要求镀层厚度为 0.025~0.04mm,该厚度可由电镀条件和电镀时间控制。要求电镀后轴直径为 $\phi 28_{-0.045}^{0}$,求电镀前其直径尺寸和公差。

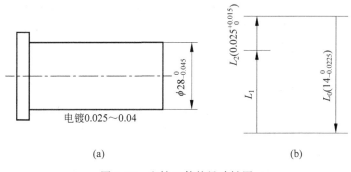

图 7-27 电镀工件的尺寸链图

解：① 电镀前，轴尺寸由磨削工序获得，镀层厚度在电镀时控制保证，而电镀后半径 $14_{-0.0225}^{0}$ mm 是由电镀前半径及镀层厚度间接得到的，故为封闭环 L_0，尺寸链如图 7-27(b) 所示。

② 根据回路法判别增减环，确定 L_1、L_2 均为增环，其中 L_1 为待求量。列尺寸链表如表 7-8 所示。

表 7-8 尺寸链表（例 11）

尺寸标记	基本尺寸	上偏差 ES	下偏差 EI
L_0	14	0	-0.0225
L_1（增环）	L_1	ES_1	EI_1
L_2（增环）	0.025	$+0.015$	0

③ 计算工序尺寸 L_1 的基本尺寸。
由式(7-1)，有
$$L_0 = L_1 + L_2$$
故 $L_1 = 14 - 0.025 = 13.975$ mm。

④ 计算工序尺寸 L_1 的极限偏差。
由式(7-4)，有
$$0 = ES_1 + 0.015$$
得 L_1 的上偏差 $ES_1 = -0.015$ mm。
由式(7-5)，有
$$-0.0225 = EI_1 + 0$$
得 L_1 的下偏差 $EI_1 = -0.0225$ mm。

因此可得 $L_1 = 13.975_{-0.0225}^{-0.015}$。即销轴磨前直径应为 $27.95_{-0.045}^{-0.030}$ mm。

习　题

一、解释下列名词术语

尺寸链、增环、减环、直线尺寸链、角度尺寸链、平面尺寸链、空间尺寸链、独立尺寸链、并联尺寸链、装配尺寸链、零件(设计)尺寸链、工艺尺寸链、平均公差、中间尺寸、中间偏差、装配精度、完全互换装配法、不完全互换装配法、分组选择装配法、调整装配法、固定调整装配法、可动调整装配法、修配装配法

二、思考题

1. 尺寸链是如何组成的？如何判断尺寸链的增减环？
2. 何谓尺寸链最短原则？在产品设计时，如何体现遵循这一原则？
3. 简述用尺寸链原理解决生产实际问题的"正计算"、"反计算"方法及各自的应用场合。
4. 影响装配精度的主要因素是什么？
5. 保证装配精度的方法有哪几种？各有什么特点？分别适用于什么场合？
6. 采用分组选择装配法时，为何相配合零件的制造公差及分组公差应该相等？

三、分析计算题

1. 如习题图 7-1 所示为曲轴和两个并列的连杆及连杆大头轴瓦的装配图。轴肩台阶面与轴瓦端面的间隙要求为 $A_0=0.1\sim0.2\text{mm}$，$A_1=150\text{mm}$，$A_2=A_3=75\text{mm}$。试确定 A_1、A_2 和 A_3 的上、下偏差。

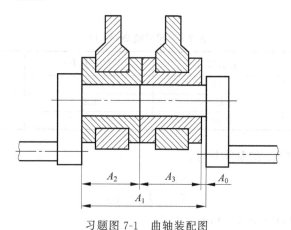

习题图 7-1　曲轴装配图

2. 习题图 7-2 所示为蜗杆转向器装置局部装配图。设计要求：圆锥滚子轴承 1 与右轴承端盖 2 之间的轴向间隙 $A_0=0.05\sim0.10$，试求：

(1) 建立保证该装配精度要求的装配尺寸链；

(2) 写出判别增减环所用回路法的具体内容并判别增减环。

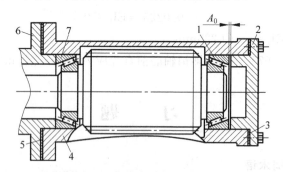

习题图 7-2　蜗杆转向器局部装配图

1、7—单列圆锥滚子轴承；2—右轴承端盖；3、5—垫片；4—壳体；6—左轴承端盖

3. 某偶件装配,要求保证配合间隙为 0.003～0.009mm。若按互换法装配,则阀杆直径应为 $\phi 25_{-0.003}^{\ 0}$ mm,阀套孔直径应为 $\phi 25_{+0.003}^{+0.006}$ mm。因精度高而难于加工,现将轴、孔制造公差都扩大到 0.015mm,采用分组装配法来达到要求。试确定分组数和两零件直径尺寸的偏差,并用公差带位置图表示出零件各组尺寸的配合关系。

4. 习题图 7-3 所示为一齿轮传动装置简图,装配精度要求保证轴向间隙 $A_0=0\sim 0.25$mm。已知 $A_1=430_{\ 0}^{+0.25}$mm,$A_2=80_{-0.12}^{\ 0}$mm,$A_3=100_{-0.14}^{\ 0}$mm,$A_4=190_{-0.185}^{\ 0}$mm,$A_5=58_{-0.12}^{\ 0}$mm,如采用固定调整装配法保证装配精度要求,调整垫片初定为 $A_F=2$mm,制造公差为 $T_{AF}=0.04$mm。试计算补偿件的分组数及界限尺寸,并画出补偿原理图。

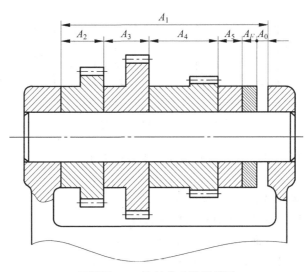

习题图 7-3 齿轮传动装置简图

5. 习题图 7-4 所示(a)为一轴套零件,尺寸 $38_{-0.1}^{\ 0}$mm 和 $8_{-0.05}^{\ 0}$mm 已加工好,图(b)、(c)、(d)为钻孔加工时三种定位方案的简图。试计算三种定位方案的工序尺寸 A_1、A_2 和 A_3。

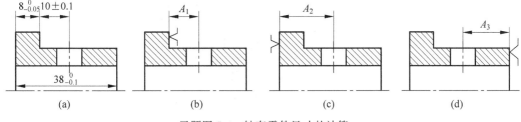

习题图 7-4 轴套零件尺寸的计算

6. 习题图 7-5 所示轴承座零件,$\phi 30_{\ 0}^{+0.03}$mm 孔已加工好,现欲测量尺寸 80 ± 0.05mm。由于该尺寸不易直接测量,故改测尺寸 H。试确定尺寸 H 的大小及偏差。

7. 习题图 7-6(a)所示为一零件图(图中只标注部分尺寸),在大批量生产条件下,其有关工艺过程如下:

(1) 铣顶面,见习题图 7-6(b);
(2) 钻孔,见习题图 7-6(c);

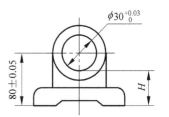

习题图 7-5 轴承座零件的计算

(3) 磨底面(磨削余量为 0.5mm)，见图习题图 7-6(d)。

试用极值法计算工序尺寸 A、B、C 及其上、下偏差。

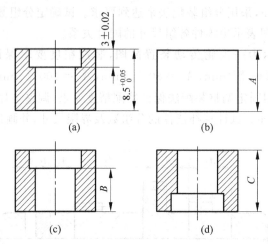

习题图 7-6　某零件的加工过程简图

8. 习题图 7-7 所示零件，有关轴向尺寸加工过程如下：

(1) 精车 A 面(车平)；

(2) 精车 B 面，保证 A、B 面距离尺寸 A_1；

(3) 自 D 处切断，保证 B、D 面距离尺寸 A_2；

(4) 掉头装夹，精车 C 面，保证 B、C 面距离尺寸 $A_3=24\pm0.05$ mm；

(5) 精车 D 面，保证 C、D 面距离尺寸 $A_4=20_{-0.1}^{0}$ mm。

若已知切断时经济加工公差为 0.5mm，精车时最小余量为 0.2mm。试用尺寸链极值法确定各工序尺寸及偏差。

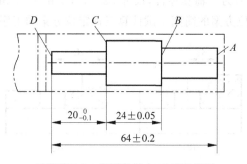

习题图 7-7　某零件的加工过程简图

9. 加工习题图 7-8 所示零件，该工序要求保证的工序尺寸为 6 ± 0.1 mm(图中其他尺寸已保证)，因这一尺寸不便测量，可通过直接测量尺寸 L 来间接判断该尺寸是否满足要求。试求尺寸 L 为何尺寸时，可以判定该工序尺寸合格。

10. 习题图 7-9 所示为一汽车变速器箱体轴承座孔系图。两个轴承座孔中心距尺寸为 133.35 ± 0.05 mm；水平坐标尺寸为 30mm。为便于在组合镗床上镗孔，需将中心距尺寸换算成直角坐标尺寸。试：

（1）建立工艺尺寸链，并指出封闭环；
（2）计算两个坐标工序尺寸、公差和极限偏差。

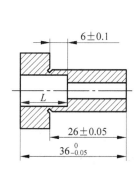

习题图 7-8　某零件的测量简图

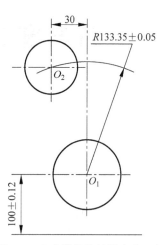

习题图 7-9　变速器箱体轴承座孔坐标尺寸

第 8 章

汽车零部件结构工艺性

8.1 概 述

在汽车零部件设计时,除了应满足基本的使用性能要求外,还应满足制造工艺的要求,即结构工艺性的要求,否则就有可能影响零部件的生产效率和制造成本,甚至无法制造。因此,汽车零部件设计时考虑如何满足制造工艺性是非常重要的,所设计的整车及其零部件都应具有良好的结构工艺性。所谓结构工艺性,是指所设计的零件在满足使用要求的前提下,制造、维修的可行性和经济性;是在一定的生产条件下,所设计的产品、零部件在满足使用性能要求的同时,能够以最低的成本、较高的生产率、最少的劳动量及材料消耗制造出来。

汽车零部件的结构工艺性贯穿于零部件生产和使用的全过程,包括材料的选择、毛坯制造、机械加工、热处理、装配、使用、维修、报废、回收和再利用等。产品的结构工艺性还与毛坯的选择、制造方法、质量和技术要求、标准化程度、生产类型和批量、产品的继承性等诸多方面有关。因而,产品的设计、制造与零部件的结构工艺性有重要的关系。零部件的结构工艺性还是一项重要的技术经济指标,其研究的内涵和影响因素涉及生产批量、工艺路线、加工精度、加工方法、工艺装备等许多方面。结构工艺性包括以下三个方面:

(1) 毛坯制造方面,铸件要尽量壁厚均匀、结构合理,这样便于造型和后面的机械加工;锻件要尽可能形状简单,便于出模。

(2) 机械加工方面,要合理标注零件的技术要求,便于安装、加工,尽可能提高加工质量和加工效率。

(3) 产品装配方面,要减少修配量,便于装配等。

汽车零部件的结构工艺性在某种意义上还具有相对性,不同的科学技术水平,同样结构的制造可行性和经济性可能不同。图 8-1 所示为满足同一使用功能的两种箱体结构。如果各孔的同轴度公差较大,在大批量生产时,为提高生产效率,可以采用双面专用镗床,从箱体两端向中间进给同时镗出四个孔,此时图 8-1(a)的结构工艺性良好;虽然专用镗床的一次

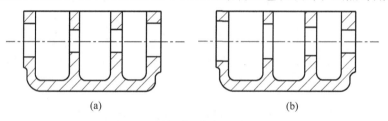

图 8-1 同轴线多孔的不同结构

性投资费用较高,但若生产量大、年产量稳定,分摊到每个零件上的工艺成本相对较低,在经济上是合理的。当单件小批量生产时,图 8-1(b)的结构工艺性好,卧式镗床的镗杆从箱体的一端伸入镗孔,此时孔径应从镗杆伸入的一端向另一端递减。当同轴度要求较高时,不论采用哪种生产类型,箱体的孔径均应设计成图 8-1(b)所示的结构形式,并在加工时设置几个支承镗杆的导套,以保证加工要求。

随着新材料、新工艺、新技术的不断涌现,结构工艺性的观念也随之更新。如图 8-2 所示的双联滑动齿轮,图 8-2(a)所示的结构为整体加工,考虑到两齿圈的轴向间距很小,小齿轮不能采用滚齿加工,只能采用插齿加工,因而在结构设计时,两齿轮间必须留有足够的空刀宽度 B,工艺性才是良好的,但齿轮宽度 L 将增大;当电子束焊接技术出现后,大、小齿轮可以分解为两件,分别用滚齿加工,然后再将它们焊接在一起,这样,不仅滚齿的生产率和齿轮的运动精度高,并且齿轮的宽度 L' 也减小了,故图 8-2(b)所示结构的工艺性也是良好的。

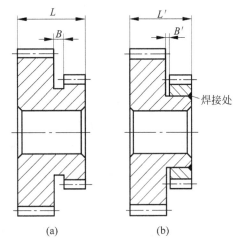

图 8-2　双联齿轮的两种结构

评价汽车零部件机械加工结构工艺性优劣的因素有很多,对具体的产品而言,主要有加工精度和表面质量、标准化、加工效率等。在零部件设计之初,设计人员必须基于优化设计思想,在满足零件使用要求的前提下力求做到:

(1) 有利于零件达到加工质量的要求;
(2) 有利于使用高效机床和先进加工工艺;
(3) 有利于减少零件的机加工时;
(4) 有利于减少加工过程中的辅助工时;
(5) 有利于使用标准刀具和量具。

需要再次强调的是,设计人员在设计产品或者零部件时,必须对结构工艺性有足够的了解和认识,掌握制造工艺和装配工艺的理论知识,特别是要重视面向制造和装配的设计(Design for Manufacturing and Assembly)理念,在产品设计的初始阶段就应考虑和审查结构工艺性,并在此后的生产准备和正式生产期间,与工艺人员密切交流,不断修改和完善所设计的结构,以提高产品设计的质量和生产效率,降低生产成本。

8.2　汽车零件的机械加工工艺性

汽车零件的机械加工工艺性主要体现在两个方面:一是零件的材料及结构的工艺性;二是零件的尺寸及公差标注的工艺性。本节主要分析零件材料及结构的机械加工工艺性。审查和评价零件结构的工艺性,主要从以下几个方面入手。

8.2.1 零件的标准化和系列化程度

1. 零件结构要素的标准化

标准化是在经济、技术、科学和管理等社会实践中,对重复性事物和概念通过制定、发布和实施标准,达到统一,以获得最佳秩序和社会效益的一项技术措施。

零件结构要素的标准化主要包括螺纹、花键、齿轮、锥度与锥角、倒圆与倒角、中心孔、各种空刀槽(如切削螺纹的退刀槽、插齿空刀槽、砂轮越程槽)等结构的形状及其尺寸,都应该符合国家标准和行业标准的规定。

零件结构要素的标准化不仅简化了设计工作,同时也使零件在机械加工中可使用标准的或通用的工艺装备(如刀具、量具和夹具等),减少了工艺装备的规格。另外,由于不需要专用工艺装备,因而缩短了零件的生产准备周期,降低了零件的制造成本。

2. 尽量采用标准件和通用件

标准件是指一个企业按照国家标准、行业标准和企业标准制造的零件。通用件是指在同一类型不同规格或者不同类型的产品中,部分零件相同,彼此可以互换通用的零件。汽车是由大量零件构成的,在设计的过程中应尽量采用标准件和通用件,而这也是评定一个产品标准化程度的一项重要指标。标准件和通用件所占的比例较高时,不仅可以简化设计,避免重复的设计工作,而且也减少了产品中的零件种类,扩大了零件的制造批量,因而就可以采用高效设备和工艺装备,这对于减少工艺装备数量、降低制造成本也是极为有利的。

3. 应能使用标准化、通用化刀具、量具和夹具

零件上的结构要素,如孔径及孔底形状、中心孔、沟槽宽度或角度、圆角半径、锥度、螺纹直径和螺距、齿轮模数等,其参数应尽量与标准刀具相符,以便能使用标准刀具加工,避免设计和制造专用刀具,降低加工成本。例如,被加工的孔应具有标准直径,不需要特制刀具。当加工不通孔时,由一直径到另一直径的过渡最好做成与钻头顶角相通的圆锥面,若是设计成与孔的轴线相垂直的底面或其他角度的锥面,将使加工复杂化。如图 8-3 所示盲孔的结构中,图 8-3(a)是合理的,而图 8-3(b)是不合理的。

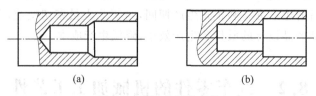

图 8-3 盲孔的两种结构

4. 提高产品的继承性

提高产品的继承性能够充分利用原有产品中合理的结构和先进、成熟的技术,也可以充分利用原有的制造工艺、工艺装备和生产设备。产品的继承性高,可以减少产品设计和生产

准备的工作量,缩短产品开发和生产周期,节约资金,提高设计制造的可靠性和产品质量。

8.2.2　采用切削加工性好的材料和标准型材

材料的切削加工性是指在一定的生产条件下,材料切削加工的难易程度和经济性。对材料切削加工性的要求是:粗加工时能获得较高的生产率,精加工时能获得较高的加工精度和较小的表面粗糙度值。材料的切削加工性随着材料的化学成分、金相组织及物理力学性能的不同而不同,可根据加工的表面质量、刀具耐磨程度(刀具寿命)、切削力和切屑的排出难易程度等方面进行衡量。一般而言,材料的硬度越高,其切削加工性越差,硬度过高还会引起刀具崩刃和刀尖烧损;材料的强度越高,切削力越大,切削温度也增高,刀具磨损增加;同类材料强度相同时,塑性大的材料切削力较大,切削温度也较高,切屑易与刀具发生黏结,因而刀具磨损大,加工表面粗糙度值大,所以切削加工性差。因此,为了正确选择零件材料,产品设计人员在选择材料时除了要满足使用性能和力学性能要求外,还必须满足材料的切削加工性要求。为此,必须对材料的切削加工性及材料的最新发展有较全面的了解。

此外,只要能满足使用要求,零件的毛坯应尽量采用标准型材,这不仅可以减少毛坯制造的工作量,而且由于型材的性能好可减少切削加工的工时并节省材料。

8.2.3　零件结构应便于装夹和安装

工件安装的稳定性必须在设计零件时就加以考虑,零件切削加工只有在工件正确安装的基础上才能实现。设计的零件应使其结构装夹方便可靠,装夹次数最少,有位置精度要求的各表面应尽量在一次装夹中加工完成。为了便于零件结构的装夹,可从以下两方面入手。

(1) 增加必要的工艺凸台,增加安装凸缘和安装孔,改变结构或增加辅助安装。

表 8-1 为具体实例。

表 8-1　具体实例

改 进 前	改 进 后	改进后优点
		在零件上设计了工艺凸台,可以在精加工后切除,便于安装
		为便于安装,增加了夹紧边缘或夹紧孔

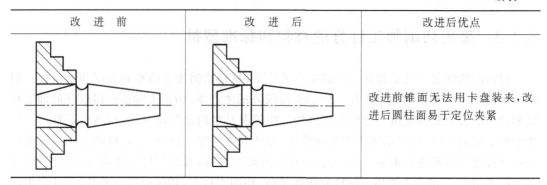

改 进 前	改 进 后	改进后优点
		改进前锥面无法用卡盘装夹,改进后圆柱面易于定位夹紧

(2) 具有可靠定位用的定位基准和夹紧表面。

产品设计者在设计零件时,必须认真考虑零件在机械加工时可能采用的定位和夹紧方案,应尽可能使定位基准(或基面)与装配基准重合。为保证零件的加工要求,需要对定位基准(或基面)规定出合理的尺寸和位置公差要求。有时对定位基准(或基面)所规定的尺寸和位置公差要求比产品设计要求更为严格。如果零件结构上没有合适的装配基准可作为基准(或基面),应考虑在零件适当的位置处设置一个定位基准(或基面)——辅助基准;或在零件的适当位置处增加一个结构表面,并加工出定位基准(或基面)——附加基准。图 8-4 所示为典型的汽车零件上设置辅助基准和附加基准的实例。图 8-4(a)所示为发动机活塞下端设置的端面 K 和内止口 P;图 8-4(b)所示为加工多缸曲轴连杆轴径而在曲柄侧面设置的角度定位平面 Q;图 8-4(c)所示为加工发动机缸体缸孔、曲轴主轴承孔等而设置的两个工艺凸台 J 和两个工艺孔 F;图 8-4(d)所示为加工转向节主销孔而设置的角度定位槽 B 和

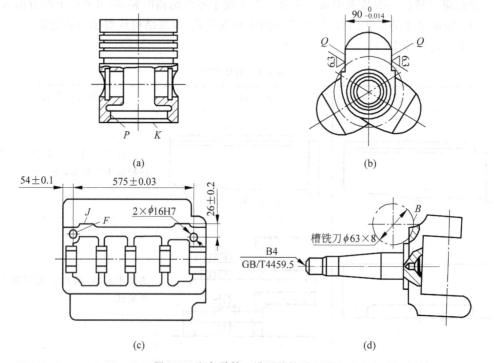

图 8-4 汽车零件上设置的辅助基准

为加工轴径而设置的中心孔。

8.2.4 零件加工精度合理

（1）合理地规定零件表面的精度等级和粗糙度值

零件上不加工的表面,不要设计成加工面。在满足使用要求的前提下,零件表面的精度越低、表面粗糙度越大,越容易加工,成本也越低。所规定的尺寸公差、形位公差和表面粗糙度值,应按国家标准选取,以便使用通用量具检验。

（2）易于保证零件的加工精度

保证汽车零件的加工精度,不仅是制造工艺人员的责任,也是产品设计人员的任务。在很多情况下,由于产品设计人员所设计的汽车零件没有充分考虑到制造过程中可能出现的问题,因而不能可靠地保证零件的加工要求。例如,图 8-5(a)所示连杆杆身上的螺纹孔入口端,因为毛坯表面圆弧面（双点画线）过大,圆周方向的加工余量不均匀,钻孔时刀具在入口处受力不均匀而发生引偏,所以不能保证螺纹孔轴线对分合面的垂直度要求。如果将螺纹孔入口端改成加工平面（图中实线所示）,则可以减少螺纹孔的垂直度误差。

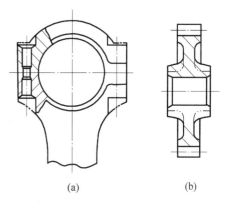

图 8-5 零件结构设计缺陷影响加工精度

图 8-5(b)所示为一盘形齿轮,因为在轮毂端面突出部分做成凹入槽形状（图中双点画线所示）,在镗孔或拉孔时外端处的径向刚度较低,加工后孔的左、右端直径尺寸将收缩,所以沿孔轴线方向的孔径不同。如果将左、右端轮毂处径向壁厚加厚（图中实线所示）,则可以避免上述缺陷。再如图 8-2(a)所示双联齿轮结构,如果小齿轮靠近大齿轮间的轴向尺寸过小,齿轮经淬火处理后则无法进行磨齿加工而不易保证齿轮精度。如果将双联齿轮改成图 8-2(b)所示结构,可以将大、小齿轮分别磨齿后再焊接到一起,就可满足齿轮精度的要求。

8.2.5 零件结构应有利于高生产率加工

汽车零件结构设计时,应尽可能保证能以高生产率进行加工,对此可以从以下几方面入手。

（1）便于多件加工

如图 8-6(a)所示的齿轮,轮毂与轮缘不等高,多件一起滚齿时,刚性较差,且轴向进给行程较长;若改为图 8-6(b)所示的结构,既能增加加工时的刚性,又可缩短轴向进给的行程。

（2）零件加工表面的形状应尽量简单

尽量采用平面、外圆柱表面和内圆柱孔表面,保证能以高生产率进行加工。图 8-7 所示为汽车变速器第一轴内、外圆砂轮越程槽 A 的结构（图 8-7(a)）,国家标准中规定有三种形式（图 8-7(b)、(c)所示为其中的两种形式）。在大批量生产时,如果使用液压仿形车床上刀架进行外圆的切削加工,而使用下刀架以横向进给进行端面和槽的加工,则采用图 8-7(c)结

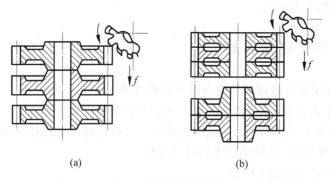

图 8-6 齿轮的两种结构

构的砂轮越程槽,可以方便地进行切削加工;内孔中的砂轮越程槽,采用图 8-7(b)所示结构,在数控车床上也能较方便地进行加工,所以此时图 8-7(b)结构的砂轮越程槽结构工艺性良好。如图 8-8(a)、(b)所示两种键槽结构,因为图 8-8(b)所示结构的键槽能使用较高生产率的槽铣刀进行加工,所以结构工艺性较好。

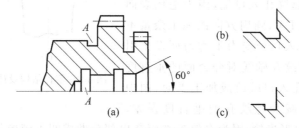

图 8-7 变速器第一轴内外圆砂轮越程槽的两种结构

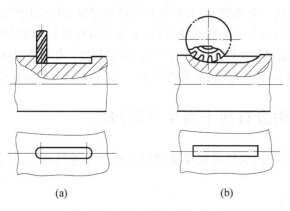

图 8-8 轴零件键槽的两种结构

(3) 零件的加工表面积应尽量少

如图 8-9 所示两种结构的气缸套,相对于图 8-9(a)中的结构,图 8-9(b)所示结构的工艺性良好。这是因为外圆表面分成两段不等直径的外圆加工时,可以使用两把外圆车刀同时加工,刀具的工作行程短,生产率较高;此外,刀具的消耗量也少,有利于降低制造成本。再如图 8-10 所示箱体座耳的三种结构形式,为保证螺钉在座面 A 处安装正确,需对螺纹孔端面 A 处进行加工。因为图 8-10(a)所示结构座面面积大,需采用铣削加工,加工时间长,生产率低，而且由于加工靠近垂直表面，不便于加工；图 8-10(b)、(c)结构的座面，可使用锪钻方便地进行加工，不仅生产率大大提高，而且节省了箱体材料和刀具的消耗。

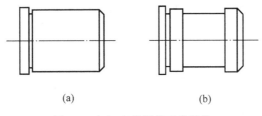

图 8-9　气缸套外圆的两种结构

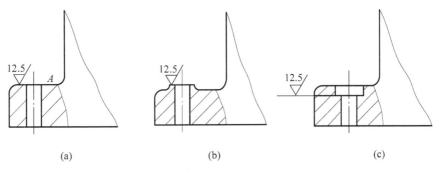

图 8-10　箱体座耳的三种结构形式

（4）减少零件加工的安装次数

零件在一道工序中需要加工多个表面时，应尽量分布在同一个方向上，尽可能保证在一次安装中方便地加工，以提高生产效率。如图 8-11 所示液压升降机盖螺纹孔的结构，因为螺纹孔 A 设计在机盖的内部，螺纹孔加工时需要在两次安装或两个工序中加工出来，生产效率较低；如果结构设计允许，可将螺纹孔 A 改为左上角图示螺纹孔方向，则可以在一次安装中方便地加工，提高了生产效率。

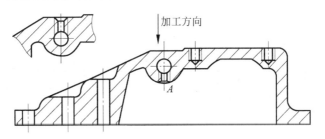

图 8-11　液压升降机盖螺纹孔的分布

（5）减少加工时的工作行程次数

对于有些零件，虽然其有多个加工表面在同一个方向上，但由于结构限制，不能在一次工作行程中加工出来，影响了生产效率。如图 8-12(a)所示的平面 A、B、C 分布在不等高的三个平面上，妨碍铣刀的顺利通过，只能划分为三个工步分别加工。如果改变结构设计，将三个平面改变成图 8-12(b)所示的一个平面，就可以在一次工作行程中加工，提高了生产效率。

(6) 将复杂的零件分解成若干个简单零件

有的汽车零件较为复杂,定位和加工比较困难;有的零件由于结构限制,使其加工生产率较低。如图 8-13 所示汽车离合器拨叉轴,整体锻造和机械加工的工艺性均较差;如果将分离拨叉分解成拨叉轴和摇臂分别加工,然后再焊接在一起,则机械加工简单,生产率也较高。

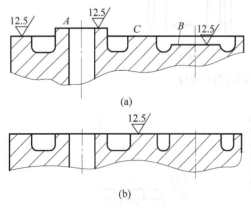

图 8-12 多个同方向上平面的分布

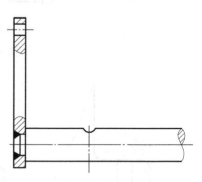

图 8-13 汽车离合器拨叉轴组合结构

(7) 同类结构要素应尽量统一

如阶梯轴、三联齿轮的退刀槽、圆角、齿轮模数等应尽量采用统一数值,这样可以减少换刀和对刀次数。如图 8-14 所示的结构,图 8-14(a) 相对于图 8-14(b) 不合理。

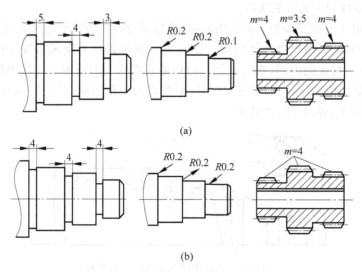

图 8-14 同类结构应尽量统一

8.2.6 零件结构应便于刀具工作

(1) 刀具的引进和退出要方便

零件结构设计时,应使它在正常的条件下保证刀具自由地进入和退出,这对降低劳动量有很大的影响。如图 8-15 所示的 T 形槽,图 8-15(a) 所示结构带有封闭的 T 形槽,铣刀无法进入槽内,所以这种结构无法加工;如果把它改变成图 8-15(b)所示结构,T 形槽铣刀可以从大圆孔中进入槽内,但却不容易对刀,操作很不方便,也不便于测量;如果将它设计成图 8-15(c)所示的开口形状,则可以方便地进行加工。

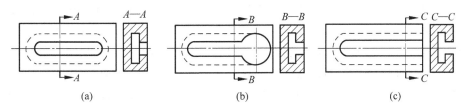

图 8-15 T 形槽结构的改进

(2) 零件结构应保证刀具能正常工作

在汽车零件结构设计时,为了避免刀具或砂轮与工件的某个部分相碰及便于工件加工,设计人员应考虑各表面采用何种加工方法,使用何种刀具进行加工,在结构上应该给予何种条件方能保证刀具正常工作。图 8-16(a)所示为在车床上使用螺纹车刀车削螺纹时,为避免车刀损坏,必须留出退刀槽;图 8-16(b)所示为在插齿机上使用插齿刀进行小齿轮加工时,为避免插齿刀工作行程终了时碰到大齿轮端面而损坏插齿刀,必须留有空刀槽,图 8-16(c)所示为在内圆磨床上磨内孔时,为避免砂轮损坏而必须留有砂轮越程槽;图 8-16(d)所示为箱体螺纹孔加工时,为保证丝锥能容易地对准底孔,并容易自动引入,在底孔入口处均加工出倒角。图 8-17 所示为保证钻头在钻孔时避免钻入和钻出引起钻偏,在零件结构设计时孔的入口和出口端面应该与孔轴线尽可能垂直的实例。图 8-17(a)所示为变速器第一轴上钻润滑油孔的入口端面与孔轴线垂直;图 8-17(b)所示为拨叉上螺纹孔入口凸起端面与螺纹孔轴线垂直;图 8-17(c)所示为在曲轴上钻斜润滑油孔时在球窝径向方位上钻孔;图 8-17(d)所示为变速器壳体上注油螺纹孔入口端和出口端均与螺纹孔轴线垂直。

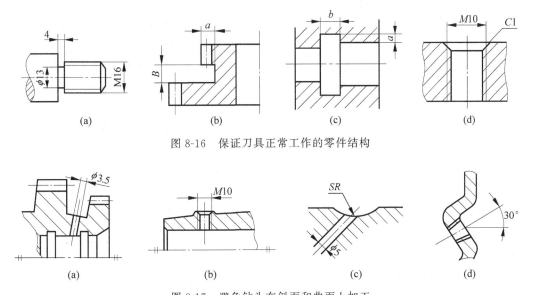

图 8-16 保证刀具正常工作的零件结构

图 8-17 避免钻头在斜面和曲面上加工

(a) 第一轴油孔;(b) 拨叉螺孔;(c) 曲轴油孔;(d) 变速器壳体注油孔

(3) 尽量避免箱壳体内壁平面的加工

由于刀具不方便进入或接近箱壳体内壁平面,应尽可能避免内壁平面的加工或改善其结构。如图 8-18(a)所示变速器壳体倒挡轴结构,齿轮轮毂两端面与变速器壳体相接触的两个内侧端面需要加工。一般在箱壳体侧面均留有窗口,使用专用铣削头从窗口伸入到加工处同时铣削两内侧端平面。如果将结构改变为图 8-18(b)所示结构,用倒挡轴轴肩作为齿轮的支承端面,则箱壳体内侧端面的加工就可以简化,镗孔的同时,使用同一镗杆上的刮刀就可以同时加工内侧左端平面,这样只需要一次装夹就可以完成加工,避免了使用专用刀具,降低了成本。但这种结构应保证孔径尺寸 ϕD 大于内侧左端平面尺寸 ϕA(图 8-18(c))。

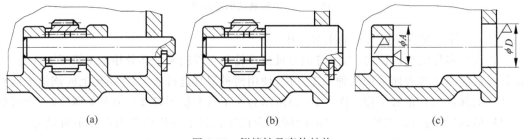

图 8-18 倒挡轴及壳体结构

(4) 零件结构应该使刀具具有良好的工作条件

在汽车零件结构中,有一些零件有润滑油深孔,例如气缸体、曲轴、部分连杆、传动轴总成的十字轴等。一般将孔长与孔径之比大于 5 的孔称为深孔,深孔加工是切削加工中较为困难的工序。深孔加工时,钻头细长,刚性差,钻头极易发生引偏;冷却润滑钻头切削刃极为困难,钻头切削刃易被烧伤,失去切削能力;切屑不易排出,使钻削扭矩大增,钻头极易折断;为了冷却润滑钻头和排出切屑,必须多次退出钻头,降低了钻孔的生产率。因此,在零件结构设计时,应尽可能改善深孔结构或用其他结构代替深孔结构。如图 8-19 所示深孔制造成阶梯孔就可改善上述缺陷,气缸体上润滑油孔和十字轴润滑油孔就设计成这种阶梯孔结构。又如图 8-20(a)所示的连杆上连通大、小头孔的润滑油深孔结构,可以改变成图 8-20(b)所示的两种结构,在连杆小头顶面处钻一个小孔或铣一窄槽,利用飞溅润滑方式润滑,避免了深孔加工。

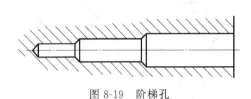

图 8-19 阶梯孔

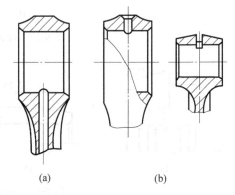

图 8-20 两种润滑连杆小头孔的结构

加工要求不同的表面和加工面与非加工表面应该明显分开,以改善刀具的加工条件。如图 8-21(a)所示的轴零件,其外圆表面与键槽底表面没有明显分开,铣键槽时,因为外圆表面尚留有磨削余量,铣刀必须从轴端开始进刀,不仅影响生产率,而且切屑很薄,引起铣刀切削刃的磨损,降低了铣刀的使用寿命;如结构改变成图 8-21(b)所示结构,键槽底表面高出外圆表面 0.3～0.5mm,则克服了上述不足。

8.2.7 零件加工时应该具有足够的刚性

零件在加工时应该具有足够的刚性,这不仅是产品结构设计的要求,也是零件制造过程中的要求。零件在切削加工时,由于受到切削力和夹紧力的作用,可能会产生较大的变形,对加工质量和生产率都会产生影响。合理布置加强肋,可以增强零件的刚性,提高切削质量。如图 8-22 所示的拨叉,因结构设计和制造工艺的要求,为保证拨叉平面 F 的加工要求,在板辐上设计有加强肋以提高其刚性。

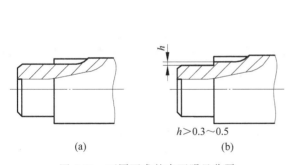

图 8-21　不同要求的表面明显分开

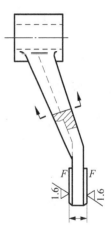

图 8-22　变速器拨叉上设置加强肋

8.3　零件设计尺寸及其极限偏差和表面粗糙度的合理标注

零件设计尺寸及其极限偏差的标注,是产品设计中的重要工作内容之一,它对保证产品或部件(总成)的使用性能和零件机械加工的难易程度都有很大影响。因此,它是复杂而细致的一项工作,产品设计人员要合理地标注零件设计尺寸及其极限偏差。标注的设计尺寸,应该既能满足结构设计要求,又能满足工艺要求,不能人为地提高公差等级。标注的设计尺寸是否合理,反映了产品设计人员工艺水平的高低。

下面就零件设计尺寸标注的步骤和方法,以及在标注时应考虑的一些制造工艺方面的问题加以介绍。

8.3.1 对设计尺寸标注的要求

零件图样上标注的设计尺寸及其极限偏差,除应符合相关国家标准外,还应满足以下两方面的要求:

1. 结构设计要求

根据零件在产品装配单元中的功能及零件间的相互位置关系,零件设计尺寸及其极限偏差应满足产品或部件(总成)的装配精度要求。

2. 工艺要求

零件设计尺寸及其极限偏差的标注,应使零件机械加工时便于装夹、调整和测量等。

8.3.2 零件设计尺寸的分类

零件图样上的设计尺寸根据对装配精度的影响,可以分为以下两类:

1. 主要尺寸

主要尺寸亦称为功能尺寸或结合尺寸,它们是决定该零件在产品装配单元中位置的尺寸,是参与某一装配尺寸链的组成环和影响装配精度的尺寸,故必须标注尺寸极限偏差。

2. 自由尺寸

自由尺寸亦称为非功能尺寸或未注公差尺寸,它们是不参与任何装配尺寸链和零件尺寸链的尺寸;这类尺寸除有特殊要求(如表面作为定位基准)外,不需要标注尺寸极限偏差。

8.3.3 主要尺寸的标注方法

合理标注设计尺寸,首先要选择尺寸标注的基准,即设计基准。零件图样上设计尺寸的标注方法主要有两种:

1. 根据设计要求标注设计尺寸

零件图样上的主要尺寸从该零件的装配基准标注,即这些设计尺寸是以装配精度为封闭环,按尺寸链最短原则形成装配尺寸链的组成环。这种设计尺寸的标注方法没有考虑到工艺上的要求。从装配基准标注设计尺寸的特点是:

(1) 由于设计尺寸是按尺寸链最短原则标注的,设计尺寸的公差较大。如果这些尺寸也符合工艺要求,机械加工就容易。

(2) 便于对零件尺寸和装配精度进行计算或校核。

(3) 由于没有考虑到制造工艺的要求,有些尺寸可能不便于调整刀具或测量等。

2. 根据设计和工艺要求标注设计尺寸

按设计要求标注的尺寸,不可能全部满足工艺要求。对其中不能满足工艺要求的尺寸,应按制造要求进行改注,例如改注成从加工时的定位基准或测量时的测量基准注起。改注时需要用零件尺寸链进行换算,使改注后的设计尺寸既能满足设计要求,也能满足工艺要求。

这里需要指出的是,设计人员在标注零件的主要尺寸时,满足设计要求是主要的,按工艺要求换算的尺寸,其公差要求比按设计要求直接标注的尺寸要严格,增加了加工难度。因此,不能只考虑工艺要求。零件图样上的自由尺寸一般应按制造工艺要求标注。

8.3.4 尺寸标注的一般方法和步骤

零件尺寸是在完成装配图样后,画零件图时标注的。下面结合图 8-23 所示的中央传动主动锥齿轮传动装置介绍零件尺寸标注的具体步骤和方法。

1. 零件主要尺寸的标注

(1) 根据尺寸链最短原则建立装配尺寸链

设计人员在部件(总成)结构设计时,为满足其使用性能,在装配图样上规定了若干个装配精度,这些装配精度就是装配尺寸链的封闭环。根据封闭环,以尺寸链最短原则查找装配尺寸链各组成环,这些组成环的尺寸是直接影响装配精度的尺寸,它们所代表的零件相应部位的尺寸就是零件的主要尺寸。如果装配精度要求较高时,应采用独立原则,将影响装配精度的形位公差也作为组成环考虑。

对于如图 8-23 所示的中央传动主动锥齿轮,其封闭环 A_0'' 的装配尺寸链如图 8-23(a)所示,尺寸链方程为

$$A_0'' = (A_4 + A_5) - (A_1 + A_2 + A_3)$$

当调整螺母 6 预紧前、后轴承时,后轴承内圈左端面 F 与主动锥齿轮轴颈端面 E 之间应存在一定的距离 B_0,这是调整螺母 6 能够预紧轴承所必需的。以 B_0 为封闭环查找的装配尺寸链如图 8-23(b)所示,尺寸链方程为

$$B_0 = (B_2 + B_3 + B_4) - B_1$$

上述两装配尺寸链中的 $A_1 \sim A_5$ 和 $B_1 \sim B_4$ 均为所在零件上的主要尺寸。

(2) 确定装配方法并解算尺寸链

由于装配精度是依靠装配方法和零件制造精度共同保证的,故 A 装配尺寸链封闭环的尺寸精度 A_0'' 采用固定调整法来保证,B 尺寸链封闭环的尺寸精度 B_0 用完全互换法来保证。装配方法确定后,就可以根据相应解算装配尺寸链的方法,确定各组成环的尺寸、公差和极限偏差。上述两个装配尺寸链为并联尺寸链,组成环 $A_2 = B_2$ 为公共环,故应先解算组成环平均极值公差小的尺寸链。这样计算出的各组成环尺寸、公差和极限偏差,就是按结构设计要求确定的有关零件的主要尺寸。如果这些尺寸也满足工艺要求,就可将它们直接标注在零件设计图样上,这些尺寸就成为设计尺寸及其极限偏差。

应该指出,零件图样上的主要尺寸及其极限偏差必须经装配尺寸链的计算。

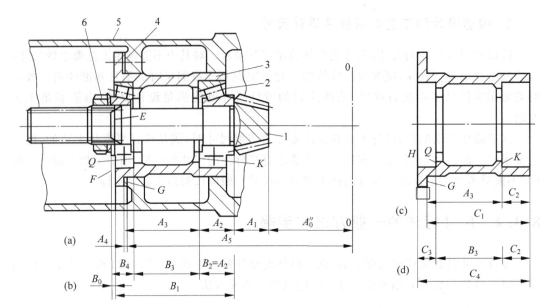

图 8-23 中央传动装置的装配尺寸链及轴承座主要尺寸的标注
(a) A 装配尺寸链；(b) B 装配尺寸链；(c) 轴承座尺寸 A_3 的换算；(d) 轴承座尺寸 B_3 的换算
1—主动锥齿轮；2—前轴承；3—轴承座；4—垫片；5—后桥壳体；6—调整螺母

(3) 根据制造工艺，修改和最后确定主要尺寸及其极限偏差

产品设计人员应根据零件结构特点、加工表面形状和生产条件等，分析零件可能采取的工艺方案，确定零件加工时的定位基准和测量基准。当上述确定的主要尺寸不便于加工或测量时，应将其改为便于加工或测量的工艺基准标注。改注后的主要尺寸，为了能够可靠地保证装配精度要求，应通过零件尺寸链的计算。

例如，从图 8-23(c)、(d)中可以发现，轴承座主要尺寸 A_3 是一内表面 K 和一外表面 G 间的尺寸，主要尺寸 B_3 虽然是内表面 K 与 Q 之间的尺寸，但它们分布在两个方向上，在不使用专用检测工具的情况下，不便于调整刀具位置和测量尺寸。当轴承座为批量生产时，经分析加工方案后决定，用 C_1 和 C_2 代替尺寸 A_3（图 8-23(c)），用 $C_2 \sim C_4$ 代替尺寸 B_3（图 8-23(d)）。然后，通过图 8-23(c)、(d)所示的两个尺寸链，计算出 $C_1 \sim C_4$ 的尺寸及其极限偏差，最后将它们标注在零件图样上，它们就成为改注后的设计尺寸。显然，$C_1 \sim C_4$ 各尺寸公差都被缩小了。

由上述内容可知，如果装配基准和加工、测量基准重合，不仅可以简化设计工作和工艺过程，而且可以提高零件的加工精度。因此，除非在不得已的情况下，不要轻易地修改从装配基准标注的设计尺寸。

2. 零件自由尺寸的标注

自由尺寸都是按照制造工艺要求标注的，即从定位基准或测量基准标注。自由尺寸的极限偏差一般不需要标注在零件图样上。按照公差与配合国家标准 GB/T 1184—1996《形状和位置公差　未注公差值》规定，自由尺寸的公差等级可取为 IT12～IT18。对机械加工表面尺寸公差可取为 IT12～IT14，或者按照企业标准规定。

8.3.5 尺寸标注时应考虑的一些工艺问题

产品设计人员在标注尺寸时,不仅要考虑结构设计要求,还要充分考虑制造工艺要求。设计人员不仅应具备较丰富的制造工艺知识,还应具有丰富的生产实践知识,这样才能合理标注设计尺寸及其极限偏差。下面介绍尺寸标注时应考虑的一些主要工艺问题。

1. 尺寸的标准化及尺寸的统一

零件图样上标注的设计尺寸数值,尤其是安装尺寸、连接尺寸、配合尺寸和产品名义尺寸,都应尽量符合国家标准"标准尺寸"中的规定,并首先在优先数系 R 系列中选取标准数值,这样在零件制造时就可以使用标准尺寸的刀具和量规等工艺装备,既能缩短生产准备周期,又能降低零件制造成本。

此外,对零件上的一些结构要素,如空刀槽、螺纹、键槽等,如果它们的尺寸相差不大,都应尽可能取统一数值。如图 8-24 所示,当轴上空刀槽、键槽尺寸统一时(图 8-24(b)),可减少刀具和量具种类,简化工艺过程,因此能降低零件的制造成本。

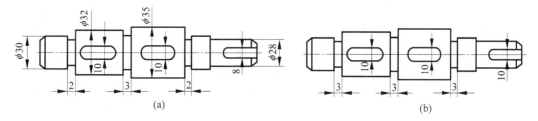

图 8-24 零件结构要素尺寸的统一

2. 考虑加工顺序标注尺寸

零件图上的设计尺寸,一般都是通过机械加工保证的。当这些设计尺寸能顺序地作为工序尺寸时,这些尺寸就能直接获得,也就容易保证其精度。图 8-25 所示为一齿轮轴,其尺寸 45mm、160mm、40mm、140mm 都是从精磨过的齿轮端面标注的,而这些标注是不合理的。这是因为齿轮的两个端面要经过磨削,而磨削工序是最后的精加工,精磨左端面时,如果直接保证尺寸 45mm,再精磨右端面直接保证尺寸 60mm,则 160mm、40mm 和 140mm 三个尺寸就是间接保证的,其累积的加工误差较大,有可能超出尺寸公差要求。如将尺寸改为图 8-25(b)那样标注,在车削时直接保证 115mm、100mm 和 370mm;精磨端面时,直接保证尺寸 160mm、60mm,则各尺寸精度就容易得到保证。

3. 由定位基准或调整基准标注尺寸

标注零件尺寸时,应该使加工误差尽可能小,故尺寸标注的设计基准应与定位基准重合,同时还应使刀具调整方便。尺寸标注的设计基准与定位基准重合包括:坐标式标注(三个坐标都重合,但每个轴段可能误差较大),链式标注(便于调整刀具保证各轴段精度,总长可能误差较大),混合式标注(部分克服了以上两种方法的缺点)。

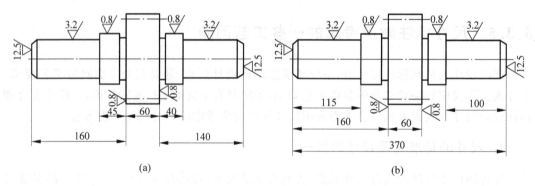

图 8-25 齿轮轴的尺寸标注

如图 8-26 所示,当用棒料在转塔车床或自动车床上加工小轴(销)时,棒料从左向右送至定位器定位,棒料送料定位器设置在右端面,因此零件轴向尺寸应从右端面注起。

4. 从实际存在的和易测量的表面标注尺寸

零件设计基准与定位基准、测量基准应尽量重合,因此,零件设计基准应尽量是实际存在的几何要素,即设计尺寸应尽量从实际存在的几何要素标注,这样可简化工艺装备,并且容易保证加工精度。如图 8-27 所示轴零件的键槽,尺寸是从轴线注起的,由于这些尺寸是从假想的几何要素标注的,因此不便于直接测量。加工时如果要使定位基准与设计基准完全重合,必须选择假想的轴线作为定位基准,这就需要使用能对中的定心夹紧机构,使夹具结构复杂,如图 8-27(b)所示。设计尺寸若标注成图 8-27(c)所示时,设计基准是实际

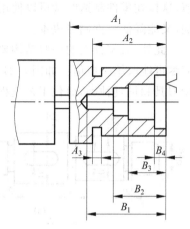

图 8-26 在转塔和自动车床上加工小轴(销)时的尺寸标注

存在的下母线,加工时可以使用图 8-27(d)所示的夹具定位元件(尺寸 H' 有定位误差,但较小),从而简化了夹具结构。结构设计要求尺寸从假想的几何要素标注时,设计人员考虑到工艺的可能性,也可将尺寸换算到从实际几何要素标注。这时,换算后的尺寸公差虽然缩小了,但从工艺的方便性来说,仍然是经济的。如果换算后的尺寸公差过小,将造成加工不经济或达不到要求时,尺寸只好仍从假想的几何要素标注,这时只能使用结构较为复杂的机床夹具和检验量具。

此外,标注尺寸时不仅要考虑从实际存在的测量基准标注,而且还要考虑尺寸测量的方便性,即能使用通用量具或简单测量方法测量。如图 8-27 所示轴上的键槽,如果键槽位于轴端,键槽深度尺寸可注成图 8-27(c)所示尺寸 H';如果键槽位于轴中部,若仍注成图 8-27(c)所示的尺寸 H',就不便于调整刀具的位置和测量键槽深度尺寸。这时可以从上母线标注键槽深度 h。又如图 8-28(a)所示的套筒零件,假设结构设计要求标注 10mm、(50 ± 0.1)mm 和 (35 ± 0.1)mm 三个尺寸,虽然这些尺寸是从实际表面标注的,但尺寸 (35 ± 0.1)mm 是不便于使用量具测量的尺寸。为便于测量,可改注成 (10 ± 0.03)mm、(45 ± 0.07)mm 和 (50 ± 0.1)mm 三个尺寸(图 8-28(b))。

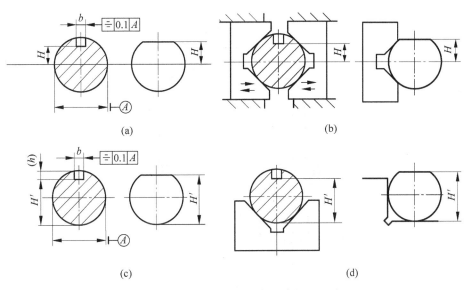

图 8-27 从实际存在的几何要素标注尺寸

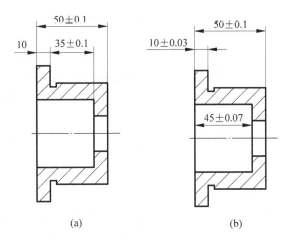

图 8-28 从便于测量的实际表面标注尺寸

5. 箱体及壳体类零件尺寸的标注

对于变速器箱体、后桥壳体、离合器壳体等箱体及壳体类零件，由于结构较为复杂，往往在某一方向上难以找到一个满足工艺要求的实际存在的表面作为尺寸标注基准。对于如水泵壳体、差速器壳体和减速器壳体等回转型壳体零件，一般采用加工精度要求较高的主要孔中心线作为尺寸标注基准。如图 8-29 所示的水泵壳体，图中螺栓孔和螺纹孔位置尺寸就是从主要孔的中心线标注的。

对于变速器壳体、气缸体、机身等箱体零件，由于在外形表面上没有合适的定位基准，一般采用辅助基准（工艺孔或工艺凸台）作为尺寸标注基准。如图 8-30 所示的汽车变速器壳体即为采用两个工艺孔 B 作为定位基准的。设计尺寸 (54 ± 0.15) mm、(110 ± 0.15) mm 就是从工艺孔中心线标注的。工艺孔本身尺寸公差规定为 H7～H9 级，两工艺孔中心距偏差不大于 ±0.05 mm，这样易于保证加工表面的位置尺寸精度。

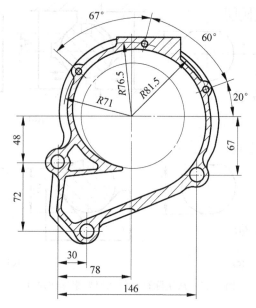

图 8-29 从水泵壳体孔中心线标注尺寸

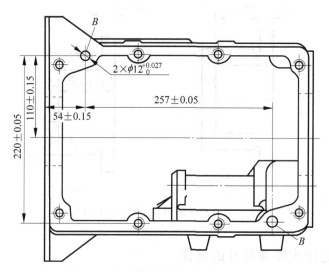

图 8-30 变速器壳体从工艺孔标注尺寸

6. 对称表面尺寸的标注

汽车零件中,有不少表面相对基准中心平面(或中心线、轴线)是对称分布的,其对称尺寸的不同标注方法将影响制造工艺和对称度误差。

如图 8-31 所示的支架零件,要求两孔 D_1 的中心距为 200mm,极限偏差为 ±0.2mm,对孔 D_2 的对称度公差为 0.2mm。其对称度可有以下几种标注方案:如图 8-31(a)所示,尺寸标注重复造成尺寸封闭,故尺寸标注不正确;如图 8-31(b)所示,由于右边缘孔到中心孔的中心距为工艺尺寸链的封闭环,封闭环公差是所有组成环公差之和,为 0.6mm,对称度公差为 0.4mm,故部分零件对称度误差将要超出要求值而成为废品,故标注不正确;如

图 8-31(c)所示,尺寸标注较好,对称度公差为 0.2mm,两孔中心距公差也为 0.2mm,既能保证对称度要求,也能保证孔 D_1 中心距(200±0.2)mm 的要求,但采用这种标注方案,两孔 D_1 与 D_2 的中心距误差对对称度误差是有影响的;正确的标注方案如图 8-31(d)所示,两孔中心距公差和对称度公差相互独立。

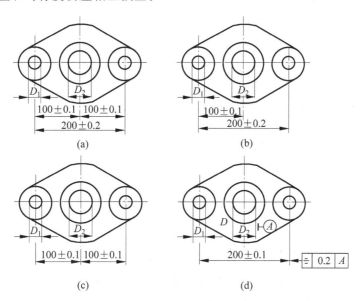

图 8-31 对称表面的几种尺寸标注方案

图 8-32 所示为汽车传动轴总成的十字轴,该零件两端端面的尺寸公差为 $108_{-0.075}^{-0.040}$ mm,对称度公差为 0.1mm,图中标注两端面距离和对称度公差相互独立,故对称度按独立原则标注是合理的。

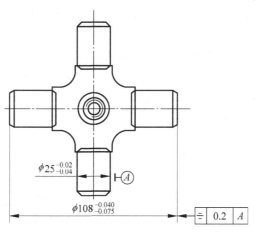

图 8-32 十字轴对称度标注实例

7. 组合刀具同时加工多表面的尺寸标注

在汽车制造中,广泛使用组合刀具(或多刀)同时加工多个表面,如使用复合钻头或复合扩孔钻加工阶梯孔,多刀车削阶梯轴端面和镗阶梯孔,组合铣刀同时铣削多个表面等。这些表面的形状和尺寸都是由刀具直接保证的。在这种情况下,零件有关表面间的尺寸标注应与刀具的相应尺寸相同,并且用零件上的一个加工表面与其定位基准或调整(工序)基准建立联系,以便调整刀具加工终止位置。图 8-33 所示为用两把镗刀同时加工阶梯孔时,阶梯孔深度尺寸的标注情况。

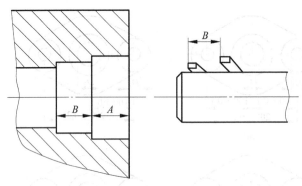

图 8-33　多刀同时加工多表面的尺寸标注

8. 非加工表面与加工表面之间的尺寸标注

汽车零件中,一般都有多个加工表面和非加工表面,它们之间应该建立合理的尺寸关系。零件各非加工表面的位置尺寸应直接标注,非加工表面与加工表面之间的尺寸只标注一次,其他应是加工表面和非加工表面或非加工表面和非加工表面之间的尺寸标注。

图 8-34 所示为多个非加工表面与加工表面之间的尺寸标注实例,零件毛坯为铸件。在图 8-34(a)中,以下平面 K 为设计基准,用坐标式标注给出各平面与平面 K 之间的尺寸关系。如果加工时用非加工表面 P 作为定位基准,先加工平面 K 保证尺寸 A,然后以平面 K 为定位基准加工上平面 Q 保证尺寸 B,则其余非加工表面与加工表面 K 之间的尺寸 C、D 和 E 就成为间接获得的尺寸,是工艺尺寸链的封闭环,其累积误差是很大的,可能超过铸件的尺寸公差。因此,图 8-34(a)所示标注不合理。正确标注应按图 8-34(b)所示,在多个非加工表面中,只采用一个表面(作为粗基准的表面,如平面 P)与加工表面(如平面 K)建立尺寸关系,其余加工表面之间建立尺寸联系,由加工直接保证;其余非加工表面之间建立尺寸联系,由铸造直接保证。

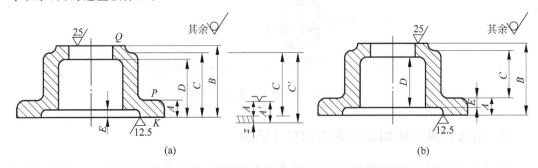

图 8-34　非加工表面与加工表面之间的尺寸标注实例

图8-35所示为零件多个加工表面与非加工表面间尺寸标注实例,零件毛坯为锻件。在图8-35(a)中,有多个轴向加工平面与同一个非加工平面 P 建立了尺寸关系,加工时,如用非加工平面 P 作为粗基准,虽然定位基准与设计(工序)基准重合,但由于定位基准是毛坯表面,所以定位精度很低,各加工尺寸误差较大,得不到较高的尺寸精度,因此这种标注不合理。如图8-35(b)所示,如用非加工平面 P 作为粗基准,再以平面 A 为基准加工平面 B、C,只有一个加工表面 K 与非加工表面 P 建立了一次尺寸关系,而其余都是加工表面之间建立尺寸联系,故此种标注方式合理。这样标注尺寸,既易于保证加工精度,又利于调整刀具和测量加工尺寸。

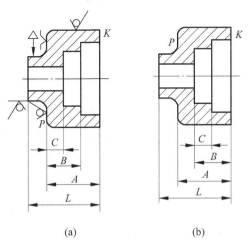

图8-35 多个加工表面与非加工表面间的尺寸标注实例

8.3.6 表面粗糙度的合理标注

表面粗糙度是加工表面的微观几何形状误差,其波距与波高的比值一般小于50。零件表面粗糙度对零件使用性能有很大影响,故必须合理选择表面粗糙度。由于表面粗糙度值越小,其表面加工工艺越复杂,成本也越高。因此,表面粗糙度的选择,不仅要根据表面使用功能和工作条件确定,还应考虑表面加工的经济性。一般可按如下原则选择表面粗糙度:

(1) 对于有相对运动的摩擦表面,运动速度高,单位面积压力大的,应选择较小的表面粗糙度值。

(2) 对于承受循环交变载荷及容易引起应力集中的表面,应选择较小的表面粗糙度值。

(3) 对于有配合要求的表面,间隙配合中间隙值小的,过盈配合中要求可靠性及承受重载的,应选择较小的表面粗糙度值。在相同条件下,小尺寸比大尺寸、外表面比内表面的表面粗糙度值小。

(4) 在满足表面使用功能要求的前提下,应该尽量选择较大的表面粗糙度值。

在一般情况下,可参考有关资料,根据表面使用功能和上述原则合理确定表面粗糙度。同时,表面粗糙度还应与表面形状公差相协调。由于形状公差常与尺寸公差有关,因此,可以按形状公差所占尺寸公差的百分比选择表面粗糙度,如表8-2所示。

表 8-2　表面形状公差与表面粗糙度之间的关系

形状公差 t 占尺寸公差 T 的百分比($t/T\times100$)	表面粗糙度参数占尺寸公差的百分比($Ra/T\times100$)
≈60	≤5
≈40	≤2.5
≈25	≤1.2

8.4　产品结构的装配工艺性

产品结构的装配工艺性是指产品结构装配过程中使相互连接的零部件不用或少用修配,机械加工用较小的劳动量,花费较少的时间按产品的设计要求顺利地装配起来的性能。产品结构的装配工艺性对产品的整个生产过程有较大的影响,是评价产品设计的重要指标之一。设计人员在产品设计时,必须充分考虑其装配工艺性,不仅要保证装配精度要求,还要便于装配,减少装配工作量,缩短装配周期,降低装配成本等。为此,在考虑或审查装配结构工艺性时,可以从以下几方面分析。

8.4.1　产品的继承性好

产品能继承已有产品的结构,便于零部件标准化、通用化和系列化,这样可以减少装配的准备工作量,减少劳动量,降低生产成本,提高装配效率。

8.4.2　产品能分解成若干个独立装配的装配单元

从装配工艺性的角度分析,汽车产品是由若干个装配单元组成的,一个产品的装配单元可以划分为五级,即零件、合件、组件、部件和产品,它们之间的关系可用图 8-36 表示。其中,合件亦称为结合件,它一般是由两个或两个以上零件通过永久性连接(如焊接或铆接)组合成的不可拆卸的整体件,如离合器拨叉轴、悬挂支架销等;组件是由若干个零件或合件组成的组合体,如连杆体、连杆盖、螺栓等组成的组合体等;部件是由若干零件、合件和组件组成的,能完成某种使用功能的组合体,如汽车变速器、发动机等。在汽车结构中,也经常将合件、组件和部件统称为总成。

由图 8-36 可知,如果将产品划分成独立装配的装配单元,则除零件外,每一级装配单元在装配时都可以单独进行装配。在装配时,以一个零件(或合件、部件)为基础,这个零件(或合件、部件)称为基础件,其余零件或合件及部件按一定顺序装配到基础件上,成为下一级的装配单元。如载货汽车的装配,从基础件车架开始,分为驾驶室、发动机、变速器、前桥和后桥等部件(总成),则各部件可以平行地进行装配作业,扩大了装配作业面,容易实现流水作业,缩短了装配生产周期,提高了装配生产率。由于在总装配之前可以单独进行部件装配,部件装配后就可以进行部件试验和调整,为提高汽车产品的质量和保证其性能打下了良好的基础。这样也有利于企业之间的协作和产品的配套,易于组织部件(总成)的专业化生产,

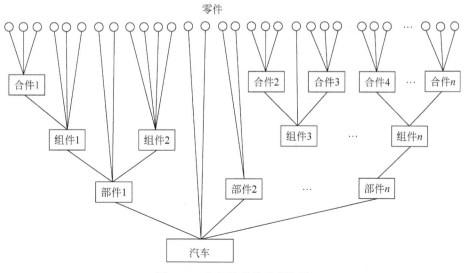

图 8-36 产品装配单元系统图

易于实现多品种自动化装配生产和产品更新换代。在汽车产品设计时,采用这种设计方案,亦称为模块化设计。把汽车产品划分成独立的装配单元,还可以使汽车产品局部结构改进后整个汽车产品只是局部变动,使汽车产品改装起来方便,有利于汽车产品的改进和更新换代。划分独立的装配单元也有利于汽车产品的维护检修,给汽车产品的包装、运输带来极大方便。

在制定产品装配工艺规程时,要在装配单元系统图的基础上,结合装配工艺方法及装配顺序,制定出装配工艺系统图。装配工艺系统图是表示零、部件的装配流程和零、部件的相互装配关系的图。在装配工艺系统图上,每一个装配单元用一个长方形框格表示,标明零件、组件、合件和部件的名称、编号及数量。图 8-37 所示为汽车主减速器主动锥齿轮轴承座总成的装配工艺系统图。

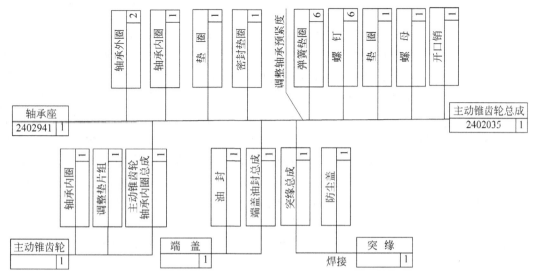

图 8-37 汽车主减速器主动锥齿轮轴承座总成装配工艺系统图

8.4.3 各装配单元要有正确的装配基准

与工件在加工时的定位情况类似,零件在装配单元中的正确位置,是靠零件的装配基准(基面)和其他零件相接触或相配合来实现的。因此,为使零件在装配单元中能正确定位,应该有正确的装配基准;要根据零件的使用功能要求限制其必要的自由度,一般不应出现过定位现象,装配基准的选择也要用夹具中的"六点定位"原理。

图 8-38 所示为主动锥齿轮轴承座组件(总成)装配图。当轴承座 2 装配到后桥壳体 1 内,其装配基面是轴承座的两段外圆和法兰端面,符合装配要求。轴承座装配基面与后桥壳体的内孔配合并与端面接触后,限制了 5 个自由度,而绕轴线旋转的自由度不必限制。这样,轴承座在后桥壳体内就正确定位了,故图中所示的两种结构都有正确的装配基准。

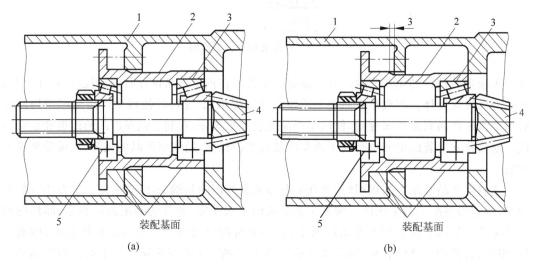

图 8-38 轴承座组件装配基面及两种设计方案
1—后桥壳体;2—轴承座;3、5—圆锥滚子轴承;4—主动锥齿轮轴

图 8-39 所示为汽车后桥主减速器总成装配图。主减速器及差速器总成装入后桥壳体 3 内时,装配基面为支承端面和外圆柱面(简称外止口)。由于绕止口轴线的转动会影响半轴齿轮的角度位置,从而在工作时增加半轴的附加载荷,所以有些设计中在主减速器壳体和后桥壳体接触端面上用圆柱定位销 1 限制其绕轴线的转动。此时,两个壳体定位销孔的尺寸及位置公差要求都比较严格,以保证半轴的装配精度。有些设计中没有这个定位销,装配时凭工人的经验把半轴插入半轴齿轮花键孔内来确定主减速器及差速器总成角度位置。这样装配虽然增加了装配时间,但省去了一个圆柱销和定位孔的加工。半轴齿轮的装配基面是轴颈 d 和端面 T,这两个装配基面确定了半轴齿轮的位置,但同时半轴齿轮还与行星齿轮相啮合,当差速器中有 3 个行星齿轮时,啮合的接触点也限制了半轴齿轮轴线的位置,出现了过定位现象,这将影响半轴齿轮的装配关系和啮合质量。为克服这一缺点,在某些汽车中,半轴齿轮轴颈 d 不与差速器壳体内孔相配合,而是把它们之间的间隙增加到 1mm 以上,这就避免了过定位。

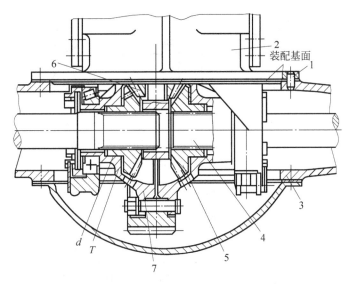

图 8-39　汽车后桥主减速器装配基面
1—圆柱定位销；2—减速器壳体；3—后桥壳体；4—半轴；5—半轴齿轮；6—行星齿轮；7—差速器壳体

8.4.4　便于装配和拆卸

产品设计时,要考虑在装配过程中,当发现问题或进行调整时,需要进行中间拆装,因而零件结构应便于装配和拆卸,并且力求使装配方法和装配所使用的工具最简单,这样能节省装配时间,提高生产率。

在如图 8-38 所示的轴承座组件装配中,轴承座以两段外圆表面与后桥壳体孔相配合。若设计成两段外圆表面同时与壳体两孔配合(图 8-38(a)),由于它们不易同时对准两圆柱孔,装入比较困难；而若设计成轴承座右段外圆表面先进入壳体孔内 3mm 后,左段外圆表面再进入壳体孔内(图 8-38(b)),由于右段外圆与壳体内孔起导向作用,装配就容易,工艺性较好。同时,为保证右段外圆表面容易进入壳体内孔,右段外圆前端设计有较小的倒角(一般为 15°～30°)。为减少外圆与内孔装配时的摩擦,轴承座右段外圆直径要略小于左段外圆直径。同样,主动锥齿轮轴两段轴颈的直径也应按这一原则设计。如果由于结构设计上的原因,必须让两段轴颈直径相等,则可使左段轴颈与轴承 5 内圈孔的配合选得松一点,两段轴颈中间部分直径应做得小一点,以便装入轴承 3 的内圈。

图 8-40 所示为箱体零件用圆柱销定位的局部结构图,圆柱销与下箱体上的销孔为过盈配合。若圆柱孔设计成盲孔(图 8-40(a)),因为没用通气孔,故打入圆柱销时会形成密封腔,空气不易排出,阻碍了圆柱销的顺利进入。因此,除非特殊需要,否则应设计成图 8-40(b)、(c)所示的那样,将下箱体上的定位销钻成通孔,或在圆柱销上铣出通气平面或钻通气孔。

装配工艺性不仅要考虑产品制造时装配的方便性,也要考虑装配中调整、修配和使用维修中拆卸的方便性。图 8-41 所示为轴承座内孔和轴颈轴肩的三种结构方案,图 8-41(a)中,轴承座孔肩内径等于圆锥滚子轴承外圈内径,而圆锥滚子轴承内圈外径等于轴颈轴肩直径,使轴承内、外圈均难以拆卸；而图 8-41(b)中,轴承座孔肩内径大于轴承外圈内径,轴颈轴肩

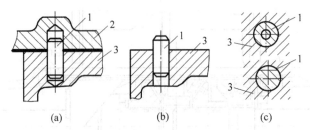

图 8-40 两箱体零件用圆柱销定位的局部结构
1—圆柱销；2—上箱体；3—下箱体

小于轴承内圈外径,这样拆卸轴承就比较方便;图 8-41(c)中,轴承座孔肩处设计有 2～4 个缺口,同样,轴承内、外圈也比较容易拆卸。

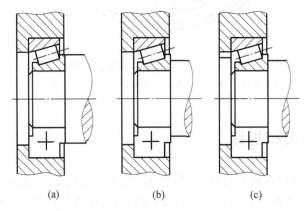

图 8-41 轴承座孔肩和轴颈轴肩的结构

8.4.5 正确选择装配方法

在装配时,各部件(总成)都规定了若干个装配精度要求来确保产品的使用性能,这些装配精度要求是由装配方法和零件制造精度来保证的。装配方法选择正确与否,将在很大程度上影响装配生产率和经济性。

完全互换装配法是最简单、生产率最高的一种装配方法,因此,当装配精度要求不高、零件尺寸公差在加工经济精度范围内时,都应采用完全互换装配法。设计人员在设计结构时,应使结构尽量简单,结构中所包含的零件数量尽量少。这样,在保证同样装配精度要求的情况下,装配尺寸链的环数少,有可能采用完全互换装配法。

选择装配法的实质是将相互配合的零件按经济精度加工,即将尺寸链中组成环公差放大到经济可行程度,然后选择合适的零件进行装配,以保证规定的装配精度。选择装配法能达到很高的装配精度要求,又不增加零件机械加工费用,适用于成批、大量生产时组成零件较少而装配精度要求较高的场合。

修配装配法是将零件按经济精度加工,在装配时通过修配方法改变尺寸链中某一项先选定的组成环尺寸,使之能满足装配精度要求。修配法采用机械加工方法去除补偿环零件上的补偿量来改变补偿尺寸,适用于单件小批量生产中装配精度要求高而且组成环多的情况。

调整装配法的实质是各零件公差仍按经济精度原则来确定,选择一个组成环为调整环,用一个可调整的零件来调整它在装配中的位置以达到装配精度或者增加一个定尺寸零件(如垫块、垫圈、套筒)从而达到装配精度的方法来改变补偿尺寸。调整装配法适用于精度要求较高的尺寸链存在的情况。

当装配精度要求高,或组成环数目较多,如果使用完全互换装配法来保证装配精度要求,会使零件尺寸公差过小时,造成加工困难,这时应考虑使用其他装配方法,例如补偿法(包括调整装配法和修配装配法)。在采用补偿法时,应合理地选择补偿环,补偿环所处的位置应尽可能便于调节或便于装卸。

8.4.6 尽量减少装配时的修配和机械加工

若在装配时进行修配和机械加工,切屑容易掉入产品中,既影响产品的清洁度和产品质量,又难以控制修配和机械加工时间,不易组织流水作业,延长了装配生产周期,也不能保证互换性。因此,装配时应尽量避免修配和机械加工。一般情况,只有合件和组件要求的位置公差(也就是装配精度)很小时,才将合件和组件装配后,用修配装配法保证其精度。通常这样的修配或机械加工都安排在机械加工生产线上进行。例如发动机气门与阀座锥面的密封性精度的保证,就是缸体或缸盖进入总装配之前在机械加工生产线上,先将气门导管和阀座压入缸体或气缸盖中,然后气门和阀座相互研磨。在这种情况下,修配或机械加工后,应仔细清除切屑和其他污物。

8.4.7 连接结构形式应便于装配工作的机械化和自动化

能用最少的工具快速装、拆产品,如果有质量大于 20kg 的装配单元,应具有吊装的结构要素,还要避免采用复杂的工艺装备。满足这些要求,既便于安装、运输,还能减轻工人的劳动强度,提高劳动生产率,节约成本。

习 题

一、解释下列名词术语

工艺性、主要尺寸、自由尺寸、合件、组件、部件、装备工艺系统图

二、分析题

1. 如何标注零件主要尺寸?
2. 零件尺寸标注的一般步骤和方法是什么?
3. 产品为什么应能分成若干个独立装配的装配单元?
4. 按零件的机械加工工艺性要求,指出习题图 8-1 所示各零件在成批生产条件下其工艺性存在的问题,并提出改进意见。
5. 指出习题图 8-2 所示各零件尺寸标注不符合工艺性要求之处,并提出改进意见。

304 汽车制造工艺学

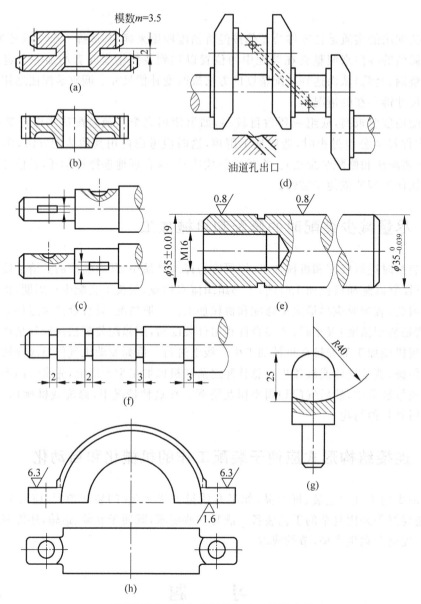

习题图 8-1 零件的机械加工工艺性分析

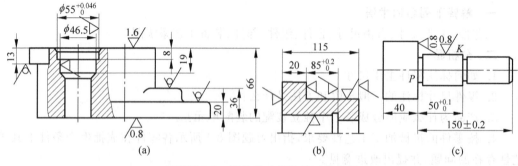

习题图 8-2 零件尺寸标注的工艺分析

(1) 成批生产习题图 8-2(a)所示铸铁材料的齿轮泵前端盖，$\phi 55^{+0.046}_{0}$mm 及 $\phi 46.5$mm 两孔使用同一镗杆上的两把镗刀同时镗出，上、下平面均经过磨削加工。

(2) 成批生产习题图 8-2(b)所示套筒，尺寸 $85^{+0.2}_{0}$mm 是保证装配精度的主要设计尺寸。

(3) 习题图 8-2(c)所示的阶梯轴，其轴向设计尺寸如图所示。由于外圆表面 K 及轴肩端面 P 加工要求较高，在热处理后需经过磨削加工。

6. 习题图 8-3(a)所示为某车辆最终传动装置装配图。装配要求为：向心球轴承 2 外圈与弹性挡圈 1 之间的轴向间隙为 0～0.8mm；弹性挡圈 1 与壳体 3 上的挡圈槽间的轴向间隙为 0～0.4mm。若两个向心球轴承 2 及 5 的宽度尺寸分别为 $17^{0}_{-0.12}$mm 和 $15^{0}_{-0.12}$mm，弹性挡圈尺寸为 $2.5^{0}_{-0.1}$mm。试按上述设计要求：

(1) 标注出壳体及齿轮轴 4 的轴向主要尺寸及极限偏差（习题图 8-3(a)比例为 1:4）。

(2) 若壳体 3 上的主要尺寸不符合机械加工工艺性要求，试将其标注成符合工艺性要求的设计尺寸。

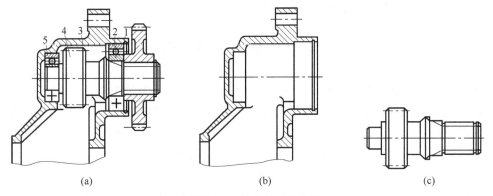

习题图 8-3 最终传动装置图
1—弹性挡圈；2、5—向心球轴承；3—壳体；4—齿轮轴

第 9 章

典型汽车零件制造工艺

9.1 箱体零件的制造工艺

箱体零件是机器或部件的基础零件,它的功用是把有关零件连接成一个整体,保证这些零件占据正确的相对位置,使之能彼此协调地工作。因此,箱体零件的加工质量直接影响有关零件相互位置的准确性,进而影响整机的使用性能和寿命。

9.1.1 箱体零件的结构特点及结构工艺性分析

汽车上常见的箱体零件按其结构形状可分为两大类:一类是带有法兰的回转体型零件,如汽车水泵壳体、差速器壳体、后桥壳体等;另一类是平面型箱体零件,如汽车发动机缸体、变速器箱体等。这些零件的共同特点是:结构形状复杂,尺寸较大,壁厚较薄,刚度较低,需要加工多个精度要求较高的平面和孔系。此外,还要加工较多供连接用的螺纹孔等。

本节将着重讨论平面型箱体零件的机械加工工艺。

箱体零件的机械加工质量要求高、加工工作量大,因此箱体零件的结构应具有良好的机械加工工艺性,使之能采用既简单又经济合理的机械加工工艺。对于典型的箱体零件而言,需要加工的部位主要是平面和孔系,因此这些平面和孔的结构及装配形式是影响箱体零件机械加工结构工艺性的主要因素。箱体零件的机械加工工艺性,除应符合第 8 章对结构工艺性的一般要求外,还应注意以下几个方面。

1. 箱体零件主要孔的基本形式及其工艺性

箱体零件孔的主要形式有通孔、阶梯孔和盲孔三种,如图 9-1 所示,其中又以通孔最为常见。当孔的长径比 $L/D=1\sim1.5$ 时,为短圆柱孔(图 9-1(a)),这种孔的工艺性最好;当 $L/D>5$ 时为深孔(图 9-1(b)),深孔加工困难,工艺性较差;具有环槽的通孔(图 9-1(f)),因加工环槽需要具有径向进刀的镗杆,所以工艺性也较差;阶梯孔(图 9-1(g))的工艺性与孔径比有关,孔径比相差越小,工艺性越好,若孔径比相差很大,而其中最小的孔径比又很小,则接近于不通孔,工艺性就很差;不通孔(图 9-1(h))比较少见,其工艺性最差;交叉孔(图 9-1(c))、轴线与端面不垂直的孔(图 9-1(d))以及剖分孔(图 9-1(e),如气缸体主轴承座孔)的工艺性都不好。

此外,在箱体零件上还有许多螺纹孔,为了减少加工刀具的数量、提高零件标准化程度,在设计汽车箱体零件时,应尽可能减少螺纹孔的规格。

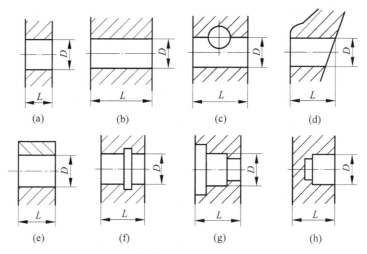

图 9-1　箱体零件主要孔的基本形式

2. 箱体上同轴线各孔的工艺性

同轴线上各孔的工艺性,不仅与生产类型有关,而且与加工方案也有关。为了提高生产率,在用组合机床大批大量生产时,各孔在同一次工作行程中能用多把刀具同时镗出,因此,要求相邻孔的毛坯直径能使加工小孔用的镗刀自由通过。常见的孔的排列方式有 4 种,如图 9-2 所示。其中,图 9-2(a) 所示为各孔按孔径大小在一个方向上递减排列,这种排列方式可以通过刀具的组合,将各孔同时镗出,但要求相邻孔之间的毛坯直径能使镗刀自由通过,否则将不便于加工;这种结构适用于单件小批量生产的箱体零件加工。图 9-2(b) 所示为各孔按孔径大小从两边向中间递减排列,图 9-2(c) 为相同孔径的孔同轴线排列,这两种排列方式可以用镗刀分别从两边进行加工,大大缩短了镗杆长度,提高了加工刚性,具有很高的生产效率,适用于大批量生产。图 9-2(d) 所示为孔径大小不规则排列的情况,这种排列方式加工困难,工艺性较差,在设计时应尽量避免。

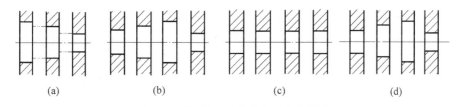

图 9-2　同轴线上孔径大小的分布形式

3. 箱体上孔中心距大小的工艺性

若箱体上各孔是逐个进行加工的,孔中心距大小不受限制。但在组合机床成批大量生产中,由于要同时加工出多个孔(通常是采用装有多把组合刀具的多轴镗床,在一次工作行程中同时加工同一面上的多个孔),孔的中心距就必须受到限制。根据布置主轴轴承的需要,孔的中心距不应太小。例如,在箱体上同时钻两个直径在 10mm 以下的孔,两孔之间的最小中心距应不小于 24mm。

为了保证孔的形状公差,孔中心距的大小也要给予足够重视。如图 9-3 所示,在变速器箱体上有一个要求较高的轴承座孔,轴承座孔周围又分布有一些连接用的螺纹孔。这种情况下,若螺纹孔和轴承座孔的中心距太小(即螺纹孔与轴承座孔的边缘距离很小),则攻螺纹产生的变形将会对轴承座孔的形位公差产生很大的影响。

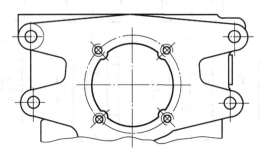

图 9-3　加工螺纹孔影响轴承座孔的形位公差示意图

4. 箱体上孔与平面布置的工艺性

在设计孔的时候,应该尽量使孔布置在平面上,使孔的轴线与平面垂直,否则在加工时,刀具会因受力不均而偏斜,影响孔的加工精度。在设计箱体零件的结构时,应使零件有足够的、稳定的刚性定位基准,以保证零件的加工精度,便于自动化生产。基准面的尺寸要合理,形状应尽可能简单,以降低加工难度,便于装配和检验。对于平面型箱体零件,应合理布置孔的位置,尽量减少工件的装夹次数和机床数量,并尽量保证固定用孔的规格一致,以减少换刀次数。

9.1.2　箱体零件的技术要求

箱体零件作为装配基础件,它的技术要求主要集中在装配要求的孔系和平面上,包括主要孔的孔径精度要求、孔与孔的位置精度要求、孔与平面的位置精度要求、主要平面的精度要求以及表面粗糙度要求等。

(1) 主要孔的孔径精度要求,即主要孔孔径的尺寸公差要求和形状公差要求。孔径的尺寸误差和形状误差较大会影响轴承与孔的配合。孔径过大,配合过松,会使主轴回转轴线不稳定,降低了支承刚度,易产生振动和噪声;孔径过小,会使配合过紧,轴承将因外圈变形而不能正常运转,寿命缩短。装轴承的孔不圆,会使轴承外圈变形而引起主轴径向跳动。因此,箱体零件对孔的精度要求较高。

(2) 孔与孔的位置精度,包括孔与孔之间的中心距精度、平行度、同轴度、垂直度等。孔与孔之间的中心距误差过大,会影响装配后两零件间的相对位置;孔系之间的平行度误差过大会影响齿轮的啮合质量;同一轴线上各孔的同轴度误差和孔端面对轴线垂直度误差过大,会导致轴和轴承装配到箱体上以后出现歪斜,从而造成主轴径向跳动和轴向窜动,加剧了轴承磨损,通常同一轴线上各孔的同轴度公差约为最小孔尺寸公差的 1/2。

(3) 孔和平面的位置精度主要是指主要孔和箱体安装基面的平行度或垂直度要求,它们决定了主轴和床身导轨的相互位置关系。孔与平面的平行精度是在总装前通过刮研来达到的。为了减少刮研工作量,需要规定主轴轴线对安装基面的平行度公差。孔与基准平面的垂直度误差过大会影响装配后零件的相互位置关系,影响机器的正常工作,因此也需要规定其误差范围。

(4) 主要平面的精度是指基准平面以及有装配要求的其他平面的尺寸公差和形状公差。基准面的平面度公差会影响主要孔的加工精度和装配接触刚度。因此,规定基准平面(如底面和导向面)必须平直。顶面的平面度公差要求是为了保证箱盖的密封性,防止工作时润滑油泄漏。有时会将顶面用作定位基面进行孔加工,这时其平面度公差要求还要提高。

(5) 表面粗糙度要求规定了孔的表面粗糙度和主要平面的表面粗糙度。重要孔和主要平面的表面粗糙度会影响接触面的配合性质和接触刚度。如汽车变速箱要求主轴孔的 Ra 值为 $0.8\sim0.4\mu m$,其他各纵向孔的 Ra 值为 $1.6\mu m$,孔的内端面 Ra 值为 $3.2\mu m$,装配基准面和定位基准面的 Ra 值为 $2.5\sim0.63\mu m$,其他平面的 Ra 值为 $10\sim2.5\mu m$。

另外,箱体零件对毛坯的硬度、起模斜度、圆角半径、毛坯缺陷等也有所要求。有些箱体零件,为保证其特殊的性能和使用寿命,还有一些特殊的技术要求,如发动机缸孔内表面对表面网纹及清洁度等有要求,就是为了保证发动机的润滑性能和运转寿命。

汽车上的箱体零件种类繁多,不同的箱体零件,根据其作用和工作要求,各项技术要求的指标也不同。以汽车发动机的缸体为例,它的许多平面均作为其他零件的装配基准,这些零件之间的相对位置基本上是由缸体来保证的。缸体上的许多螺栓孔、油孔、出砂孔、气孔以及各种安装孔都能直接影响发动机的装配质量和使用性能,所以缸体的技术要求相当严格。目前,我国生产的汽车发动机缸体的技术要求如下:

(1) 主轴承的尺寸精度一般为 IT5~IT7,表面粗糙度 Ra 值为 $1.6\sim0.8\mu m$,圆柱度为 $0.007\sim0.02mm$,各孔对两端的同轴度公差为 $\phi 0.025\sim0.04mm$。

(2) 气缸孔尺寸精度为 IT5~IT7,表面粗糙度 Ra 值为 $1.6\sim0.8\mu m$,有止口时其深度公差为 $0.03\sim0.05mm$,各缸孔轴线对主轴承孔轴线的垂直度为 $\phi 0.05mm$。

(3) 各凸轮轴轴承孔的尺寸精度为 IT6~IT7,表面粗糙度 Ra 值为 $3.2\sim0.8\mu m$,各孔的同轴度公差为 $\phi 0.03\sim0.04mm$。

(4) 各凸轮轴轴承孔对各主轴承孔的平行度公差为 $\phi 0.05\sim0.1mm$。

(5) 挺杆尺寸精度为 IT6~IT7,表面粗糙度 Ra 值为 $1.6\sim0.4\mu m$,且对凸轮轴轴线的垂直度为 $\phi 0.04\sim0.06mm$。

(6) 各主要孔的位置公差为 $0.06\sim0.15mm$。

(7) 顶面(缸盖的安装基面)及底面的平面度为 $0.05\sim0.10mm$,顶面的表面粗糙度 Ra 值为 $1.6\sim0.8\mu m$,且对主轴承中心线的尺寸公差为 $0.1\sim0.15mm$。

(8) 后端面(离合器壳安装面)粗糙度 Ra 值为 $3.2\sim1.6\mu m$,且与主轴承孔轴线垂直度为 $\phi 0.05\sim0.08mm$。

(9) 主轴承座接合面粗糙度 Ra 值为 $3.2\sim1.6\mu m$,锁口的宽度公差为 $0.025\sim0.05mm$。

(10) 缸体毛坯要求各主要表面不允许有裂纹、疏松、气孔、砂眼等铸造缺陷。

9.1.3 箱体零件的机械加工工艺

1. 箱体零件的材料和毛坯

变速器箱体零件受汽车行驶路况的影响,工作条件恶劣,其本身的外部轮廓及内腔形状复杂,因此,载货汽车箱体毛坯材料选用减振性能优良、易成型、切削性能优良、成本低的灰铸铁。一些轿车上的箱体零件,为了减轻质量,用铝合金或镁合金铸造。

灰铸铁毛坯的铸造方法,取决于生产类型和毛坯的尺寸。在单件小批生产中,多采用木模手工造型铸造;在大批大量生产中,广泛采用金属模机器造型铸造,毛坯的尺寸误差和表面粗糙度值较小。铝合金和镁合金箱壳体零件毛坯,广泛采用压力铸造,铸件尺寸精度高,表面光洁,生产率高,加工余量小,铸件质量稳定。

由于箱体零件结构复杂,毛坯中常有较大的铸造内应力。为了减小铸件内应力对机械加工质量的影响和改善切削性能,毛坯在机械加工之前要进行去除内应力热处理。

图9-4所示的变速器箱体的材料为HT200灰铸铁,浇铸后在砂型中保温20~30min,然后自然冷却消除内应力,最终经过喷丸处理。

2. 箱体零件机械加工的定位基准

加工箱体零件时,粗基准与精基准之间必须有一定的尺寸联系,以保证各轴承座孔的加工余量均匀,并使装入箱体内的全部零件与不加工的箱体内壁有足够的间隙。加工箱体时,精基准要尽可能满足基准重合以及基准统一原则,以减小定位误差和避免加工过程中各工序的误差累积,从而保证箱体的加工精度。

箱体加工的精基准,最常见的有两种方案:一种方案是用一个平面和该平面上的两个工艺孔定位,即通常所说的"一面两孔"定位,一般工艺孔的孔径尺寸公差采用IT7,两孔中心距极限偏差±(0.03~0.05)mm;另一种方案是用三个相互垂直的平面作定位基准,如图9-5所示,该方案可避免在工序较多的情况下造成工艺孔损坏,进而影响加工精度。

有些箱体零件没有良好的定位基面,工件上的一些已加工表面由于不便于工件装夹,或不便于按工序集中方法在一次装夹中加工多个表面,这时可在工件上增加工艺凸台或工艺用支承平面,或者将工件固定在专用的定位拖板(随行夹具)上,然后再在机床上定位加工。图9-6所示就是气缸体在专用拖板(随行夹具)上定位的实例。先将气缸体固定在专用的定位拖板(随行夹具)上,再将气缸体和定位拖板(随行夹具)一起装夹到各机床夹具上,以定位拖板(随行夹具)底平面及其上的两个销孔进行定位。

汽车变速器箱体粗基准的选择有两种方式。第一种方式是用前、后端面上的两个同轴线轴承座孔和另一轴承座孔为粗基准加工顶面(图9-7),然后再用变速器箱体内壁作粗基准(以顶面作精基准)加工顶面上的两个工艺孔E(图9-8),以后再利用顶面和这两个工艺孔作精基准进行其他表面加工,这样就可以保证轴承座孔的加工余量均匀,箱体内的零件与内壁间有足够的间隙。但此方式在加工顶面时夹具结构复杂,装夹不便,工件稳定性差。第二种方式是在变速器箱体的毛坯上铸造出专门的工艺凸台,以该工艺凸台作为加工顶面的粗基准,而加工两工艺孔的定位基准选择同第一种方式。第二种方式要求工艺凸台与主要加工表面的毛坯面之间保证较严公差的尺寸联系。图9-4所示箱体的粗基准就是选择的这种方式,如图9-9所示。此种粗基准选择方式可保证主要加工平面及轴承座孔有足够且较均匀的加工余量,并且使工件定位稳定及夹紧可靠。

图9-4所示汽车变速器箱体加工时的精基准为顶面及其面上专门设置的两个工艺孔。顶面上装配上盖时用的两个定位环孔($2\times\phi13^{-0.003}_{-0.040}$)是箱体轴承座孔的设计基准,按基准重合原则应选择它们作为定位基准。但由于该箱体零件加工生产线较长、工序多,如果利用它

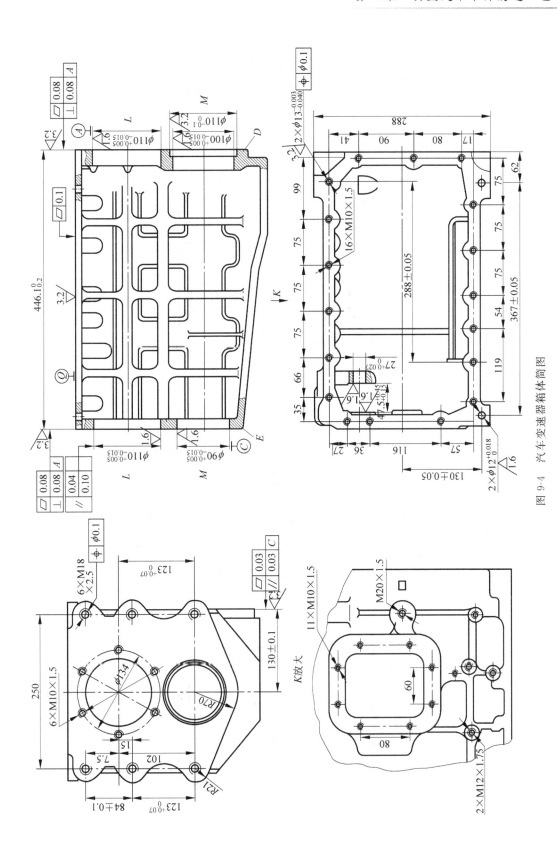

图 9-4 汽车变速器箱体简图

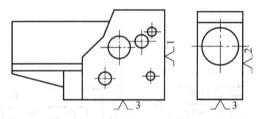

图 9-5 用三个平面作精基准加工箱体零件示意图

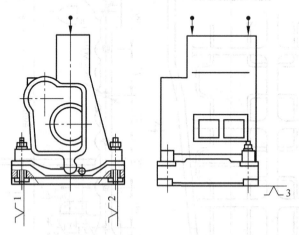

图 9-6 气缸体装在定位拖板（随行夹具）上的定位方法

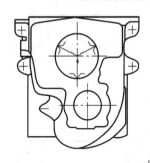 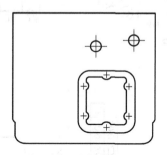 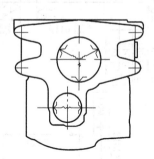

图 9-7 加工变速器箱体顶面的粗基准

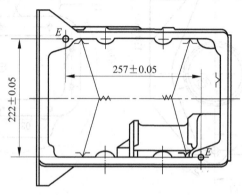

图 9-8 以变速器箱体内壁作粗基准加工顶面上的两个工艺孔

们定位进行加工,在多次装夹中容易使两孔丧失精度,造成整个零件报废。因此,在该箱体一侧增设了两个角,在上面专门设置了供加工时定位用的两个工艺孔,如图 9-10 所示。两个工艺孔安排在箱体的同一侧是为了使机床夹具结构简单,容易调整。两个定位环孔和两个工艺孔利用专用机床在一次装夹中同时完成加工,可保证四个孔的相对位置精度。

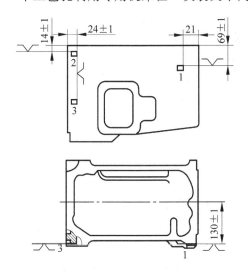

图 9-9　变速器箱体粗基准选择示意图
1~3—工艺凸台

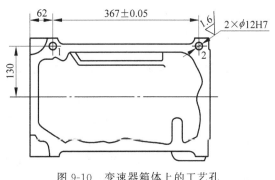

图 9-10　变速器箱体上的工艺孔
1、2—工艺孔

用顶面及其上的两个工艺孔作为精基准定位可以做到基准统一,一次装夹中能加工较多的表面,容易保证各表面间的位置公差。但对于保证前、后端面与主要孔轴线的垂直度,由于基准不重合,会产生定位误差。为保证前、后端面和主要孔轴线之间的垂直度要求及两侧面距主要孔轴线的尺寸及平行度要求,在最后加工前、后两端面和两侧面时,最好仍以主要孔定位,使其基准重合。

3. 箱体零件主要加工表面的机械加工工序安排

加工箱体零件主要表面时,一般按以下原则安排工艺过程:

(1) 先面后孔。加工平面型箱体时,一般是先加工精基准平面,然后以平面定位再加工其他表面。这是由于平面面积较大,定位稳固可靠,可减少装夹变形,有利于提高加工精度,而且箱体零件的平面多为装配和设计基准,这样可以使装配和设计基准与定位基准、测量基准重合,以减少积累误差,提高加工精度。另外,平面加工后,钻孔时可避免钻头的偏斜和防止孔加工刀具崩刃。

(2) 粗、精加工分开。粗、精加工阶段的划分,对箱体零件机械加工质量的影响很大。当工件刚性好、内应力小、毛坯精度高时,粗加工后的变形很小,这时可以在基准平面及其他平面粗、精加工后,再粗、精加工主要孔,这样可以减少工序的数目,使零件的装夹次数少,而且加工余量也可以减小。因此,这种方案的生产率高,而且经济性好,当零件结构合理时,无论是成批大量生产(使用刚性高的粗、精加工机床)或是单件小批生产,都比较合适。但是,当工件刚性差、内应力大、毛坯精度较低时,粗加工后的变形就很大,往往影响加工质量;同时,粗加工孔时,可能会破坏精加工后平面的质量。因此,当箱体零件技术要求较高,而粗加工又引起较大变形时,常将平面和孔的加工交替进行,即粗加工平面→粗加工孔→精加工平面→精加工孔。虽然交替加工使生产管理复杂,加工余量大,但较易保证加工精度,也能及早发现毛坯的缺陷。

(3) 有位置公差要求的表面加工工序适当集中。箱体零件上的平面与平面之间、孔与孔之间、孔与平面之间都有较严格的位置公差要求,因此,有相互位置要求的相关表面最好集中在一个工位或一台机床上进行加工,以保证各表面间的尺寸和位置精度要求。

在成批大量生产的箱体流水生产线上,广泛采用多面、多轴组合机床或其他高生产率专用机床,对零件的若干相关表面同时进行加工。当采用加工中心加工箱体时,工件在一次装夹中,可利用更换刀具(或更换主轴箱)的方法,对零件完成若干相关表面的铣、镗、钻、扩、铰等多种工序内容的加工。

4. 变速器箱体机械加工生产线的方案

箱体零件在大批大量生产时,过去广泛采用由专用机床组成的生产线进行加工,以提高生产率。近年来,在箱体零件的加工中越来越多地使用加工中心或由加工中心组成的柔性生产线进行加工,以快速响应不断变化的市场对产品多样化的需求。

(1) 在专用机床生产线上加工。某企业加工如图 9-4 所示变速器箱体的生产线采用 U 形平面布置,该生产线由三条自动线、八台专用机床、四台清洗设备组成,箱体零件从毛坯粗铣至最终检验共 31 道工序。生产线前面有四台专用机床,用来加工顶面、两工艺孔和工件输送导向面;第一条自动线用于变速箱体前、后端面及前、后端面上孔的加工;第二条自动线用于加工变速器箱体取力面(见图 9-4 K 向视图)及取力面上孔的加工;第三条自动线用于变速器箱体顶面孔的加工和倒车惰轮轴孔端面的加工;后面四台专用机床用于轴承孔的精镗和前、后端面及取力面的精铣加工。

由专用机床组成的生产线生产效率高,机床设备简单,但使用机床设备多、工序多、生产线长。而这种生产线最大的缺点是产品固定不变,适应性差,若产品略作修改,则生产线就需要改造,限制了产品的更新换代,不适应多品种、成批量按订单生产模式的需要。

(2) 加工中心或柔性生产线加工。箱体零件的加工表面集中,表面加工方法简单,主要包括铣、镗、钻、扩、铰削及攻螺纹加工,很容易在一台加工中心上完成。在加工中心上,以不同的加工程序来适应不同零件几何形状的变化,只要更换机床夹具就可以完成多种箱体零件的加工,具有很大的柔性。加工中心刀库中一般具有数十把乃至上百把不同的刀具,用来完成箱体零件的粗、精铣和镗削加工,以及钻、扩、铰、攻螺纹等加工,有时一台加工中心就相当于一条生产线。在卧式加工中心上,可利用工作台的转动来实现多工位对不同方向表面的加工,节约了机床夹具的使用,更大程度地提高了柔性。

可更换主轴箱的加工中心可利用更换主轴箱的方法高效地对箱体零件进行多种工序内容的加工。

在加工中心上加工图 9-4 所示箱体的工艺过程如下:
① 铣削顶面,加工顶面上的螺纹连接孔及定位销孔。
② 其余四个平面及其上轴承座孔、螺纹连接孔的加工。

全部加工可在两台加工中心上完成,也可在一台带交换托盘的加工中心上完成,安排工序内容时也是按"先面后孔""先粗后精"的原则进行。为减轻加工中心负荷及提高生产率，可预先在专用机床上对顶面及前、后端面进行粗铣，然后再在加工中心上作进一步加工，由于装夹次数少，因此可直接用零件上的两个定位环孔定位，不必另设工艺孔。

加工中心或由其组成的柔性生产线加工范围广，占用生产面积小，操作工人少，工人劳动强度低；虽然设备昂贵、投资大，但由于节约了产品转型时的重新投资，在多品种成批生产中可发挥巨大的优势。

9.1.4 箱体零件主要表面的机械加工

1. 箱体零件的平面加工

箱体零件平面加工的技术要求主要有平面本身的平面度和表面粗糙度、该平面与其他表面间的尺寸精度和相互位置精度。箱体零件平面的加工方法有铣、拉、磨等，采用何种加工方法，要根据零件的结构形状、尺寸大小、材料、技术要求、零件刚性、生产类型及企业现有设备等条件决定。

铣削的生产率高，是加工汽车箱体零件平面的主要方法。铣平面所用的铣刀主要是镶齿硬质合金面铣刀和机夹可转位面铣刀。镶齿硬质合金面铣刀是将楔形的硬质合金刀片镶在刀体的楔形槽里进行加工的，刀齿用钝后可重磨。镶齿硬质合金铣刀的切削速度 v_c 一般为 2m/s 左右，进给速度 v_f 一般为 5mm/s 左右。可转位面铣刀是将多边形的硬质合金刀片用机械夹固的方法夹固在铣刀刀体上，当一个切削刃用钝后，可将刀片转位让另一个切削刃参加工作；刀片上全部切削刃都用钝后，更换新的刀片。密齿可转位面铣刀（刀齿刀尖所在的圆周直径 D 与刀齿齿数 Z 之比 $D/Z<12$）的切削速度 v_c 一般可达 20m/s，粗铣进给速度 v_f 一般为 $16.7\sim33.4$mm/s，精铣一般为 $16.7\sim50$mm/s。

2. 箱体零件的孔和孔系加工

箱体零件孔加工的技术要求主要有以下两个方面：孔本身的尺寸公差、表面粗糙度；孔与其他表面间的中心距和同轴度、平行度、垂直度等位置公差。

箱体零件上孔的加工方法主要有钻孔、扩孔、镗孔、磨孔、珩磨孔等。选择加工方法时，要根据毛坯材料及制造方法、零件的结构特点、孔径尺寸大小、加工精度和表面粗糙度要求、生产类型和生产条件等因素而定。

汽车箱体零件上的孔，按其使用功能和加工精度的要求，可以分为主要孔和次要孔。次要孔如螺纹底孔及油孔等，这类孔公差较大，一般为 IT11~IT12，通常在普通立式钻床、摇臂钻床或多轴组合钻床上加工。主要孔如差速器壳体、减速器壳体以及变速器箱等零件上的轴承座孔，这类孔公差要求较严，一般为 IT7~IT9。对于变速器等平面型箱体上的轴承座孔，多在镗床类机床（如卧式镗床、组合镗床、加工中心）上加工。

此外，在箱体零件上可能有深孔，如气缸体的油孔。深孔加工比较困难，影响生产率的提高。在大批大量生产中，常使用特殊的刀具和分级进给机构，以改善排屑和刀具冷却的条件。目前在数控深孔钻床上采用枪钻加工深孔，已获得良好的效果。

箱体零件上由多个轴承座孔形成的孔系，它们不仅本身的尺寸公差要求较严，而且各个轴承座孔之间的位置公差要求也较严格,加工时比较难以保证,因此孔系加工是箱体零件加工中最关键的工序。汽车上箱体零件的孔系加工,一般在组合机床、专用金刚镗床和加工中心上进行。

在成批大量生产中,多在组合机床上用钻模和镗模加工孔系,可保证孔系加工的中心距、位置精度和提高生产率。镗模应在保证加工质量的前提下尽可能简单。在组合机床上用镗模加工孔系,其孔的中心距及孔轴线距基准平面间的位置误差可控制在±(0.025～0.05)mm。用镗模加工孔系,其位置误差主要取决于镗模的精度,同时也与工件的加工余量的大小及其均匀性、切削用量等因素有关。用镗模加工孔系如图9-11所示。

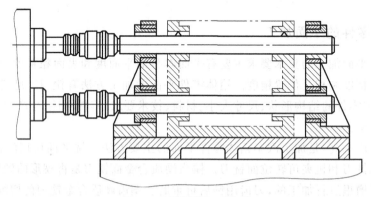

图9-11　用镗模加工孔系

采用镗模加工,轴承座孔的尺寸精度和位置精度与镗套和镗杆的配合精度有关,镗套和镗杆之间的间隙一般为0.01～0.05mm,如果间隙过小,镗套和镗杆容易卡死。因此,该方式不能保证较高的尺寸和位置精度。当孔的尺寸和位置精度要求较高时,采用刚性主轴金刚镗床进行加工,例如在精镗图9-4所示箱体的四个轴承座孔和倒车齿轮轴孔时,采用专用的卧式五轴金刚镗床同时加工,孔的位置精度依靠机床本身五个主轴间的相互位置精度保证。

在加工中心上加工箱体上的孔时,首先要进行工艺处理,把孔的位置尺寸转换成两个相垂直的坐标尺寸,然后编制数控程序,通过程序控制刀具与工件的相对位移,在所需的坐标位置定位,进行孔加工。加工中心的加工精度高,沿各坐标轴移动的定位精度高,能获得很高的尺寸精度和相互位置精度。在加工中心上加工箱体时,工件在一次装夹后不仅能完成孔系中各孔的粗、半精、精加工,还能完成平面铣削,钻、扩、铰孔,攻螺纹等加工,减少了由于工件多次装夹引起的误差,进一步提高了孔的位置精度。

9.1.5　箱体零件位置误差的检测

在箱体零件加工过程中,完成一定工序后,要对主要技术要求进行全部检测,次要技术要求进行抽检。孔系的位置误差是检测的重点项目之一。

在箱体零件成批大量生产时,在生产线上广泛采用常规的专用检测夹具检测孔系位置误差。被检测工件在检测夹具的定位装置上定位后,利用测量装置对被检测项目进行检测。检测装置的计量器具一般为百分表或千分表。图9-12～图9-14所示为检测箱体一些主要技术要求的传统的机械式检测夹具。

图 9-12 所示装置为检测箱体轴承座孔中心距误差的检测夹具。将检测心轴插入被测孔内,然后转动安装在心轴上的千分表表架,使千分表指针在检测心轴的圆弧面上滑动,千分表指示值即可表示出被测中心距与标准值的差值,即中心距误差。

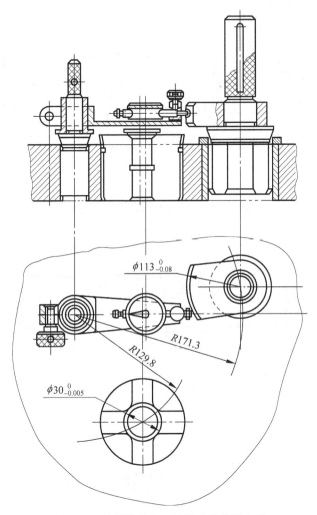

图 9-12　检测箱体中心距误差的检测夹具

图 9-13 所示装置是检测箱体端面对轴承座孔的垂直度(端面圆跳动)的检测夹具。可胀心轴插入基准孔内,利用千分表架绕心轴轴线回转,从千分表读数检测出箱体端面对轴承座孔的圆跳动误差值。

图 9-14 所示装置是检测箱体上三个同轴线轴承座孔同轴度的检测夹具。两个定位套 2 安放在箱体前后两个轴承座孔内,检测心轴 1 插入定位套 2 孔内,然后将千分表架在心轴 1 上回转,利用与被检测表面接触的测量杆的摆动,检测被测孔的形状误差和同轴度误差。

除使用上述传统的机械式检测夹具对箱体孔系位置精度进行定期抽检外,目前三坐标测量仪已经开始在生产中用于对箱体孔系尺寸、形状精度和位置精度的检测。

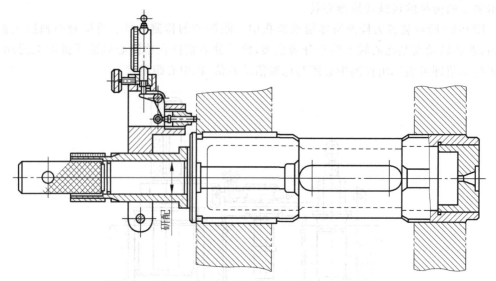

图 9-13 检测箱体轴承座孔两对孔轴线垂直度的检测夹具

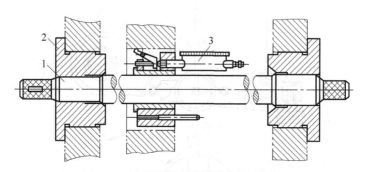

图 9-14 检测轴承座孔同轴度检测夹具
1—心轴；2—定位套；3—千分表

9.2 连杆的制造工艺

9.2.1 连杆的结构特点及结构工艺性分析

连杆是活塞式发动机的主要零件之一，主要由大头、小头和杆身三部分组成。大头为分开式结构，一半为连杆盖，另一半与杆身连为一体，通过连杆螺栓连接起来。连杆大头孔及轴瓦与曲轴连杆轴颈相配合，小头孔及衬套通过活塞销与活塞连接，将作用于活塞上的气体膨胀压力传给曲轴，又受曲轴驱动而带动活塞压缩气缸中的气体。

为了减少活塞销和连杆小头孔的磨损及磨损后便于修理，在连杆小头孔中压入青铜衬套。大头孔内装有轴瓦，以减小连杆大头孔和曲轴连杆轴颈之间的摩擦。为了减轻质量且使连杆又具有足够的强度和刚度，连杆杆身的截面多为工字形，其外表面不进行机械加工。

图 9-15 所示为汽车发动机连杆简图。大多数汽油发动机的连杆都是以垂直于杆身轴线的平面作为连杆体和连杆盖的接合面，称为直剖式或平切口连杆。有些柴油发动机的曲轴，为满足高强度、刚度和减小轴承比压的需要，增大了连杆轴颈，致使连杆大头的外部尺寸略大于气缸直径，连杆大头不能从气缸孔中抽出。为了便于装卸，将连杆大头的接合面做成与连杆杆身轴线成 45°或 30°的斜面，如图 9-16(b)、(c)、(d)所示，称为斜剖式或斜切口连杆。

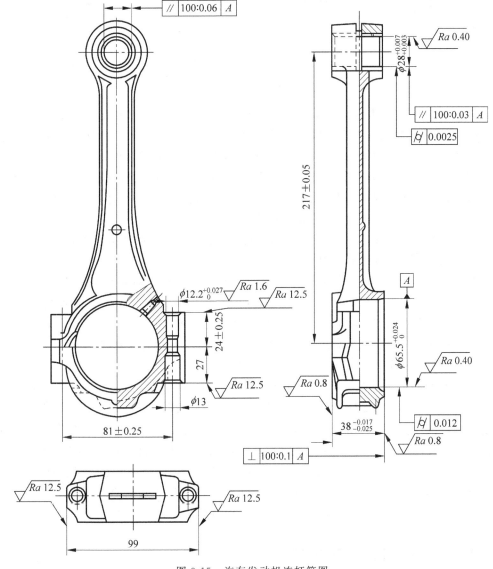

图 9-15　汽车发动机连杆简图

连杆的大头和小头的端面一般与杆身对称中心平面对称，有些连杆在结构上设计出工艺凸台、中心孔等，作为机械加工时的辅助基准。

连杆的结构形式直接影响其机械加工工艺的可靠性与经济性。影响连杆结构工艺性的因素，除第 8 章对结构工艺性的一般分析外，主要有以下几方面：

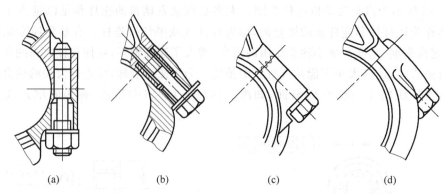

图 9-16 连杆盖和连杆体连接的定位方式
(a) 用连杆螺栓定位连接；(b) 用套筒定位连接；(c) 用齿形定位连接；(d) 用凸肩定位连接

(1) 连杆盖和连杆体的连接方式。连杆盖和连杆体的定位,传统的方法主要有连杆螺栓、套筒、齿形和凸肩四种方式,斜切口连杆常用后三种方式,如图 9-16 所示。平切口连杆用连杆螺栓定位,螺栓和螺栓孔的尺寸公差要求都较高。用套筒定位,连杆体、连杆盖与套筒相配合孔的尺寸公差和孔中心距公差要求也都较高。用齿形或凸肩定位,接合稳定性好,制造工艺也简单,连杆螺栓孔为自由尺寸,接合面上的齿形或凸肩可采用拉削方法加工,适于大批大量生产；成批生产时,可采用铣削方法加工。

近年来,国内外已开始采用裂解(亦称胀断)工艺,利用裂解中在接合面上形成的分离裂痕定位连杆盖和连杆体(详见后叙)。

(2) 连杆大、小头厚度。连杆大、小头端面对称分布在杆身对称平面的两侧。若大、小头厚度不等,两端面就不在一个平面上,用这样的不等高端面作为定位基准,必定会产生定位误差。因此,考虑到加工时的定位、加工中的运输等要求,连杆大、小头一般采用相等的厚度。对于不等厚度的连杆(小头比较薄),为了加工定位和夹紧的方便,在连杆加工中先按等厚度加工,最后再将连杆小头加工至所需厚度尺寸。

(3) 连杆杆身润滑油孔。活塞销与连杆小头衬套之间需要进行润滑,有些发动机连杆采用压力润滑。为此,在连杆杆身上钻有油孔,润滑油从连杆大头孔内沿杆身油孔通向小头衬套孔。油孔一般为 $\phi 4 \sim 8 \mathrm{mm}$ 的深孔。由于深孔加工困难,有些连杆以阶梯孔代替小直径通孔,从而改善了工艺性。大多数发动机连杆可以通过改变润滑方式,以避免深孔加工,例如改压力润滑为重力润滑。当发动机工作时,飞溅在活塞内腔顶部上的润滑油,由于自重落到连杆小头油孔或开口槽内,再经衬套上的小孔或槽流到活塞销的摩擦表面。这种润滑方式只需在连杆小头铣一开口槽或钻一小孔,从而避免了深孔加工。

9.2.2 连杆的机械加工工艺

1. 连杆的技术要求

目前对发动机连杆的主要技术要求如表 9-1 所示。

表 9-1 连杆主要技术要求

主 要 项 目		技 术 要 求
连杆小头底孔	尺寸/mm	IT7
	圆柱度/mm	0.01
	表面粗糙度 $Ra/\mu m$	1.6
连杆小头衬套孔	尺寸/mm	IT5～IT6
	圆柱度/mm	0.008
	表面粗糙度 $Ra/\mu m$	0.8
连杆大头底孔	尺寸/mm	IT5～IT6
	圆柱度/mm	不超过尺寸公差
	表面粗糙度 $Ra/\mu m$	0.8
连杆小头孔中心距/mm		±(0.03～0.05)
连杆小头孔平行度/mm		0.02/100～0.06/100
连杆两端面	对大头轴线垂直度/mm	0.06/10～0.1/10
	厚度公差/mm	0.05～0.08
	表面粗糙度 $Ra/\mu m$	0.8
	平面度/mm	0.05
连杆质量公差/g		±(3～8)

2. 连杆的材料和毛坯

发动机连杆的材料，一般采用 45 钢或 45Cr、35CrMo，并经调质处理，以提高其强度及抗冲击能力。也有采用非调质钢如 35MnVS，或采用 55 钢或球墨铸铁制造连杆的。使用非调质钢制造连杆可免去调质工艺，节约了工时和能源。

钢制连杆一般采用锻造方法制造毛坯。在大批大量生产中采用模锻。模锻时，一般分两个工序进行，即初锻和终锻，通常在切边后进行热校正。中、小型的连杆，其大、小头端面常进行精压，以提高毛坯精度和减小加工余量。模锻生产率高，但需要较大吨位的锻造设备。有的连杆采用辊锻-模锻工艺，其工艺过程为：辊锻制坯→热模锻（预锻、终锻）→切边、冲孔。20 世纪 80 年代以后，大批大量生产的连杆采用粉末冶金锻造法在汽车发动机上相继使用。粉末冶金锻造连杆的特点是力学性能优良，尺寸精度高，质量较轻及质量偏差很小等。

发动机连杆的毛坯主要有两种类型：连杆体与连杆盖合在一起的整体式锻件和连杆体、连杆盖分开的分开式锻件。分开锻造的连杆，金属纤维是连续的，因此具有较高的强度。整体锻造的连杆要增加切断连杆的工序，切断后连杆盖的纤维是断裂的，因而削弱了强度。但整体式连杆因为具有节材节能、锻造工艺简单且节省锻造模具以及接合面机械加工量小等特点而被广泛采用。尤其是裂解技术被采用后，整体式连杆毛坯得到了更广泛的应用。

3. 连杆机械加工的定位基准

连杆的结构工艺特点是：外形复杂，不易定位；大、小头由细长的杆身连接，刚度差，容易变形；尺寸、形状和位置公差要求很严格，表面粗糙度值小，这给连杆机械加工带来了许多困难。因此，定位基准的正确选择对保证加工精度是很重要的。如为保证大头孔与端面垂直，加工大、小头孔时应该以一固定端面作为定位基准。为区分作为定位基准的端面，通常在非定位端面的杆身和连杆盖上各锻造出一个凸点，作为标记（参见图 9-15）。在连杆加工中，大多数工序是以大、小头端面，大头孔或小头孔，以及零件图中规定的工艺凸台作为精基准的。不同工艺凸台的连杆结构如图 9-17 所示。

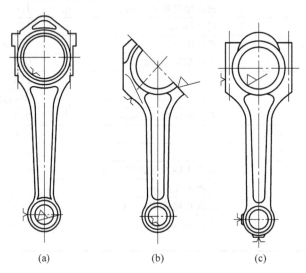

图 9-17　不同工艺凸台的连杆结构

图 9-17（a）所示为小头侧面有工艺凸台的连杆，图示是用端面、大头孔和小头工艺凸台作为定位基准加工小头孔。图 9-17（b）所示为大头侧面有工艺凸台的连杆，图示是用端面、小头孔和大头工艺凸台作为定位基准加工接合面。图 9-17（c）所示为大、小头侧面和小头顶面有工艺凸台的连杆，图示是用端面和大小头工艺凸台作为定位基准加工大头孔（或小头孔），也可以同时加工大、小头孔。这种定位方式便于在自动线上的随行夹具中定位。

4. 连杆主要加工表面的工序安排

连杆的主要加工表面为大头孔、小头孔、端面、连杆盖与连杆体的接合面以及连杆螺栓孔；次要加工表面为油孔、锁口槽等；辅助基准为工艺凸台或中心孔。非机械加工技术要求有探伤和称重、去重。此外，还有检验、清洗、去毛刺等工序。

连杆大、小头两端面的加工一般采用粗铣→粗磨→精磨或粗磨→半精磨→精磨等加工工艺方案。

连杆小头底孔的加工，一般采用钻孔→拉孔→镗孔或钻孔→扩孔→铰孔等加工工艺方案；压入青铜衬套后，多以金刚镗（细镗）衬套内孔作为最后加工。

连杆大头孔的加工，一般采用粗镗→半精镗→精镗→珩磨工艺方案。连杆螺栓孔一般采用钻孔→扩孔→铰孔加工。为保证连杆主要表面的加工精度和表面粗糙度要求，连杆在机械加工时，粗加工、精加工和光整加工工序分阶段进行。

根据连杆的结构特点及机械加工要求，各表面的加工顺序大致可归纳如下：加工大、小头端面，加工定位基准孔（大、小头孔）和工艺凸台；粗、半精加工主要表面（包括大头孔、接合面及螺栓孔等）；把连杆盖和连杆体装配在一起，精加工连杆总成，校正连杆质量，对大、小头孔进行精加工和精整、光整加工。

连杆的加工工艺过程与采用的设备、生产纲领以及技术要求和资金状况有很大关系。表 9-2 所示为某企业采用整体模锻毛坯,在年生产纲领为年产 30 万件条件下,成批制造连杆的主要机械加工工艺过程。

表 9-2 连杆的机械加工工艺过程

工序	工序内容	设备
10	磨大、小头第一端面	立式单轴圆台磨床
20	磨大、小头第二端面	立式单轴圆台磨床
30	拉削大头两侧面、小头工艺凸台	立式拉床
40	钻、镗小头孔并双面倒角;粗镗大头上半孔并双面倒角;粗镗大头下半孔并双面倒角(镗头移位)	组合镗床(加工小头孔采用钻镗复合刀具)
50	切断	切断机床
60	同时拉削接合面、螺母座面	立式拉床
70	钻、扩、铰螺栓孔;铣轴瓦锁口槽;钻小头油孔	自动线(随行夹具同时装夹连杆体和连杆盖)
80	测量接合面及螺栓孔	综合自动测量仪
90	装配连杆及连杆盖,拧紧螺栓	全自动拧紧机
100	精磨大、小头两端面	立式双轴圆台平面磨床
110	称重、去重	称重、去重机
120	精镗连杆小头底孔;压铜套、打标记号;同时精镗小头铜套孔及大头孔	三工位组合机床
130	端面、大小头孔及去重块处去毛刺	全自动去毛刺机
140	检查大、小头孔的孔径尺寸、圆度、圆柱度、平行度及大头端面的厚度	综合自动测量仪

9.2.3 连杆主要表面的机械加工

1. 连杆大、小头端面的加工

连杆大、小头端面是连杆机械加工中的主要定位基准,应首先加工出该平面。根据连杆毛坯的尺寸精度和加工余量大小,可以采用铣削和磨削加工。在成批生产时,由于毛坯精度较低和加工余量较大,一般采用铣削加工,可以在立式组合铣床和立式圆工作台平面铣床上使用硬质合金可转位面铣刀进行铣削加工。在立式圆工作台平面铣床上加工时,因为连续转动的圆形工作台上可安装多套铣床夹具,铣削是连续的,装夹工件和铣削加工又是同时进行的,所以生产率较高。但是铣削时铣刀切削是间断的,易发生振动,对加工质量有一定影响。

在大批大量生产时,由于连杆毛坯精度高,加工余量较小,所以多采用端面磨削方法直接磨削连杆大、小头端面。连杆大、小头端面的磨削加工有两种方式:

(1) 在立轴多砂轮圆形工作台平面磨床上磨削。这种平面磨床具有双砂轮或三砂轮或五砂轮布置形式,其圆形工作台上可以安装多套磨床夹具。每套磨床夹具上有两个工件装夹位置。磨削时，以两个端面互为基准，分两个工步进行磨削。第一工步是以无凸点标记的一侧端面（非定位基准面）作为定位基准，加工有凸点标记的一侧端面；第二工步时，连杆翻转180°，以有凸点标记一侧端面定位，加工无凸点标记的一侧端面。磨削时圆形工作台连续回转，被加工连杆随工作台回转两周，经一次翻转，完成大、小头两端面的磨削。因为圆形工作台上装有多套磨床夹具，并且磨削加工与装卸工件时间重合，所以生产率很高。由于这类平面磨床有多个砂轮，一个端面的加工余量经多次顺序磨削；又由于被加工连杆在第二工步磨削的端面，是以磨削过的有凸点标记一侧端面定位的，所以经端面磨削的定位基准端面的加工质量较高。后续工序均用这一侧端面（无凸点标记的）定位，遵循了基准统一的原则，有利于保证后续工序的加工精度。图9-18所示为立式五轴圆形工作台平面磨床磨削连杆端面的示意图。砂轮1、2、3磨削连杆大头端面，砂轮4及5磨削小头端面。这种磨削可磨削等厚和不等厚大、小头端面。

(2) 在卧式对置双砂轮平面磨床上同时磨削连杆大、小头两端面。图9-19所示为卧式对置双砂轮同时磨削连杆大、小头两端面的示意图。在这种平面磨床上，中间有一个大直径的轮毂转盘，在轮毂转盘上装有多套磨床夹具。由于被加工连杆在一次装夹中由两边对置的砂轮同时磨削连杆大、小头两端面，并且磨削端面与装卸工件时间重合，因此这种磨削具有更高的生产率和两端面间的平行度精度。为保证大、小头两端面对杆身对称中心平面的对称，在磨削端面之前，以连杆杆身定位，加工出中心孔；在磨削大、小头端面时，将已加工中心孔的连杆安装在转盘的磨床夹具上，在接近砂轮时自动夹紧，在接近卸件位置时自动松开。

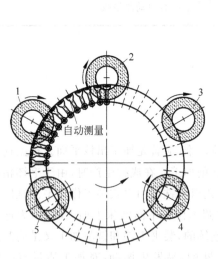

图9-18 立式五轴圆形工作台平面磨床磨削连杆大、小头端面示意图

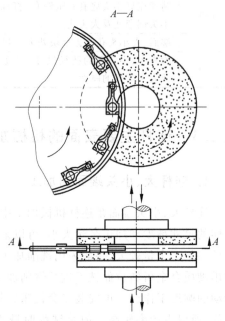

图9-19 卧式对置双砂轮磨削连杆大、小头端面示意图

2. 连杆辅助基准和其他平面的加工

辅助基准主要指连杆的工艺凸台和连杆侧面。其他平面指的是连杆盖和连杆体的接合

面以及连杆盖、连杆体上与螺栓头、螺母的支撑面等。虽然这些表面的加工面积不大,但其加工部位分散、数量多,因此生产效率是个很重要的问题。这些表面常采用铣削或拉削加工,接合面的精加工采用高效磨削。

在拉削中,有在双滑枕立式外拉床和卧式连续式拉床上拉削两种方式。在立式外拉床上拉削时,为提高生产率和保证各加工表面的位置精度,常将几个表面组合起来同时进行拉削。根据连杆结构的不同,有不同的组合加工方式。图 9-20 所示为分开锻造的毛坯,对连杆大头侧面、半圆孔和接合面等表面的组合拉削方式。连杆体侧面、半圆孔、接合面和螺栓头支承面有两种组合拉削方式(图 9-20(a)、(b)),每种方式都由两个工步完成。加工上述表面时,是以小头孔、连杆体大小头端面和大头外形表面定位的。

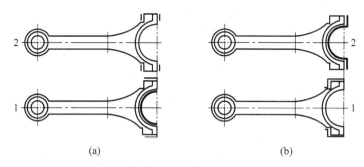

图 9-20　同时拉削连杆体各表面的组合方式

图 9-21 所示为卧式连续拉床示意图,电动机 9 通过传动带使主传动链轮 11 旋转,夹具 6 连接在链条 8 上,组合式拉刀安装在刀具盖板 7 内。当链条带动装有工件的夹具在床身和拉刀刀齿间通过时,就逐渐地对工件进行拉削。加工时,被拉削的连杆放在夹具上,首先通过工件校正装置 3 校正连杆的位置;然后经过毛坯检验装置 4,如果连杆安装的位置不正确或余量过大,连杆外表面就会碰到毛坯检验装置 4,作用于微动开关,使机床运动停止,以防止拉刀和拉床损坏;夹具通过时,夹紧用撞块 5 使连杆得到夹紧。拉削完毕,夹具碰到松开用撞块 10 将连杆松开,当夹具在翻转状态时,连杆从夹具中脱落,进入下料机构 12。用连续式拉床加工,装卸工件的时间与拉削时间重合,并能实现多工件顺序拉削,所以生产率很高。但连续式拉床的机床导轨易磨损,传动链条易松动,使机床的可靠性受到影响。

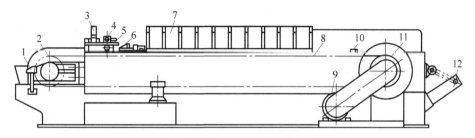

图 9-21　连续式拉床示意图

1—电气按钮站;2—张紧链轮;3—工件校正装置;4—毛坯检验装置;5—夹紧用撞块;6—夹具;
7—刀具盖板;8—链条;9—电动机;10—松开用撞块;11—主传动链轮;12—下料机构

3. 连杆大、小头孔的加工

连杆大、小头孔是连杆加工中对精度和表面粗糙度要求最高的，是连杆机械加工的重要工序。连杆大、小头孔的加工可分为粗加工、半精加工和精整加工三个阶段。

1）连杆大、小头孔的粗加工和半精加工

在连杆的端面加工后，接着进行小头孔的粗加工和精加工，使孔的精度达到 H7 级，以满足作为定位基准的需要。如果毛坯已冲出孔，则以扩孔作为粗加工。尺寸小的连杆毛坯没有预制孔，需要先钻孔、扩孔，然后铰孔或拉孔。

生产量较大时，可采用转台式多工位组合机床完成小头孔的钻孔或扩孔、铰孔或镗孔以及孔口倒角。生产量较小时，可在普通立式钻床上，在一个工序中顺序完成钻、扩、铰孔。加工时，用小头非加工外圆定位以保证孔的壁厚均匀。

对于整体式连杆毛坯，大头孔的粗加工可在切断连杆前或切断连杆盖后进行。若在切断前进行加工，要通过偏心扩孔或偏心镗孔加工出椭圆孔。

多数情况下，大头孔是在切断连杆盖后，并和连杆体合并在一起进行加工。生产量较大时，用多轴镗头和多工位夹具或多工位机床进行加工。大量生产时，可在连杆盖切断后，在连续式拉床上将大头侧面、半圆孔和接合面等一起进行组合拉削；或者在几台连续式拉床上分别拉削大头侧面、螺栓头及螺母的支承面，切断连杆盖和拉削连杆盖、连杆体的接合面、半圆孔。

近年来，加工中心和由加工中心组成的柔性生产线在连杆大、小头孔加工方面的应用越来越广泛，以满足柔性生产的需要。

2）连杆大、小头孔的精加工和精整、光整加工

连杆大头孔半精加工、精加工和精整、光整加工是在连杆体和连杆盖组装后进行的；而小头孔因为在组装前已加工到一定的尺寸精度，所以组装后直接进行精加工。

一般小头底孔和衬套孔采用金刚镗（细镗），大头孔多采用金刚镗（细镗）及珩磨加工。此外，有的连杆小头底孔拉削后，不再进行金刚镗孔，仅金刚镗大头孔；有的连杆小头底孔、大头孔均经珩磨；有的则以脉冲式滚压代替珩磨；有的连杆直接利用双轴精密镗床对大、小头孔进行精加工。此类设备带有自动检测、自动补偿系统，可以在一次加工中保证各项精度，比珩磨效率高、废品率低。

连杆大、小头孔的精加工一般有两种方案：

（1）大、小头孔同时加工。大、小头孔同时加工可在专用的卧式双轴金刚镗床或精密镗床上进行。加工时连杆以大小头端面、小头孔和大头侧面定位，小头孔内的定位销在工件夹紧后抽出，即可同时对大、小头孔进行加工。这种加工依靠机床和镗床夹具来保证大、小头孔的中心距要求和提高生产率，但对机床镗头的调整有较高的要求。

近年来，在加工中心上同时半精镗、精镗连杆大、小头孔的方法应用越来越广泛。

（2）大、小头孔分别加工。这种方法的加工质量在很大程度上取决于镗床夹具的制造精度和定位的准确性。与大、小头孔同时加工相比，该方法机床和夹具的调整较容易；由于是单孔加工，产生的切削力小，引起的工艺系统的振动较小。但由于工件多次定位及工件夹紧变形而造成的误差较大。

4. 连杆接合面裂解加工工艺

连杆接合面裂解(亦称连杆胀断)技术是20世纪90年代出现的一种先进的连杆加工新技术,它从根本上改变了连杆的传统加工工艺。

连杆裂解技术的原理是利用人为的初始断裂源(在大头孔内用拉刀加工出V形槽或用激光加工出矩形槽,称为应力集中槽),然后采用一个楔形压头压入连杆大头孔(连杆大头孔与压头之间还有一对半圆裂解套,亦称胀块),当压头向下移动时,初始裂痕由内孔向外不断扩展,直至将大头孔沿裂痕断开,使连杆体与连杆盖分离(图9-22)。然后再利用断裂面凹谷、凸峰交错的特征,将分离后的连杆体与连杆盖精确复位,最后在断裂面完全啮合的条件下,完成定力矩拧紧螺栓工序。加工裂解槽、裂解、定力矩拧紧螺栓,以及压衬套、倒角可在一台专用的裂解设备上完成。

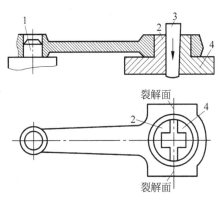

图9-22 连杆接合面的裂解原理图
1—定位销;2、4—裂解套;3—楔形压头

连杆裂解加工对连杆的材料要求较高,要求其塑性变形小、强度较好、脆性适中。目前用于裂解连杆的主要材料为粉末烧结材料、高碳微合金非调质钢、球墨铸铁及可锻铸铁,其中高碳微合金非调质钢(如C70S6)和粉末烧结材料应用最广。

采用裂解工艺的连杆毛坯其形状和尺寸与传统工艺的连杆毛坯无太大区别,但为了减少裂解过程中的裂解力及裂解时大头孔的变形,在不影响断裂面啮合准确性的情况下,应尽量减小大头孔中心截面处的断裂截面积。

裂解加工连杆的主要工艺过程为:粗磨连杆两端面→粗镗及半精镗大、小头孔→钻、攻螺纹孔→加工裂解槽→裂解→装配螺栓→压衬套并精整、光整加工衬套→精磨连杆两端面→半精镗及精镗大、小头孔→铰珩小头孔→清洗→检验。

与传统加工工艺相对比,连杆裂解加工能够保证接合面精确地定位相接,以整体加工代替了分体加工,省去了接合面的加工,同时简化了连杆螺栓孔的结构设计,降低了对螺栓孔的加工要求,省去了螺栓孔的精加工和加工设备,并且具有节材省能、产品质量高、生产成本低等优点。

9.2.4 连杆的检验

连杆的检验主要分为连杆盖、连杆体和连杆总成的检验。在连杆体的检验中,对连杆小头孔的孔径尺寸用气动量规检验,对小头孔轴线与端面的垂直度、接合面到小头孔的中心距及对端面的垂直度均采用专用检具检验。在连杆总成的检验中,主要检查各主要表面的尺寸及位置精度,如大、小头孔的直径尺寸(使用气动量规进行检验,并对小头衬套孔尺寸进行分组)、大、小头孔的中心距和大、小头孔轴线在两个相互垂直方向的平行度(使用专用检具进行检验)等。图9-23所示为连杆大、小头孔轴心线在两个相互垂直方向平行度的常规检验方法。检验前先在连杆大、小头孔内插入检验心轴,然后将插入检验心轴的连杆总成放在高精度的两等高 V 形块上,用图 9-23(a)、(b)所示方法检验大、小头孔中心距和大、小头孔轴线在两个相互垂直方向上的平行度误差。

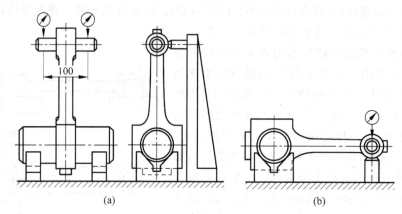

图 9-23 连杆大、小头孔在两个相互垂直方向平行度的检验方法

除了上述传统的生产线外检验方法外,在大量生产的自动化生产过程中,在自动线上设有切削加工的检测工位,在工件未加工前对其测量,按测量的数值不同,采用不同的加工参数进行加工。在关键设备,如连杆精镗、珩磨和平面磨削等设备上采用主动测量、自动补偿装置对加工尺寸进行实时修正,使实际尺寸持久地保持在公差带中心附近。

在大量生产的条件下,连杆在加工完成时采用连杆综合自动检查机进行检测,对连杆关键部位的尺寸、形状和位置精度需要进行 100% 的检测。连杆综合自动检查机检测的特点是可进行多项检测,并且检测精度高,生产率和自动化程度高。

9.3 曲轴的制造工艺

曲轴是活塞式发动机的核心部件之一,它与连杆、活塞等一起组成一个曲柄连杆机构。通过曲轴与连杆的配合,将活塞的往复直线运动转变成自身的圆周运动,从而连续地向外输出动力。曲轴还驱动配气机构以及其他辅助装置(如风扇、水泵、发电机等)以确保发动机的正常工作。因此,曲轴质量的好坏将直接影响发动机的整体性能。

9.3.1 曲轴的结构特点及主要技术要求

1. 曲轴的结构特点

曲轴的结构与一般轴不同,它主要由主轴颈、连杆轴颈、主轴颈与连杆轴颈之间的曲柄构成。不同的发动机,使用的曲轴零件的结构也有所差异,但它们之间也有一些共同的特点。以六缸发动机上的曲轴为例,如图 9-24 所示,这种曲轴属于全支承曲轴,共有 7 个主轴颈和 6 个连杆轴颈。曲轴零件的结构具有以下特点:

1) 整体形状较为复杂

通常,一根曲轴有很多段主轴颈和连杆轴颈,这些轴颈之间通过曲柄臂连接,不在同一

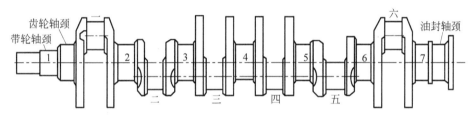

图 9-24 六缸发动机曲轴
1～7—主轴颈；一～六—连杆轴颈

轴线上，这就使得曲轴的横断面在沿轴线方向上产生急剧变化。而且曲轴的这种偏心结构还会使曲轴在加工中难以平衡，给加工带来困难，因此生产中应配备能迅速找正连杆轴颈的偏心夹具和平衡块。曲轴的形状和曲拐的布置有很大关系。发动机的气缸数、气缸排列方式以及发动机的点火顺序对曲拐的布置有很大影响。

2) 刚度差

曲轴零件的长径比大，可以达 10 以上，又有较多的偏心连杆轴颈段，所以曲轴的刚度很差。例如图 9-24 中的六缸发动机曲轴的长径比 L/D 就高达 11，并且 7 个偏心的连杆轴颈。在加工中，为防止曲轴零件产生较大变形而影响加工精度，通常需要选用刚度较高的机床、刀具及夹具等，并用托轮来增强工件的刚性，以缩短曲轴的支承距离、减小加工中产生的变形和振动。为了减小在加工连杆轴颈时产生的扭转变形，通常采用具有中间传动的机床来进行加工。

另外，在加工中应合理安排加工工位的顺序、加工方式以及装夹定位方式，尽量使切削力的作用互相抵消，减小加工变形，以保证加工精度；还要合理增设校直工序，及时修正曲轴形状，提高加工精度。

2. 曲轴的技术要求

曲轴是发动机中的主要旋转件。发动机工作时，活塞每秒钟往复 100～200 个行程，曲轴的转速可达到 6000r/min。在发动机的每个工作行程都会产生巨大的燃气压力，这些压力将以每秒 100～200 次的频率通过活塞、连杆突然作用到曲轴上。而且曲轴还要受到周期性变化的惯性力及力矩的作用。这些呈周期性变化的巨大载荷，会使曲轴发生扭转振动和弯曲振动，进而产生很大的附加应力，造成曲轴失效。特别是在曲柄臂和轴颈的过渡圆角部分及油孔附近，会产生严重的应力集中，曲轴长时间处于这种工作环境下，很容易在应力集中处产生疲劳破坏。弯曲和扭转疲劳断裂是曲轴的主要破坏形式，其中弯曲疲劳断裂最为常见。同时，曲轴的连杆轴颈、主轴颈及其轴承副在高比压下高速相对旋转，也容易造成磨损发热和烧损。为了保证曲轴能够满足工作要求，约束曲轴的制造过程，对曲轴规定了严格的技术要求。曲轴的主要技术要求如下：

1) 尺寸精度要求

(1) 主轴颈和连杆轴颈的直径尺寸精度通常为 IT6～IT7 级。

(2) 主轴颈的宽度极限偏差为 +0.1～+0.36mm，连杆轴颈的宽度极限偏差为 +0.05～+0.15mm。

(3) 曲轴半径极限偏差为 ±0.05mm。

(4) 曲轴的轴向尺寸极限偏差为±(0.05～0.50)mm。

2) 形状精度要求

(1) 曲轴主轴颈、连杆轴颈的圆柱度公差为0.005～0.01mm。

(2) 曲轴后端的平面度公差为0.1mm。

3) 位置精度要求

(1) 连杆轴颈的轴线对主轴颈轴线的平行度在每100mm长度上不大于0.02mm。

(2) 轴颈母线间的平行度不大于0.015mm。

(3) 连杆轴颈的相位角偏差不大于±30′。

(4) 当曲轴长度小于1.5m,并以曲轴前后端的主轴颈为加工基准时,曲轴中间的主轴颈的径向圆跳动不大于0.015mm。

(5) 曲轴后端的法兰面径向圆跳动不大于0.06mm。

(6) 曲轴止推面对主轴颈轴线的垂直度一般为0.012～0.017mm。

(7) 曲轴轴颈跳动量要求如表9-3所示。

表9-3 曲轴轴颈跳动量要求　　　　　　　　　　　　　　　mm

序号	项目	跳动量限值	
		曲轴长度≤1.5m	曲轴长度＞1.5m
1	中间主轴颈	0.04	0.05
2	装带轮轴颈	0.04	0.05
3	装正时齿轮轴颈	0.03	0.04
4	正时齿轮轴颈靠第一主轴颈端面	0.05	0.05
5	止推凸台端面	100∶0.025	100∶0.025
6	装飞轮法兰盘轴颈	0.03	0.05
7	装非整体油封轴颈	0.04	0.05
8	装整体油封轴颈	0.03	0.04
9	装飞轮法兰盘端面	100∶0.02	100∶0.02

4) 表面粗糙度要求

曲轴主要表面的粗糙度要求如表9-4所示。

表9-4 曲轴主要表面的粗糙度要求

序号	项目	表面粗糙度 $Ra/\mu m$
1	主轴颈和连杆轴颈	≤0.32
2	油封轴颈	≤0.63
3	止推凸台端面	≤0.63
4	轴颈圆角	≤0.63
5	主轴颈和连杆轴颈润滑油孔口	≤1.25
6	其他轴颈	≤1.25

5) 其他技术要求

(1) 曲轴必须根据发动机的用途、轴颈数以及每分钟的转数确定动平衡精度,以减小曲轴工作时产生的附加应力。

（2）曲轴的主轴颈、连杆轴颈等重要工作表面都要进行表面强化（如喷丸、滚压圆角等），以提高曲轴的疲劳寿命。

（3）曲轴零件要经过调质、轴颈表面淬火、氮化等热处理工艺。根据发动机结构和曲轴材料的不同，其热处理后的硬度一般为46～62HRC。

（4）为保证曲轴轴瓦的使用寿命，曲轴加工完毕后必须清洗外表面和油道孔，一般油道孔的清洁度标准为2.5～50mg。

（5）曲轴零件对裂纹要求很高，不允许存在横向裂纹，可以存在小的轴向裂纹，但曲轴各部位所允许存在的裂纹也不相同。裂痕长度应保证在3.2～22.2mm。

（6）许多汽车制造厂还对精加工时曲轴的旋转方向有明确规定。一般要求在精磨主轴颈和连杆轴颈及精加工止推面时，曲轴的旋转方向应与其在发动机中工作时的旋转方向相反，抛光主轴颈和连杆轴颈以及挤压或抛光止推面时，曲轴的旋转方向应与其在发动机中工作时的旋转方向相同。

（7）曲轴工作时会受到正时齿轮斜齿传动、上下坡、加速、制动以及离合等产生的轴向力作用而前后窜动。如果轴向窜动量过大，将影响各机件的正常工作，如果过小则会因热膨胀而影响曲轴工作。所以曲轴对轴向间隙有一定的要求，此间隙一般为0.05～0.25mm。

9.3.2 曲轴的加工工艺分析

1. 曲轴的材料

曲轴是发动机的核心件之一，很多情况下它的使用寿命几乎代表了整个发动机的寿命，一台曲轴损坏了的发动机是没有太大的维修价值的。汽车发动机曲轴一般采用球墨铸铁或锻钢材料制成，材料的相关要求可参照汽车行业标准 QC/T 481—2005《汽车发动机曲轴技术条件》。

按照该标准要求，用于制造曲轴的球墨铸铁其材料力学性能不低于牌号 QT700-2（抗拉强度700MPa、断后伸长率2%）的，而锻钢则可以采用45、40Cr、40MnB、35CrMo 等牌号或力学性能更高的钢材。在汽车发动机中用的较多的曲轴材料有 QT700-2、QT800-2、QT900-2 等牌号的球墨铸铁以及45、35CrMo、40Cr、40MnB、42CrMo 等牌号的锻钢。

表9-5所示为汽车曲轴中的常用材料以及处理工艺。

表9-5 汽车曲轴中的常用材料及处理工艺

用途	材料	基本热处理		表面热处理		
		工艺	硬度（HBS）	工艺	硬化层深/mm	硬度（HBS）
轿车	45	正火	170～288	感应淬火	2～4.5	55～63
	50Mn	调质	217～277	氮、碳共渗；570℃，油冷	>0.5	>500HV
	QT700	正火	—	—	—	—
客车	QT700	正火	—	—	—	—
	45	正火	163～169	感应淬火，自回火	3～4.5	55～63
	45	调质	216～219	感应淬火，回火	>3	>55

续表

用途	材料	基本热处理		表面热处理		
		工艺	硬度（HBS）	工艺	硬化层深/mm	硬度（HBS）
货车	45	正火		碳、氮共渗	0.9～1.2	>300HV
	QT900	正火回火	280～321	—	—	
	35CrMo	调质	216～269	感应淬火	3～5	53～58
	42CrMo	调质	—	感应淬火		

近年来，随着人们对发动机的要求不断提高，陆续有新的材料被开发用于发动机曲轴的制造。例如，等温淬火球墨铸铁（ADI）、非调质钢等。

统计数据表明，疲劳断裂是曲轴的主要破坏形式。等温淬火球墨铸铁（ADI）以其优良的性能、较高的整体强度和弯曲疲劳强度被认为是制造发动机曲轴的理想材料，经圆角滚压强化后的 ADI 曲轴可完全满足增压发动机的要求。同时，等温淬火球墨铸铁（ADI）曲轴较锻钢可减轻 10% 左右的自重，大大降低制造成本。目前等温淬火球墨铸铁（ADI）已在曲轴生产中大量使用，其具有替代锻钢的潜力。表 9-6 所示为美国 ADI 牌号（ASTM 897M-ADI）及其部分力学性能。

表 9-6 美国 ADI 牌号（ASTM 897M-ADI）及力学性能

等级	σ_b/MPa	$\sigma_{0.2}$/MPa	δ/%	A_k/J	硬度（HB）
850	850	550	10	100	269～321
1050	1050	700	7	80	302～363
1200	1200	850	4	60	341～444
1400	1400	1100	1	35	388～477
1600	1600	1300	—	—	444～555

非调质钢是在中碳锰钢的基础上加入钒、钛、铌等微合金化元素，使其在加热过程中溶于奥氏体中，并在冷却过程中析出而得到的强化钢。这类钢在热轧状态、锻造状态或正火状态的力学性能接近一般调质状态的力学性能水平。因此，在应用时可省略调质处理工序，既缩短生产周期，又节省能源。

非调质钢具有性能优良、高效节能、绿色环保、低成本等突出优点，被誉为"绿色钢材"，深受世界各国的青睐，现已成为锻钢曲轴材料的主要发展方向。我国亦在汽车行业标准 QC/T 481—2005 中正式将非调质钢作为汽车曲轴的推荐优先使用材料纳入标准。

2. 曲轴毛坯制造工艺

汽车发动机曲轴主要有铸造和锻造两种制造方法，其中锻造毛坯的材料多为钢材，如优质碳素钢、低合金钢、合金钢等，铸造毛坯的材料主要是球墨铸铁，也有选用可锻铸铁、合金铸铁、铸钢等材料。

铸造法生产曲轴毛坯是工艺最简单的方法，主要用于小批量生产一些要求较低的曲轴。用铸造成型工艺生产曲轴毛坯不需要大型压力加工设备和昂贵的模具，具有生产周期短、切削余量较小、金属利用率高、生产成本低的优点。铸造可以比较容易地得到复杂的结构，因此铸造曲轴可以使用较合理的结构形状（如椭圆形曲柄臂、桶形空心轴颈等），以使零件应力分布均匀。整体铸造曲轴的切削加工性能好，并有良好的减振性及耐磨性。但是这种方法生产出来的曲轴质量和性能都较差，铸造缺陷（如气孔、缩松、成分偏析、晶粒粗大等）会严重影响其抗疲劳能力，所以在要求较高的曲轴中使用较少。

汽车发动机曲轴一般都是大批量生产，要求较高。为了保证发动机的可靠性，大多汽车发动机曲轴都采用锻造毛坯。曲轴锻造主要包括以下几种工艺：

(1) 模锻成型。目前，模锻是小型曲轴毛坯制造中最常见的一种方式，也是大批量生产曲轴的主要方式。模锻成型工艺使用大吨位锻压设备配合大型专用模具，通过锻压来获得曲轴毛坯。对于模锻而言，曲轴属于形状复杂的锻件，单靠一个模膛无法完成锻造，因此在实际生产中通常在一副锻模中开几个模膛，使毛坯在多个模膛中逐步变形，最终得到曲轴毛坯。采用模锻工艺加工的曲轴毛坯，在设计时要考虑工艺条件，设计合理的分模面、出料斜度、圆角等。在曲轴模锻过程中，为了使锻件能比较容易地充满模膛并顺利地从模膛中取出，有时会根据需要在一些地方加敷料。敷料加得越多，就越浪费材料，切削余量也越大。

另外，模锻法生产曲轴毛坯时需要使用大吨位锻压设备和大型专用模具，成本高，生产周期长，设备吨位大，因此不便于快速组织生产，产品比较单一，设备适应性较小，当生产批量较小时，经济效益很差。但是在大批量生产时，模锻的生产效率以及材料利用率都要远远高于自由锻造，其综合经济效益也比自由锻造高很多。而且模锻曲轴毛坯精度高，质量好，明显呈现出金属纤维组织特性，使曲轴的性能和可靠性都明显提高。这也是目前汽车行业偏好于使用模锻工艺进行大批量曲轴毛坯生产的原因。

(2) 自由锻造成型。自由锻造可以不受曲轴的形状和尺寸的限制而制造出所需毛坯，具有生产设备简单、通用性高、成本低以及操作简单的优点。曲轴的自由锻造成型工艺又可以分为块锻法和弯锻法。块锻法是将无法锻出的曲轴曲拐处加敷料填平，然后通过机械加工得到曲轴毛坯。这种方法加工余量很大，材料的利用率低，浪费现象严重，而且块锻法在加工曲轴曲拐部位时的切削加工会切断曲轴的纤维流线，降低曲轴的抗弯曲和抗疲劳能力。弯锻法采用胎模锻出曲轴曲拐，相比于块锻法加工余量少，材料利用率高，抗弯曲和抗疲劳能力也较好。

自由锻造主要靠人工操作来控制锻件的形状和尺寸，对工人的技术水平要求较高，生产的毛坯精度低，加工余量大，生产劳动强度高，生产效率低下，仅适宜于单件小批量的曲轴生产，现在我国仍有部分厂家使用这一方法生产曲轴毛坯。

(3) 全纤维锻造成型。全纤维锻造工艺是20世纪后期发展起来的一种新的曲轴毛坯生产技术，主要用于加工中速柴油机曲轴。全纤维锻造主要分为三个步骤：先将金属材料锻造成棒料，然后机械加工成台阶轴，最后在墩锻专用模具内锻造成型，模具每次只对一个曲拐进行热变形。全纤维墩锻法生产的曲轴金属流线完整，曲轴质量好，精度高，抗疲劳性能优异，和其他加工方法相比，全纤维锻造的曲轴可靠性是最好的。目前全纤维锻造已经广泛应用于汽车曲轴的生产中。

值得一提的是，虽然现在锻造曲轴的质量以及应用范围都要高于铸造曲轴，但是由于锻造对设备要求较高、生产投入大，所以长期以来人们一直在进行"以铸代锻"的研究。相信随着新技术新材料的发展，铸造曲轴将会在工业生产中担负更多的任务。

3. 曲轴机械加工的定位基准

汽车制造业由于产量较大,一般在加工连杆轴颈时,可利用已加工过的主轴颈定位,安装专用的偏心卡盘分度夹具,使连杆轴颈的轴线与转动轴线4重合,如图9-25所示。连杆轴颈之间的角度位置精度靠夹具上的分度装置来保证,加工时(多拐曲轴)依次加工同一轴线上的连杆轴颈及曲柄端面,工件2通过夹具体3上的分度板1与分度定位销5分度。由于曲拐偏心装夹,虽然卡盘上装有平衡块,但曲轴回转时仍免不了产生振动,因此必须适当降低主轴转速。对于大批量生产,为了提高其加工生产率,采用专用的半自动曲轴车床,工件能在一次装卡下(仍以主轴颈定位)车削连杆所有轴颈。专用自动曲轴磨床也能同时磨削连杆所有轴颈。

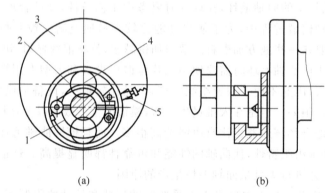

图 9-25 偏心卡盘分度夹具
1—分度板;2—工件;3—夹具体;4—转动轴线;5—分度定位销

4. 曲轴的加工工序安排

曲轴的主要加工部位包括主轴颈和连杆轴颈,次要加工部位包括油孔、法兰、曲柄、螺孔、键槽等。这些部位的机械加工工艺主要为车、铣、磨、钻、滚压等,除此之外,曲轴的加工过程中还要有轴颈淬火、探伤、动平衡等工艺以及必要的校直、检验、清洗等工序。

按照曲轴的机械加工工艺过程可将其分为定位基准的加工、主轴颈和连杆轴颈的粗加工、润滑油道等次要表面的加工、主轴颈和连杆轴颈的热处理、主轴颈和连杆轴颈的精加工、键槽和轴承孔等的加工、动平衡、主轴颈和连杆轴颈的光整加工几个阶段。

定位基准直接关系后续加工的加工精度,必须放在其他工序之前进行。不同结构和不同毛坯的曲轴,其定位基准的选择和使用会有一定的差异。对于普通汽车发动机曲轴而言,其定位基准总体上可以分为轴向基准、角向基准以及径向基准。

曲轴主要加工部位的技术要求高,为了保证曲轴主轴颈和连杆轴颈的技术要求,在实际生产中的加工顺序为:粗车→精车→粗磨→精磨→超精加工。

若曲轴较长,在加工时还需要将中间主轴颈作为辅助定位基准,以提高加工时曲轴的刚度。所以通常先对曲轴中部的主轴颈进行粗加工、半精加工以及精加工,然后再加工其他主轴颈;而连杆轴颈的粗加工和精加工,都是用曲轴两端的主轴颈进行定位,因此连杆轴颈的粗、精加工一般都安排在主轴颈加工之后进行。

钢制曲轴在加工后内应力会重新分布,造成轴颈变形,使轴颈产生径向跳动,影响曲轴的加工精度。为了最小化曲轴径向圆跳动对加工精度的影响,在曲轴前端主轴颈精磨之后,紧接着就要进行齿轮轴颈、带轮轴颈的精磨加工;在末端主轴颈的精磨工序之后,应紧接着安排油封轴颈的精磨。同时,为了防止因曲轴刚度降低而使上述轴颈在磨削后产生较大的径向跳动,其他主轴颈段的精磨要放在这些轴颈精磨之后进行。

曲轴加工时容易弯曲变形。为保证余量均匀、减少变形的影响,曲轴加工工艺中必须有校直工艺,但校直对曲轴的疲劳强度有不利的影响,因此要尽量减少曲轴的校直次数。一般只在曲轴的关键工序上安排校直,如中间主轴颈加工前、淬火后、动平衡去重后等。

曲轴上对表面粗糙度要求较高的各轴颈,还要进行超精加工。超精加工一般放在最后进行,以免加工好的轴颈表面被破坏。

在曲轴生产中,不同曲轴的加工过程也会有所不同。各工序安排要根据曲轴的生产类型、加工方法、毛坯质量、具体技术要求以及曲轴结构等实际情况进行适当调整。此外,有些工序的顺序变动,对曲轴的加工过程和加工质量影响不大,这些工序在安排上也有可能造成曲轴工艺过程的不同。表 9-7 所示为某企业大量生产六缸汽油机曲轴的工艺过程。

表 9-7　某企业大量生产六缸汽油机曲轴的工艺过程

工序	工 序 内 容	设　　备
1	铣端面,钻中心孔	铣钻组合机床
2	粗车第四主轴颈	曲轴主轴颈车床
3	校直第四主轴颈摆差	油压机
4	粗磨第四主轴颈	双砂轮架外圆磨床
5	车削第四主轴颈以外的所有主轴颈	曲轴主轴颈车床
6	校直主轴颈摆差	油压机
7	粗磨第一主轴颈与齿轮轴颈	双砂轮架外圆磨床
8	精车第二、三、五、六、七主轴颈、油封轴颈和法兰	曲轴车床
9	粗磨第七主轴颈	双砂轮架外圆磨床
10	粗磨第二、三、五、六主轴颈	双砂轮架外圆磨床
11	在第一和第十二曲柄上铣定位面	曲轴定位面铣床
12	车六个连杆轴颈	曲轴连杆轴颈车床
13	清洗	清洗机
14	在连杆轴颈上锪球窝	球形孔钻床
15	在第一、第六连杆轴颈上钻油孔	深孔组合钻床
16	在第二、第五连杆轴颈上钻油孔	深孔组合钻床
17	在第三、第四连杆轴颈上钻油孔	深孔组合钻床
18	在主轴颈上油孔口处倒角	交流两相电钻
19	去毛刺	风动砂轮机
20	高频淬火部分轴颈表面	曲轴高频淬火机
21	高频淬火剩余轴颈表面	曲轴高频淬火机
22	校直曲轴	油压机
23	精磨第四主轴颈	双砂轮架外圆磨床
24	精磨第七主轴颈	双砂轮架外圆磨床
25	车回油螺纹	曲轴回油螺纹车床

续表

工序	工序内容	设 备
26	精磨第一主轴颈和齿轮轴颈	双砂轮架外圆磨床
27	精磨带轮轴颈	双砂轮架外圆磨床
28	精磨油封轴颈和法兰外圆	双砂轮架外圆磨床
29	精磨第二、三、五、六主轴颈	双砂轮架外圆磨床
30	粗磨六个连杆轴颈	曲轴磨床
31	精磨六个连杆轴颈	曲轴磨床
32	在带轮轴颈上铣键槽	键槽铣床
33	加工两端孔	两端孔组合机床
34	检查曲轴不平衡量	曲轴动平衡自动线
35	在连杆轴颈上钻去重孔	特种去重钻床
36	去毛刺	风动砂轮机
37	校直曲轴	油压机
38	加工轴承孔	曲轴轴承专用车床
39	精车法兰端面	端面车床
40	去毛刺	风动砂轮机
41	粗抛光主轴颈与连杆轴颈	曲轴油石抛光机
42	精抛光主轴颈与连杆轴颈	曲轴砂带抛光机
43	清洗	清洗机
44	最后检查	—

9.3.3 曲轴的机械加工工艺

1. 曲轴中心孔的加工

铣端面、钻中心孔是曲轴加工的第一道工序。中心孔是后续加工工序的主要定位基准,它的精度对后续工序特别是动平衡产生很大的影响。此外,工序的变动和各加工表面余量分布对动平衡的影响更大。

曲轴有几何轴线和质量轴线两个轴线。如在普通的铣端面、钻中心孔机床上,以曲轴两端主轴颈外圆定位,则所钻出的中心孔是几何中心孔,所形成的轴线就是曲轴的几何轴线。

由于曲轴常用几何中心孔定位加工,而几何轴线又往往偏离质量轴线,所以在曲轴加工工艺过程中必须安排曲轴动平衡工序。

曲轴的质量轴线是自然存在的,如果在动平衡、钻中心孔机床上先找出曲轴的质量轴线,再按其轴线所处位置钻出中心孔,这时所得到的则是质量中心孔。用质量中心孔定位加工曲轴,可以大大减少机械加工后平衡和去重所需的工作量,也有利于减少机械加工中机床的磨损。目前质量中心孔使用较少,原因是动平衡、钻中心孔机床的价格太高。

小批量生产中,曲轴的中心孔一般在卧式车床上加工。在大批量生产中,曲轴几何中心孔的加工一般在专用的铣端面、钻中心孔机床上进行。质量中心孔一般在质量中心钻床上加工。

2. 曲轴轴颈车削加工

1) 主轴颈车削

大批量曲轴生产时,车削主轴颈在多刀半自动车床上进行,所用刀具为成型车刀。由于多刀车削的车削条件差,生产时常采用两次车削工艺,以提高加工质量和精度。使用两次车削工艺加工在第二次精车时,着重保证轴颈的宽度和轴颈的相对位置。

用专用曲轴车床车削主轴颈时,机床可采用两端传动或中间驱动的驱动方式,如图 9-26 所示。在加工过程中,曲轴的转速应逐渐增加,而车刀的每转进给量应逐渐减小。这是因为若曲轴转速 n 不变,随着车刀的径向进给,曲轴直径 D 逐渐减小,由切削速度公式 $v = \pi Dn/60$ 可知,切削速度将逐渐下降。而且受模锻斜度(锻造毛坯)和拔模斜度(铸造毛坯)的影响,侧向的切削余量和切削力将逐渐增大。通过改变曲轴的转速和车刀进给量使整个加工过程保持恒速切削,可以更好地发挥设备的效率,提高加工质量。

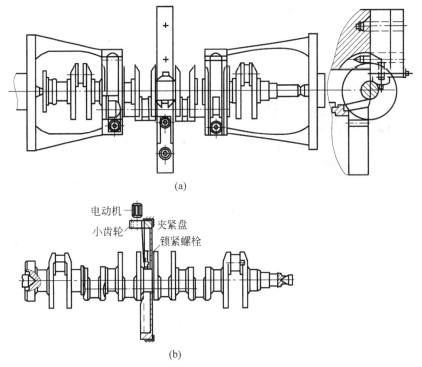

图 9-26 曲轴的两种驱动方式
(a)两边驱动;(b)中间驱动

2) 连杆轴颈车削

大批量生产时,车削连杆轴颈可在两端传动的普通车床或专用车床上进行。使用普通车床加工时,需要使用专用夹具进行装夹,并使曲轴主轴颈的轴线相对于机床主轴回转轴线偏移一个曲柄半径的距离,以保证连杆轴颈轴线与机床主轴的回转轴线重合。这种方法多是使用单刀架顺次车削法加工同一轴线上的连杆轴颈,生产效率较低。

若采用专用车床进行加工,则可以根据工件待加工连杆轴颈数设置刀架,同时对多段连杆轴颈进行车削。在专用车床上,有两根标准的靠模曲轴用于安装刀架。加工时,待加工曲轴绕其主轴颈转动,靠模曲轴也同步旋转,带动刀架对连杆轴颈进行加工,如图 9-27 所示。这种方法生产率高,适用于大批量生产;但由于加工时切削力较大,一般将曲轴的主轴支承在机床的中心架上,对机床中心架刚度要求高。对专用车床中心架要及时维修,以保证机床的加工精度和质量。

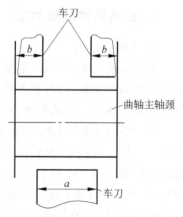

图 9-27 主轴颈车削刀具布置示意图

3) 曲轴轴颈铣削加工

曲轴铣削是在专用曲轴铣床上进行的。通常一台设备可加工曲轴的主轴颈、连杆轴径、台肩、曲臂平面、曲臂外圆及外圆倒角等多个部位。

曲轴主轴颈铣削用的刀具是大直径盘铣刀或立铣刀。加工时,用铣床左右两端的卡盘分别夹持曲轴两端,铣刀径向切入进行铣削,曲轴低速回转一周,即完成主轴颈铣削。若曲轴较长,刚度不够,则一般先将中间的主轴颈加工好,安装中心架,以提高曲轴的刚度。图 9-28 所示为曲轴铣削常用刀具。

图 9-28 曲轴轴颈铣削加工常用铣刀
(a) 曲轴高速外铣刀;(b) 曲轴内铣刀

连杆轴颈外铣加工用曲轴两端主轴颈和止推面定位。加工时,曲轴低速绕其主轴颈轴线旋转,铣刀高速旋转并跟踪连杆轴颈进行铣削,曲轴旋转一周即可完成连杆加工,如图 9-29(a)所示。内铣连杆轴颈,根据工件的运动情况可以分为工件旋转和工件不旋转两种。当工件旋转时,定位夹紧与外铣相同。加工时,高速旋转的内铣刀先径向进给到连杆轴颈规定的尺寸后,曲轴低速绕主轴颈轴线旋转,铣刀跟踪连杆轴颈切向进给,对曲轴形成包络,切削点在曲轴轴颈上旋转一周,即完成一个连杆轴颈的加工,如图 9-29(b)所示。工件不旋转时,全部加工过程都由刀盘的综合运动完成,内铣刀不仅要绕自身轴线旋转,还绕连杆轴颈公转一周。

曲轴的铣削加工对刀盘和铣刀刀片的精度要求很高,如果刀具精度达不到要求,则会大大降低加工质量和刀具的使用寿命。另外,曲轴铣削时还要注意冷却,以防止铣削过程中产生大量的热,使曲轴温度升高,产生变形而影响加工质量。目前在曲轴加工领域,用得较多的铣削工艺是内铣。

4) 曲轴车拉加工

车拉工艺是一种将车削和拉削结合起来的新型加工工艺。曲轴车拉工艺的应用现已比

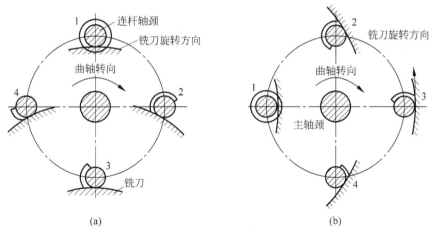

图 9-29 铣削连杆轴颈示意图
(a) 外铣连杆轴颈；(b) 内铣连杆轴颈

较常见。这种方法通过工件的旋转运动和刀具的进给运动,共同实现对工件的拉削。它可以在一次装夹中完成曲轴轴颈、圆角、辐板侧面等部位的加工。拉削曲轴的加工质量好,精度高,拉削后的曲轴可以不经过精车、粗磨工序,直接进行精磨。

在曲轴车拉工艺的发展过程中,最初开发出来的是直线型刀具车拉机床。这种机床的刀具与平面拉刀相似。加工时,车拉刀具沿曲轴轴颈切线方向作直线运动,曲轴作定轴转动,进给量由刀具升程(相邻两个车拉刀具之间的高度差)来确定,如图 9-30(a)所示。但是这类机床拉刀尺寸长,机床体积大,操作和调整都很不方便。后来,国外机床制造公司又相继开发出旋转型车拉机床。这种机床加工时,工件和刀具都作旋转运动。根据刀齿的切入进给方式,旋转型车拉机床又分为螺旋线型刀具车拉机床和圆柱型刀具车拉机床两种,其加工原理分别如图 9-30(b)和(c)所示。螺旋线型刀具车拉通过不同的刀齿高度形成阶梯式齿升,加工时,工件与刀具轴线之间的距离保持不变,刀具旋转即可完成切入进给。圆柱型刀具车拉则依靠机床控制刀具的进给来实现切入和让刀。

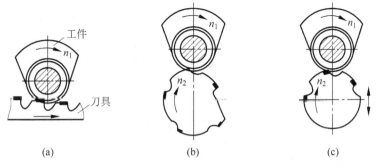

图 9-30 曲轴车拉加工原理示意图
(a) 直线型车拉；(b) 螺旋线型刀具车拉；(c) 圆柱型刀具车拉

在曲轴车拉中,工件的总切削余量被依次进入的多个刀齿切除,每个刀齿在开始时,切入厚度均为零,随着刀齿的切入,切削厚度先逐渐增加至最大值,然后又逐渐减小,直至切出所需表面。在这个过程中,每个刀齿所受的冲击力都很小,切入、切出柔和,加工平稳；而且在一次切削中,每个刀齿仅切削一段时间,刀齿热负荷小,有利于延长刀具使用寿命,也减小了切削后工件的残余应力,从而提高了加工表面精切后的精度和质量。

随着CNC机床制造技术的发展,近些年又出现了集曲轴车拉和曲轴CNC切入车削等优点为一体的CNC曲轴车-车拉加工机床。这种机床所用刀盘的刀齿数少,通常一个刀盘可安排多组刀片,按照预先编制的程序,对曲轴进行加工。曲轴车-车拉机床的出现,大大提高了机床的适应性和灵活性。

利用曲轴车拉机床进行加工,可在一次加工中完成曲轴轴颈的粗切和精切。车拉所用的粗、精加工刀具是分别布置的,生产中要根据工件的结构特点和毛坯材料合理配置各刀具的刀刃几何形状、容屑空间、刀具材料、切削用量等参数。灵活多变的刀齿配置方式也是车拉工艺适应性较好的原因之一。

另外,在车拉加工时,可以用专用刀片将曲轴多个加工部位(如轴颈、轴肩、沉割槽等)同时加工出来,不需要另外的机床,减少了加工辅助时间和加工设备,有效提高了生产效率,降低了生产投入。而且车拉机床只需更换加工程序,对夹具、刀具略作调整,就可很快适应不同型号和不同批量的曲轴生产,灵活性很强,适应生产柔性化的需求,因此曲轴车拉工艺已被各大生产企业广泛采用。

5) CNC高速曲轴外铣加工

CNC高速曲轴外铣工艺(即数控高速曲轴外铣工艺),是随着CNC高速曲轴外铣机床的问世而出现的一种很有发展潜力的新型曲轴加工工艺。相比于传统外铣工艺,CNC高速曲轴外铣工艺主要有以下特点:

(1) 工序的集中程度高。用CNC高速曲轴外铣机床进行加工时,工件只需一次装夹就可以完成多个工序的加工内容,而不必受加工方法的限制。因此在一台CNC高速曲轴外铣机床上能顺序地完成曲轴全部或大部分的加工工序,工序集中程度很高,节省了分散加工时各工序之间的加工辅助时间,大大缩短了生产周期,提高了生产效率。而且曲轴的加工工位比较多,高速外铣只需装夹一次,避免了多次装夹所导致的定位误差,对提高零件的加工精度十分有利。

(2) 智能化程度高。CNC高速曲轴外铣机床大量应用数控技术,在加工过程中可以对加工状态进行检测,自动调整相关参数,调节系统的运行状态,实现自动控制和优化,使得加工精度和工件表面的精度都得以改善。而且CNC高速曲轴外铣机床通过程序控制加工状态,便于将加工经验和加工规律通过数据库的方式引入加工中,降低了对操作人员技术水平的要求。有些机床和专用系统相配合,利用先进的自动编程技术,可以实现加工程序的自动编写,大大提高了加工效率。

(3) 切削速度高。CNC高速曲轴外铣机床采用内装式主轴电动机,使主轴驱动不必通过变速箱,而是直接把电动机与主轴连接成一体,从而使主轴转速大大提高(切削速度可高达350m/min);而且这种机床利用计算机系统对加工数据进行处理,能快速计算出伺服系统的移动量,并快速做出响应,使机床伺服系统能够在高速加工的同时有很高的加工精度。在高速铣削时,粗加工工序中采用大进给、大切深的方式加工,可快速去除材料,保证切削效率。而在精加工工序中,则采用稳定的加、减速控制,使机床高速平稳运转,有效地保证了被加工表面的质量。另外,较高的切削速度,也大大提高了机床的生产率,缩短了产品的制造周期。

(4) 加工精度高。和传统机床相比,CNC高速曲轴外铣机床采用微小程序段连续进给,使CNC控制单位精细化,系统分辨率高,对机床伺服机构的控制更精确;通过自动检测技术和伺服机构反馈控制,使得控制误差大幅度减小。而且这种机床通过补偿技术,可以补偿机床运动系统的误差和刀具的加工误差,进一步提高了机床的加工精度。

(5) 柔性高。和数控曲轴车拉机床一样,数控高速曲轴外铣机床也可以快速适应加工对象的变化。在加工不同结构的曲轴时,只需更换数控程序,对夹具做一定调整即可。

曲轴轴颈粗加工的各加工方法的特点见表9-8。

表 9-8 曲轴轴颈粗加工各加工方法对比

对比项目	加工方法			
	多刀车	内铣	车拉	车-车拉
加工效率	较高	最高	高	高
设备投资	低	最高	较高	较高
辅助时间	最短	较短	较长	短
加工精度	较低	较低	较高	较高
柔性	较好	较好	较差	好
加工特点	径向力大,易变形	径向力小,适合大余量加工	径向力较小,适合较小余量加工	径向力较小,适合较大余量加工
加工内容	曲柄臂外圆及侧面、轴肩、轴颈、圆角、轴向沉割槽	轴肩、圆角、轴颈、曲柄臂侧面	轴肩、轴颈、圆角	轴肩、轴颈、圆角、曲柄臂侧面、各种沉割槽

6) 曲轴磨削工艺

曲轴主轴颈和连杆轴颈的精磨是曲轴精加工工序,对保证曲轴的质量极其重要。传统的曲轴轴颈磨削是在普通曲轴磨床上进行的,磨削时,用中心架将待磨削轴颈支承好,如图9-31所示,以防止曲轴变形影响磨削精度;砂轮切向进给,依靠工人手动控制,达到规定尺寸后停止进给。这种工艺对工人的技术水平要求很高,而且磨削精度低,砂轮耗损大,磨削质量很不稳定。

随着数控技术的发展,曲轴轴颈磨削技术也得以改善,目前曲轴轴颈的磨削多在数控机床上进行。在数控磨床上,广泛采用砂轮自动动平衡、自动测量、自动调整和自动补偿技术对砂轮进行控制;利用中心架自动跟踪技术,根据轴颈的尺寸调整曲轴的支承,减少曲轴变形,使得磨削的精度和表面质量都得到很大改善。数控磨床利用恒线速率磨削技术还可有效避免曲轴的磨削烧伤,控制磨削变形。通过数控磨床磨削,可使曲轴轴颈的圆度误差和圆柱度误差控制在0.005mm以下。

磨削曲轴主轴颈时,若要求将轴颈两侧面、轴颈外圆以及圆角一起磨出,则一般采用单砂轮磨削;若曲轴对主轴颈侧面和圆角要求不高,不要求对其进行磨削,则采用多砂轮磨削。多砂轮磨削是在一台磨床上安装多片砂轮,同时加工零件几个表面的磨削方法。图9-32所示为大量生产时采用多砂轮磨削曲轴主轴颈的加工示意图。如图所示,磨削时多片砂轮排列组成相应的间隔,各砂轮同时横向切入工件,在一次装夹中即可完成多轴颈的磨削。多砂轮磨削的效率较高,生产成本较低,还可以减小曲轴轴颈的同轴度误差,所以在多砂轮磨削可以满足要求时,应尽量使用多砂轮磨削。多砂轮磨削使用的同一组砂轮应保证批号一致,并且可以自动修整,以保证磨削后轴颈尺寸的一致性。

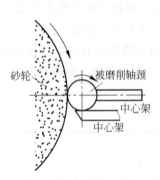 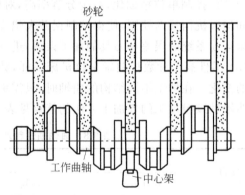

图 9-31　传统曲轴轴颈磨削工艺　　图 9-32　多砂轮磨削曲轴主轴颈加工示意图

曲轴的连杆轴颈磨削时,要将轴颈两侧面和圆角一起磨出,通常采用单砂轮磨床顺次磨削全部连杆轴颈,也可以利用单砂轮磨床组成生产线,每台磨床磨削一个连杆轴颈或者每台磨床磨削一组同相位的轴颈。

曲轴另一个有磨削要求的重要加工部位是曲轴的止推面。曲轴止推面是两个圆环面,位于曲轴中间主轴颈的两侧或其他主轴颈侧面。止推面的技术要求较高,一般规定止推面要平整且垂直于主轴颈,表面不允许有烧伤。两止推面之间的距离公差一般为 0.05～0.08mm。曲轴止推面一般是和曲轴主轴颈一起加工的,有精磨和抛光要求。传统的止推面磨削工艺采用的是成型砂轮切入磨削。由于止推面的宽度比较大(一般为 10～15mm),为保证磨削精度,砂轮的损耗非常大,产生的热量多,再加上止推面的结构使得磨削时冷却液难以进入磨削面,很容易发生烧伤。因此,很多厂家采用斜头架砂轮磨削法和端面滚压法来加工曲轴止推面。

在磨削曲轴时,要特别注意避免烧伤曲轴表面。曲轴表面是否烧伤可以通过磁粉探伤检验出来,若存在烧伤则可以在烧伤的表面看到龟裂网纹。

7) 曲轴的表面强化工艺

曲轴的表面强化处理是指在已确定曲轴材料和结构前提下,利用物理、化学和机械手段,提高曲轴各项力学性能的工艺方法。曲轴强化处理是提高曲轴性能、弥补材料缺陷的重要途径,也是曲轴生产过程中的重要一环。

曲轴的表面强化工艺主要有喷丸、圆角滚压、淬火、激光淬火、表面高频淬火、氮化、渗碳等。这些方法各有特点,在强化应用上各有侧重。因此,为了获得更好的强化效果,一般会综合运用多种强化工艺对曲轴进行强化,例如淬火后圆角滚压强化、渗氮后圆角滚压强化、渗氮后感应淬火强化等。在这些工艺中,圆角滚压强化工艺是运用最为广泛的,特别是对于那些以球墨铸铁为材料的曲轴。这是因为球墨铸铁的压缩屈服极限大于拉伸屈服极限,在滚压过程中,能够形成较大的残余压应力而不被压溃,强化效果非常明显。而钢的压缩屈服极限等于拉伸屈服极限,滚压后疲劳强度提高的比例较小。据统计,国内外绝大多数的球墨铸铁曲轴在生产过程中都会用到圆角滚压工艺。在当今曲轴"以铸代锻"的趋势下,圆角滚压工艺也显得越加重要。

圆角滚压强化是利用滚轮对圆角表面进行滚压,在曲轴的主轴颈和连杆轴颈过渡圆角处形成一条滚压塑性变形带,这条变形带硬度高、表面粗糙度小,可以大大减小圆角的应力集中,而且残留在硬化带中的压应力一定程度上可以抵消工作中的拉应力,从而使得曲轴的疲劳强度和使用寿命都大幅提高。

曲轴圆角滚压强化工艺过程主要包括圆角滚压、弯曲变形量测量以及滚压校直三部分。圆角滚压即利用滚压滚轮分别对曲轴主轴颈和连杆轴颈处圆角进行滚压。弯曲变形测量则是检测曲轴弯曲度的大小和相位方向,给出校直方案(即给出在某几个主轴颈或连杆轴颈上的施压方案)。滚压校直是利用圆角滚压机根据前面给出的再施压方案,滚压相应的主轴颈或连杆轴颈,使曲轴达到工艺要求。

根据滚压工序安排和圆角形式的不同,曲轴圆角滚压大致可分为以下三种类型:

(1) 切线滚压。安排在精磨主轴颈和连杆轴颈时进行,先用砂轮磨出与滚轮半径大小相同的圆角然后进行滚压,如图 9-33 所示。切线滚压多用于强化成品的曲轴,对主轴颈径向跳动要求高。在切线滚压后曲轴圆角部位附近易出现挤压脊,影响曲轴轴颈质量。

(2) 半精加工后滚压。即在曲轴精磨成型之前安排滚压强化。这种方法由于滚压后还要进行精磨加工,因此对滚压变形的控制要求较松。在滚压中出现的挤压脊也可以在后续精磨中加工掉,不必考虑挤压脊的问题。但后续精磨加工会减少滚压变形带,削弱强化效果,因此应用较少。

(3) 沉割滚压。即在滚压前先切割圆角,然后进行滚压(图 9-34),最后进行精磨。这种方法既可以避免挤压脊对曲轴轴颈质量的影响,也可以防止滚压槽被精磨掉而减小强化效果。沉割后轴颈圆角的半径减小,有利于滚压残余压力的应力集中,可以产生更大的残余压应力,有效地补偿了因沉割而引起的结构强度下降问题,因此这种滚压方法运用较广。

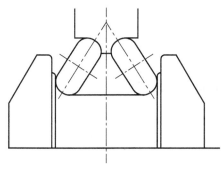

图 9-33 切线滚压示意图

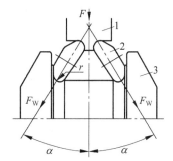

图 9-34 圆角沉割滚压示意图
1—滚轮托架;2—滚轮;3—曲轴

圆角滚压是一种冷加工工艺,相比于其他强化方法,这种强化方法没有加热环节,消耗低,工艺简单,成本低,强化效果好,加工效率高,对材料要求低,适用范围广。经滚压强化过的曲轴,表面质量有明显改善,裂纹、针孔、气孔等轻微铸造缺陷得以消除,被强化表面的表面粗糙度降低,硬度提高。铸造曲轴经过圆角滚压后,曲轴的疲劳强度和承载能力可提高 1 倍以上。

8) 曲轴光整加工工艺

曲轴的主轴颈、连杆轴颈及止推面都有超精加工和抛光要求。曲轴的超精加工,一般都是在曲轴超精加工机床上进行的。这种机床可以同时对所有的轴颈进行超精加工。超精加工在不破坏原有形状精度的情况下,可以降低表面粗糙度值,但不能提高轴颈的尺寸精度、形状精度和位置精度,因此工件的精度主要由精加工决定。最常见的超精加工方法是超精研磨工艺。

曲轴抛光一般是砂带抛光。曲轴砂带抛光采用的是粒度为 240～300 的砂布带或砂纸带,冷却液为煤油。利用曲轴砂带抛光机对曲轴进行抛光时,曲轴除了旋转外还作往复运动。抛光架的数目与被加工轴颈的数目相同,因此可一次对所有轴颈进行抛光。

抛光的加工费用较超精研磨低,生产效率比超精研磨高。但抛光处理的表面粗糙度不如超精研磨的好。另外,超精研磨的平磨块只能用来加工正圆柱形的轴颈表面,而抛光机则可以加工曲轴的各个部位。大量生产中,一般会先进行超精研磨,再进行抛光,以获得较好的表面质量和较高的生产率。

9) 曲轴的动平衡处理工艺

曲轴是高速回转件,工作时其各个部分都会受到离心力的作用。为减小轴承的负载,希望曲轴在工作时各个部分产生的离心力相互抵消,即离心力相互平衡。但由于曲轴的质量分布很难均匀,曲轴总是会存在不平衡现象。

曲轴的不平衡现象不仅会导致曲轴的支承轴承负载增加,还会引起有害的振动,降低发动机的整体性能。曲轴的平衡包括静平衡和动平衡两类。曲轴静平衡是指曲轴旋转时,其离心力合力等于零,曲轴的质心位于曲轴的旋转轴线上。但由于曲轴的质量不在同一平面上,旋转时还会产生惯性力和力矩。为保证曲轴能够平稳运转,还必须要求曲轴旋转时的惯性力合力以及合力矩都为零,即进行动平衡处理。

曲轴的动平衡工艺包括不平衡量的测量和不平衡量的修正两部分。不平衡量的测量一般采用曲轴动平衡机,它可以自动测量曲轴不平衡量的大小及相位。不平衡量的修正主要是根据测量结果,对相应部位进行去重,以使质量系统达到平衡状态。常用的去重工艺有钻削、铣削以及激光氧化等方法。

9.4　齿轮的制造工艺

汽车中的齿轮,主要用于传递动力,也有用于传递运动的,如发动机配气机构的正时齿轮等,其齿轮多为渐开线型。由于汽车齿轮的使用条件比较恶劣,生产规模较大,种类繁多,因而汽车齿轮的制造有其自身的特点。随着汽车工业的发展,齿轮的制造工艺也在不断地改进,使齿轮的制造精度和生产率不断提高,成本和工时得以降低。

9.4.1　齿轮的结构特点及结构工艺性分析

1. 齿轮的结构特点

汽车齿轮按照其结构特点可分为五类,如图 9-35 所示。

Ⅰ类　单联齿轮,如图 9-35(a)所示,孔的长径比 $L/D>1$。

Ⅱ类　多联齿轮,如图 9-35(b)所示,孔的长径比 $L/D>1$。

这两种齿轮亦称为筒形齿轮,内孔为光孔、键槽孔或花键孔。

Ⅲ类　盘形齿轮,如图 9-35(c)所示,具有轮毂,孔的长径比 $L/D<1$。
Ⅳ类　齿圈,如图 9-35(d)所示,没有轮毂,孔的长径比 $L/D<1$。
这两种齿轮的内孔一般为光孔或键槽孔。
Ⅴ类　轴齿轮,如图 9-35(e)所示,轴齿轮上具有一个或一个以上的齿圈。

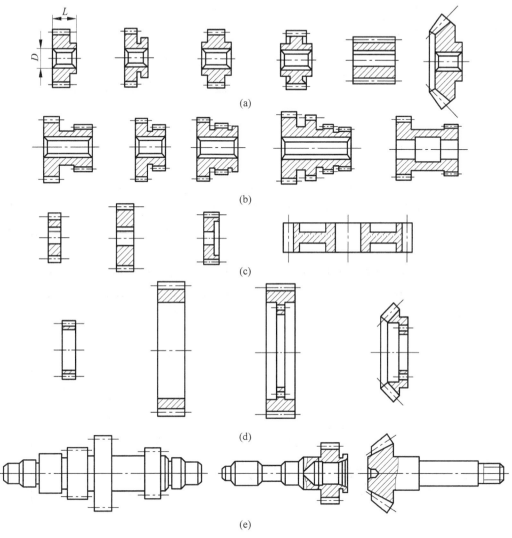

图 9-35　汽车齿轮的结构类型
(a) 单联齿轮；(b) 多联齿轮；(c) 盘形齿轮；(d) 齿圈；(e) 轴齿轮

2. 齿轮的结构工艺性分析

齿轮的结构工艺性与齿轮齿面的加工方法有很大的关系。对齿轮机械加工工艺性的分析,除适用第 8 章对结构工艺性的一般分析方法之外,采用传统的加工方法时,还应考虑以下几方面：

(1) 用滚刀加工双联齿轮的小齿轮时,大、小齿轮之间的距离 B 要足够大,以免加工时滚刀碰到大齿轮的端面。如图 9-36 所示,B 的大小和滚刀直径 D_0、滚刀切削部分长度及滚刀的安装角等有关。

(2) 当齿轮较宽时,盘形齿轮的端面形状常做成凹槽的形状(图 9-37(a)),以减轻质量和减少机械加工量。但当齿轮尺寸较小和齿轮强度不足时,可采用图 9-37(b)所示的结构。

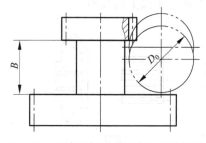

图 9-36　用滚刀加工双联齿轮小齿轮时两轮之间应有足够距离

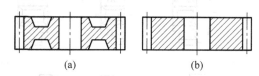

图 9-37　盘形齿轮的端面形式

(3) 在滚齿机上加工盘形齿轮时,为了提高生产率,常采用多件顺序加工,如图 9-38 所示。这时如果采用图 9-38(a)所示的结构,不仅滚齿的生产率提高了,也增强了工件在机床上的安装刚度。而图 9-38(b)所示齿轮结构在加工时工件支承刚度差,并增加了滚刀的行程长度,影响生产率的提高。

(4) 汽车主减速器轴齿轮(主动锥齿轮)的结构,有悬臂式和骑马式两种。悬臂式轴锥齿轮的两个支承轴颈位于齿轮的同一侧(参看后图 9-41),骑马式轴齿轮的两个支承轴颈位于齿轮的两侧(图 9-39)。设计骑马式轴锥齿轮时,应注意铣齿时切齿铣刀不应与小头一侧轴颈发生干涉。若如图 9-39 所示,铣刀将切去部分轴颈。

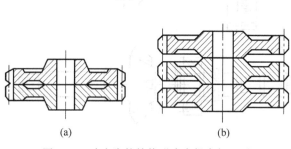

图 9-38　改变齿轮结构形式来提高加工时的支承刚度和生产率

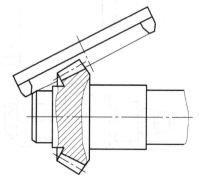

图 9-39　骑马式轴锥齿轮结构工艺性不好的情况

9.4.2　齿轮的机械加工工艺

1. 齿轮的主要技术要求

为了保证齿轮正常工作和便于加工,齿轮主要表面的尺寸公差、位置公差和表面粗糙度均须达到一定的标准(GB/T 10095.1—2008、GB/T 10095.2—2008 等)。归纳起来,汽车传动齿轮的主要技术要求如下：

(1) 齿轮精度和表面粗糙度。轿车、微型客货车变速器齿轮精度为6～8级，表面粗糙度Ra值为1.6μm；重型和中型货车及越野车变速器、分动器、取力器齿轮精度为7～9级，表面粗糙度Ra值为3.2μm。

(2) 齿轮孔或轴齿轮的轴颈尺寸公差和表面粗糙度。齿轮孔或轴齿轮的轴颈是加工、测量和装配时的基面，它们对齿轮的加工精度有很大影响，所以要有较高的加工精度和较小的表面粗糙度值。对于6级精度的齿轮，它的内孔尺寸公差为IT6，轴颈尺寸公差为IT5；对于7级精度的齿轮，内孔尺寸公差为IT7，轴颈尺寸公差为IT6；对基准孔或轴颈的尺寸公差和形状公差应遵守包容原则。表面粗糙度Ra值为0.80～0.40μm。

(3) 端面圆跳动。带孔齿轮齿坯轮毂端面是切齿时的定位基准，端面对内孔的跳动量对齿轮的加工精度有很大影响。因此，对端面圆跳动量规定了较小的公差值。端面圆跳动量的公差视不同的齿轮精度和分度圆直径而异，对于6～7级精度的汽车齿轮规定为0.011～0.022mm。基准端面的表面粗糙度Ra值为0.80～0.40μm；非定位和非工作端面表面粗糙度Ra值为25～6.3μm。

(4) 齿轮齿顶圆公差。当齿轮齿顶圆作为加工、测量的基准时，其尺寸公差要求较严，一般为IT8。此外，还应规定齿顶圆对孔或轴颈轴线的径向圆跳动公差。当它不作为加工、测量的基准时，其尺寸公差一般为IT11，但不超过$0.1m_n$（m_n为法向模数）。

(5) 齿轮的热处理要求。对常用的低碳合金钢材料的汽车齿轮，其热处理要求主要是渗碳淬火的有效硬化层深度、硬度和金相组织。渗碳层深度一般取决于不同车型的齿轮材料、齿轮模数和工艺规范等。如20CrMnTi材料的轻型车齿轮（模数$m_n > 3～5$mm的中等模数），渗碳层深度一般为0.8～1.3mm，齿面淬火硬度为58～63HRC，心部硬度为32～48HRC。对中碳钢或中碳合金钢齿轮经表面淬火后，齿面硬度不低于53HRC。

图9-40所示为汽车同步器变速器第四速齿轮的零件简图，图9-41所示为汽车主减速器主动锥齿轮零件简图。

2. 齿轮的材料和毛坯

汽车齿轮的材料对其机械加工性能和使用寿命都有直接的影响。汽车用齿轮一般转速较高，齿轮的工作状况也很复杂，这就要求齿轮轮齿表面具有较高的硬度以提高耐磨性，心部具有良好的韧性以承受冲击载荷；又由于承受交变载荷而要求轮齿具有较高的疲劳强度。汽车传力齿轮常用的材料多为低碳合金钢，少量使用低合金中碳钢，如20CrMnTi、20Cr、20CrMn、20CrMo、20MnVB、20CrNiMo、20CrNi2、40Cr、40MnB等，非传力齿轮可用不淬火碳钢、铸铁、夹布胶木、尼龙、工程塑料等材料制造。

汽车传力齿轮的毛坯一般均采用模锻件。当孔径大于25mm，长度不大于孔径的2倍时，内孔一般直接锻出（在卧式锻造机上，还可以锻出孔的长径比大于5的深孔）。图9-42为图9-40汽车变速器齿轮的毛坯锻件图。钢材经模锻后，内部纤维对称于轴线，可提高材料的强度（图9-43）。

为了减少被加工齿轮在渗碳和淬火时的变形，要求毛坯的金相组织和晶粒大小应该均匀。所以，锻件毛坯一定要经初步热处理（正火或等温退火）。例如，对于20CrMnTi材料的齿轮，多采用正火处理，以消除锻件的内应力和提高材料的切削加工性。

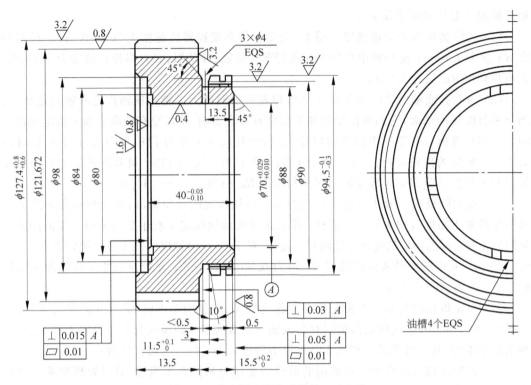

图 9-40 汽车同步器变速器第四速齿轮

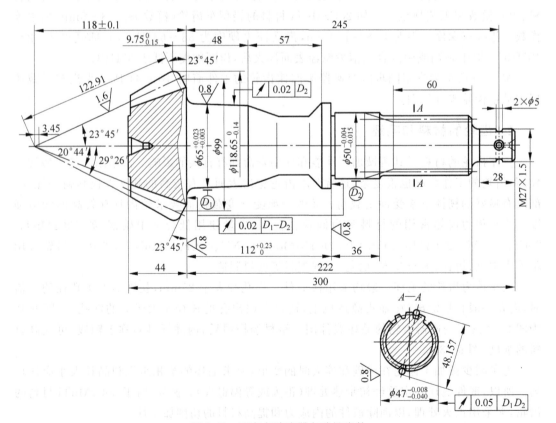

图 9-41 汽车主减速器主动锥齿轮

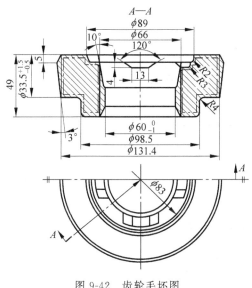 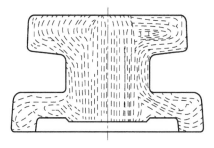

图 9-42 齿轮毛坯图　　　　图 9-43 模锻齿轮毛坯材料纤维的排列

为了减少机械加工量,对于小尺寸、形状复杂的齿轮可用精密铸造、压力铸造、精密锻造、粉末冶金锻造、塑性成型(热轧、冷轧)等工艺制造出具有轮齿的齿坯。对于精度要求低的齿轮,齿轮精密锻造成型后齿面不需机械加工,只是内孔和端面留有适当的加工余量。该方法不仅提高生产率、降低了生产成本,也节约了材料。粉末冶金锻造齿轮属于少、无切屑加工工艺。采用粉末冶金锻造生产行星齿轮的毛坯,只要模具有足够的尺寸精度(不低于 IT11 级),除了钻油孔、精磨内孔和球形端面之外,轮齿齿面不需要加工就能满足齿轮精度和表面粗糙度的要求。

3. 齿轮机械加工的定位基准

带孔齿轮加工其轮齿齿面时采用齿坯内孔(光孔或花键孔)及端面定位。因为以这些表面作为定位基准(基面)符合基准(基面)重合原则;许多工序,如齿坯和齿面加工等都是采用内孔和端面定位,因此也符合基准统一原则。孔和端面两者以哪一个作为主要定位基准,要根据定位的稳定性来决定。齿轮孔的长径比 $L/D>1$(图 9-35(a)、(b)中的Ⅰ、Ⅱ类齿轮),应以孔作为主要定位基面,装在心轴上限制 4 个自由度、端面只限制 1 个自由度(图 9-44)。此时,孔和心轴间的间隙是引起加工误差的主要原因。因此,作为定位基面的孔尺寸公差要求较严格,一般按 IT7 加工。为了消除孔和心轴间的间隙的影响,精车齿坯时,常用过盈心轴或小锥度心轴(锥度为 1/4000~1/6000);预加工齿面时,可采用能自动定心的可胀心轴或分组的小间隙心轴。

当齿轮孔的长径比 $L/D<1$(图 9-35(c)、(d)中Ⅲ、Ⅳ类齿轮)时,应以端面作为主要的定位基准限制 3 个自由度;内孔则限制 2 个自由度,如图 9-45(a)所示。为使作为定位基面的孔和端面具有较高的垂直度,在加工这两个表面时,应该用外圆和另一端面定位,在一次装卡中加工出来,如图 9-45(b)所示。在数控车床上加工齿坯时,也可以采用外圆及端面作为定位基准(基面),使用三爪自定心卡盘定位夹紧,加工外圆、端面、内孔及沟槽等表面。而加工齿面时采用内孔及端面定位。

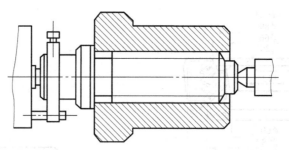

图 9-44 齿轮孔长径比 $L/D>1$ 的筒形齿轮的定位

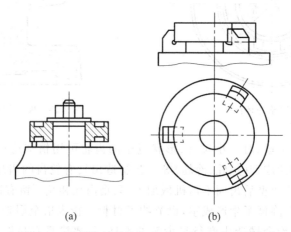

图 9-45 齿轮孔长径比 $L/D<1$ 的盘形齿轮的定位

对于轴齿轮(图 9-35(e)),当加工轴的外圆表面、外螺纹、圆柱齿轮轮齿和花键时,常选择轴两端的中心孔定位,把工件安装在机床的前、后(或上、下)两顶尖之间进行加工。如以工件两端中心孔定位不方便或安装刚度不足时,有的工序可采用磨过的两端轴颈定位。例如汽车主动锥齿轮(图 9-41),加工轴端锥齿轮轮齿齿面时,常用两轴颈定位,装在精密的弹性夹头中进行加工。若在轴上钻径向孔、铣键槽等,则常以两轴颈在两个 V 形块上定位夹紧进行加工。

用中心孔在机床两顶尖间定位时,定心精度高;用两轴颈在弹性夹头里定位时,限于夹头结构的精度,定心精度比用中心孔在机床两顶尖间定位低,但夹紧力较大,安装刚度高。

4. 齿轮主要加工表面的工序安排

齿轮的机械加工主要划分为齿坯加工、轮齿齿面加工和热处理后的精加工三个阶段。

齿坯加工主要是为轮齿齿面加工准备好定位基准(基面),如齿轮的内孔和端面、轴齿轮的中心孔、轴颈外圆和端面。此外,还要加工外圆和一些次要的表面,如沟槽、倒角、螺纹以及其他非定位用端面等。因此,确定齿坯的加工方案,主要是确定内孔、外圆、端面等表面的加工方法及其加工顺序。

对于图 9-35(a)、(b)所示的Ⅰ、Ⅱ类齿轮,一般先粗、精加工内孔到 H7 级精度(有时还要加工外端面),然后以内孔在心轴上定位,加工外圆、端面、沟槽和轮齿齿面等。对于图 9-35(c)、(d)所示的Ⅲ、Ⅳ类齿轮,先以毛坯的一个端面和外圆作为粗基准(图 9-45(b)),

在车床上加工非基准端面、内孔及外圆、沟槽等,然后调头加工内孔、基准端面、外圆及其他表面,使内孔精度达到 H7 级,并保证端面与内孔轴线的垂直度。

对于图 9-35(e)所示的轴齿轮,首先加工作为定位基准的两端中心孔(为保证中心孔的加工质量,应先加工轴的两端面,参见图 9-46),然后以中心孔定位,车削外圆表面、端面等。轴的外圆表面和端面的粗、半精加工可在液压仿形车床和数控车床上加工,然后再加工其他表面,如花键、螺纹、键槽及小孔等,最后对轴颈进行精加工。

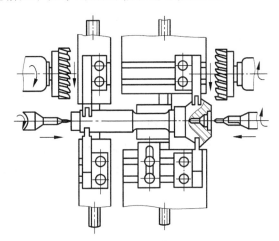

图 9-46 双面铣端面钻中心孔

轴齿轮的轮齿齿面加工,如需以轴颈外圆及支承端面定位时,则要预先磨削轴颈外圆到 h6 级精度。对于后桥主减速器锥齿轮轴,还要同时磨削轴颈支承端面,以保证轴颈与支承端面间的位置公差的要求。

轮齿齿面的加工方案主要取决于齿轮的精度等级,同时考虑到齿轮的结构特点、生产类型及热处理方法等。

对 6 级和 7 级精度的汽车传力硬齿面圆柱齿轮轮齿齿面加工,广泛采用滚(或插)齿→热处理→磨齿工艺方案,对 7 级和 8 级低速齿轮或双联齿轮中的小齿轮轮齿齿面加工,可采用滚(或插)齿→剃齿→热处理→珩齿工艺方案。倒角工序在剃齿前进行,倒角时产生的毛刺可在剃齿时去除。但要注意大的毛刺有时会损坏剃齿刀。

钢制齿轮的淬火工序,主要是使齿面具有较高的硬度,而心部要保持一定的韧性。

齿轮局部淬火主要采用中频或高频感应加热,这时齿轮变形小。淬火后的齿轮要回火,以消除内应力。

由于热处理工序会产生变形,所以齿轮热处理后还需对定位基面和装配基准(内孔、基准端面、轴齿轮的中心孔、轴颈等)进行修整。内孔和端面一般使用内圆磨床磨削,花键孔的大径和侧面如需修整,可根据情况用推刀加工,或用电镀金刚石(或立方氮化硼)拉刀加工,或用电解成型等方法修整。轴齿轮中心孔的修整,需采用硬质合金顶尖加上磨料进行研磨,或用 60°锥形砂轮磨削。中心孔修整后,再精磨轴颈外圆、支承端面、花键轴的外圆(大径)、小径和侧面。

弧齿锥齿轮轮齿齿面的最后加工,采用主、从动锥齿轮在研齿机上成对地进行对研,对研后打上记号,装配时成对装配。目前弧齿锥齿轮轮齿齿面热处理后的精加工已开始使用数控(CNC)磨齿机进行磨齿。

5. 汽车齿轮机械加工的工艺过程

影响齿轮加工工艺过程的因素很多,其中主要有生产类型、齿轮的精度要求、齿轮的结构形式、齿轮尺寸的大小、齿轮的材质和现有的设备情况等。

齿轮机械加工工艺过程,不同制造企业虽各不相同,但不论产量大小,归纳起来主要由以下几部分组成:定位基面(齿轮内孔及端面或轴齿轮端面及中心孔)的加工;外表面及其他表面的加工;轮齿齿面的粗、精加工;热处理;修复定位基面及精加工装配基准(内孔及端面、轴颈、花键等);轮齿齿面进行热处理后的精加工。主要工序后,对工件进行清洗、中间检验及最终检验。

在大批大量生产条件下生产图9-40所示汽车同步器变速器第四速齿轮,基本上分为粗加工和精加工两个阶段。其主要工艺过程如表9-9所示。

表9-9 大批大量生产汽车同步器变速器第四速齿轮的工艺过程

工序号	工序内容	设备	工序号	工序内容	设备
1	(1) 粗车小端外圆、端面 (2) 粗车内孔、倒角	数控车床	6	滚齿	滚齿机
			7	齿端倒角	齿轮倒角机
2	(1) 粗车大端外圆、端面 (2) 粗车止口 (3) 半精车内孔、倒角	数控车床	8	加工小端接合齿	高速插齿机
			9	钻 $3\times\phi4$ 油孔	立式钻床
			10	清洗	喷淋式清洗机
3	(1) 精车小端外圆、端面 (2) 车端面空刀槽 (3) 车锁环槽 (4) 倒角	数控车床	11J	热处理前检查	
			12	热处理(渗碳淬火)	
			13	磨内孔及大端端面	内圆磨床
			14	磨小端端面	卧轴圆台平面磨床
4	(1) 精车大端外圆、端面 (2) 精车止口 (3) 精车内孔 (4) 车止口环槽、倒角	数控车床	15	磨齿	蜗杆砂轮磨齿机
			16	清洗	通过式清洗机
			17	对齿面强力喷丸	强力喷丸机
			18	磷化处理	磷化机
5J	中间检查		19J	最终检查	

在大批大量生产条件下加工图9-41所示汽车主减速器主动锥齿轮的主要工艺过程如表9-10所示。

表9-10 大批大量生产汽车主减速器主动锥齿轮的工艺过程

工序号	工序内容	设备
1	铣两端面、钻两端中心孔	铣端面钻中心孔机床
2	车轴颈外圆、背锥及端面	液压仿形车床(或数控车床)
3	车锥面及端面	液压仿形车床(或数控车床)
4	铣渐开线花键	花键铣床
5	精磨轴颈外圆及端面	端面外圆磨床
6	加工螺纹	套丝机

续表

工序号	工序内容	设 备
7J	中间检查	
8	粗切轮齿齿面	弧齿锥齿轮铣齿机
9	精切轮齿凸齿面	弧齿锥齿轮铣齿机
10	精切轮齿凹齿面	弧齿锥齿轮铣齿机
11J	中间检查	锥齿轮滚动检验机
12	热处理(渗碳淬火)及校正	
13	精磨轴颈及端面	端面外圆磨床
14J	最终检查	

9.4.3 齿轮主要表面的机械加工

1. 齿坯加工

带孔圆柱齿轮的齿坯加工,可在单轴、双轴或多轴数控机床上进行。双轴或多轴数控车床效率高,一般几个工作轴就相当于几台单轴半自动车床,每一轴都可实现多刀切削。

轴齿轮的齿坯是阶梯轴,因此其齿坯加工方法也近似于阶梯轴加工。

轴齿轮的定位基准是两端中心孔。钻中心孔前一般先加工轴的两端面,以防止因锻件的端面不平整使中心孔钻偏或折断中心孔钻头。

加工轴的端面和中心孔的方法,因生产类型和工厂的具体条件而异。小批或成批生产可先车端面或铣端面,然后再钻两端中心孔。大批大量生产时,可在双面铣端面钻中心孔机床上加工,如图 9-46 所示。这种机床是双面的,两面各有一个铣端面和钻中心孔的切削头,工件在夹具上定位夹紧后,装有夹具的工作台带动工件进给,先同时铣削两个端面;铣完端面后工作台在指定位置固定,此时两中心孔钻头的轴线恰好对准工件轴线,两边的切削头同时轴向进给钻出两端中心孔。

轴齿轮齿坯外圆表面的加工,根据生产类型和工厂具体条件,可在卧式车床、液压仿形车床或数控车床上加工。

2. 齿端倒角加工

轮齿齿面加工后,还要进行齿端倒角。轮齿齿端倒角的形式有两种:一种是去掉弧齿锥齿轮或斜齿圆柱齿轮轮齿的锐角;另一种是加工变速器中与同步器接合套连接的连接齿齿端圆角。

弧齿锥齿轮和斜齿圆柱齿轮轮齿锐角部分(图 9-47 中 g 部分)的强度很低,齿面经过淬火后很脆,工作中锐角容易折断,故必须预先把锐角去除。图 9-47 所示为在齿轮倒角机上对斜齿圆柱齿轮轮齿倒锐角的简图。该机床在两个刀具主轴上各装一个刀头,同时切削齿轮两个端面上的斜齿锐角。工件连续旋转,刀杆轴按一定传动比连续切削,连续地切去所有的轮齿锐角。

汽车变速器换挡时,为了使滑动接合齿轮容易啮合,其齿端要有圆角。常用的齿轮圆角

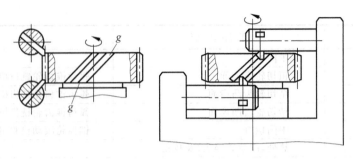

图 9-47 斜齿圆柱齿轮倒锐角简图

形状如图 9-48(a)所示。其加工方法如图 9-48(b)所示,指状铣刀在旋转的同时,还作上下运动,工件作均匀旋转运动,两者符合一定的传动比关系。这样,刀具相对工件的运动轨迹为与工件齿数相协调的波浪形(图 9-48(c)),铣刀便在齿端铣出圆角。

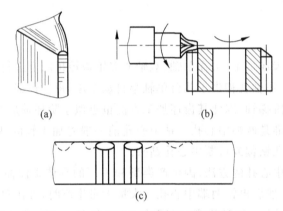

图 9-48 滑动接合齿轮轮齿齿端铣圆角

3. 修磨基准孔和端面

作为齿轮定位基面的内孔和端面,热处理后其尺寸和形状都有一定的变化,轮齿的相对位置也有了新的误差。为了保证轮齿齿面最后精加工(如珩齿或磨齿)和装配基准的精度,热处理后要修磨基准孔和端面。

修磨孔一般是在内圆磨床上进行。为了减小端面对孔轴线的圆跳动,内孔与一个端面应在一次装夹中磨出;然后用磨过的端面定位磨削另一端面,以保证两端有较高的平行度。

为了保证轮齿齿面对内孔的位置公差(齿圈的径向圆跳动),修磨基准孔和端面时,应以齿面定位进行加工。圆柱齿轮磨孔时用滚柱在轮齿齿面上定位,锥齿轮磨孔时用钢球在轮齿齿面上定位。

盘形齿轮如采用上述方法以齿面节圆定位磨削内孔和一个端面,另一个端面则采用平面磨床或端面磨床加工。

为提高磨削效率,在大批大量生产中,轴齿轮热处理后外圆表面和轴肩的磨削广泛采用多砂轮磨削,即在一台外圆磨床上同时磨削多个台阶轴颈,且每个砂轮都应具有自动补偿装置。

9.4.4 齿轮的检验

在齿轮的加工过程中,一般要进行齿坯加工后的检验、热处理后的检验和最终检验。前两次是针对各项加工项目进行的中间检验,最终检验是对加工完成的齿轮作全面的检验。

齿轮的检验还可分为齿坯检验和切齿后的齿轮轮齿检验。

齿轮齿坯的精度主要是指齿轮基准面的精度,它对齿轮后续加工的加工精度影响很大,通过控制齿坯精度来保证齿轮的加工精度是一项有效的技术措施。齿坯的检验项目主要有齿轮定位基准孔径或轴颈直径的尺寸精度、基准面的径向圆跳动、基准面的端面圆跳动等。

齿轮的轮齿检验可根据齿轮副的使用要求和生产规模,按 GB/T 10095.1—2008 及 GB/T 10095.2—2008 中的规定,在三个公差组中的公差和极限偏差项目中选取其中一个项目或一组项目来检验。例如,可检验齿形误差、齿向误差、齿圈径向圆跳动和公法线长度。比较普遍采用的检验方法是单项检验,常用的检验器具有万能齿轮测量机、螺旋线检查仪、齿圈径向圆跳动检查仪、齿轮噪声检查仪等。

上述单项检验的缺点是效率低。在大批大量生产中,在生产线上广泛采用综合检验。图 9-49 所示为齿轮双面啮合综合检查仪的工作原理图。被测齿轮 1 安装在固定轴 2 上,精密测量齿轮 3 安装在径向滑座 6 的轴 4 上,弹簧 5 使齿轮 1、3 作双面啮合。此时两齿轮中心距称为双面啮合中心距 a''。若被测齿轮在一齿或一周的转动中有误差(主要是径向误差),则此中心距会变动,该变动量可由指示表 7 读出,或由记录器记录。其测量误差综合反映了齿圈径向圆跳动误差、基节偏差和齿形误差。

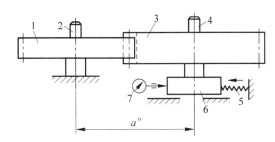

图 9-49 双面啮合综合检查仪工作原理图
1—被测齿轮;2—固定轴;3—测量齿轮;4—滑动轴;5—弹簧;6—滑座;7—指示表

习 题

1. 分析箱体零件的机械加工工艺性应注意哪些方面。
2. 箱体零件机械加工时,粗、精基准应如何选择?
3. 箱体零件主要表面的机械加工都采用了什么方法?机械加工顺序是如何安排的?
4. 用专用机床生产线和加工中心或柔性生产线加工箱体零件各有什么特点?
5. 在镗床上镗削直径较大的箱体孔时,影响孔在纵、横截面内形状精度的主要因素是什么?镗削长度较大的气缸体时,为什么粗镗常采用双向加工曲轴孔和凸轮孔,而精镗则采用单向加工?

  6. 连杆加工时粗、精基准是如何选择的?

  7. 连杆的主要加工表面都采用哪些方法?加工工序顺序是如何安排的?

  8. 什么是连杆接合面的裂解工艺?与传统的加工方法相比较,该工艺有何特点?

  9. 在金刚镗床上同时精镗连杆大、小头孔,发现连杆加工完毕未卸下夹具之前检验两孔轴线方向及垂直于连杆轴线方向的平行度误差是合格的,一旦卸下后再检验却不合格,试分析原因。

  10. 曲轴的结构特点是什么?它有哪些主要的技术要求?为什么要对其规定这些技术要求?

  11. 试述曲轴加工的定位基准与曲轴加工的特点。

  12. 分析齿轮的机械加工工艺性应考虑哪些方面?

  13. 齿轮的主要技术要求有哪些内容?

  14. 齿轮的机械加工主要分为哪几个阶段?

  15. 齿轮主要表面的机械加工都采用哪些方法?

  16. 齿形加工的精基准有哪些方案?它们各有什么特点?对齿坯加工的要求有何不同?齿轮淬火前精基准的加工与齿轮淬火后的修正通常采用什么方法?

第 10 章

汽车制造的新技术新工艺

10.1 智能制造概况

10.1.1 智能制造的发展历程

智能制造的发展可以追溯到 20 世纪 50 年代,大致可以划分为四个阶段,分别是 50—60 年代的单机数控时代、70 年代的"自动岛"时代、80—90 年代的智能系统时代和 21 世纪的智能网络时代,如图 10-1 所示。

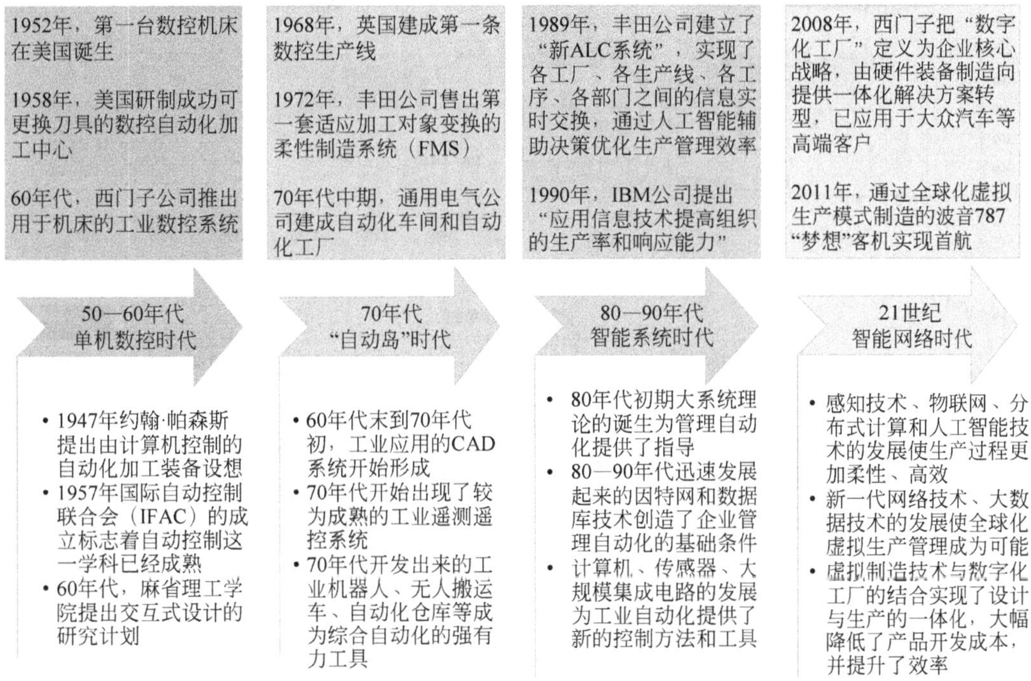

50—60年代 单机数控时代	70年代 "自动岛"时代	80—90年代 智能系统时代	21世纪 智能网络时代
1952年,第一台数控机床在美国诞生 1958年,美国研制成功可更换刀具的数控自动化加工中心 60年代,西门子公司推出用于机床的工业数控系统	1968年,英国建成第一条数控生产线 1972年,丰田公司售出第一套适应加工对象变换的柔性制造系统(FMS) 70年代中期,通用电气公司建成自动化车间和自动化工厂	1989年,丰田公司建立了"新ALC系统",实现了各工厂、各生产线、各工序、各部门之间的信息实时交换,通过人工智能辅助决策优化生产管理效率 1990年,IBM公司提出"应用信息技术提高组织的生产率和响应能力"	2008年,西门子把"数字化工厂"定义为企业核心战略,由硬件装备制造向提供一体化解决方案转型,已应用于大众汽车等高端客户 2011年,通过全球化虚拟生产模式制造的波音787"梦想"客机实现首航
• 1947年约翰·帕森斯提出由计算机控制的自动化加工装备设想 • 1957年国际自动控制联合会(IFAC)的成立标志着自动控制这一学科已经成熟 • 60年代,麻省理工学院提出交互式设计的研究计划	• 60年代末到70年代初,工业应用的CAD系统开始形成 • 70年代开始出现了较为成熟的工业遥测遥控系统 • 70年代开发出来的工业机器人、无人搬运车、自动化仓库等成为综合自动化的强有力工具	• 80年代初期大系统理论的诞生为管理自动化提供了指导 • 80—90年代迅速发展起来的因特网和数据库技术创造了企业管理自动化的基础条件,计算机、传感器、大规模集成电路的发展为工业自动化提供了新的控制方法和工具	• 感知技术、物联网、分布式计算和人工智能技术的发展使生产过程更加柔性、高效 • 新一代网络技术、大数据技术的发展使全球化虚拟生产管理成为可能 • 虚拟制造技术与数字化工厂的结合实现了设计与生产的一体化,大幅降低了产品开发成本,并提升了效率

图 10-1 智能制造的发展历程

在单机数控时代,美国诞生了第一台数控机床,并成功研制出可更换刀具的数控自动化加工中心;"自动岛"时代,英国建成了第一条数控生产线,CAD 系统、柔性制造系统和工业遥测遥控系统等相继形成,自动化车间和自动化工厂也逐渐落地;智能系统时代,因特网和数据库技术的迅速发展为自动化管理创造了基础条件,计算机、传感器和大规模集成电路的发展为工业自动化提供了新的方法工具；智能网络时代，感知技术和人工智能等技术的发展使生产过程更加柔性、高效，新一代网络技术和大数据技术的发展使全球化虚拟生产管理成为可能，而虚拟制造技术与数字化工厂的结合大幅降低了产品开发成本，提高了效率。

10.1.2 智能制造战略应用

进入 21 世纪后，国际跨国公司基本进入了智能制造阶段。以西门子、福特、戴尔和波音四大公司为例，西门子将"数字化工厂"上升为"西门子之道"，并提供制造智能（MI）解决方案，自开展自动化设备业务以来，其全球销售额增长 300 多亿欧元，如图 10-2(a)所示；福特公司推行电子生产管理，优化传统供应链和业务流程并在全球范围内开展"一体制造计划"，其市场份额增长近 4%，如图 10-2(b)所示；戴尔引入信息化流程管理，并为企业提供多样服务及解决方案，其全球销售额增加 300 多亿美元，如图 10-2(c)所示；波音公司应用数字化技术管理，并通过全球化虚拟模式生产制造，其全球销售额增加 350 多亿美元，如图 10-2(d)所示。

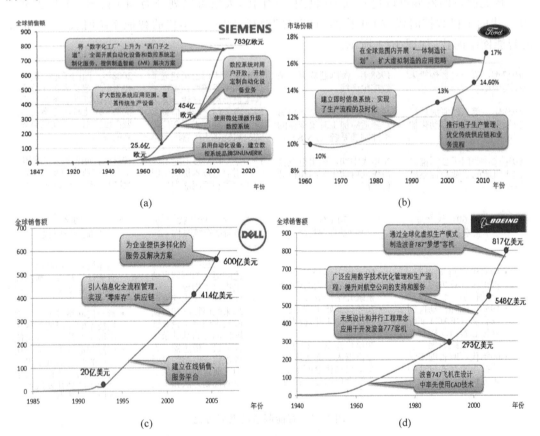

图 10-2　跨国公司在智能制造战略上的应用

(a) 西门子将自动化设备和数控系统结合，提供定制化智能制造解决方案；(b) 福特在全球范围开展"一体制造计划"扩大虚拟制造的应用；(c) 戴尔引入信息化流程管理；(d) 波音公司应用数字技术进行管理生产

10.1.3 生产制造智能化整体解决方案

互联网化或称智能化的工业企业,最大的变化是产品研发制造从原来的"工厂到客户(B2C)"转变为"客户到工厂(C2B)",企业生产过程的协同从原来的内部各个部门、不同车间之间的协同,转向了供应链、客户关系、制造执行、企业资源、工业物联网等产业链、社会化大协作和大协同,从原来的基于自己掌控的生产资料进行生产要素的配置转向基于需求进行动态资源的最优配置。

生产制造智能化整体解决方案,包括智能设计解决方案、多工厂虚拟化生产方案和生产自动化方案,如图10-3所示。

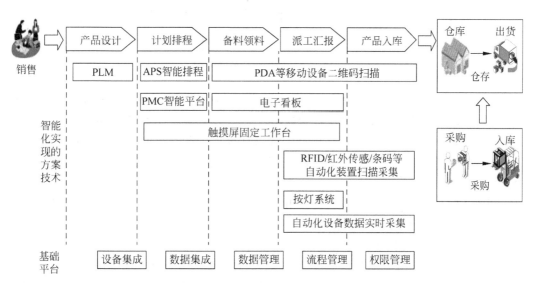

图 10-3 研发计划生产制造全过程智能化

1. 智能设计解决方案

采用企业资源计划(Enterprise Resource Planning,ERP)和产品生命周期管理(Product Lifecycle Management,PLM)系统,实现设计智能化,如图10-4所示。

ERP 与 PLM 一体化,利用互联网的聚合特性,实现用户需求从社交网络来,在用户与企业社交协作空间收集与分享协作。根据客户需求进行研发设计,在 ERP 进行生产与售后服务,再根据需求进行产品设计完善,进行产品生命周期全过程管理,实现产品的智能化设计。

工程师完成设计后,物料清单(Bill of Materials,BOM)或完成工艺设计后的制造 BOM 可以通过审核流程控制直接转入 ERP,相关的工艺过程物料、工时定额、工艺路线等加工工艺信息也一同转入,实现与 ERP 的协同。

新增的物料在 PLM 受物料申请流程严格控制,避免物料重复。转入 BOM 的同时新增物料记录(ITEM)通过审批流程控制直接写入 ERP 物料总表。当产品发生变更,变更新版数据在审核流程控制下自动更新 ERP 中的数据,保证数据的实时同步。

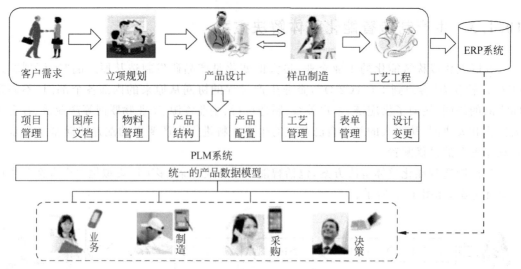

图 10-4　智能设计解决方案

工程师在 PLM 平台研发产品时可以直接查询 ERP 中物料的库存信息,比如物料的库存量、成本等信息,有利于工程师更好地控制产品质量及成本,并优先使用呆滞物料。用户如果有需要,在 ERP 中查看到某一物料时可以直接打开存放在 PLM 中的图纸(无须另行登录 PLM 查询打开),这样就大大简化了采购、销售、制造等环节对物料的查看和确认,减少失误,提高工作效率。

因此,结合 PLM 与 CAD 的集成应用,就打通了产品数据从 CAD→PLM→ERP 的通道,实现 PLM 从图纸自动抓取物料和 BOM 资料,PLM 自动将数据传递到 ERP 的业务流程优化,保证数据实时同步,减少中间环节的操作和失误。

另外,PLM 平台在产品战略、市场管理规划、产品的开发以及产品的决策组合方面发挥着关键作用,如图 10-5 所示。特别是在产品的开发以及售后服务中,借助生命周期管理系统可以随时实现对产品的开发与售后服务管理。PLM 平台还支持研发体系的管理,如图 10-6 所示,包括研发流程管理、研发数据管理和与制造集成,通过对整个研发流程的相关管理,可以有效提高企业的研发效率。

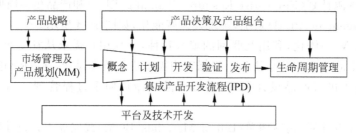

图 10-5　PLM 平台应用

2. 多工厂虚拟化生产方案

对以前的全自助加工模式,剥离出非核心、无竞争优势的业务,进行外包,集中计划进行

第 10 章 汽车制造的新技术新工艺

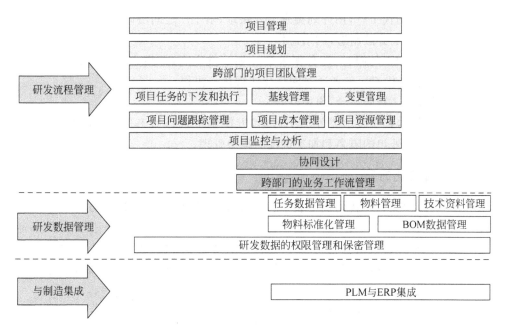

图 10-6 PLM 对研发管理体系的支持

多工厂生产,通过分散制造和网络化协作实现多工厂的虚拟化生产。借助 MPR（计划类别算法）和 PMC（生产及物料控制）平台,并通过与供应商协同以实现产品的虚拟化生产,如图 10-7 所示。

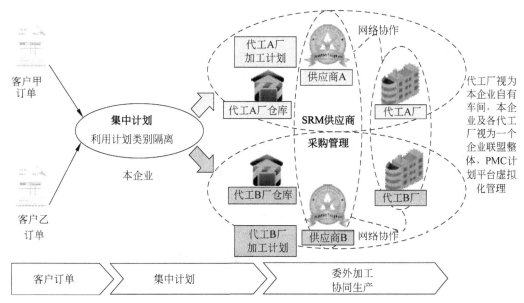

图 10-7 多工厂虚拟化生产方案

多工厂虚拟化生产方案具有以下三个关键特性：
(1) 关键特性 1：集中计划,协同生产。
客户订单可以由计划部统一处理,综合统筹,集中管理；依据产品的加工成本优势,将订单向外包给不同的代工厂,用计划类别分开跟踪,多工厂之间协同生产。

(2) 关键特性 2:分散制造,网络协作。

企业外包产品加工的同时,还分派采购计划给供应商,并指定供应商直接供货给代工厂;本企业、供应商、代工厂三者通过网络化实现统一协作。

(3) 关键特性 3:智能平台,集中监管。

PMC 计划平台,集中展示委外加工订单,方便集中跟踪加工进度;利用 MPR 算法和 PMC 计划平台实现外包的隔离和加工进度的集中管理。

3. 生产自动化方案

充分使用移动化、自动化的设备装置和工具,建立设备互联,打造自动化智能车间工厂,实现生产制造全过程的移动化、自动化和智能化,如图 10-8 所示。生产任务单下达,通过移动设备二维码扫描进行投料备料,在生产过程中借助电子看板、触摸屏固定工作台等进行实时监控查看,最后通过移动设备或自动化设备进行产品数据的实时采集,最后封装入库。

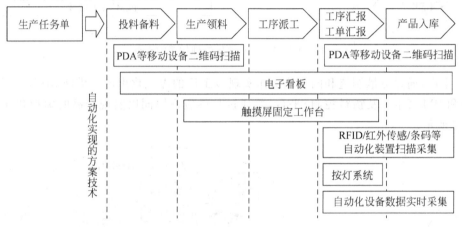

图 10-8　生产自动化方案

生产自动化方案具有以下几个关键特性:

关键特性 1:通过领料工作台集中高效下达备料计划,如图 10-9 所示。

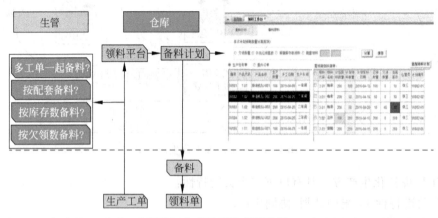

图 10-9　高效下达备料计划

关键特性 2：通过 PDA 扫码快速智能备料，如图 10-10 所示。

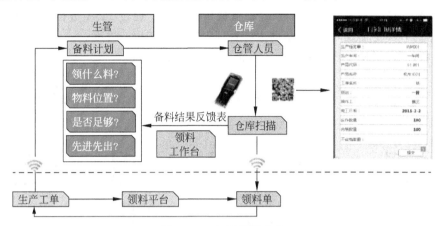

图 10-10　扫码智能备料

关键特性 3：通过 PDA 进行任务完工汇报，如图 10-11 所示。

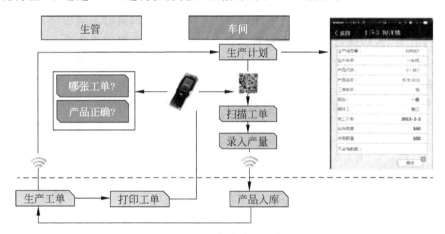

图 10-11　任务完工汇报

关键特性 4：通过 PDA 进行工序级汇报，如图 10-12 所示。

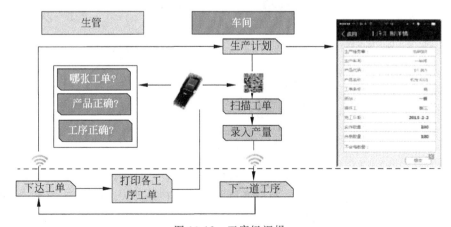

图 10-12　工序级汇报

生产车间一般不会给工人配置电脑,环境不允许且操作不便,一般是由工人手工记录,再由专人录入 ERP,这样烦琐复杂且容易造成信息延时。通过 PDA 进行实时移动工序汇报,让数据的收集更加及时准确,帮助生产管理者准确了解生产进度。

关键特性 5:贯穿生产全程的电子看板,如图 10-13 所示。

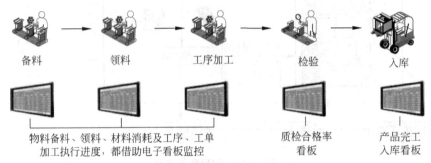

图 10-13 生产执行进度电子看板

车间计划执行进度看板展现本车间每日下达计划任务情况、计划任务实时完工进度情况,实时把控车间完工执行情况;工序计划及执行进度看板则根据不同工序,为工作中心每日下达工序任务,班组通过看板获取每日需执行工序任务;根据汇报情况,实时获取完工汇报进度;质检不良率看板可以实时获取来料检验、工序检验和产品检验等不良数据,分析形成相关合格率报表。

关键特性 6:兼备数据采集功能的固定工作台,如图 10-14 所示。

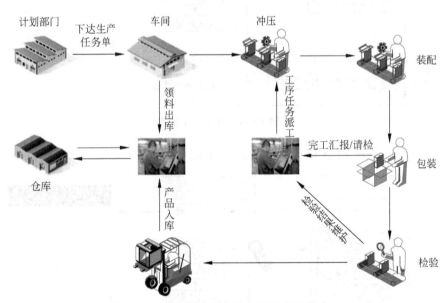

图 10-14 兼备数据采集功能的固定工作台

在触摸屏工作台上,基于工单或工序进行快速领料及产品入库,工作台上可进行工序派工,也可汇报工单或工序执行进度。职员通过工卡刷卡登录进入工作台后,系统会根据职员所负责的业务自动推送所需处理的业务。如对于车间班组长,登录后系统会自动推送该班组每日下达计划,并可实时录入完工汇报数据。

关键特性 7：自动数据实时采集。

产品通过 RFID 和条码进行唯一标识，在流水生产过程中，识读器和条码枪实时获取产品完工数据；或通过红外传感器，在产品通过时触发红外传感器，进行数据获取，达到实时完工数据的收集与汇报，如图 10-15 所示。

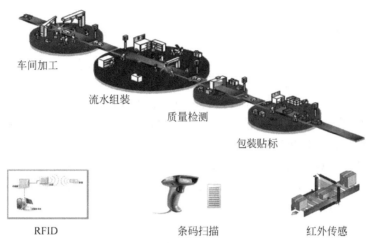

图 10-15　数据的自动实时采集

通过数据采集设备，与数控机床、冲压机床、注塑机等设备进行网络互联，获取机器设备相关产出数据，并对设备绩效进行考核，通过数据综合分析，找出影响设备综合效率原因，进行量化分析，从而提高设备整体利用效率，如图 10-16 所示。

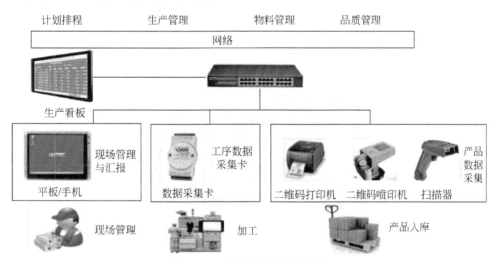

图 11-16　数据的量化综合分析

关键特性 8：按灯系统代替传统沟通模式，如图 10-17 所示。

当生产现场出现故障呼叫时，系统会立即捕获相应的故障信息并记录。故障信息被捕获后，立即亮故障红灯、看板指示、现场故障语音播报等，及时提示并发出故障信息，

图 10-17　按灯系统模式

呼叫相关人员及时处理。同时便于故障处理人员快速确认故障类型(操作问题、设备故障、质量、物料问题等)并通过现场终端进一步确认故障的细化原因,缩短工人故障等待时间。故障消失后,工人现场再次按动按钮或拉绳,故障灯熄灭。故障的整个处理过程,系统也将详细记录,便于后面进行统计分析。

10.1.4 重点发展方向

未来的智能制造系统,可以实现数字化和自动化的完美融合。自动物料配送系统和现有数字化工厂的有机结合,实现信息流、数据流和物质流的自动化传输。

未来制造设想概念图如图10-18所示,可以做到生产指令和生产执行的闭环控制,实现无人化的生产线以及进一步实现无人化的工厂。另外,通过重点产品远程服务和故障诊断系统的实施(图10-19),优化维修、保养等服务的过程管理,通过远程的方式,从产品用户方获得完整的产品运行数据,对包括产品的设计改进、设备的故障诊断、备品备件供应及用户服务等都有重大意义,推动提高维保服务的管理和技术水平,提升企业的核心竞争能力,同时也不断为中国制造注入各种先进元素。

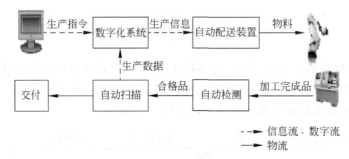

图10-18 智能制造设想概念图

图10-19 远程服务系统监控室

10.2 MES生产过程执行系统

10.2.1 智能生产执行系统 MES

互联网、物联网、云计算、大数据等信息技术和信息经济迅速发展,对传统制造业形成巨大冲击,同时也成为制造业突破性发展的历史机遇。新技术与传统制造技术的不断融合发展,持续推动制造业的技术集成与模式变革。

作为面向制造企业车间执行层的制造执行系统(Manufacturing Execution System, MES),它不是工厂的单一信息系统,而是一个横向集成、纵向集成、端到端集成的复杂集成系统,同时也是构成企业经营系统闭环回路中的一部分。MES 针对从订单到产品完成的全部生产活动,实时采集现场数据,经过分析与处理,实现对生产活动的计划、组织、指示、控制、调度、执行、报告和决策;通过对生产异常情况的快速反应,减少无附加值行为,提高工厂运行和生产效率。

根据上述定义,MES 的内涵可概括如下:

(1) MES 可以控制物料、设备、人员、检验、工艺流程指令和环境在内的所有工厂资源,实现闭环反馈的生产管理。MES 关注从生产计划下达到成品产出的生产过程优化信息。对上层 ERP 系统的计划决策而言,MES 属于执行层;对下层生产自动化系统则属于计划决策层,MES 处于中间层。

(2) MES 对各底层控制系统、仓储系统、动力能源系统等进行在线实时数据采集,并对采集的数据进行分析处理,在此基础上,进行快速响应、在线生产调度、预测预警等,及时将生产现场的各类事件向上级管理部门汇报,为企业经营决策提供支持。

(3) MES 能够按照智能制造生产的思想,提供高效的生产管理功能,以此快速响应用户需求和生产条件的动态变化,减少生产过程中无价值活动,提高生产效率;提高工厂运行和事件处理的效率;提高设备利用率,降低库存和生产成本。

(4) MES 是一个分布式系统,横跨企业的部门、车间、班组和工位,对生产全过程相关的人、物料、设备和在制品实现企业横向集成。

(5) MES 通过对计划执行和对资源的控制与监视、质量流和工艺系统的跟踪,实现企业纵向集成。

因此,MES 作为一种新的生产模式,把制造系统的计划与进度安排、追踪、监视与控制、物料流动、质量管理、设备控制等进行一体化考虑,从而实现数字化与智能化工厂。

MES 主要负责生产管理和调度执行。MES 关注整个工厂的生产过程,主要是通过生产调度、生产统计、成本控制、物料平衡和能源管理过程组织生产,并将信息加以采集、传递和加工处理,及时呈报企业管理信息系统,从而实现企业管理信息系统与过程控制系统之间数据的无缝连接与共享,实现产品与质量设计、统一计划与物流调度在生产全过程中的一体化。

此外,MES 作为车间作业现场管理、监测与控制的一体化平台,是智能制造思想在信息化时代制造业现场的落地与实践。MES 不仅要解决企业的实际问题,更要体现企业先进的管理理念,绝非简单的一个软件系统。对制造行业而言,智能制造是未来的发展趋势,MES 应该体现智能制造思想,是帮助企业进一步实现智能制造的有效途径与软件载体。

10.2.2 汽车的智能生产执行系统

车间级 MES 是整车厂 MES 的主要组成。车间级 MES 的主要功能包括实现焊装、涂装与总装车间底层数据信息的实时采集、柔性计划管理、过程可视化管理、设备警报实时监控、系统集成等。车间级 MES 框架一般划分为三层结构,包括控制层、业务流程层和管理功能层，如图 10-20 所示。

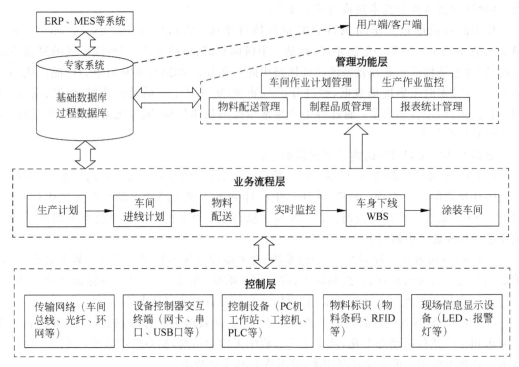

图 10-20　汽车行业车间级 MES 系统层次模型

处于最底层的物理控制层是系统数据采集与处理的主体，为整个系统的实现提供了数据基础支撑。业务流程层是车间整体工作的业务流程，它决定了 MES 的管理流程，业务流程层介于管理功能层和物理控制层之间，决定二者的工作逻辑顺序。管理功能层是 MES 各功能应用模块的实现，各功能对应于各车间的管理需求。MES 实现对车间整体数据信息的全局一致性控制，建立统一的全局数据库以完成全部数据的存储、读取以及分析处理工作，便于车间生产过程的统一集成管理。

1. 冲压车间

MES 生产管理模块将对卷料、板料、冲压自制件的出入库信息以及各冲压线体的生产信息和品质信息进行记录，及时、准确地对车间内各种数据进行汇总和分析，提高车间可视化水平，为管理者生产决策提供客观可靠数据。冲压车间管理的主要需求包括计划分解与分析、卷料库存管理、板料库存管理、产线生产信息录入、产线质量信息录入、冲压自制件库存管理、钣金手修管理、质量问题库存及质量图片维护、设备效率分析等。

2. 焊装车间

MES 功能覆盖从生产计划编制、下发，到执行、跟踪与统计分析的全过程。同时，通过 MES 的集成以及对生产过程中质量、物料数据的记录，使管理人员能够实时监控车间内各项业务活动，为生产的持续改进提供保证。焊装车间的主要管理需求包括各种焊装总成焊合校验、生产作业指示票维护与打印、车门区顺建物料单打印、一检、终检质量检查、不良品记录与查询、质量数据录入与分析报告、生产队列查询、白车身存储区路由控制、生产监控、设备效率分析等。

3. 涂装车间

涂装车间的系统管理需求主要包括计划管理、品质管理、系统集成、作业指示、统计报表、异常情况处理等，通过与车体识别系统集成，可实时了解从白车身存储区到涂装完工的车辆队列，管理人员能时刻掌握车间内的各项业务活动，帮助提高生产效率和产品质量。

4. 总装车间

总装车间的主要系统管理需求包括计划编制与下达、作业指示、车体跟踪、品质管理、统计报表、异常情况处理等，同时与车体识别系统集成，实时掌握空车身存储区车辆队列信息，实现与多种类型自动化设备的系统集成，使总装人员能够实时了解车间内的各项业务活动，提高装配效率和质量。

10.2.3 汽车生产与物流计划

为快速响应市场需求，降低生产管理难度，避免出现库存积压或供不应求的情况，汽车生产一般采用混合生产方式。整车厂的焊装车间、喷涂车间和总装车间采用准时化生产方式进行，即生产线混流作业，依据一定的生产线节拍，同步物流送料的方式来生产。而冲压车间、发动机车间、树脂车间等采用批量生产方式，批量生产各规格零部件。因此，大批量生产和多品种小批量两种生产模式构成了汽车企业主要生产方式。汽车企业的生产计划管理体系必须能够同时支持大批量生产与多品种小批量生产两种生产模式，确保两种生产计划协调一致。

从系统的观点来看，生产计划是一个系统。根据时限，生产计划分为长期计划、中期计划和短期计划三种类型。而根据组织结构的对应关系，生产计划又可分为战略层、战术层和执行层三个层次，每一次层次都有特定的计划内容，三层计划的组成及其关系如图10-21所示。

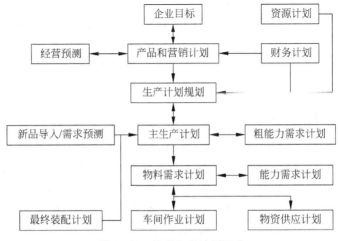

图 10-21 汽车生产计划组成

因此,汽车行业的计划管理是多层次、成体系的,如表 10-1 所示。这种体系是由粗到细,从长周期的规划到短周期的执行。这种组织方式本质上是为了保证供应链的稳定。

表 10-1　汽车生产计划层次体系

层　　级	计 划 类 型	计 划 内 容
战略层	长期计划 (3~5/10 年)	长期新产品新技术计划 长期产能规划 长期销售计划
战术层	中期计划 (1~2 年)	年度新产品导入计划 年度产能规划 年度销售计划 年度生产计划
执行层	短期计划 (季/月/日)	季度销售、生产计划 季度交货拉动计划 月/周/日执行计划

对于整车厂车间作业计划,其主要包括焊装、涂装、总装三大车间的生产计划排程。车间作业计划直接关系到物料精益、生产准时、低成本、生产柔性。车间作业计划的数据源是来自 ERP 系统,MES 需要根据各个车间的影响因素来综合制定车间作业计划。生产节拍、物料准备、物料性能、质量、生产人员技能、市场导向等影响车间作业计划的因素众多,同时这些因素的不确定性高,复杂多变,MES 的车间作业计划要求具有一定的复杂性、灵活性和可扩展性,这样才能确保计划排程的可行性与高执行率。

1. 冲压车间生产计划

冲压车间生产计划主要来自整车的制造计划,冲压车间一般设有专门的计划员,负责冲压生产计划编排和管控。首先计划部门需要制订整车生产计划,然后将该计划发送给冲压车间的计划员。冲压计划员根据生产部的主生产计划、焊装车间的需求计划,制订本车间当日生产计划。

冲压车间的生产计划一般由两部分组成:

(1) 生产部通过 ERP 系统下发主生产计划。冲压车间计划员在该计划的基础上提取各冲压件信息,根据各种冲压件的数量、规格、批量制订相应的冲压生产计划。

(2) 焊装车间的冲压件需求计划。焊装车间每日冲压件需求计划是冲压车间提前一天提出交货需求,冲压车间根据该需求计划,参考库存,得出欠产数量。

2. 焊装车间生产计划

焊装车间在整车厂四大车间中自动化程度最高。目前,国内新建整车厂的焊装车间自动化率在 90% 以上,基本实现机器人进行白车身的自动化焊接。焊装车间计划管理模块是焊装 MES 的一个重要组成部分,直接关系到车间生产过程能否顺利进行。目前由于多种车型产品在同一条焊装线上生产,导致不同产品在不同焊装工位的加工任务不一样,从而导致物料配送、加工指令等不同,而要实现产品在适当的时间采用适当的加工指令、配送适当的物料、完成适当的加工就成为焊装线计划管理柔性化的重点。

焊装车间生产计划一般由两部分组成：

（1）生产部通过 ERP 系统下达的主生产计划（即涂装车间第二天的生产计划）。在该计划基础上提取车型信息，根据各种车型的数量和顺序，制订焊装车间计划。

（2）焊装车间的白车身需求计划。涂装车间当天的白车身需求计划是焊装车间前一天的生产任务，焊装车间根据该需求计划，参考库存确定欠产数量。

因此，焊装车间当天的生产计划由生产部的生产计划与欠产车身两部分组成。生产部的计划对焊装车间保证当天没有变动，焊装车间结合欠产量，制订本车间当日生产计划。主生产计划由 ERP 系统提供，包括车型、颜色信息，对应的数量、时间和先后顺序。欠产计划来自涂装车间计划与调度模块，包括白车身的型号，对应数量、时间和先后顺序。

3. 涂装车间生产计划

涂装车间生产计划的主要工作内容是制订涂料的计划，以便及早调整车身的顺序，便于涂装。同时，根据总装车间的装配计划，在涂装结束后调整白车身的顺序。涂装车间当日生产计划根据 ERP 系统下达的主生产计划和总装车间的空车身需求计划制订，当日生产计划由生产部的生产计划与欠产车身两部分组成。

（1）生产部通过 ERP 系统下达的主生产计划。主生产计划由 ERP 系统提供，包括车型、颜色信息、对应数量、时间及先后顺序。在该计划基础上提取车型与颜色对应信息，统计不同颜色车型的数量。

（2）总装车间的空车身需求计划。总装车间当天的空车身需求计划是涂装车间前一天的生产任务，涂装车间根据该需求计划，参考库存，得出欠产数量。欠产计划由总装车间计划与调度模块提供，包括空车身的车型与颜色信息、对应的数量、时间和先后顺序。

4. 总装车间生产计划

总装车间生产计划是根据 ERP 系统下达的主生产计划和成品库存车型数量来确定。总装车间 MES 根据总装当日计划制订进线计划，生成装配指示单，用于作业人员取料与装配。

总装车间顺序计划的工作原理如图 10-22 所示。为保证生产平稳运行，总装车间的生产由及时更新的生产顺序计划进行拉动，拉动点在总装线入口处。总装车间的顺序计划表要求平准化，因而在生产过程中不能插单，不能随意更换生产顺序。总装线的许多零部件供应也是顺序计划进行拉动，总装顺序计划的稳定性会影响物料、在制品库存。

对于汽车的生产物流计划，整车厂的生产物流计划内容主要包括整车生产计划调整和发布、订单的生成发布和验收、供应商到工厂的零部件纳入方式企划、工厂内部线侧零部件供给模式的企划以及相应物流器具制作和设计等。这些业务主要由生产管理部门来执行。

如图 10-23 所示，生产同步物流是指根据整车厂的生产与排序计划，汽车车身在冲压、焊装、涂装与总装车间进行车间级的排序流动，同时汽车零部件根据整车厂的实时进度进行 JIT 供应与物流操控。生产同步物流是整车厂实现智能制造生产与物流的前提。通过同步物流计划，可以提高整车装配质量，降低线边与供应商库存。

同步物流计划首先根据产品 BOM，从整车厂的月度生产计划中计算确定零件月度供应计划，并将此计划发至零部件供应商。零部件供应商根据此计划，提前准备或按进度生

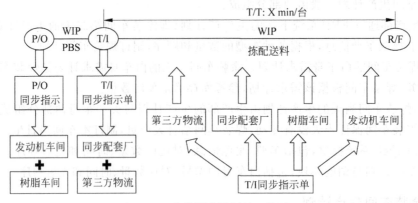

图 10-22 总装顺序计划的工作原理

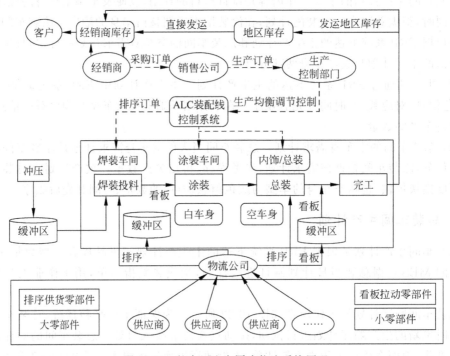

图 10-23 整车厂生产同步物流系统原理

产,以此降低供应商库存。同时,在零部件供应与物流作业时,通过 MES 建立与整车车序计划相对应的领补给内物流计划,具体如图 10-24 所示。同时,根据生产实际进度,建立焊装、涂装、总装的车序指示或看板系统。根据车序进度指示进行内物流的作业,实现仓库和生产线边的零部件低库存,提高生产管理效率,降低库存成本。整车下线后,建立 MES 反冲模块进行日装车零件的盘点与成本核算。

10.2.4 焊装车间 MES

整车厂焊装车间一般采用冲压零件→部件→总拼的焊接加工过程,由多条分线并行生

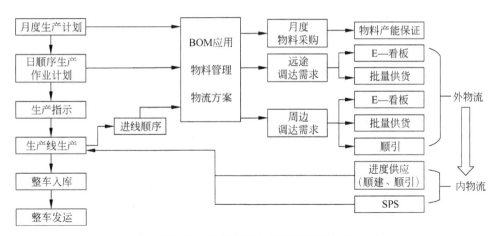

图 10-24 零部件供应商同步物流计划

产,由底盘焊装主线和前舱、后底板、行李舱盖、侧围等分支焊装线组成。这些线体将各种车身零部件焊装为合件,再将合件、结构零部件焊装成分总成,最终将分总成、合件、零件在主焊装生产线完成白车身焊装。白车身是指已完成焊装工序但尚未进行入涂装工序的汽车车身。焊装车间一般工艺流程如图 10-25 所示。

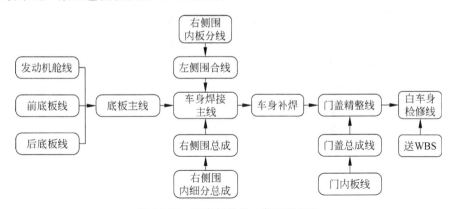

图 10-25 汽车焊装的一般工艺流程

作为焊装车间的主生产线,底板主线的上线顺序是根据焊装车间生产计划中所制订的顺序进行。发动机舱线、左右侧围线等其他分总成线的生产均围绕底板主线进行。门盖精整线主要完成"四门两盖"(即左前门、右前门、左后门、右后门、前盖和后盖)焊装,并对该车身进行表面处理与打磨作业等工序,然后将完整的白车身输送至 WBS。各生产线间通过控制系统相互协调,实现按一定生产节拍的焊装流水线自动生产。某整车厂焊装车间自动化生产如图 10-26 所示。为保证焊接质量,提高焊装生产的自动化水平与生产效率,使生产更具柔性,目前大多数整车厂均采用基于焊接机器人的柔性自动化焊装线,它具有智能快速切换、焊接工艺及其输送设备自动化和自动化生产控制与智能设备诊断系统等特点。另外,为了提高机器人的智能化,需要利用视觉系统,它综合光学、机械、电子、计算机软硬件等多个学科,涉及计算机图像处理、模式识别、人工智能信号处理、光机电一体化等多个应用领域,从而代替人眼做各种测量和判断。机器人视觉系统在焊接质量自适应控制、引导搬运机器人准确抓件、VIN 字符对比、胶条监控和在线测量等白车身焊装的多个方面应用越来越广泛。

图 10-26　焊装车间自动化生产线现场

焊装车间 MES 架构一般分为数据采集、系统控制和用户输出三部分,主要由线上采集工具、网络传输、LED 显示屏、监控计算机和管理计算机组成,网络传输采用光纤环网,实现数据的实时采集与可靠传输,其网络结构如图 10-27 所示。其中,数据采集主要通过设备 PLC、RFID 读写器等在线数据采集工具,实时采集和传输生产线与设备运行信息、设备故障信息和操作人员等各种底层数据信息;网络传输层主要由监控计算机和 PLC 主站以及光纤环网构成,监控计算机通过 OPC 服务器与 PLC 主站连接,PLC 主站对采集的现场数据

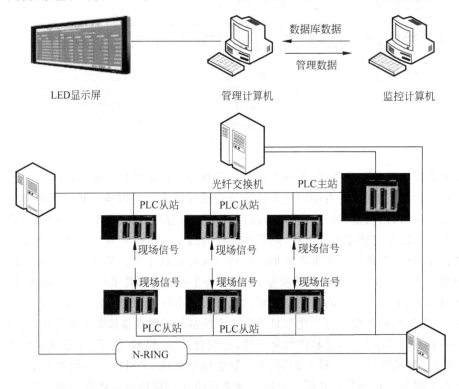

图 10-27　焊装车间 MES 网络结构

进行整理和打包传输，经光纤环网将数据传送到后台系统服务器的中央数据库，保证数据一致性；管理层由管理计算机、监控计算机和 LED 显示屏等构成，数据库中信息经数据转换，将数据信号通过数据库中控制地址表对应，转换为具体设备信息，并在管理计算机上实时显示车间计划执行情况、工位设备状态以及打印各种报表，进而通过现场 LED 屏、HMI 监控界面等进行信息发布和输出；过程监控人员可以通过监控计算机查看生产过程信息，包括计划执行情况、设备运行状态、设备故障报警信息等。现场操作人员则可以通过线体旁的 LED 显示屏了解这些生产过程信息。

10.2.5 涂装车间 MES

汽车涂装工艺主要采用磷化、电镀、喷漆等永久性防锈方法，以保护车体不受锈蚀，保证车辆内外板件安全性与耐久性。同时，汽车外观是影响汽车消费者的重要因素，涂装可以保证车身在色差、光亮度、鲜艳度等方面的外观质量，提高产品竞争力。涂装车间一般由一条主涂装生产线构成，其主要工作是根据生产订单要求，为白车身喷涂不同颜色的油漆。焊装车间完成的白车身是涂装生产的投入，空车身是涂装车间的产出。涂装主要包括电泳、密封胶、中涂、面涂四大关键核心工艺，其中面涂工艺为车身喷涂不同颜色。汽车涂装工艺流程如图 10-28 所示。

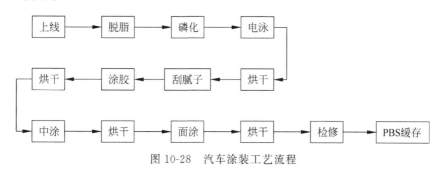

图 10-28 汽车涂装工艺流程

涂装车间设备自动化和集成度相对较高，工艺流程及物料通用化程度高，具备现场数据采集的基本条件，涂装车间 MES 的要求主要包括以下内容：

1. 车身识别与路由控制

用户差异化的需求给涂装生产提出了新的要求。汽车涂装车间的自动化目前已基本实现不同型号、颜色、规格尺寸的车身在同一条生产线上进行生产。自动识别不同的车型是涂装工艺柔性化的关键。

2. 过程可视化可监控

涂装车间由于采用全自动化生产运行方式，生产现场的管理以过程可视化可监控为主。过程监控的主要要求包括：

（1）系统运行方式要求自动运行和手动操作两种方式相结合。
（2）用户监控界面美观且易于操作。

(3) 过程监控的实时性要求较高,能够动态显示水槽的液位、阀泵的开关状态、温度、电导率值、液位、机运系统的状态等。

(4) 系统具有自动报警功能,并能记录故障时间、原因等信息。

(5) 系统能定时或即时打印故障信息。

(6) 系统具有自动保存数据和与其他应用程序交换的功能。

对于涂装车间 MES 的整体功能见表 10-2,主要包括生产进度管理、喷涂作业指示、涂装与总装工艺车间之间缓冲区(Painted Body Store,PBS)管控和相应表单输出。

表 10-2 汽车涂装 MES 功能

序号	信息控制点	工程线名	信息功能	实绩采集点
1	T/I涂装进线入口	前处理线	空车身上线 备件及备件车身上线 实绩收集 报表管控 电子看板	存在
2	底漆打磨线出口	打磨线	空车身及备件下线	存在
3	打胶线入口	打胶线	打胶机器人作业指示	无
4	中涂入口及出口	中涂线	涂装机器人设备联机 落后车管控 报表管控 中涂实绩收集 途程管理	存在
5	面涂入口及出口	面涂线	涂装机器人设备联机 落后车管控 报表管控 面涂实绩收集 途程管理	存在
6	补修入口及出口	精修线	打印车检卡 整车返修实绩 面漆评审车上下线实绩	存在
7	调序线入口	—	整车返修	存在
8	涂装完成下线 PBS 入口	PBS 存储区	电子看板 PBS 搬入设备联机 涂装完成下线实绩	存在
9	涂装控制室	—	控制室查询 落后车管控 报表管控	无

对于生产过程监控系统(Production Monitor & Control,PMC),主要用于读取 PLC 监测到的设备运行状态、模拟量采样数据等信息,根据这些实时数据,在屏幕上动态显示整个车间运行情况。若有故障报警信息,系统发出停线报警,向底层设备 PLC 发出停机等设备控制指令,保存并记忆故障发生的时间、区域和机状等原始数据,同时可根据客户需求,保存历史数据,提供相应数据输出。根据涂装车间工艺流程、工艺参数和监控要求,系统监控画

面主要包括系统监控画面、前处理设备画面、电泳设备画面、烘干设备画面、涂装设备画面、空调送排风设备画面、机运系统画面、车间生产统计画面、控制柜状态画面和报警汇总画面等。

10.2.6 总装车间 MES

总装是整车制造的最后一道工艺。车身经过冲压、焊装、涂装后进入总装车间。总装车间以车身为基本骨架,进行底盘、发动机、电子产品等整车零部件的装配。总装车间的核心是总装组装生产线。总装车间的组装生产线通常可以同时生产不同规格、颜色、型号的多种车型。图 10-29 为汽车组装的一般工艺流程。

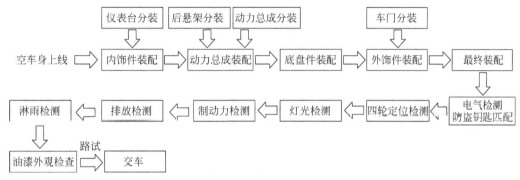

图 10-29 汽车组装工艺流程

涂装车间生产的空车身通过积放式悬挂输送机运输到 PBS 车身存储线,由 PBS 取出的空车身进入总装生产线进行装配、检测。根据工艺分工,汽车总装生产流程与生产线主要包括:

(1) 前仪装线。主要进行车门附件、仪表板、空调、隔热垫、地毯、顶棚、A/B 柱护板/整车车身束、前/后风窗玻璃等零部件的装配。

(2) 底盘装配线。主要进行动力总成、后轴总成、排气管、制动油管、油箱、车轮等零部件的装配。

(3) 后仪装线和整车调整。主要进行前/后保险杠、前照灯、四门护板、后视镜、制动液、动力转向液、空调、防冻液/清洗液的加注、座椅装配、四门两盖的调整、发动机预热等工作。

(4) 整车性能检测。主要包括整车的四轮定位、灯光检测、侧滑、轮毂及制动试验、淋雨密封性试验、路试、尾气排放测试等。

(5) 整车进行最终检查并交车。

总装生产线的基本工作单元是工位,所有的装配加工都在工位进行。在各工位规划有相应区域,用于摆放零件、SPS 台车、设备和工具台车等,生产线各工位通过工位间的自动传输装置实现连续的流水线生产。总装流水线以一定速度移动,各工位上的作业时间符合一定的节拍要求,车辆在各工位的作业时间相同或者接近节拍时间,以此避免某些工位因任务堆积造成工时损失。此外,作为异常应对方式,各线均有少量车身储备。

整车总装装配线控制系统(Assembly Line Control,ALC)架构,如图 10-30 所示。总装线由 PBS、底盘分装线、车门分装线、完成线、动力总成分装线、仪表板分装线、发动机分装线等组成。控制系统采用集中监管、分散控制的模式,整个系统分为三层,即监控层、控制层和设备层。

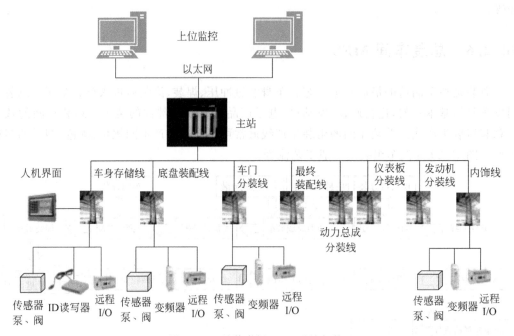

图 10-30　总装车间 ALC 系统架构

(1) 监控层由安装在中央控制室 CCR 的工作站组成。系统连接采用通用的以太网,并通过安装在控制系统主 PLC 上的以太网模块实现与设备控制层各 PLC 间的数据交换。通过工作站与管理层的计算机网络进行连接,管理者可以查询生产实时信息。

(2) 控制层通过以太网,将总装线各工段的 PLC 相连接实现数据共享。ALC 系统无须专用网络指令,可靠性高,维护方便,信息容量大。PBS 区的 HMI 人机界面通过现场总线连接,实现对该工段的过程监视与现场控制。

(3) 设备层采用开放性的现场总线,分别与 PBS、底盘分装线、车门分装线和内饰线的 PLC 等连接。现场总线通过双绞线将现场的传感器、泵、阀、ID 读写器、变频器及远程 I/O 等设备相连,实现分散控制、集中管理。

ALC 系统的主要功能包括:

(1) 接收生产顺序计划。

总装车间采用排序生产,ALC 系统需要获取生产相关的顺序和信息,如生产订单号、车型 VIN 码、交车发运参数等。ALC 系统从而生成生产线别代码、进线顺序管理码、配置参数、拉动时间等。

(2) 发布生产与物流指示。

生产指示主要包括空车身上线指示、发布生产控制卡与广播单等。总装车间根据空车身上线指示安排车身上线,车辆状态数据根据各监测点扫描进线管理卡上的条形码来获取,广播单发布给生产主线、分线、SPS 区、物料拣配区以及按顺序交付的供应商和发动机工厂等。

(3) 设备控制。

设备控制功能主要包括 PBS 设备控制,控制空车身上线顺序以及总装车间的扭力设备、灯选设备等设备控制。

(4) 整车状态监控。

整车状态监控功能是指收集车辆在组装生产过程中的生产信息,如车辆当前位置、当前状态、生产进度状态等。

(5) 质量控制。

质量控制功能是指发布检测表,检测数据采集,将采集结果用于提升组装过程的质量。同时,进行交车控制,发布交付标签和 VIN 标牌、管理轮胎、安全气囊、发动机、变速器等相关信息。

ALC 系统通过对总装车间生产线各控制点进行管控,采集进线队列信息,收集生产实绩,提供装配信息指示和同步物流指示,实现按平准化生产顺序的零部件 JIT 拉动。表 10-3 是 ALC 系统实现总装车间平准化生产与物流平准化拉动的功能。

表 10-3 总装车间 ALC 控制点功能表

序号	信息控制点	信息功能	实绩收集点
1	PBS-IN 入口	PBS 搬入管控 实绩收集	存在
2	PBS OUT(Lines Sequence,进线队列)	提供同步生产及同步物流指示单参考点	存在
3	T/I(前仪装进线点)	扫描上线条码 打印装配作业指示单 生产电子看板	存在
4	C/I(Chassis In)底盘进线点	扫描上线条码 生产指示	存在
5	E/G+T/M 动力总成上线点	上线扫描	存在
6	F/N 最终装配线入口	扫描条码	存在
7	R/O(后仪装下线)	实绩收集 生产电子看板	存在
8	检测线入口	实绩录入	存在
9	淋雨线出口 S/K	漏水测试完成实绩收集 生产电子看板	存在
10	终检入库口	实绩录入	存在
11	各分装线(车门、变速器、发动机、前动力总成、仪表等)入口	打印作业指示单	存在

对于整车厂总装车间通常设有的中央控制室(CCR),其主要负责 ALC 系统进行白车身进线指示、线边零件拣配指示、物料同步拉动指示以及对其他车间进线生产和拉动指示。CCR 管控系统还用于监视生产过程中各种资源的情况,通过 ALC 生产监控模块获得生产动态实时信息。生产监视模块包括生产监控、物流监控 MES 终端监控、服务器和网络监控等。CCR 管控系统的监控画面实现生产车间和生产过程的可视化。生产车间的生产信息和设备信息被采集到 MES,线边操作人员和管理人员通过移动终端、线边可视化的屏幕等

方式进行目视或查询。当生产出现问题时，CCR 管理人员可以迅速通知相关人员快速反应，从而在还没造成严重后果时将问题解决。其主要功能包括：

(1) 管理生产主数据。

(2) 提供附加的报表和分析功能。

(3) 生成和维护工作指令单。

(4) 生成和维护 CCR 数据传输格式。

(5) 设定 PBS 混线原则及总装进线队列。

(6) 通过 ALC 系统对其他车间(发动机车间/树脂车间等)及周边同步厂商下达零部件拉动指令单，对厂内物流下达拉动指示。

(7) 生成转换列表，指示各控制站打印机打印信息。

(8) 车间生产信息及设备信息收集，当生产出现问题时进行异常的协调处理。

10.2.7 Andon 系统

Andon 的概念源于丰田的 TPS。Andon 是一种提升制造质量和生产效率的有效手段。Andon 基于重视品质管理原则，使生产线具有发现问题并立即停线解决问题的能力，同时通过报警通知相应人员进行及时处理。Andon 将生产现场状况采用一种可视化的信号进行表示，提供直观了解制造计划、生产条件和进展状态的简单视觉信号。其信号标准含义一般定义为绿色代表进行中，红色代表停止状态，黄色代表注意。还可以增加其他种类颜色以实现特定的信息传递。Andon 系统非常适合连续性生产，是汽车制造行业的一个通用系统。Andon 系统通过视觉方式表示的电子广告牌，便于生产现场做出及时响应和处理。

Andon 系统可简单定义为可视化管理系统。可视化管理是实施智能制造生产的重要方法之一。智能制造思想的最终目标是企业利润最大化。拉动式准时化生产则是智能制造在计划系统方面的独创，并具有良好效果。准时化生产使生产线具有一定柔性，满足现代生产中多品种、小批量的要求，充分挖掘生产过程中降本增效的潜力。智能制造生产通过准时化生产、少人化、全面质量管理、并行工程等一系列方法来消除一切浪费，实现利润最大化。

Andon 系统是一种通过声光报警提示相关人员及时响应的系统。系统的硬件构成主要包括 PLC、呼叫按钮盒/拉绳、Andon 报警灯、LED 显示器等。在生产过程中当生产现场出现设备故障、物料缺陷、生产工艺等问题时，可以通过现场生产工位的 Andon 装置进行报警呼叫，将现场情况反映给相关人员，以便及时处理。Andon 系统按功能类型主要分为质量 Andon、物料 Andon 和设备 Andon 三种。

1. 质量 Andon

质量 Andon 目前广泛应用于流水线生产，实现质量控制，防止质量问题蔓延。质量 Andon 要求装配人员有能力在其工位上按时、按质、按量地完成零部件的装配，防止将质量问题传递到下一个工位。质量 Andon 系统的主要功能包括拉杆、显示板和音乐箱功能、质量控制台功能、重要事件提醒功能以及停机报表应用功能等。

质量 Andon 系统的一般作业流程如下：

(1) 当操作人员发现与产品制造、质量有关的问题时，可以直接按下 Andon 按钮，激活

Andon系统。通过操作工位的信号灯、Andon看板、广播等将信息发布出去,提醒所有人注意。

(2) 班组长响应质量要求,与操作人员一同确定问题。如果班组长可以解决问题,重新按下Andon按钮,生产线恢复正常。如果确定问题必须向其他部门求助解决,则班组长通过设置在集中区域的呼叫台进行呼叫,将信息类型、呼叫内容再次通过Andon看板、广播等进行发布,呼叫物料、质量、油漆、维修等部门进行问题处理。

(3) 采用过程控制的显示看板,看板高亮显示信号状态。

(4) 异常信息采用逐层报警机制,发送方式多样,如即时通信软件、短信、邮件等,保证异常状况得到迅速有效处理。

质量Andon系统的主要功能包括:

(1) 拉杆、显示板和音乐箱的功能。拉杆、显示板和音乐箱的主要作用是当装配人员发现质量问题需要寻求帮助时,可拉下所占工位的拉杆或拉绳向班组长汇报质量问题和请求帮助。拉杆或拉绳触发Andon系统,并点亮Andon板上与此工位相对应的灯号表明需要帮助,同时播放乐曲以便引起注意。不同班组对应不同旋律的乐曲。班组长通过显示板上的灯号和音乐找到相应的工位,并解决问题。问题解决后,再次拉动拉杆或拉绳使系统回到正常状态。如果问题在车辆到达工位末端的固定停止位时,生产线上某质量控制点QCOS的操作参数仍未达到生产工艺的要求,Andon板上会自动显示与此工位相关的求助信息,同时播放相关乐曲,向机运系统发出停线信号,使机运系统停止运行。反之,如果问题在车辆到达固定停止位之前已解决,则机运系统正常运行。

(2) 质量控制台的功能。质量控制台一般安装在车间生产线的质量检查工位,控制台面板上设有带灯按钮,某个按钮按一下,该按钮灯亮,播放相应音乐,Andon板上配置的相应灯亮,再按一下该按钮,按钮灯和Andon板上的相应灯复位。

(3) 重要事件提醒功能。重要事件提醒功能主要包括对班组长任务提醒、质量检查任务提醒和安全事件显示提醒等。

(4) 停机报表应用功能。系统数据库中保存所有拉杆呼叫记录,可生成相关报表。管理人员通过使用日期、工位和工段等查询方式产生详细的报表统计。

2. 物料Andon

物料Andon系统是在传统Andon的基础上发展起来的。在生产工位旁安装有一定数量的物料呼叫请求按钮。生产工位在需要物料时,借助Andon系统实时反馈生产线上物料呼叫请求。利用车间现场和物料储存区的信息显示板,将需求信号、零件储位指示及配送任务传递至物料部门。物料部门接收到信号及时供料,避免生产线边出现物料短缺,最大程度提高配送效率,减少配送过程中的人为错误。Andon物料拉动的主要操作流程包括线边呼叫、物流人员响应、扫描看板卡、零件出库配送上线和线边复位零件呼叫五个步骤,实现线边零件的实时拉动。

物料Andon系统根据MES的生产计划,指示零部件配送人员按时将零部件送到生产线上或SPS零部件分拣区。当物流配送实际状况与指示计划出现异常时,Andon系统将发出告警信息。在验收零部件过程中发现零部件异常时,零部件配送人员向物料Andon发出异常呼叫,管理人员进行及时处理,确保零部件完好。

具体运作流程如下：

(1) 当物料缺料的数量达到所设置的预警数时，Andon 系统自动发出报警信号。

(2) 通过安装在车间现场和仓库的显示看板反馈生产线物料呼叫请求的相关信息。

(3) 物料配送人员根据显示看板上的信息及时进行物料配送。

(4) 为了有效进行物流标准化作业，Andon 系统会实时记录下每一次物料请求发生的时间、地点以及对物料请求的响应情况，并对此进行分析。针对异常情况除发出报警外，还可以进行履历记录。

3. 设备 Andon

设备 Andon 主要用于提示生产现场的设备维修保全人员及时响应设备故障及维修。在生产过程中，各个工位的设备操作人员可通过 Andon 系统的触摸屏、呼叫按钮盒等向班组长汇报设备故障或其他请求帮助等。Andon 拉绳让作业人员可以快速、容易地呼叫请求帮助，而不必停下手头工作走到一个固定位置去拍按钮。

通过 Andon 系统的看板、呼叫音乐和 Andon 管理软件，可以及时显示生产信息和设备、机运故障，并将生产现场的设备问题通知班组长和设备保全人员，请求尽快帮助解决问题，班组长无法自行解决时通知 CCR 联络相关人员及时协助解决。此外，通过报表可以查看请求帮助、故障等相关历史信息统计。

总装 Andon 系统主要用于帮助生产线的操作人员在一定生产节拍内完成质量可靠的产品装配任务，在汽车冲压、焊装、涂装和总装四大工艺车间和动力总成车间广泛应用。由于各车间 Andon 系统的结构与功能类似，以总装车间为例，具体说明 Andon 系统结构、功能设计和运作方式。

Andon 系统是一个典型分布式集散控制系统，其系统组成第一层是工业以太网，采用 TCP/IP 协议，可以方便、灵活、高速地从各种不同的系统中获取大量信息，供 Andon 系统使用。第二层是现场总线，如 Profibus、Dlink 等协议，实现快速采集和控制现场各种信息，并能保证 Andon 系统的高可靠性。Andon 系统以 PLC 作为主控制器，通过现场总线、现场控制器、I/O 模块与音乐盒、质量台、质量拉环、QCOS、Data Panel、生产线控制器等相连。同时，通过以太网与 Andon 板、主监控计算机、其他系统 PLC 和系统服务器的 HMI 通信和交换数据，实现信息采集和处理，进行系统控制。

拉绳开关和信号灯配有网关与输入/输出模块，通过现场总线与 Andon 系统的 PLC 进行通信，总线形式和总线器件与电气控制系统保持一致。拉绳开关连接到 I/O 箱的输入模块，将信号转入 PLC。当拉绳呼叫发生时，通过输入模块将信号传回到 PLC。拉绳开关配套的柱灯连接到 I/O 箱的输出模块。当有拉绳呼叫时，通过输出模块来控制柱灯的显示。同时，Andon 系统的 PLC 配有以太网接口，并通过交换机和网络连接到 Andon 系统服务器。总装车间车身输送、仪表分装、前段分装、底盘结合和底盘分装等自动化输送线的启动和停止控制则由 ALC 系统控制实现。

在各生产线旁分布安装大屏显示器，并根据各输送线对 Andon 系统的显示区域进行划分，各显示器只显示与本区域相关的信息。Andon 系统将总装各线的要料、求助工位、故障等信息通过网络统一采集和处理。

Andon 系统服务器一般包括 Andon 信号采集服务器、显示器管理服务器、数据库服务器、摄像系统服务器和Web服务器。Andon系统服务器再通过以太网连接到ALC系统的CCR。Andon系统服务器是主监控计算机,主要用于用户管理、系统参数配置、系统状态与现场信息的监控、系统信息的存储、统计分析和报表等。

主监控系统采用Client/Server层次架构。以主监控计算机作为Server端,现场其他工作点作为Client端,实现集中管理、分散控制以及数据统一管理。系统既可以在现场实时采集数据,又能在办公室设置,监控生产状态;主监控计算机具有信息发布功能,提供车间局域网查询。客户端监控浏览计算机,用于生产管理人员远程浏览主监控计算机上的所有信息。

生产线Andon系统的信号和信息显示在总装各生产线线边的显示面板,可以显示所有现场生产、设备和安全信息,包括每条生产线、每个工位的呼叫次数和时间、QCOS报警、设备故障显示、物料输送、缓冲区状况、生产线运行状态、线体的入口空和出口满的总次数和总时间、当前班次的实际产量、目标产量、合格率、停线时间、安全事故等,方便现场管理人员和生产人员了解当前整个生产、设备状况。总装Andon系统的作业流程如图10-31所示。

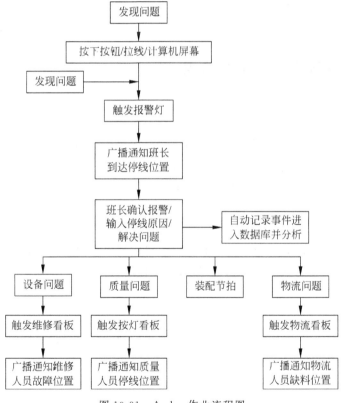

图10-31 Andon作业流程图

总装Andon系统的主要功能包括:

(1) 作业管理。在不停线的情况下,允许操作人员请求支援,各工序通过系统进行必要的信息远程传递和呼叫。

(2) 设备Andon。生产线进行人工故障呼叫和设备故障处理,进行停线工时统计和设备故障报表分析。

(3) 质量 Andon。主要提供人工呼叫质量问题，进行质量数据采集和系统反馈，确认装配质量和报表统计等功能。

(4) 物料 Andon。对零部件物流配送的需求实时呼叫，对生产过程的物流问题进行实时记录并统计生成报表。

(5) 停线管理。通过 Andon 自动判别系统停线或者计划停线。

(6) 看板管理。看板除常规工位状态显示，还能够进行当班生产计划、完成产量、时间等有关信息显示。

10.3 机械制造系统自动化

机械制造技术是我国机械工业发展的重要基础，机械制造技术的进步对提高生产效率及质量具有直接的影响。近年来，随着科学技术的发展，机械制造自动化技术被广泛运用于生产活动中，并呈现出了新的特点和发展趋势。充分把握机械制造自动化技术的特点并加以科学合理的利用，对促进我国机械工业的健康可持续发展具有十分重要的意义。

10.3.1 机械制造自动化的特点

1. 高效性

机械制造自动化采用现代化的机械设备，严格按照相关的生产流程进行自动化操作，实现了对生产过程的自动化控制，改变了过去人工操作效率低下、容易出现质量问题的现象，大大提高了生产的效率和质量，具有高效性的特征。

2. 安全性

自动化控制系统和自动化设备更加智能化，可实现事故报警及自动诊断，在遇到生产事故时，可有效避免对工作人员造成伤害，具有安全性的特点。

3. 可靠性

自动化设备多由电子元器件组成，其性能稳定，不容易发生损坏，使用寿命较长，使得自动化控制系统较为可靠。

4. 节约性

与传统机械设备相比，机械制造自动化将人从生产劳动中解放了出来，实现了人力资源的节约。此外，机械制造自动化可有效提高能源的利用率，降低了能源消耗，达到了节能减排的效果。

5. 改变了行业的劳动形式

在机械制造业不发达的年代，人是生产活动的主体，需要从事繁重的体力劳动，随着机械制造自动化程度的不断加深,将人从体力劳动中解放了出来,转而进行高技术性的脑力劳动,改变了行业的劳动形式,加快了工业现代化的发展步伐。

6. 应用范围广

机械化制造自动化技术的应用范围广,除机械制造业之外,在工业、建筑业、农业等领域的应用也较为深入,有着明显的优势,发展前景十分广阔。

10.3.2 机械制造自动化技术的应用

机械制造自动化技术的应用对机械制造行业乃至国民经济的迅速发展具有十分重要的影响,因此,在大力发展机械制造自动化技术的同时,要注意实用性。在实际应用过程中要充分考虑到我国的国情,确保机械制造自动化技术能够在实际生产过程中发挥出最大价值。

目前,我国机械制造自动化技术已经在各个生产领域得到了广泛的应用,在未来的发展过程中,我们要以市场为导向,根据不同企业的生产特点运用不同的机械制造自动化技术,特别是那些成本低、投资少、效益快的自动化技术,要进行广泛的应用。

近年来,我国的机械制造业水平有了明显的提升,但与发达国家相比还存在着较大的差距,比如,我国还不具备高度自动化的 CIMS 技术,在未来的发展中是否要大力发展该技术还要充分考虑我国的国情。总之,机械自动化是一个较为漫长的过程,不可能一蹴而就,在发展机械自动化技术时要从我国的实际国情出发,积极借鉴发达国家的先进经验,逐步转变机械制造生产方式,结合先进的计算机技术,向"高度自动化"方向靠拢,从而全面提升生产效率。

10.3.3 机械自动化技术的发展趋势

机械自动化技术在我国的发展空间十分广阔,我国机械自动化技术的发展趋势主要包括以下几个方面:

1. 自动化与智能化

随着科学技术的不断进步,特别是计算机技术与信息技术的深入发展,未来我国机械技术的自动化与智能化程度会进一步加深,高频 CPU、RICS 芯片等先进的设备将会被广泛运用于机械设备的控制系统,自动化与智能化将会密切配合,在各生产领域发挥巨大的价值。

2. 多媒体技术被广泛运用

机械制造自动化技术涉及的技术领域较为广泛,是计算机技术、通信技术、多媒体技术等先进技术的综合。在实际应用过程中,利用先进的多媒体技术可直观明了地在操作屏幕上观看生产情况,并可以完成对声音和图像的剪辑工作,不但可以有效提高生产效率,还能节约人力成本。

3. 以绿色发展为主

传统机械制造业发展方式粗放落后,能源使用效率低下,环境污染严重,不符合我国的可持续发展战略。在未来的发展中,机械制造自动化技术将以绿色发展为主,可有效减少对环境的污染,提高能源的使用效率,真正做到节能减排,实现机械制造业的健康、可持续发展。

4. 注重实用性

机械自动化技术的最终目的是应用,发展机械自动化技术能够提高生产效率,实现企业经济效益的最大化,在发展过程中,不要盲目追求机械自动化的"高大上",而是要从实际出发,注重实用性,确保机械自动化技术的应用能够有效促进国民经济的快速增长。可以预见,注重实用性将是机械自动化技术的一个重要发展趋势。

机械制造对我国国民经济发展具有十分重要的影响。然而,目前我国的机械制造技术仍然较为薄弱,自动化与智能化程度还有待进一步提高。在未来的发展中,我国要想在激烈的市场竞争中赢得一席之地,必须要深刻了解机械制造自动化技术的特点,把握未来发展趋势,充分利用先进的计算机技术与信息技术向高度自动化的方向靠拢,确保我国机械制造自动化技术能够赶上时代的发展潮流。

10.4 计算机辅助制造

计算机辅助制造(CAM)有广义和狭义两种定义。广义 CAM 一般指利用计算机辅助完成从生产准备到产品制造整个过程的活动,包括工艺过程设计、工装设计、NC 自动编程、生产作业计划、生产控制、质量控制等。狭义 CAM 通常是指 NC 程序编制,包括刀具路径规划、刀位文件生成、刀具轨迹仿真及 NC 代码生成等。计算机辅助设计(CAD)是指工程技术人员在人和计算机组成的系统中以计算机为辅助工具,完成产品的设计、分析、绘图等工作,并达到提高产品设计质量、缩短产品开发周期、降低产品成本的目的。

10.4.1 CAD/CAM 技术的发展趋势

我国发展 CAD/CAM 技术起步并不晚。1958 年就开始进行数控机床的研制,20 世纪 60 年代开始研制数控绘图机以及 CAD/CAM 应用软件。80 年代初数控设备开始与日、法等国合作,在硬件发展的基础上,促进了软件的发展,在飞机、船舶、汽车、电子和建筑等行业中均不同程度地应用了 CAD/CAM 技术,取得了一定的效果。CAD/CAM 技术还在发展中,发展的主要趋势是集成化、智能化、并行化、网络化。

1. 计算机集成制造

计算机集成制造(CIM)的最终目标是以企业为对象,借助计算机和信息技术,使生产中各部分从经营决策、产品开发、生产准备到生产实施及销售过程中,有关人、技术、经营管理三要素及其形成的信息流、物流和价值流有机集成并优化运行,从而达到产品上市快、高质、低耗、服务好、环境清洁,使企业赢得市场竞争的目的。CIMS 是一种基于 CIM 哲理构成的计算机化、信息化、智能化、集成化的制造系统,是未来工厂自动化的发展方向。然而由于 CIMS 是投资大、建设周期长的项目,因此不能一揽子求全,应总体规划、分布实施。分布实施的第一步是 CAD/CAM 集成的实现。

2. 智能化 CAD/CAM 系统

机械设计是一项创造性活动,在这一活动过程中,很多工作是非数据、非算法的,将人工智能技术、专家系统应用于系统中,形成智能的 CAD/CAM 系统,使其具有人类专家的经验和知识,具有学习、推理、联想和判断功能及智能化的视觉、听觉、语言能力,从而解决那些以前必须由人类专家才能解决的概念设计问题。这是一个具有巨大潜在意义的发展方向,它可以在更高的创造性思维活动层次上给予设计人员有效的辅助。

3. 并行工程

并行工程(Concurrent Engineering)这种方法的思路,就是并行的、集成的设计产品及其开发的过程。它要求产品开发人员在设计阶段就考虑产品整个生命周期所有要求,包括质量、成本、进度、用户要求等,以便最大限度地提高产品开发效率及一次成功率。并行工程的关键是用并行设计方法代替串行设计方法。

并行工程的实施绝非一朝一夕的事情,目前应为并行工程的实现创造条件和环境,与 CAD/CAM 技术发展密切相关的有以下几项要求:①研究特征建模技术;②开展制造仿真软件及虚拟制造技术的研究;③探索新的工艺过程设计方法;④借助网络及统一 DBMS 技术。以上要求将极大地促进 CAD/CAPP/CAM 技术的变革和发展。

4. 分布式网络化

自 20 世纪 90 年代以来,计算机网络已成为计算机发展进入新时代的标志。它使独立的计算机按照网络协议进行通信,实现资源共享。随着互联网的发展,可针对某一特定的产品,将分散在不同地区的现有智力资源和生产设备资源迅速组合,建立动态联盟的制造体系,以适应全球化制造的发展趋势。

CAD/CAM 技术的应用和发展使社会生产产生了巨大的变革,它的应用水平已成为衡量一个国家技术发展及工业现代化水平的重要标志。

10.4.2 CAD/CAM 技术对工业的影响

在开发初期,CAD/CAM 的成本是很高的。CAD 的最初用户主要是电子、民用建筑、化学、航空和自动化等工业部门。

在机械工程和其他制造业领域,CAD 发展较慢。在 20 世纪 70 年代初期 CAD 系统进入机械工程领域后,主要用来辅助绘图,而不是用来产生制造用的设计和有关数据说明。由于许多公司把大部分资金都花在制造上,而花在设计上的不到 5%,因此,权威人士认为 CAD 技术的提高和改进将是很缓慢的,投资的效益也将很少。这种状况对初期的研制和开发很不利,但现在情况已大为改观了。目前在研制开发中,85%的总支出用在设计阶段,这对于产品质量、成本控制是相当重要的。此外,工业内部技术渗透、工业和金融界的合作关系也都有利于CAD/CAM的发展。一些硬件、软件公司与那些发展较快的工业部门(如航空、汽车及核工业)的主要设计部门和装配车间紧密合作,使得他们的工业结构和产品类型随着技术要求和经济实力而改变。一些小公司难于理解和掌握新技术,在培训方面又不愿作出必要的投资,结果大公司与小公司之间的技术差距不断增大。

CAD/CAM技术改变了人们对传统设计、制造方式的认识。例如,要设计和制造一个塑料瓶,要求实用美观,有足够的强度,还要考虑材料、加工成本等,需要参与的人员包括设计师、绘图员、成本会计师、产品工程师、模具设计师、技术工人、质量经验员以及包装、运输、广告和销售方面的人员。过去所有这些人员都在为产品从设计到销售的整个生产过程发挥自己的作用。而在使用CAD/CAM系统以后情况就不同了。在设计制造过程中,先建立二维视图,而后再产生三维模型,因为结构整体的有限元分析要用三维信息和网络模型。为了建立模型,要用三维造型设计或曲面设计系统,同时还要生成用于数控机床上专用控制器的带有后处理的数控纸带。产品工程师只要检查数控纸带的切削速度、刀具选择等参数。成本会计师可依此计算加工时间、人力和材料消耗等。还可用机器人来传送材料和工件。模具师可根据设计图纸来确定模架结构,并检查其是否满足加工工艺要求(如能否从模架里取出模型)。材料的选择要满足硬度、强度、表面粗糙度等设计要求。这个选择过程也可由一个专家系统来完成。

CAD/CAM系统在产品设计、制造和销售中的交互性已经弥补了传统的设计、制造和销售方式的严重不足。为了满足市场和用户的需求,CAD/CAM系统能够快速地设计和制造出小批量多品种、低成本的产品,而且在没有得到原材料和资金以前,CAD/CAM系统可以进行产品设计、显示模型及加工仿真,这样就节约了制造产品模型和试生产的费用。

10.5 增材制造技术

10.5.1 增材制造技术的内涵

我国在1994年开始对增材制造技术进行研究时,将之称为快速原型技术,是基于离散-堆积原理,通过零件三维数据驱动零件直接制造的科学技术体系。而后为方便快速原型技术的推广和公众接受将之称为增材制造技术,其技术发展构成如表10-4所示。增材制造技术主要是将设计好的物体转化为三维设计图,采用分层加工、叠加成型的方式逐层增加材料来打印真实的物体,同传统定型、切削、去除的减材制造方法相反,它利用计算机三维设计模型为蓝本,通过软件和数控成型系统分层离散,将三维实体分割为若干个二维平面,通过激光、热熔等技术将金属、陶瓷、树脂的材料进行逐层堆积粘接,叠加成型为最终产品。增材制造技术的核心是数字化、智能化制造和材料科学的结合,具有数字制造、降维制造、堆积制造、直接制造与快速制造五个技术特征,实现制造上缩短设计周期、节约材料、降低复杂度等技术优势。

表 10-4 增材制造技术发展构成

增材制造技术构成	主要内容				
核心思想	数字化、智能化与材料科学的结合				
成型工艺发展	光固化	分层实体	激光烧结	熔融层积	3DP
成型设备发明	光固化成型机	叠层实体制造设备	选择性激光烧结设备	熔融沉积成型机	3DP打印机
打印材料类型	片状	液态	粉末状	固态	粉末状

10.5.2 增材制造技术构成

增材制造技术由数据处理、材料工艺与成型工艺三个方面的技术构成。

(1) 增材制造技术数据处理涉及数据信息的获取与转换。首先,在数据信息获取方面,顺向数据信息获取主要通过计算机软件进行三维模型的数据测算、设计;而逆向数据信息获取即通过对事物的测量,反向将数据输入计算机设计软件,对其进行三维数据的修改、加工与优化。目前使用的设计软件包括 3DMAX、CAD、SolidWorks 等,测量工具包括三维扫描仪、三维测量仪、三坐标测量机等。其次,将设计软件中的三维数据进行数据格式转化,转化为增材制造设备可识别、读取、输出、应用的增材制造数据格式,包括 STL、OBJ 等。数据处理构成完整增材制造技术的前输入端口,是影响增材制造产品精度、效果、质量的基本要素,是增材制造技术数字制造技术特征的核心。

(2) 材料工艺是增材制造技术的生命,是实现增材制造技术特征的基础,决定着其能否得到广泛应用与推广。增材制造材料具有合格的物理性质与化学性质,能进行粉末化、液化、丝化。经过30多年发展,增材制造技术材料已由原来的塑料、石蜡、石膏发展至如今的树脂、陶瓷、金属及生物材料等,主要有液体材料、粉末状材料、片状材料三种类型,逐步突破材料复杂性,初步向多彩、多梯度、多功能、环保的复合型材料发展延伸。通过对材料工艺的研发、更新,将应用材料与成型工艺相对接,通过成型工艺与应用方向契合,以衔接应用材料与应用方向,确保材料类型、成型工艺同应用方向的高度匹配。因此,材料工艺是增材制造技术实现其完整性、高效性与先进性的关键环节。

(3) 成型工艺包含成型工艺与成型设备,是增材制造技术降维制造、堆积制造、直接制造以及快速制造的集中体现。目前常用的成型工艺有立体光固化法(SLA)、熔融层积法(FDM)、选择性激光烧结法(SLS)、3DP 工艺、实体分层制造法(LOM)等,它们通过对不同材料采取固化、融化、烧结、粘接、切割等相应的处理工艺进行分层加工、叠加制造成 3D 产品。不同的材料适应于不同成型工艺,同时借助成型设备进行成果呈现。而增材制造设备主要由机械轴、控制电路、喷嘴、热床、挤出机组成,是机械、功率元件、自控、光学、软件和材料等核心技术的集成,市面上有以成型工艺、打印材料为基础的成型机,如立体光固化成型机、熔融层积成型机、选择性激光烧结成型、实体分层制造成型机等类型,又根据打印尺寸、成型体积、用途分为桌面级增材制造设备与工业级增材制造设备。通过对增材制造设备的开发研究,提高设备稳定性、打印的效率、产品质量,形成增材制造技术成熟的生产终端,以促进增材制造产业化进程的发展。主流增材制造技术如表 10-5 所示。

表 10-5 主流增材制造技术

成型工艺	材料成型	成型材料	成型设备	成型工艺特点
SLS	粉末状激光融合材料	尼龙、石蜡、高分子、复合粉末材料等	选择性激光烧结成型设备	可用材料类型多、耗材节省；先预热再成型；无须支承系统；成品机械属性及精度易于保持
FDM	液态熔融材料	石蜡、ABS、PC、尼龙等热塑材料	熔融层积设备	环保、材料可回收；表面完工精度不佳；可加工产品最小特征尺寸受限；环境抵抗力强，成品属性及精度易于保持
SLA	液态树脂材料	液态光敏树脂	立体光固化成型设备	技术成熟度高；成型速度快、精度高；造价昂贵，成型、维护成本高；树脂类材料，耐热、强度、刚性大
LOM	片状粘合材料	纸、金属、塑料、陶瓷等	实体分层制造设备	成型速度快，成品尺寸大；环境抵抗力差；无须支承，废料易剥离；制作、耗材成本较低
3DP	粉末状粘合材料	石膏、塑料、陶瓷、金属等	3DP成型设备	成型速度快、价格低；成品强度差；设备便宜，维护成本低，环境适应力强；无须支承，粉末废料去除方便；可制作彩色原型

10.5.3 增材制造技术的工艺

目前，增材制造技术的典型工艺有立体光固化（SLA）、选区激光烧（SLS）、熔融沉积制造（FDM）、分层实体制造（LOM）等。

1. 激光增材制造

激光增材制造技术是一种以激光为能量源的增材制造技术。激光具有能量密度高的特点，可以实现难加工金属的制造，如航空航天领域采用的钛合金、高温合金等。同时，激光增材制造技术还具有不受零件结构限制的优点，可用于结构复杂、难加工及薄壁零件的加工制造。目前，激光增材制造技术所应用的材料已涵盖钛合金、高温合金、铁基合金、铝合金、难熔合金、非晶合金、陶瓷及梯度材料等，在航空航天领域中高性能复杂构件和生物制造领域中多孔复杂结构制造方面具有显著优势。

2. 电子束增材制造

电子束增材制造技术主要包括电子束熔丝沉积成型技术和电子束选区熔化技术。近年来，在航空航天领域的应用迅速兴起。波音公司、Synergeering Group 公司、Cal RAM 公司、Avio 公司等针对火箭发动机喷管、承力支座、起落架零件、发动机叶片等开展了大量研究，有的已批量应用，材料主要为铜合金、钛合金、钛铝合金等。由于材料对电子束能量的吸收率高且稳定,电子束选区熔化技术可以加工一些特殊合金材料,如钴基合金、镍基合金。电子束选区熔化技术可用于航空发动机或导弹用小型发动机多联叶片、整体叶盘、机匣、增压涡轮、散热器、飞行器筋板结构、支座、吊耳及框梁起落架结构的制造,这些设备的共同特点是结构复杂,用传统方法加工困难,甚至无法加工。目前世界上最大的电子束选区熔化设备是 Arcam 公司的 A2XX 型设备,有效加工范围为 $\phi 350mm \times 380mm$。

3. 电弧增材制造

电弧增材制造技术是一种利用逐层熔覆原理,采用熔化极惰性气体保护焊接、钨极惰性气体保护焊接及等离子体焊接电源等焊机产生的电弧作为热源,通过添加丝材,在程序的控制下根据三维数字模型由线、面、体逐渐成型出金属零件的先进数字化制造技术。电弧增材制造技术不仅具有沉积效率高、丝材利用率高、整体制造周期短、成本低、对零件尺寸限制少、易于修复零件等优点,而且具有原位复合制造及成型大尺寸零件的能力。

4. 固相增材制造

以高能束流为热源的金属熔化增材制造技术在制备钛合金、高温合金等材料方面有很大的技术优势,但对铝合金、铜合金等材料存在一个技术壁垒,即能量的吸收率极低,这限制了高能束增材制造技术在铝合金、铜合金制造领域的应用。为了满足这一类材料的需要,研究者结合固相焊接技术方法,提出了固相增材制造技术。此外,南昌航空大学柯黎明教授团队将搅拌摩擦搭接焊技术引入金属增材制造中,并将该方法命名为搅拌摩擦增材制造。

5. 超声增材制造

超声增材制造作为一种固态金属成型加工方式,运用超声波焊接方法,通过周期性的机械操作,将多层金属带加工成三维形状,最后成型为精确的金属部件。滚轴式超声焊接系统由两个超声传感器和一个焊接触角组成,传感器的振动传递到磁盘型焊接触角上,能够在金属带与基板之间进行周期性超声固态焊接,进而通过触角的连续滚动将金属带焊在基板上。这种技术能够使铝合金、铜、不锈钢和钛合金达到高密度的冶金结合。将超声增材制造技术与切削加工做比较,超声增材制造技术可以加工出深缝、空穴、格架和蜂巢式内部结构,以及其他传统切削加工无法加工的复杂结构。

增材制造技术的出现与应用,让人们从以往 CAD 中的"所见即所得",进一步转化到如今的"所见即所造"。相比于减材制造技术,增材制造技术更适用于具有复杂外形或结构产品的小批量生产,特别是在一些具有产品定制化需求的应用场景中。目前,许多科研机构与企业已经尝试将增材制造的产品应用于航空航天、汽车和生物制造等领域中。由于在航空航天领域中的许多部件均具有复杂的外形与尺寸,且需要采用钛合金和耐超高温陶瓷等先进材料,具有较高的制造成本,因此增材制造在此领域中具有较大的应用潜力。增材制造技术的另一个重要研究与应用领域是生物制造,譬如制造人造骨植入物、组织支架,甚至人造器官等。因此,增材制造技术已经受到了广泛重视,并在许多领域不断进行应用尝试。

10.6 虚拟制造

目前,对虚拟制造技术的研究正处于不断深入、细化之中,因此对其定义也在不断完善。当前一般的定义是:虚拟制造是实际制造过程在计算机上的映射,即采用计算机仿真与虚拟现实技术,在高性能计算机及高速网络的支持下,在计算机上群组协同工作,实现产品设计、工艺规划、加工制造、性能分析、质量检验,以及企业各级过程的管理与控制等产品制造的本质过程,以增强制造过程各级的决策与控制能力。由此可见,虚拟制造通过计算机虚拟制造环境来模拟和预估产品功能、性能及可加工性等各方面可能存在的问题,从而提高了人们的预测和决策水平,它为工程师们提供了从产品概念的形成、设计到制造全过程的三维可视及交互的环境,使得制造技术走出主要依赖于经验的狭小天地,发展到了全方位预报的新阶段。

虚拟制造以信息技术、仿真技术、虚拟现实技术为基础,借助于虚拟环境中获取的各种信息,在产品设计或制造系统的建造实现之前,就能使人体验到未来产品装配的性能或者装配系统的状态,从而可以做出预见性的决策与优化实施方案。它集成和综合了可运行制造的环境,包括各种分析工具、仿真工具、应用工具、控制工具、信息模型、设备、组织协同工作的方法等,用来改善从装配产品的概念设计到动态仿真到回收利用的各个阶段。

10.6.1 虚拟制造的关键技术

虚拟制造技术是多学科技术的系统集成,其关键技术主要包括建模技术、仿真技术、智能设计技术、可制造评价等。虚拟制造依靠建模与仿真技术来模拟制造、生产和装配过程,使设计者在计算机上模拟出产品的整个过程。建模与仿真是虚拟制造的基础,虚拟制造是建模与仿真的应用,它拓展了传统的建模与仿真。

1. 建模技术

虚拟制造系统(VMS)是现实制造系统(RMS)在虚拟环境下的映射,是 RMS 的模型化、形式化的抽象描述和表示。VMS 的建模是生产模型、产品模型和工艺模型的信息体系。

生产模型归纳为静态描述和动态描述两方面,静态描述是指系统生产能力和生产特征的描述,动态描述是指在已知系统状态和需求特征的基础上预测产品生产的全过程。

生产模型是在加工过程中,各类实体对象模型的集合。产品模型包括毛坯、中期产品模型、目标产品模型。对于一个 VMS 来说,只有具备完备的产品模型,才能使产品实施过程中的全部活动集成。

将工艺参数与影响制造的产品设计属性联系起来,反映生产模型与产品模型之间的交互作用,工艺模型必须具备以下功能:计算机工艺仿真、制造数据表、制造规划、统计模型以及物理和数学模型。

2. 仿真技术

仿真就是应用计算机对复杂的现实系统经过抽象和简化形成系统模型,然后在分析的基础上运行此模型,从而得到系统一系列的统计信息。仿真的基本步骤是:研究系统→收集数据→建立系统模型→确定仿真算法→建立仿真算法→建立仿真模型→运行仿真模型→输出结果并分析。

产品制造过程仿真可归结为制造系统仿真和加工过程仿真。产品仿真的基本思想是:通过对设计和产品加工过程等的仿真,在产品设计和生产的上游,对设计结果进行反馈和评估,实现产品的优化设计。加工过程仿真包括切削过程仿真、装配过程仿真及检验过程仿真等。

3. 虚拟现实技术

虚拟现实技术是一种由计算机生成的动态虚拟环境,人通过适当的接口置身其中,可以参与和操纵虚拟环境中的仿真物理模型,并且可以和过去的、现在的或虚拟的人物进行交互,它通过各种虚拟设备如立体显示系统、听觉系统、触觉系统与力反馈设备等刺激人体的各个感知器官,使人能与系统交互(interaction),产生沉浸感(immersion),对系统进行构想(imagination)。交互、沉浸感和构想是虚拟现实技术的基本特征。在生产过程中通过虚拟现实技术对产品及其制造过程的仿真,可以实现在实际生产活动开始之前完成产品生产的可行性分析,使人从主观上产生虚拟产品及制造过程的存在感,在虚拟制造环境中通过对"产品生命全程的预演"加深人们对制造过程的正确理解和直观感受。

虚拟制造是多学科、多领域的综合,虚拟产品及整体虚拟制造系统需要在计算机上以直观、生动的精确方式显现出来。因此,虚拟现实技术是虚拟制造的重要组成部分。

10.6.2 虚拟制造技术的优点

1. 具有良好的适用性

由于虚拟制造技术具有良好的适用性,在不同种类机械设备的设计中,均能够采用虚拟制造技术,能够有效保证不同型号设备设计问题得到有效解决。虚拟制造技术在动力学分析领域应用范围较广泛,与虚拟制造技术有关的软件中包含大量的微分-代数混合方程,其设计原理比较简单。另外,虚拟制造技术能够详细描述各个机械设备元件的特征,包括各个元件的弹性与接触率等。

2. 提高模型设计数据的准确性

在设计中,为了有效保证机械设备模型设计数据的准确性,设计人员需要详细分析各个设备元件的运行情况,并做好相应的计算分析工作。由于计算过程比较复杂,一旦出现错误的数据,很容易影响计算结果的准确性。采用虚拟技术,能够有效减轻设计人员的工作压力,提高设备设计模型数据的精确性。采用先进的虚拟制造技术,设计人员需要结合模型的运行情况,适当改变各个元件参数,并做好相应的组合工作,能够有效提高模型设计数据的准确性,降低设计成本,并满足工作要求。

3. 保证模型信息的安全性

在设计中,采用合理的虚拟制造技术,能够有效保证模型信息的安全性,提高设备模型后期处理质量。对于设计人员来说,通过采用先进的虚拟制造技术,能够帮助设计人员更好地了解设备元件的连接质量,进一步提高模型信息的可靠性,保证设计模型得到更好的构建。设备模型构建完毕后,设计人员需要对其内部结构进行有效分析,在保证虚拟模型信息安全的前提下,帮助设计人员更好地了解模型设计曲线,包括模型的变形情况,合理判断设备的运行效率,保证设计工作的顺利开展。

10.6.3 虚拟制造技术的应用

目前,全国已有多家科研机构、高等院校和企业正在开展虚拟制造技术方面的研究。国家"863"/CMS 主题组也将"制造系统的可视化、虚拟建模与仿真"确定为研究重点。国内以清华大学、上海交通大学为主的高等院校正在开展基础技术研究,正处于理论体系初步研究阶段。国内的研究主要集中在四个方面:

(1)虚拟制造基础研究。虚拟制造涉及的技术领域极其广泛,从产品建模、过程建模、可交换数据模型到分布式仿真、离散事件仿真、面向对象方法、人工智能、虚拟现实及计算机网络技术等。这些技术构成了虚拟制造的技术基础。清华大学 CIMS 中心提出了支持虚拟制造的产品元建模方法,为产品生命周期的各阶段分析与评价提供了可供操作的模型支持。

(2)产品虚拟设计技术。主要包括虚拟产品开发平台、虚拟测试、虚拟装配以及机床、模具的虚拟设计实现等。其中清华大学在国家 863/CIMS 主题重大关键技术攻关项目的支持下,开展了剑杆织机的虚拟产品开发,进行了剑杆织机的三维数字建模及产品性能分析、加工过程仿真、虚拟装配技术等技术的研究与应用,并建立了具有相当共性的支持创新设计的虚拟产品开发环境。

(3)产品虚拟加工技术。主要包括材料热加工工艺模拟、加工过程仿真、板材成型模拟、模具制造仿真等。清华大学国家 CIMS 中心开发的加工过程仿真系统作为"863"/CIMS 目标产品已在多个企业得到成功的应用;沈阳铸造研究所开发的电渣熔铸工艺模拟软件包 ESRD3D 已经应用于水轮发电机变曲面过流部件生产中,其产品在刘家峡、李家峡、天生桥等 7 个电站中使用;合肥工业大学研制的双刀架数控车床加工过程模拟软件已经在马鞍山钢铁股份有限公司车轮轮箍厂应用,使数控程序现场调试时间由几个班缩短到几小时,并保证一次试切成功;北京机床研究所、机械科学研究院、东北大学、上海交通大学和长沙铁道学院等单位也研制出一些这方面的仿真软件。

(4)虚拟制造系统。主要包括虚拟制造技术的体系结构、技术支持、开发策略等。其中提出了比较成熟的思想并可能实现的是由上海同济大学张曙教授提出的分散网络化生产系统和西安交通大学谢友柏院士组建的异地网络化研究中心。清华大学 CIMS 工程中心提出了基于产品数据管理(PDM)集成的虚拟制造体系结构。

虚拟制造是虚拟现实技术和计算机仿真技术在制造领域的综合发展及应用。它是产品在计算机中的虚拟实现,而且不消耗现实的资源和能量,却能实际反映产品的有关情况。它为制造业带来全新的概念,随着虚拟制造技术的不断发展及在企业中广泛的应用,必将极大地提高企业的研发创新能力。

10.7 绿色工艺

绿色制造是一个综合考虑环境影响和资源消耗的现代制造模式,其目标是使产品从设计、制造、包装、运输、使用到报废处理的整个生命周期过程中,对环境负面影响极小,资源利用率极高。绿色工艺制造以传统工艺技术为基础,集合新的科学技术、控制技术以及技术理念于一体,重点在于解决制造加工过程中产生的消耗问题,旨在利用绿色加工工艺制定绿色的施工方案,以此提升原料的利用效率、降低能源消耗。绿色制造工艺技术在国际上受到了众多学校、科研院所的关注,例如美国 NSF ARPA 机床敏捷制造研究所、伊利诺伊州立大学、加利福尼亚大学等。美国一家清洁工业处理中心也开展了绿色制造工艺,并专门设立了环境意识制造技术专题,其中包括离散产品加工过程中废物流分析,提出了废物更小的工艺方法。

10.7.1 绿色工艺在机械制造中的必要性

机械加工过程中会对设备、资源、环境等造成影响,并产生一定消耗,不利于机械加工工艺的可持续发展,具体影响表现如下:

(1) 资源方面的影响。机械加工中资源的利用必不可少,主要包含原料以及能量两方面的消耗现象。原料消耗主要指机械加工过程中各种实体原材料的消耗,如边角料的浪费、加工失误造成的原料浪费等现象;另一种是指辅助材料的消耗,如加工过程中所需要的辅助防护工具等,在反复的切割、摩擦过程中,造成原料的不可恢复性损坏。

(2) 设备方面的影响。机械加工过程中需要机床的不间断工作,而在运动过程中,机床与加工件之间会产生摩擦,机床便会产生一定的摩擦现象。同时,在焊接、酸洗、毛坯剖光等工序上也会对机床产生一定的消耗现象。另外,在操作过程中存在不规范的情况,会加剧对设备的消耗,造成成本的增加。

(3) 环境方面的影响。机械加工时会产生废弃物、噪声。机械在加工过程中,各种边角料以及废弃料等固体垃圾以及液体垃圾等对土质会造成严重的污染,尤其带有腐蚀性的金属会改变土壤的酸碱性,污染地下水,破坏生态环境。

面对机械加工过程中的众多污染,人们提出绿色制造技术,绿色制造技术能够改变机械加工工艺所带来的负面影响,同时,还能降低能源资源的消耗,减轻对人们生活环境的干扰。其主要包括以下几个方面:

(1) 优化工艺路线。机械加工过程中,工艺路线是加工的重要环节,也是核心所在。通过优化工艺路线,提升机械加工的综合性能,降低资源浪费现象,使得产品质量得到有效的保障。在调整过程中,应坚持绿色制造理念,保证调整后的生产流程能够降低对环境的污染,降低能源的消耗。通过完善加工工艺、调整加工顺序促使原料使用性能的提升。

例如，加工过程中成型的工艺中包含精冲及精锻加工，在精冲工艺前，合理调整操作流程，简化操作步骤，进而降低能源的消耗及对设备的损耗程度。

(2) 优化工艺参数。在机械加工过程中，工艺参数主要包括切削速度、深度、进给速度、进给量等内容。开展绿色规划时，要优化工艺操作、降低对能源的消耗，并保障零部件加工的质量。优化过程中需要结合产品的实际需求及机械设备的实际情况，将所有电子参数输入计算机中，利用计算机的智能化分析功能，设计出更加合理的参数，以保证零部件加工过程与实际加工需要有高度的契合度，在源头上解决机械加工对能源造成的浪费现象。例如，利用圆柱齿轮滚齿机提升机油切削液的效果、提升机械加工效率。

(3) 优化机床节能技术。不仅要优化工艺路线与工艺参数，还应对机床节能技术进行探讨，实现机床加工与环境的和谐共处，与时代共同进步。一方面完善机床加工技术，结合当前先进的智能化操作系统，实现机床加工的智能化、自动化。另一方面机床配置不断优化，利用先进的科学技术，减少无功率运行的现象，增加红外线感应装置、绿色环保零部件，提高机床环保的性能。

(4) 优化评价机械加工制造。评价机械加工工艺时，多以成本、生产率、利润等要素为依据。然而，随着时代的发展，对机械加工工艺要求的不断上升，单一的经济效益已经无法满足企业发展的需要，更看中社会效益、经济效益以及环境效益的多重发展目标。近年来，采用能源属性、环境属性、宜人性、经济性等多种指标进行评价。面对绿色制造机械加工工艺方案的评价目标，也可选择几种主要的因素，主要包括时间、成本、环境、质量、资源利用效率等。

10.7.2 实施绿色工艺技术的有效途径

1. 树立绿色生产理念，重视生产方式转变

绿色制造和智能制造已成为欧美发达国家关注的重点，数字技术、绿色成型技术、精密成型技术已经得到广泛的推广和应用，未来发展数字化、绿色化、智能化成型制造技术将成为制造行业的主流发展趋势。机械制造企业要认真学习贯彻十九大会议精神，创新驱动，绿色引领行业发展的相关文件和报告，针对十九大会议精神与行业发展紧密相连的关键词进行解析，阐述机械制造行业发展和绿色制造内涵。

绿色与智能成型制造技术是机械工业的必然选择，是实现工业转型的重要推手。机械制造企业要始终坚持以"绿色发展、和谐共赢"为引领，以创新驱动为核心，优化产业结构布局，积极践行低碳工业生产模式，推动企业转型升级。例如，工业制造企业可以本着绿色技术发展理念，就机械产品3D增减材与机器人柔性集成制造技术应用、MES在铸造工艺中的开发应用、准干式切削技术在机械加工中的应用与推广等进行研究，从低成本快节拍热冲压工艺优化及数值仿真技术、特种旋压成型技术、铸造产业绿色化升级、复合材料三维织造成型工艺等方面进行探讨，推动装备及机械产品关键零部件的精密成型与快速开发制造，讨论科技创新政策和绿色智能高效加工成型技术的推广应用。

在装备制造业发展建设方面，有更多的先进技术可以投入到生产应用中，推动国防装备及相关机械的发展建设，机械制造行业要不断加强军民融合建设，全面推动"中国制造

2025"强国战略实现。

2. 运用绿色生产理念引导机械设备设计环节

在机械设备及相关产品的开发上,以发动机制造为例,机械制造企业可以从发动机设计、燃烧系统开发、发动机标定等多方面均采用国际最新的技术,降低发动机使用过程中的能耗,使机械发动机在运行过程中的燃油经济性整体上有所降低。例如,一汽解放公司无锡柴油机厂通过绿色生产理念引导,不断加强 DPF 技术的研究,经过 8 年技术攻关,成功研制出国内首款安装 DPF 并实现商品化的 4DW-E5 系列国五柴油机,达到净化柴油机尾气 90% 的颗粒的效果。此技术获得了 6 项发明专利,36 项实用新型专利和软件著作权。无锡柴油机厂还在国五发动机全面投放市场的同时,潜心打造国六产品平台,从能量回收、低摩擦技术、整车智能驾驶、燃烧效率提升等多个方面考虑未来产品的开发方向,争取生产出接近"零污染"的发动机。

相关机械制造企业可以借鉴无锡柴油机厂的绿色生产经验,大量运用绿色工艺,生产绿色产品,将绿色制造贯穿于生产的各个环节。在生产设备上,运用最新技术,大幅减少水资源及电能消耗。在机械产品的设计环节,要尽可能考虑到机械设备的生产和使用过程中可能出现的污染和能源消耗情况,利用技术改进实现低污染、低能耗甚至零污染,这样从设计环节把控机械制造的绿色发展,值得推广。

3. 在选材环节合理使用绿色工艺技术

绿色选材是指绿色机械制造过程中,在满足产品的适用性能和制造工艺特性的条件下,综合考虑绿色环保的要求所选择的能源和材料,具体包括材料的选择和能源的选择。绿色选材应遵循以下原则:

(1) 优先选用可再生能源与材料。
(2) 尽量选用原料丰富、成本低、污染少的能源与材料。
(3) 尽量避免选用有毒、有害、有辐射性的能源与材料。

10.7.3 绿色工艺技术在机械加工中的应用

不论是从理论发展角度,还是从生产实际层面,机械加工制造中应用绿色工艺技术有着十分重要的意义。结合实际应用情况来看,主要表现在以下几个方面。

1. 绿色清洁表面技术

在机械加工制造产业过程中,表面清洁是重要的工艺流程,如对各种仪器、零部件以及道具等进行清洁。表面清洁过程中,清洁材料使用量较大,会对环境产生一定污染,因此在机械加工制造中,选择合理的绿色清洁表面技术十分关键。首先,绿色清洁表面技术相对传统清洁表面技术而言,引入了新的技术工艺,在表面清洁过程中,更好地节约了清洁材料,减少了能耗;其次,绿色表面清洁技术主要有新型节能表面涂装和离子束辅助镀膜技术两种类型,这两种新型绿色清洁表面技术使得表面清洁工作更为方便,不仅节省了大量材料与能源,还提高了所清洁的零部件的耐腐蚀性。另外,结合绿色清洁表面技术实际,其应用成本较低,还提升了仪器构建质量,应当在当前机械加工制造产业中加以推广。

2. 绿色切削加工工艺技术

绿色切削加工工艺技术在实际应用中,作用效果十分明显。首先,在传统切削工艺中,切削液十分关键,有着清洗、润滑以及冷却的作用。但是切削液大量使用,对环境产生严重污染,尤其是对于大气环境有着十分不利的影响,因此引入绿色工艺技术替代切削液十分重要。如在切削工艺中,应用干式切削加工工艺技术、准干式切削加工工艺技术或低温切削加工工艺技术,能够有效地降低切削液使用频率。其次,转变技术思路,要想降低切削液对于环境的污染,还应从切削液自身入手,引入相应的绿色技术,如应用切削油代替切削液,切削油与空气混合雾化后使用,这种造成的污染较小,并能够达到原有切削效果,是一种理想的绿色切削工艺技术。随着我国加工技术工艺不断完善,切削工序中不断出现更加先进的生产工具,在提升切削效率、质量以及精度的同时,有效地降低了能耗。总的来说,机械加工制造产业中,要重视切削工序,从整体层面应用新技术思路,实现工序绿色化发展。

3. 绿色机床加工技术

机床作为机械加工制造产业中的重要生产工具,对整个生产过程十分重要。但是机床在生产过程中,往往能耗较高,因此为了促进产业绿色发展,要全面引入绿色机床加工技术。例如,在生产过程中,可应用高速复合加机床加工技术,提高了机床加工切削速度,缩短换刀时间,提高进给速度,有效提升机床工作效率。高速复合机床加工技术在生产实际中应用,不仅仅提升了加工效率,降低了能耗,而且具有较高的加工质量。因此在生产实际中,要想有效推广高速复合机床加工技术,应从机床加工层面加大推广力度,实现产业绿色发展目标。

4. 绿色制造工艺技术在供热工艺中的应用

机械加工制造过程中,供热工艺也是非常重要的一项技术工艺。在整个生产过程中,供热能耗十分巨大,并且对于大气也有着十分不利的影响。因此结合生产实际,在供热工艺中有效应用绿色制造工艺,应当引起相关人员的重视。结合当前供热工艺现状,蒸汽消耗十分巨大,因此应当优化当前技术工艺,控制蒸汽使用量。例如,安装新的蒸汽控制装置,通过各种技术,使蒸汽用量得到有效控制,最终达到减少能量消耗、节约资源和提高资源利用率的目的。另外,供热过程中,还可以考虑通过热力管道技术优化,降低热能损耗,如在供热管道上覆盖信息保温材料或使用新材料管道,实现热能降低。总的来说,供热工艺有着很强的系统性,应当从整体层面思考,全面引入绿色工艺技术。

10.7.4 绿色工艺的未来发展

未来,可以在以下几个方面加大对绿色制造工艺的研究:

(1) 相关标准规范,使其走向标准化、政策化和规范化。

绿色制造工艺的发展需要政府的引导和支持,特别是在初期阶段更需要政府在政策、法规等方面进行引导,在技术研发和推广应用等方面给予支持。目前,国际上纷纷推出有关绿色制造技术方面的标准、政策和法律。这些标准、政策和法律的颁布逐步形成了当前国际市场的绿色贸易和技术壁垒,对绿色制造工艺的发展方向有着重要的导向和推动作用;同时,绿色制造工艺最终也将以技术标准、技术规范、应用模式的形式得以实施和推广。

(2) 对绿色制造中的工艺规划技术进行系统分析,建立相应的方法模型,并加强具体工艺的实用工艺规划技术的研究。

绿色制造工艺规划的技术问题涉及工艺种类的绿色属性研究、工艺要素(如机床、刀具和切削液的选择)的研究、加工过程中工艺参数的选择、加工工艺过程的绿色性评价等。但仅对绿色制造工艺规划的共性技术进行分析是远远不够的,还需要针对具体的某一工艺的实用规划技术进行研究,如热处理工艺、铸造工艺、金属切削工艺等的规划技术。

(3) 建立工艺绿色特性数据库,开发支持绿色制造工艺规划的软件工具,实现绿色制造工艺规划方法和数据以软件 Agent 或插件的形式与现有 CAD、CAM 系统的集成。

事实证明,任何一项技术都离不开经验数据的支持,丰富的数据库和大量的实例将使复杂的工作变得简单易行。在计算机高度发达的今天,借助计算机技术实现面向绿色制造的工艺规划,无疑为其在企业的实施提供了一套切实可行的工具。

(4) 对现有先进加工工艺系统的资源环境特性进行分析,积极研发先进的绿色切削加工工艺。

科技的发展促进了许多先进加工工艺技术的产生,如电化学加工技术、光学加工技术等。但技术的先进并不代表对环境无害,或者对工人的身体健康不产生影响,需要相关人员对这些技术的环境影响进行评估分析。针对加工过程中资源环境影响较重的因素,积极探索替代技术,如研究不使用切削液的干式切削加工技术、硬态切削技术等。

绿色工艺技术在未来的发展前景十分广阔,是当前社会的主流思想,也是机械加工工艺持续发展的必然之路。在未来的发展中,应建立有效的措施、制定合理的资源使用方案、环境绩效目标以及科学的评估与评价方式。虽然该体系在建立过程中十分复杂,要将众多问题纳入考虑范围内,但国外对资源、环境绩效目标等的研究已初具成效,并具有显著的效果。我国由于在理论和实践方面都处在初级阶段,故可借鉴国外的相关研究,推行我国的绿色制造工艺技术,并不断地深入研究、系统分析。同时,绿色机械加工制造工艺应用领域较广,但对其应用效果评价相对存在一定的难点。对此,可采取函数、模型等方式对其使用效果建立评价体系。虽然国内已经有科研院校开始了研究,如重庆大学对绿色制造工艺的规划方法设计了专项的研究,并建立数据知识库,但仍旧在起步阶段,所以研究体系也应逐步完善,并要加大力度深入探索。

习 题

一、解释下列名词术语

设备控制、整车状态控制、质量控制、Andon 系统、计算机辅助制造、计算机辅助设计、机械设计、并行工程、分布式网络化、增材制造、激光增材制造、电子束增材制造、电弧增材制造、固相增材制造、超声增材制造、虚拟制造、仿真、虚拟现实、绿色制造

二、分析题

1. 智能制造的发展经历了哪几个阶段？
2. 生产制造智能化整体解决方案包括哪些？
3. 多工厂虚拟化生产方案的关键特性有哪些？
4. 简述智能制造系统的发展方向。
5. 简述 MES 的内涵。
6. 车间级 MES 系统的主要功能及其框架体系是什么？
7. 汽车生产计划层次体系、类型及主要内容是什么？
8. 简述焊装车间 MES 的架构及其主要组成。
9. 涂装的关键工艺及其主要流程有哪些？
10. 汽车总装生产流程与生产线主要包括哪些内容？
11. Andon 系统的类型及其主要功能是什么？
12. 机械制造自动化的特点是什么？
13. 简述机械自动化技术的发展趋势。
14. 简述 CAD/CAM 技术的发展趋势。
15. 增材制造技术的技术特征有哪些？
16. 简述增材制造的技术构成。
17. 增材制造的典型制造工艺有哪些？
18. 虚拟制造的关键技术有哪些？
19. 虚拟制造的工艺特点有哪些？
20. 虚拟制造的主要运用有哪些？
21. 机械加工对设备、资源及环境的影响有哪些？
22. 实施绿色工艺技术的有效途径有哪些？
23. 工艺技术在机械加工中的运用有哪些？
24. 简述绿色工艺的未来发展工艺。

参 考 文 献

[1] 王宝玺,贾庆祥. 汽车制造工艺学[M]. 3版. 北京:机械工业出版社,2007.
[2] 贺曙新. 汽车制造工艺学[M]. 北京:机械工业出版社,2018.
[3] 常同立,佟志忠. 机械制造工艺学[M]. 2版. 北京:清华大学出版社,2018.
[4] 宋新萍. 汽车制造工艺学[M]. 2版. 北京:清华大学出版社,2016.
[5] 钟诗清. 汽车制造工艺学[M]. 广州:华南理工大学出版社,2011.
[6] 华健,赵晓昱. 现代汽车制造工艺学[M]. 3版. 上海:上海交通大学出版社,2012.
[7] 曾东建. 汽车制造工艺学[M]. 北京:机械工业出版社,2005.
[8] 张芙丽,张国强. 机械制造装备及其设计[M]. 北京:国防工业出版社,2011.
[9] 吕彩琴,苏铁熊. 车辆工程材料[M]. 北京:国防工业出版社,2011.
[10] 许德珠. 机械工程材料[M]. 北京:高等教育出版社,2001.
[11] 张蕾. 汽车材料[M]. 北京:科学出版社,2009.
[12] 沈黎. 汽车轻量化的新材料作用[N]. 交通世界,2010年第22期(卡车看台).
[13] 杨鸣波,唐志玉. 中国工程材料大典. 第6卷,高分子工程材料. 上[M]. 北京:化学工业出版社,2005.
[14] 柯明扬. 机械制造工艺学[M]. 北京:北京航空航天大学出版社,1996.
[15] 王先逵. 机械制造工艺学[M]. 3版. 北京:机械工业出版社,2013.
[16] 李喜桥. 加工工艺学[M]. 北京:北京航空航天大学出版社,2003.
[17] 丁德宇. 智能制造之路[M]. 北京:机械工业出版社,2017.
[18] 孙雁飞. ERP+K/3WISE智能制造解决方案[R]. 珠海,2015.
[19] 江支柱,董宝力. 汽车智能生产执行系统实务[M]. 北京:机械工业出版社,2018.
[20] 谢秀勋. 机械制造自动化技术特点与发展趋势[J]. 城市建设理论研究(电子版),2017(8):253.
[21] 吴家福,赵传彬,占刚. 计算机辅助制造[M]. 北京:电子工业出版社,2010.
[22] 张文毓. 增材制造技术的研究与应用[J]. 装备机械,2017(4):65-70.
[23] 王广春. 增材制造技术及应用实例[M]. 北京:机械工业出版社,2014.
[24] 刘美珍,刘剑雄,刘伟达. 虚拟制造技术及其应用综述[J]. 机电产品开发与创新,2006(1):88-90.
[25] 杜宝江. 虚拟制造[M]. 上海:上海科学技术出版社,2012.
[26] 单忠德,胡世辉. 机械制造传统工艺绿色化[M]. 北京:机械工业出版社,2013.
[27] 何耀华. 汽车制造工艺[M]. 北京:机械工业出版社,2012.
[28] 朱耀祥,浦林祥. 现代夹具设计手册[M]. 北京:机械工业出版社,2010.
[29] 徐鸿本. 机床夹具设计手册[M]. 沈阳:辽宁科学技术出版社,2004.
[30] 王光斗,王春福. 机床夹具设计手册[M]. 上海:上海科学技术出版社,2011.